Svenja Taubner
Einsicht in Gewalt

Forschung Psychosozial

Svenja Taubner

Einsicht in Gewalt

Reflexive Kompetenz adoleszenter Straftäter beim
Täter-Opfer-Ausgleich

Psychosozial-Verlag

Bibliografische Information der Deutschen Nationalbibliothek
Die Deutsche Nationalbibliothek verzeichnet diese Publikation in der Deutschen Nationalbibliografie; detaillierte bibliografische Daten sind im Internet
über <http://dnb.d-nb.de> abrufbar.

© 2008 Psychosozial-Verlag
E-Mail: info@psychosozial-verlag.de
www.psychosozial-verlag.de
Alle Rechte vorbehalten. Kein Teil des Werkes darf in irgendeiner Form
(durch Fotografie, Mikrofilm oder andere Verfahren) ohne schriftliche
Genehmigung des Verlages reproduziert oder unter Verwendung
elektronischer Systeme verarbeitet, vervielfältigt oder verbreitet werden.
Umschlagabbildung: Odilon Redon: »Suggestion«, 1885.
Umschlaggestaltung: Hanspeter Ludwig, Gießen
Satz: Tanovski & Partners Verlagsdienstleistungen, Leipzig
ISBN 978-3-89806-878-9

Inhalt

Tabellenverzeichnis

Abbildungsverzeichnis

»Und wenn ich weiter darüber selbst noch voll lange nachdenke, mach' ich mich selbst echt kaputt, so weil ich das nicht verstehen kann, was ich gemacht habe.«

Ümit, 19 Jahre

»Also, es tut mir schon leid, was ich gemacht habe, aber kann man nichts dran ändern: Passiert ist passiert.«

Hamdin, 21 Jahre

»Ich fühl' mich gar nicht als Täter! [...] So seh' ich das immer noch, und so hab' ich's auch dem Anwalt gesagt, zu meinem Bewährungshelfer [...] und deshalb hab ich, glaub ich, auch diese sechs Monate Bewährung, weil ich das angeblich nicht einsehen soll.«

Bülent, 19 Jahre

Einleitung

»Die Integration der Aggression ist die zentrale Aufgabe des 21. Jahrhunderts.«
Diese Bemerkung ist das Resümee eines Vortrages von Ernst Federn, den er
als Rückblick seines Lebens als Psychoanalytiker und ehemaliger KZ-Häftling
über Terrorismus im Jahre 2002 in Bremen gehalten hat. Für mich ist dieser Satz
so bedeutsam, weil er eine Klammer darstellt zwischen gesellschaftlicher und
individueller Verantwortung: Bedingungen herzustellen und nutzbar zu machen,
um Aggression zum individuellen und kulturellen Wohl einzusetzen. Von diesem
Ziel der »Zähmung« der Aggression im sozialisatorischen und gesellschaftlichen
Prozess sind wir angesichts der beunruhigenden Häufigkeit von Gewalt an
den Schulen, der steigenden Zahlen im Bereich der häuslichen Gewalt, der
Verabschiedung einer Sicherheitsverwahrung für Jugendliche und nicht zuletzt
der Gewalt als Mittel zur Lösung kultureller und politischer Konflikte noch
weit entfernt.

Die Reaktionen auf individuelle Gewalttätigkeit erfolgen – sofern diese als
strafbare Handlungen erfasst werden – auf der Grundlage eines bürgerlichen
Rechtsverständnisses, d. h. juristische Konsequenzen werden im Prinzip freien
und verantwortlichen bürgerlichen Rechtssubjekten auferlegt, die im Prinzip
Einsicht in die Unrechtmäßigkeit einer Tat haben können, und folglich auch
die daraus abgeleiteten Maßnahmen einer gesellschaftlichen Sanktion grundlegend anerkennen. Vor dem Hintergrund der Erkenntnis, dass gewalttätiges
Handeln zumeist auf ein Scheitern individueller Entwicklungsprozesse verweist,
ist in diesen Fällen eine prinzipielle Einsichtsfähigkeit jedoch zu bezweifeln.
Liegt eine Einsichtsunfähigkeit vor, die ich psychologisch und nicht juristisch
im Sinne einer Schuldunfähigkeit beschreiben werde, so kann eine Strafe nicht
als integrierende Sanktion verstanden werden, sondern stellt eine weitere Schädigung des betreffenden Individuums dar. Wenn eine Strafe eine psychische wie
gesellschaftliche Desintegration nach sich zieht, dann birgt sie das Risiko, weitere Gewalttaten nach sich zu ziehen statt zu verhindern. Es gilt also besonders
bei Gewaltstraftätern vor dem Hintergrund von Einsichtsfähigkeiten zu unterscheiden, welche Maßnahme auf eine Straftat erfolgen sollte, um zukünftige
Gewalt einzudämmen. Besonders relevant ist diese sorgfältige Differenzierung

15

bei adoleszenten Straftätern, da gewalttätiges Verhalten eine beschädigte Persönlichkeitsentwicklung markieren kann und gleichzeitig in dieser Lebensphase Entwicklungsförderung durch gezielte pädagogische oder psychotherapeutische Interventionen gute Aussichten auf Erfolg hat. In der Rechtspraxis werden Sanktionen bei jugendlicher Straffälligkeit jedoch eher nach formalen Kriterien auferlegt, im Sinne einer Steigerung der Sanktionsstärke von der formlosen Einstellung des Verfahrens über Sozialdienste und soziale Trainingskurse bis zu Arrest und Jugendstrafe[1].

Die vorliegende Arbeit erfolgt vor dem Hintergrund meiner eigenen Tätigkeit als Schlichterin im Täter-Opfer-Ausgleich Bremen, einer Schlichtungsstelle, die sowohl das Opfer als auch den Täter darin unterstützt, zu einer außergerichtlichen Regelung des Umgangs mit einer Straftat zu gelangen, die zumeist ein Gewaltdelikt darstellt. Der Täter-Opfer-Ausgleich (TOA) soll im Gegensatz zu anderen Interventionen auf eine Straftat die Einsicht des Beschuldigten fördern, damit zukünftige Straftaten unterlassen werden. In meinen theoretischen und empirischen Ausführungen werde ich einen Beitrag zur Explikation des Zusammenhangs zwischen Einsicht und gewalttätigem Handeln leisten. Meine zentrale Fragestellung nimmt in den Blick, ob Einsicht Gewalt verhindern kann und ob der Täter-Opfer-Ausgleich die Einsicht eines Beschuldigten hinsichtlich der Ursachen und Folgen einer gewalttätigen Straftat fördert. Diesen Fragen werde ich sowohl theoretisch als auch empirisch nachgehen. Zum Verständnis gewalttätigen Handelns, das über eine rein an den Phänomenen orientierte Betrachtung hinausführt, werde ich die psychoanalytische Objektbeziehungstheorie heranziehen. In den letzten Jahren hat in der Theoriebildung der Psychoanalyse eine interaktionale und kognitive Wende stattgefunden, die neue Ansätze zum Verständnis von Gewalt bzw. der »Zähmung« dieser beiträgt. Mit dem Konzept der Mentalisierung knüpfen Fonagy und seine Arbeitsgruppe (Fonagy et al. 2002) an das psychoanalytische Konzept der Einsicht an und ermöglichen durch ihre Operationalisierung der Mentalisierung als Reflexive Kompetenz einen neuen empirischen Zugang (Fonagy et al. 1998, dt. Reinke 2000), weshalb dieser Ansatz von mir ebenfalls zentral behandelt wird.

Die Kapitel 1 bis 4 stellen den Theorieteil der Arbeit dar. Im ersten Kapitel bearbeite ich den Stand der theoretischen sowie empirischen Forschung zur Einsichtentwicklung im Täter-Opfer-Ausgleich und komme zu dem Schluss, dass

---

1 Diese Vorgehensweise wird in der Straffälligenhilfe metaphorisch als »Gießkannenprinzip« bezeichnet.

keine einheitliche bzw. eine sozial-kognitiv verkürzte Auffassung von Einsicht verwendet wird, die zudem noch keine empirische Überprüfung erfahren hat. In diesem Kapitel wird deutlich, dass eine Fundierung im Sinne der von mir angestrebten Begründung und theoretisch-methodischen Fundierung des Täter-Opfer-Ausgleichs bislang fehlt. Im Zentrum meiner empirischen Forschung steht der Täter-Opfer-Ausgleich Bremen e. V., der angesichts seiner psychoanalytischen Orientierung mir am ehesten geeignet erscheint, Einsichtsprozesse bei den Beschuldigten zu unterstützen.

In dem anschließenden Kapitel 2 wird der Begriff der »Einsicht« aus philosophischer und juristischer Sicht hergeleitet. Die Theorien der Ethik kommen zu dem Schluss, dass eine Einsicht in das eigene Selbst und die Selbstentwicklung eine Grundbedingung für tugendhaftes Verhalten darstellen, im Sinne eines konflikthaften Kreislaufes zwischen Selbstwahrnehmung, Selbstreflexion und Handlungsentscheidung. Da Selbstanerkenntnis in der Entwicklung eines Individuums eines anerkennenden, wertschätzenden Gegenübers bedarf, können Einsichtsfähigkeiten durch einen Kontext von Missachtung verunmöglicht werden. Im juristischen Diskurs wird ein Ringen um Definitionen deutlich, das Einsicht als Erkenntnis des Unrechts einer Tat nicht von der emotional getragenen moralischen Entwicklung einer Person trennt und in den sozialen Kontext des Handelnden einbettet. Tatsächlich handelt es sich im juristisch-philosophischen Diskurs um einen wesentlich differenzierteren Einsichtsbegriff als die kognitiv verkürzte Auffassung von Einsicht in der bisher gängigen Verwendung für den Täter-Opfer-Ausgleich. Es wird für das Feld des Täter-Opfer-Ausgleichs deutlich, dass eine prinzipielle Einsichtsfähigkeit (nicht der Einsicht*wille*, der von Pelikan 1998 gefordert wird) eine kritische Schwelle für das Gelingen eines Täter-Opfer-Ausgleichs darstellen kann. So gilt es aus Sicht der Wissenschaft, sowohl für die juristische als auch für die mediative Praxis geeignete Kriterien für die Entwicklung eines Begriffes von Einsicht bereitzustellen, die dann eine Überprüfung der Einsichtsfähigkeit erst ermöglichen würden. Ich werde darlegen, dass das Konzept der Reflexiven Kompetenz einen derartigen Begriff von Einsichtsfähigkeit transportiert.

Im 3. Kapitel entwickele ich einen psychoanalytisch begründeten Begriff von Einsicht für die Theorie und Praxis des Täter-Opfer-Ausgleichs. Die Psychoanalyse bietet als psychodynamische Konflikttheorie Erklärungsansätze, wonach Einsicht nur dann lebenspraktische Konsequenzen hat, wenn sie sich beim Individuum sowohl kognitiv als auch emotional-sinnlich einstellt, d. h. erlebt wird. Der von mir vorgeschlagene Begriff unterscheidet sich von bisherigen

Verwendungen im Täter-Opfer-Ausgleich dadurch, dass ausdrücklich emotionale und psychodynamische Aspekte berücksichtigt werden, die – wie es in der einschlägigen Literatur Konsens ist – allen kognitiven Prozessen zugrunde liegen (vgl. z. B. Damasio 1994, 2000). Einsicht ist m. E. das Ergebnis einer Selbstreflexion, die mit einem Zuwachs an Wahrhaftigkeit und Verantwortlichkeit verbunden ist, da das Subjekt durch Einsicht über alle psychischen Repräsentanzen (Selbst- und Objektrepräsentanzen und damit verbundene Affekte) akkurat verfügt. Der Selbstreflexion liegen Mentalisierungsprozesse zugrunde, die das eigene Verhalten und Erleben mit innerpsychischen Befindlichkeiten verbinden und begründen sowie dysfunktionalen Abwehrprozessen entgegenwirken. Die Fähigkeit zur Mentalisierung ist daher eine Grundvoraussetzung eines gefühlsgetragenen Ausgleichs im Rahmen eines Täter-Opfer-Ausgleichs, der ohne die Anerkennung der Gefühle des Gegenübers auf einer rein materiellen oder formalen Verhaltensebene verbleibt. Eine Stärkung reflexiver Fähigkeiten im Setting des Täter-Opfer-Ausgleichs kann erfolgen, wenn – analog zur frühkindlichen Situation der Entwicklung von geistigen Fähigkeiten – die Mediatoren sich als Subjekte mit ausreichender Reflexiver Kompetenz zur Verfügung stellen.

Im 4. Kapitel stelle ich Überlegungen auf der Grundlage psychoanalytischer und kriminologischer Erkenntnisse zu den Einsichtsfähigkeiten in der Adoleszenz und besonders gewalttätiger Jugendlicher dar. Antisoziales Verhalten ist in der Adoleszenz als ein normales und ubiquitäres Phänomen einzustufen (z. B. Brunner/Dölling 2002). Gewalttätiges Verhalten verweist jedoch zumeist auf einen beschädigten bzw. gescheiterten Entwicklungsprozess (Fonagy 2006) möglicherweise verbunden mit einer beginnenden schwerwiegenden Ich-Störung im Sinne des dissozialen Syndroms. Bei Personen mit einem dissozialen Syndrom ist aufgrund des Fehlens integrativer Ich-Funktionen, die mit einer Mentalisierungshemmung einhergehen, von einer Störung der Einsichtsfähigkeit auszugehen, da Gefühle wie Trauer, Schuld und Angst aufgrund ihres überwältigenden Charakters abgewehrt werden müssen (Reinke 1997). Bei schwer ichgeschädigten Personen ist eine integrierende Hilfe und Nachentwicklung vonnöten, die Einsicht mit dem Ziel anstrebt, den Betroffenen ein Aussprechen-Können statt eines Handeln-Müssens zu ermöglichen (Reinke 1979). Es ist jedoch zu bezweifeln, dass die Maßnahme Täter-Opfer-Ausgleich bei den schwer ich-gestörten Adoleszenten hinreichend ist, um eine derartige Nachentwicklung unterstützen zu können.

Die darauf folgenden Kapitel (5 bis 9) stellen den empirischen Teil der Arbeit dar. Unter der zentralen Fragestellung, inwieweit Einsicht beim Beschuldigten durch den Täter-Opfer-Ausgleich gefördert wird, findet eine Ergebnisforschung in einem Prä-Post-Design statt, in welchem die aktuellen Methoden der Psychotherapie- und Bindungsforschung angewendet werden. In Kapitel 5 wird die zentrale Fragestellung anhand des Konzeptes der Reflexiven Kompetenz operationalisiert und es werden verschiedene Annahmen entwickelt, die auf dem Stand der referierten Forschung basieren. Die Reflexive Kompetenz wird auf der Grundlage von Bindungsinterviews ausgewertet und in ihrer Ausprägung auf einer elfstufigen Skala von –1 (negative Reflexive Kompetenz) bis 9 (außergewöhnliche Reflexive Kompetenz) kodiert (Fonagy 1998, dt. Reinke 2000). Die zentrale Annahme der Untersuchung besteht darin, dass ein Teil der Beschuldigten von einem Täter-Opfer-Ausgleich insoweit profitiert, als sie in ihren reflexiven Fähigkeiten gefördert werden und Einsicht hinsichtlich ihrer Tat erlangen. Bei einem weiteren Teil der Beschuldigten vermute ich, dass Einsichtsfähigkeiten im Sinne der Reflexiven Kompetenz so eingeschränkt sind, dass sie keine Einsicht im Täter-Opfer-Ausgleich erlangen. Bei letzterer Gruppe gehe ich ebenfalls davon aus, dass der Täter-Opfer-Ausgleich als Kurzzeitintervention die Nachentwicklung der Reflexiven Kompetenz nicht leisten kann. Reflexive Kompetenz wird somit als ein Konzept zur Differenzierung adoleszenter Gewaltstraftäter aufgefasst, das sich ebenfalls als prognostisch relevanter Faktor für zukünftiges gewalttätiges Verhalten erweisen könnte.

Die Untersuchungsgruppe, bestehend aus 19 adoleszenten Beschuldigten, die aufgrund einer Gewaltstraftat an einer strafrechtlichen Mediation teilnehmen, konnte vermittelt über die Kooperation mit dem Täter-Opfer-Ausgleich Bremen für die Studie akquiriert werden. Die 19 männlichen Probanden wurden jeweils vor Beginn des Täter-Opfer-Ausgleichs untersucht, 18 Probanden nahmen in einem Abstand von mindestens einem Jahr nach Abschluss der Schlichtung und des anhängigen Justizverfahrens an der Nachuntersuchung teil. Die eingesetzten Methoden und das Forschungsdesign werden ausführlich in Kapitel 5 erläutert, die zentrale Untersuchungsmethode ist das Erwachsenen-Bindungs-Interview (»Adult Attachment Interview« [AAI]). Im darauf folgenden 6. Kapitel findet eine erste deskriptive Auswertung der Ergebnisse der Untersuchungen statt, die auf die soziodemografischen Merkmale, den Bindungsstatus und die Reflexive Kompetenz bei der Eingangsuntersuchung fokussiert. Zwei Drittel der Probanden weisen einen Migrationshintergrund auf, bei 90% werden bei der Auswertung der Interviews größtenteils mehrfache schwer belastende Lebensereignisse (»stressful life-events«) deutlich. Besonders auffällig ist das Ausmaß innerfamiliärer Gewalt und der hohe Anteil von desorganisierten Bindungsklassifikationen im Sinne ungelöster Bindungstraumata (zwei Drittel der Probanden) sowie die niedrige durchschnittliche Reflexive Kompetenz, die erwartungsgemäß nicht derjenigen einer Normalpopulation entspricht.

In Kapitel 7 werden zunächst die Ergebnisse des Täter-Opfer-Ausgleichs, die Zufriedenheit der Probanden, die Veränderung der Reflexiven Kompetenz sowie die Rückfälligkeit der Probanden erarbeitet. Die darauf folgende statistische Analyse bezieht sich auf die verschiedenen Wechselwirkungen der erhobenen Daten hinsichtlich der Ausprägung von Reflexiver Kompetenz, der Anzahl der Gespräche, der Bindungsklassifikationen sowie des Ausmaßes interpersonaler Probleme. Es zeigt sich, dass die Mentalisierungsfähigkeiten sich nur geringfügig bei Niedrig-Reflexiven verbessert, während Durchschnittlich-Reflexive sich entgegen der Erwartungen tendenziell nach einem Täter-Opfer-Ausgleich verschlechtern. Anhand der statistischen Auswertung scheint dieses Ergebnis in einem Zusammenhang mit der Gesprächsanzahl zu stehen, da die Niedrig-Reflexiven viel mehr Gespräche führen als die Durchschnittlich-Reflexiven. Darüber hinaus besteht ein statistisch signifikanter Zusammenhang zwischen der Ausprägung der Mentalisierungsfähigkeiten und der erneuten Straffälligkeit: Je höher die Reflexive Kompetenz ist, desto wahrscheinlicher ist die Legalbewährung.

Die in Kapitel 8 folgende qualitativ inhaltsanalytische Auswertung ausgewählter Passagen aus den AAI-Transkripten verfolgt verschiedene Ziele. Einerseits bietet sie über die idiografische Falldarstellung die Möglichkeit eines vertiefenden Einzelverständnisses der Einsichtsprozesse im Rahmen eines Täter-Opfer-Ausgleichs. Andererseits stellt die Auswertungsmethode die Möglichkeit einer qualitativen Gegenkontrolle der Ergebnisse der statistischen Auswertung dar. Die im Zentrum stehende Analyse des subjektiven Erlebens der Probanden hinsichtlich der begangenen Straftat ermöglicht eine vergleichende Analyse der Vorher- und Nachheruntersuchung und folglich Aussagen darüber, inwieweit sich subjektive Einstellungen nach einem Täter-Opfer-Ausgleich qualitativ verändern. Tatsächlich unterstützen die Ergebnisse der qualitativen Auswertung die statistischen Ergebnisse sinnvoll, dass der Täter-Opfer-Ausgleich bei niedrig-reflexiven Probanden Einsichtsprozesse befördern kann, während durchschnittlich-reflexive in ihrer Einsichtsentwicklung gehemmt erscheinen. Dieses unerwartete und irritierende Ergebnis kann im Rahmen der qualitativen Auswertung über die unterschiedliche Gesprächsanzahl hinaus in dem Sinne verstanden werden, dass durchschnittlich-reflexive Probanden im

Rahmen eines Täter-Opfer-Ausgleichs aufgrund ihres besseren Zugangs zu eigenen Gefühlen stärker konflikthaft belastet werden und vermutlich durch eine Steigerung der Abwehr in ihren Einsichtsprozessen gehemmt werden, während die niedrig-reflexiven Probanden aufgrund ihrer starren Abwehr einen Täter-Opfer-Ausgleich bestreiten können, ohne in einen innerpsychischen Konflikt zu geraten. Insgesamt geben die Ergebnisse der qualitativen Auswertung Aufschluss darüber, dass sich die Messung der Reflexiven Kompetenz zur Differenzierung qualitativ unterschiedlicher Einsichtsentwicklungen einsetzen lässt, und somit zur Operationalisierung der Einsicht beiträgt.

Eine Interpretation und Diskussion im Hinblick auf die Forschungsfragestellungen wird in Kapitel 9 vollzogen. Die Differenzierung adoleszenter Gewaltstraftäter erfolgt anhand der Reflexiven Kompetenz in drei Gruppen, die verschiedene eigene Täterkonzepte aufweisen. Jede Gruppe kann jeweils unterschiedlich auf das Angebot des Täter-Opfer-Ausgleichs eingehen:

Diejenige Gruppe mit durchschnittlicher Reflexiver Kompetenz lehnt eine Täterschaft fast vollständig ab und verschlechtert sich in ihren Werten nach einem Täter-Opfer-Ausgleich, wobei mit dieser Gruppe im Vergleich zu den anderen weniger Einzelgespräche geführt werden. Die niedrig-reflexive Gruppe nimmt die Täterzuschreibung an und verbessert sich abhängig von der Anzahl der Gespräche, d. h. je mehr Gespräche geführt werden, desto mehr profitieren sie im Sinne einer Steigerung der Reflexiven Kompetenz. Die dritte, nichtreflexive Gruppe identifiziert sich mit der Tat und plant weitere Straftaten. Der Täter-Opfer-Ausgleich trägt bei der nicht-reflexiven Gruppe nicht zu einer Förderung reflexiver Fähigkeiten bei. Darüber hinaus zeigt sich die nichtreflexive Gruppe aufgrund ihrer mangelhaften sozialen Wahrnehmungsfähigkeit als nicht geeignet für eine strafrechtliche Mediation.

Die Reflexive Kompetenz erweist sich im Rahmen der vorliegenden Arbeit als eine geeignete Operationalisierung der individuellen Einsichtsfähigkeiten. Das Niveau der Reflexiven Kompetenz gibt einen Hinweis auf die Qualität der Aufarbeitung der Straftat und auf die Kompetenzen hinsichtlich eines zukünftigen Umgangs mit Konflikterlebnissen und eigenen Affekten, was sich letztlich auch auf die Rückfallgefährdung auswirkt. Somit scheint die Reflexive Kompetenz ein diagnostisches Kriterium darzustellen, zwischen adoleszenztypischer passagerer Auffälligkeit und lebenslanger Gefährdung im Sinne krimineller Karrieren zu differenzieren (Moffitt 1993). Damit wäre ein Kriterium gefunden, unterschiedliche Interventionen als Reaktion auf eine Gewaltstraftat einzuleiten, die sich an den Defiziten der Betroffenen orientieren und damit mehr Aussicht auf Erfolg haben als an formalen Kriterien orientierte Sanktionen. Da sich der Zusammenhang zwischen niedriger Reflexiver Kompetenz und Gewalttätigkeit weiter bestätigt, sind Maßnahmen zu empfehlen, welche die metakognitiven Fähigkeiten von Gewaltstraftätern gezielt fördern.

Ich möchte an dieser Stelle allen danken, die mich bei der Empirie und der Erstellung der Arbeit unterstützt haben. Mein Dank gilt insbesondere dem Leiter des Täter-Opfer-Ausgleichs Bremen e. V., Frank Winter, der mich mit seiner Begeisterung für diese schwierige Klientel in meinen ersten Berufsjahren unterstützte. Ihm und den anderen Mitarbeitern des Täter-Opfer-Ausgleich bin ich darüber hinaus verpflichtet, da sie den Kontakt zu den Studienteilnehmern ermöglichten. Weiter möchte ich Prof. Dr. Ellen Reinke und Prof. Dr. Lorenz Böllinger danken, die mir ein tieferes Verständnis für Dissozialität eröffneten und den Rahmen für die wissenschaftliche Beschäftigung in diesem Feld bereitstellten. Ich danke Cord Benecke und John Dylan Haynes, die mich bei der statistischen Auswertung unterstützten, und Gesa Herbst für die Mitarbeit in der Auswertungsgruppe. Für die inhaltliche und formale Korrektur gilt mein Dank Katja Gazey, Frauke Dziomba, Christoph Krause, Katja Böttger und dem Team des DIALOG, insbesondere Philipp Soldt und Brigitte Steimer. Als Letztem danke ich Timo Storck, der mich in allem bereits genannten zutiefst unterstützte und sowohl fachlich als auch emotional zur Fertigstellung beitrug.

Teil I

Theoretischer Teil

1 Die Entwicklung von Einsichtsfähigkeit als Chance des Täter-Opfer-Ausgleichs

Der Täter-Opfer-Ausgleich ist im Rahmen eines modernen Kriminalrechts (die traditionelle Diktion wäre Strafrecht[1]) als eine mögliche Reaktion auf eine sozialschädliche Verhaltensweise (Straftatbestand) zur Sicherung und Wiederherstellung des Rechtsfriedens zu sehen (Rössner 2000, S. 10). Dabei sind andere mögliche Reaktionen auf eine Straftat der Reaktionsverzicht durch die Einstellung des Verfahrens, die Repression durch Übelgeltung im Sinne einer Bestrafung sowie Maßregeln der Besserung und Sicherung bei eingeschränkter Schuldfähigkeit. Die Wiederherstellung des Rechtsfriedens, der durch die Tat gebrochen wurde, erfolgt bei einem Täter-Opfer-Ausgleich über die Verantwortungsübernahme durch Wiedergutmachung seitens des Täters. Der Sicherung des Rechtsfriedens soll der Täter-Opfer-Ausgleich einerseits dienen, da er eine Reaktion auf ein Unrecht darstellt (Roxin 1987), andererseits soll das Verfahren über die Entwicklung von Einsicht eine Empathie für das Opfer und eine Verinnerlichung von Normen fördern, damit zukünftige Straftaten verhindert werden[2].

Ich werde den Täter-Opfer-Ausgleich als Maßnahme der Straffälligenhilfe und als mediatives Verfahren vorstellen. Mein Schwerpunkt liegt dabei auf der Bremer Schule, deren psychoanalytische Ausrichtung ich als einen geeigneten Rahmen für die Entwicklung von Einsicht erachte. Das Verfahren ist dem Ziel einer Einsichtsgewinnung deshalb besonders zuträglich, weil die psychoanalytische Theorie und Methode eine dynamische Sicht auf Affektivität ermöglicht, die sowohl das subjektive Erleben als auch eine interaktionstheoretische Sicht in den Blick nimmt, was in einer Schlichtung von zentraler Bedeutung ist. Der

---

1 Das moderne Strafrecht übt bei über 50% der Verfahren einen Reaktionsverzicht aus. Zusammen mit den Konfliktregelungsverfahren wird also auf einen Großteil der Straftaten ohne den Einsatz einer Schuldvergeltung im Sinne einer Strafe reagiert, weshalb eine begriffliche Neufassung des Strafrechts angemessen erscheint (Baumann 1992).
2 Dabei wird dem Täter-Opfer-Ausgleich eher eine spezialpräventive Wirkung zugesprochen, im Sinne einer Besserung des Beschuldigten als eine generalpräventive Wirkung im Sinne einer allgemeinen Verhütung durch Abschreckung.

Stand der Forschung zum Täter-Opfer-Ausgleich wird zeigen, dass in der vorliegenden Literatur der Begriff der Einsicht entweder nicht definiert oder sehr unterschiedlich gefasst wird, woraus sich die Notwendigkeit einer begrifflichen Explizierung ergibt. Bislang wird der Begriff entweder sozialkognitiv verkürzt verwendet und unreflektiert aus dem juristischen Diskurs übernommen. Darüber hinaus werde ich herausarbeiten, dass das Bewirken von Einsicht bei den Beschuldigten im Rahmen eines Täter-Opfer-Ausgleichs bislang nicht empirisch überprüft wurde, was meine eigene Fragestellung leiten wird.

1.1 Einsicht als Effekt des Täter-Opfer-Ausgleichs und Grundlage eines zukünftigen Legalverhaltens

Im Folgenden wird die Maßnahme Täter-Opfer-Ausgleich in ihrer aktuellen Verwendung definiert, wobei ich ein besonderes Augenmerk auf die gewünschten Effekte des Täter-Opfer-Ausgleichs lenken werde, die – neben einer einvernehmlichen Regelung zwischen Täter und Opfer – auf einen Resozialisierungseffekt beim Täter abzielen, welcher als Einsicht definiert werden kann. Einsicht und Verantwortungsübernahme werden einhellig als Grundvoraussetzung für das zukünftige Legalverhalten eines Täters betrachtet. Während die Einsicht des Beschuldigten im formalen Strafverfahren den gerichtlichen Prozess nicht gestaltet, ist sie eine zentrale Grundlage der Aushandlungsprozesse im Rahmen einer Schlichtung, da sie die Qualität der Einigung zwischen Täter und Opfer und das Ausmaß an Verantwortungsübernahme bedingt. Daher stellt die Auseinandersetzung mit der Einsicht des Beschuldigten auch einen zentralen Fokus der Gespräche dar.

1.1.1 Die juristische Einbettung, Geschichte und Entwicklung des Täter-Opfer-Ausgleichs in Deutschland

Die im 19. Jahrhundert eingeführte strikte Trennung zwischen Zivil- und Strafrecht führte dazu, dass einer der Hauptbeteiligten einer Straftat, das Opfer, im Strafverfahren häufig nur die Funktion des Zeugen übernimmt und seine sonstigen Interessen (z. B. Schadenersatzansprüche) keine Berücksichtigung finden, sondern in einem separaten zivilrechtlichen Verfahren vom Opfer selbstständig angestrebt werden müssen. Die daraus resultierenden Beeinträchtigungen des Rechtsgefühls der Geschädigten führte Ende der 70er Jahre des letzten Jahrhunderts zu einer Wiederentdeckung des Opfers im Strafverfahren (Patsourakou 1994; Schünemann/Dubber 2000). Parallel wurden Zweifel am Sinn und an der Funktion staatlicher Strafe laut, da diese nachweisbar keine Besserung im Sinne der Resozialisierung bewirkt. Beide Phänomene führten dazu, dass dem Täter-Opfer-Ausgleich ein erhebliches Interesse zuteil wurde. Der Täter-Opfer-Ausgleich ist somit eine vergleichsweise neue Maßnahme der Straffälligenhilfe, die – als Produkt lokaler Initiativen im Rahmen einer »Kriminalpolitik von unten« (vgl. Schreckling 1991, S. 13) und mit der Unterstützung des Deutschen Juristentags von 1984 (Rössner 2000, S. 7) – erstmalig in den Jahren 1984 bis 1986 in der Bundesrepublik Deutschland praktisch durchgeführt worden ist. Zu diesem Zeitpunkt wurde der Begriff Täter-Opfer-Ausgleich noch in keinem deutschen Gesetz erwähnt, die Anwendung geschah unter dem Siegel einer »erzieherischen Maßnahme« des § 45 JGG (Jugendgerichtsgesetz). Die wissenschaftliche Begleitung der ersten fünf Modellprojekte wies den Täter-Opfer-Ausgleich als erfolgreiche Maßnahme aus, was dazu führte, dass dieser im Zuge der Änderung des JGG seit 1989/90 ins Gesetz aufgenommen wurde. Einerseits wurde er als Einstellungsgrund der Staatsanwaltschaft gemäß § 45 Abs. 2 JGG eingeführt, der die Gleichstellung einer erzieherischen Maßnahme mit dem Bemühen des Jugendlichen, »einen Ausgleich mit dem Verletzten zu erreichen«, bedeutet. Andererseits wurde er als Gegenstand einer richterlichen Weisung gemäß § 10 Abs. 1 Nr. 7 JGG eingesetzt. Als Folge der Gesetzesnovellierung erfuhr der Täter-Opfer-Ausgleich einen Gründungsboom in Deutschland. Im Jahre 1990 gab es bereits 224 Einrichtungen; 1995 waren es 368, die angaben, Täter-Opfer-Ausgleiche durchzuführen (vgl. Wandrey/Weitekamp 1998, S. 130). Nach der Bewährung des Täter-Opfer-Ausgleichs im Jugendstrafrecht, dem Solte (2001) eine Vorreiterrolle im deutschen Kriminalrecht einräumt, wurde die Maßnahme 1994 auch ins Erwachsenenstrafrecht in den § 46a Strafgesetzbuch (StGB) aufgenommen. Zur Erleichterung der Durchführung fand er schließlich 1999 auch seinen Niederschlag in der Strafprozessordnung (§ 155a StPO), die in einer Sollvorschrift regelt, dass Gericht und Staatsanwaltschaft »in jedem Stadium des Verfahrens die Möglichkeit prüfen [...] sollen [...], einen Ausgleich zwischen Beschuldigtem und Verletztem zu erreichen«. Der Gesetzgeber begründet die Einführung der Maßnahme mit dem Argument, dass die Erfahrung aus einer Reihe von Praxismodellen gezeigt habe, dass der Täter-Opfer-Ausgleich die Möglichkeit biete, der besonderen Situation des Opfers Rechnung zu tragen und den entstandenen Konflikt zwischen Opfer und Täter angemessener zu bereinigen, als traditionelle Sanktionen dies vermögen. Gesellschaftlich betrachtet soll er den Rechtsfrieden besser wiederherstellen und auch ein wirksameres Mittel gegen den Rückfall darstellen als Zwang und Repression. Dem Täter soll dadurch die »Verwerflichkeit« seines Handelns und die daraus resultierenden Folgen besser *bewusst* gemacht werden als durch Freiheits- oder Geldstrafe, ohne dass in der Allgemeinheit der Eindruck entstehen kann, dass die Tat ohne Konsequenzen bleibe und der Täter aus der Verantwortung entlassen werde (Dreher/Tröndle 1995).

Die tatsächliche Praxis in Deutschland ist nur in Ansätzen zu erfassen und liegt unter den Erwartungen der Befürworter der Maßnahme im Sinne der Fallzahlen und der Qualität der Durchführung. So gibt es seit 1993 zwar eine systematische Erfassung der bearbeiteten Ausgleichsfälle im Rahmen der bundesweiten Statistik, an der sich jedoch nicht alle bundesdeutschen Projekte beteiligen (vgl. Hartmann/Stroetzel 1998, S. 150). Zudem wird kritisiert, dass bei 47% der Einrichtungen die Maßnahme ohne ausgewiesene Konzeption durchgeführt wird (Wandrey/Weitekamp 1998, S. 138; Kerner/Hartmann 2005). Angesichts dieser Entwicklungen konstatieren Wandrey und Weitekamp ein qualitatives und quantitatives Auseinanderdriften des Arbeitsfeldes. Bereits 1991 hat Schreckling in seiner Bestandsaufnahme zum Täter-Opfer-Ausgleich zu einer »Qualifizierungs-Offensive« aufgerufen (vgl. Schreckling 1991, S. 58), in deren Folge im Juni 1993 auf dem ersten bundesweiten Arbeitstreffen der Konfliktberater eine Projektgruppe gegründet wurde, die innerhalb von 15 Monaten die sogenannten TOA-Standards entwickelte, zu denen sich eine Minderheit der Projekte im Rahmen der sogenannten »Herbsteiner Erklärung« selbst verpflichteten (TOA-Standards 2000). Der im Folgenden im Zentrum meiner Ausführungen stehende Täter-Opfer-Ausgleich Bremen e. V. gehörte zu den Erstunterzeichnern und arbeitet somit gemäß den Qualitätsstandards.

1.1.2 Die Beschreibung des Täter-Opfer-Ausgleichs-Verfahrens

Ein Täter-Opfer-Ausgleich bezeichnet das Bemühen, mit der Hilfe eines professionellen, neutralen und allparteilichen Dritten zu einer autonomen, von allen Beteiligten getragenen Lösung zu gelangen. Diese soll geeignet sein, die Probleme, Belastungen und Konflikte, die nach einer Straftat zwischen den beteiligten Personen entstanden sind, zu bereinigen oder zumindest zu entschärfen (Trenczek 1992). Es wird zwischen »neutral« und »allparteilich« differenziert, da die neutrale Haltung des Schlichters sich auf die Ergebnisse der Schlichtung beziehen und die Allparteilichkeit eine Parteinahme für beide Konfliktparteien garantieren soll (Taubner 2003). Zu diesem Zweck werden Gespräche mit den Betroffenen geführt, die in ein gemeinsames Gespräch zwischen beiden Konfliktparteien münden können, in dessen Mittelpunkt die Tataufarbeitung und die Vereinbarung von Wiedergutmachungsleistungen vom Täter an das Opfer steht. Der Begriff »Täter-Opfer-Ausgleich« hat sich gegen synonym verwendete Bezeichnungen wie »Schadenswiedergutmachung«, »Konfliktregulierung« und »Konfliktschlichtung« durchgesetzt, da er klare Verantwortlichkeiten formuliert und auf die Straftat und das Vorgehen innerhalb der Schlichtung verweist. Der Name »Täter-Opfer-Ausgleich« ist zu kritisieren, da hierbei eine Täterschaft definiert wird, die nur durch ein Gerichtsverfahren bestätigt werden könnte. Wird eine Schlichtung im Vorverfahren eines Strafprozesses durchgeführt, so müsste eigentlich von einem Beschuldigten gesprochen werden, dem eine Tat zur Last gelegt wird[3]. Eine persönlich zurechenbare Straftat wird als Anlass für einen Täter-Opfer-Ausgleich genommen und innerhalb der Schlichtungsbemühungen als Konflikt übersetzt, um sich terminologisch und inhaltlich vom strafrechtlichen Vorgehen abzuheben. Im Gegensatz zum Strafverfahren wird partizipatorisch, restorativ und informell vorgegangen, d. h. unter Mitwirkung der Wünsche der Beteiligten, in einem offenen Prozess und im Sinne einer Wiedergutmachung am Geschädigten statt mittels einer abstrakten Übelszufügung im Sinne einer Strafe (Pelikan 1998, S. 14).

Kritisch anzumerken ist, dass in der vorliegenden Literatur der Konfliktbegriff nur selten theoretisch hergeleitet wird, d. h. eher im Sinne eines Alltagsverständnisses von Konflikt verwendet wird. Da in der Literatur häufig auf die Konfliktmanagementtheorie von Glasl (1997) verwiesen wird, referiere ich dessen Definition eines »sozialen Konflikts«, welcher als eine Interaktion zwischen Akteuren gefasst wird, innerhalb derer »wenigstens ein Akteur Unvereinbarkeiten im Bereich der Kognition, der Emotion oder des Handelns mit einem anderen Akteur in der Art erlebt, dass im Realisieren eine Beeinträchtigung durch einen anderen Akteur erfolge« (ebd., S. 14f.). Der »soziale Konflikt« kann sowohl die Ursache als auch das Ergebnis der Straftat sein. Bei der Verwendung dieses Konfliktbegriffs wird die Vorgehensweise auf das

---

3 Auch in der Schweiz heißt das Verfahren Täter-Opfer-Ausgleich, während es in Österreich unter dem Namen »Außergerichtlicher Tatfolgenausgleich (ATA)« und in Frankreich unter der Bezeichnung »Justice Douce« (Sanfte Justiz) praktiziert wird. In England wird ein beziehungsneutraler Begriff benutzt, der als »wiedergutmachende Justiz« (Restorative Justice) übersetzt werden kann, die Maßnahme selbst heißt »Victim-Offender-Mediation«.

Konfliktgeschehen zwischen den Beteiligten eingeengt; gesellschaftliche und/ oder innerpsychische Zusammenhänge sind dann ausdrücklich kein Bestandteil der Schlichtung (Hassemer 1998, S. 409). Ich halte diesen Konfliktbegriff daher für verkürzt und werde im Rahmen dieser Arbeit einen psychoanalytischen Konfliktbegriff wählen, der dynamisch unbewusste Ursachen und darin eingeschriebene gesellschaftliche Praktiken von interpersonalen Konflikten berücksichtigt (vgl. Lorenzer/Görlich 1994).

Die Durchführung einer Schlichtung wird von den meisten Autoren als soziale und zeitlich begrenzte Kurzintervention verstanden, die ausdrücklich kein Behandlungskonzept sein will und folglich auch keine tieferliegende psychische Störung bearbeiten kann (vgl. Schreckling 1991, S. 20). Allerdings sollte im Rahmen eines Täter-Opfer-Ausgleichs im Bedarfsfall eine weiterführende Betreuung vermittelt werden (vgl. Pelikan 1998, S. 31). Ich werde im Gegensatz zu diesen Autoren im Folgenden einen therapeutischen Ansatz für die Theorie und Praxis des Täter-Opfer-Ausgleichs wählen – wie er von der Bremer Schule angestrebt wird (vgl. Abschnitt 1.2 auf Seite 36), da m. E. eine Bearbeitung interpersonaler Konflikte der Beachtung intrapersonaler Probleme bedarf. Dies gilt insbesondere für das Feld der gewalttätigen Jugenddelinquenz, welche im Rahmen dieser Arbeit vor dem Hintergrund einer krisenhaften adoleszenten Entwicklung bzw. als Symptom einer chronischen psychopathologischen Entwicklung gesehen wird (vgl. Kapitel 4).

1.1.3   Der Täter-Opfer-Ausgleich als Mediation im Strafrecht

Mediation bedeutet, dass mit der Unterstützung eines neutralen und allparteilichen Dritten die Verhandlung zweier Parteien erleichtert wird (Lowry/ Harding 1997, S. 6). Hierbei besteht der Anspruch, dass diese Parteien ihre vielleicht feindselige Haltung in eine kooperative Einstellung transformieren, um ein Ergebnis zu erzielen, bei dem es keine Verlierer gibt: »Mediation is a win/ win process« (Folberg/Taylor 1984, S. 10).

Mediation als ein Verfahren institutioneller Vermittlung in Konflikten gelangte in zwei Schüben in den 1980er Jahren nach Deutschland. Vorrangig US-amerikanische Mediationsprogramme wurden für verschiedene Felder adaptiert, z. B. bei Familienstreitigkeiten, insbesondere bei Trennungs- und Scheidungskonflikten, Wirtschafts- und sonstigen zivilen Streitigkeiten (z. B. Umweltmediation). Dabei ist von einer Wiederentdeckung der Mediation zu sprechen, da ihr Konzept auch auf eine lange europäische Tradition zurückblickt[4]. Sowohl in seinen griechisch-hellenistischen Ursprüngen als auch seiner späteren Latinisierung bezeichnet das Wort »Mediation« das »in der Mitte Stehende«, was auf die räumliche (und ideelle) Position des Vermittlers verweist, der zwischen den Konfliktparteien steht (Kemmann/Gante-Walter 2004)[5]. Das »Recht auf Rache« sieht Duss-von Werdt (1998, S. 368ff.) in der »Logik der Ehre« begründet, die auch bei der Strafverfolgung bedeutsam ist, und trennt sie von der »Logik der Würde« (Recognition), die eher den Prinzipien der Mediation entspreche.

Das Verfahren Täter-Opfer-Ausgleich und die Methode der Mediation sind trotz ihrer strukturellen Ähnlichkeit und gemeinsamen Wurzeln unabhängig voneinander in Deutschland eingeführt worden und haben sich bis heute als zwei voneinander getrennte Zweige entwickelt. Während sich die US-amerikanischen gemeindenahen und nachbarschaftsbezogenen Mediationsprogramme sowohl in straf- als auch zivilrechtlichen Konflikten engagierten, gibt es in Deutschland bis dato eine Spaltung dieser beiden Richtungen, was letztlich auch auf die Unterschiede des deutschen Rechtssystems im Vergleich zu den Ländern mit anglo-amerikanischer Rechtstradition zurückgeführt werden kann (Wright/Galaway 1988; Rössner 1998).[6]

Nach jahrelangen Kontroversen besteht in der vorliegenden Literatur Konsens darüber, dass die Methode der Konfliktbearbeitung im Täter-Opfer-

---

4 Mediation hat selbstverständlich auch außereuropäische Wurzeln, die sowohl in China und Japan (Folberg/Taylor 1984) sowie im afrikanischen Brauchtum im Sinne von Dorfversammlungen zu finden sind (Goldberg/Green/Sander 1985). Im arabischen Kulturkreis existiert eine ebenfalls sehr anerkannte informelle Vermittlungtradition, die bis heute bei Auseinandersetzungen zwischen Familienclans zur Wiederherstellung der Ehre praktiziert wird (Cunningham/Sarayrah 1993).

5 Duss-von Werdt (1999) zeigt in seiner geschichtlichen Aufarbeitung der Mediation in Europa, dass sowohl die völkerrechtliche als auch die strafrechtliche Mediation jahrhundertealte Vorläufer hat. Unter dem Rückbezug auf Xavier Rousseaux (1996) verdeutlicht er, dass im nordwestlichen Europa bis ins 15. Jahrhundert Vergehen gegen Leib und Leben in Form einer »Verhandlung« zwischen den Parteien bzw. deren Vertretern gemeinsam durch einen Tatausgleich gelöst werden. Dies ist im Kontext kollidierender Rechtssysteme zu sehen, in denen sich die kleinräumigen, in germanischer Tradition nach sippenrechtlichen Strukturen geordneten Gesellschaften gegen auferzwungene Rechtssysteme der Fürsten und Kirche widersetzen. Gleichwohl dient der Tatausgleich dazu, die Eskalation von Gewalt zu verhindern und so das »Recht auf Rache« verfahrensrechtlich zu begrenzen, wobei das Verfahren in den Händen der betroffenen Familien verbleibt (Duss-von Werdt 1999, S. 52f.).

6 Eine Ausnahmeerscheinung bilden dabei die kommunalen außergerichtlichen Schlichtungsstellen z. B. in Bremen, die trotz des bestehenden Rechtssystems nicht zwischen straf- und zivilrechtlichen Ansprüchen trennen, sondern im sozialen Nahraum auch nicht zur Anzeige gebrachte Konflikte bearbeiten (Winter 2003; Trenczek/Pfeiffer 1996).

Ausgleich als mediatives Verfahren durchgeführt werden kann. Schließlich handelt es sich mit ca. 25.000 Fällen jährlich um den größten Anwendungsbereich von Konfliktschlichtungsverfahren in Deutschland (Delattre 2002). Die möglichen Einschränkungen gegenüber anderen Anwendungsfeldern werden ausführlich von Mühlfeld (2002) diskutiert und berühren die eingeschränkte Freiwilligkeit der Teilnahme, das mangelnde Zeugnisverweigerungsrecht der nicht-rechtsanwaltlichen Schlichter, die fehlende Ergebnisoffenheit und das Machtungleichgewicht zwischen den Parteien. Delattre und Trenczek (2004) weisen daraufhin, dass die eben angedeuteten Problembereiche nicht nur den Anwendungsbereich im Strafrecht betreffen, sondern für die Mediation als solche zu problematisieren sind und Anforderungen an die Qualitätsstandards stellen. So verdeutlichen Hagedorn und Metzger (2003, S. 32), dass unter Zeitdruck stattfindende kurze Vorgespräche von 10 bis 20 Minuten Dauer und ein halbstündiges Ausgleichsgespräch kaum den Erwartungen einer Tataufarbeitung genüge leisten. Insbesondere in ausführlichen Vorgesprächen könnten dagegen die Einschränkungen des Arbeitsfeldes, vermittelt über einen empathischen und vertrauensvollen Kontakt zu der jeweiligen Konfliktpartei, ausgeglichen werden (ebd., S. 31). Auch für das Feld der nicht strafrechtlichen Mediation hat inzwischen eine kritische Überprüfung der Prinzipien von Neutralität, Sachlichkeit und Freiwilligkeit stattgefunden, wobei diese teils als Idealzustand bezeichnet oder gar als Mythen enttarnt wurden (Montada/Kals 2001).

Zusammenfassend ist zu konstatieren, dass es für die Mediation innerhalb und jenseits des Strafrechts noch keine übergreifende Theorie der Schlichtung gibt[7]. Montada und Kals (2001) haben mit ihrem Lehrbuch der Mediation einen ersten Beitrag dazu geleistet und plädieren insbesondere für die Berücksichtigung psychologischer Erkenntnisse zu einem tieferen Verständnis der Konflikte und Prozesse in einer Mediation. Emotionen gelten in der klassischen Auffassung von Mediation als hinderliche Faktoren, die es zu vermeiden oder zu kontrollieren gilt (vgl. den Sammelband zur empirischen Mediationsforschung von Kressel/Pruitt 1989; Petermann/Pietsch 2000). Montada und Kals (2001) hingegen fassen die ausdrückliche Berücksichtigung von Emotionen als »Königsweg« zum Erkennen und Bearbeiten der Tiefenstruktur eines Konfliktes und verstehen sie letztlich als Gradmesser des Mediationserfolges. Ich kann mich der Auffassung von Montada und Kals prinzipiell anschließen, bewerte

---

7 Diese Lücke kann m. E. auch nicht durch Prozessleitpläne geschlossen werden, wie ihn z. B. Middelhof (2004) aus dem Bereich der Familien-Mediation auf den Täter-Opfer-Ausgleich übertragen hat.

ihre Rezeption psychologischer Theoriebildung jedoch als verkürzt, da sie sich nur implizit auf psychoanalytische Konzepte beziehen. Insbesondere das referierte Emotionskonzept, das ein Herzstück des Lehrbuches darstellt, erscheint mir nach dem heutigen Stand der Forschung als ergänzungsbedürftig. So behaupten Montada und Kals (2001, S. 46), dass »negative« Emotionen wie Wut, Ärger und Aggression über Steuerungsprozesse in einer Mediation in »positive« Emotionen verwandelt werden können. Solch ein kybernetisches Modell von subjektiver emotionaler Befindlichkeit lässt sich jedoch nicht mit der begründeten Auffassung verbinden, dass der sich in Tat wie Schlichtung äußernde innere wie äußere Konflikt – einschließlich der damit verbundenen Gefühle – als ein individuell bedeutsamer erklären ließe. In der vorliegenden Arbeit soll deshalb auch eine differenzierte Affekttheorie Berücksichtigung finden, die m. E. besser geeignet ist, die inneren Beweggründe für gewalttätiges Verhalten zu verstehen, mit denen sich die Praktiker im Feld der strafrechtlichen Mediation konfrontiert sehen (vgl. Kapitel 3 und 4).

1.1.4 Einsicht als Voraussetzung oder Ziel des Täter-Opfer-Ausgleichs

Das allgemein formulierte Ziel eines Täter-Opfer-Ausgleichs ist, durch Zufriedenheit der Parteien eine Befriedung von Konflikten zu erreichen, womit der Rechtsfrieden zwischen den Parteien wiederhergestellt wäre. Nebenprodukte können dabei die Normverdeutlichung und ein Resozialisierungseffekt beim Täter sein (Hassemer 1998, S. 402). Pelikan (1998) betont, dass dieses Ziel nur unter bestimmten Voraussetzungen erreichbar sei, die in der grundsätzlichen Bereitschaft des Täters zur Einsicht verankert seien. Für das Feld der häuslichen Gewalt entwirft sie ein Screeningverfahren der Falleignung für eine mediative Konfliktbearbeitung unter Berücksichtigung der Gewalt- und Konfliktkonstellationen, wobei sich die vereinzelt bleibenden Gewaltausbrüche deutlich geeigneter für eine Konfliktbearbeitung erweisen als Konstellationen, bei denen die Gewaltausübung ein integraler Bestandteil der Beziehungsgestaltung ist (Pelikan 1998, S. 17). Bei Letzterem kann das Täter-Opfer-Ausgleichsverfahren die erforderliche Normverdeutlichung nicht leisten und gerät in die Gefahr, einer Bagatellisierung der Straftat Vorschub zu leisten[8]. Bei geeigneten Fällen (z. B.

---

8 Zur Debatte einer Funktionalisierung des Opfers zugunsten des Täters, die von Oberlies' offenem Brief (Manipulationen im Namen des Opferschutzes, *Frankfurter Rundschau* vom 27.07.2000, S. 7) angeregt wurde (vgl. Trenczek 2000, S. 5ff.).

Stresskonflikten) können die zentralen Prozessmerkmale der Anerkennung der Würde der Beteiligten (»recognition«) einerseits und der Stärkung vor allem der Geschädigten (»empowerment«)[9] andererseits bei allen Beteiligten normverdeutlichend wirken und ein Veränderungspotenzial aktivieren[10]. Das mediative Verfahren dringe »unter die Oberfläche des Tatbildes«, da die Verletzungen der Geschädigten und die Motive der Beschuldigten »sichtbar und spürbar« werden können (ebd., S. 25), was eine Stärkung des Opfers bewirkt und beim Täter durch Einsicht in das eigene Verhalten und innere Verantwortungsübernahme eine (potenzielle) Verhaltensänderung erreicht: »Während nach der Präventionslogik des Strafprozesses die Verhaltensänderung durch die Strafandrohung, also durch das Erzeugen von Angst erreicht werden soll, setzt das informelle Verfahren des Tatausgleiches auf tiefenwirksame interaktive Prozesse: auf [...] Verhaltensänderung durch Einsicht beim Schläger« (ebd., S. 26f.)[11].

Pelikan operiert hier mit einem Einsichtsbegriff, der erlebnisgetragen ist, jedoch die Gefahr einer Tautologie beinhaltet, wie sie für das Feld des juristischen Diskurses beklagt wird (vgl. Kapitel 2), wenn Einsicht nur bei den Beschuldigten entsteht, die bereits eine Einsicht mitbringen.

Rössner (2001) spricht in Bezug auf die Anwendung im Jugendstrafrecht von der Möglichkeit des sozialen Lernens, da die friedliche, integrative Konfliktregelung in den Ausgleichsgesprächen den Beteiligten ein Gegenmodell zu den gewaltsamen Konfliktbewältigungen anbietet. Durch die Begegnung mit dem Leid des Opfers werden beim jugendlichen Beschuldigten Aufmerksamkeitspro-

---

9 Ich bin hier nicht den Begriffen von Christa Pelikan gefolgt, die »recognition« als »Würdigung« und »empowerment« als »Mächtigung« übersetzt, da ich diese Begriffe als unglückliche Übersetzungprodukte betrachte.

10 Auf die Bedeutung der »Anerkennung« des Anderen für die Identitäts- und Moralentwicklung der Subjekte hat Honneth (1992, 2000) hingewiesen, was ich in der Diskussion der philosophischen Erkenntnisse zum Begriff der Einsicht aufgreifen werde (vgl. Kapitel 2). Darüber hinaus argumentiere ich aus der Sicht der psychoanalytischen Objektbeziehungstheorie, innerhalb der das Psychische in Gestalt von Beziehungsrepräsentanzen aufgefasst wird, sodass Subjektivität und deren Konstituierung ohne ein Gegenüber nicht denkbar sind (z. B. Winnicott 1951; Lorenzer 1972). Für den Täter-Opfer-Ausgleich erhalten diese Ansätze ihre Bedeutsamkeit, da sie als dialektische Diskurse zu einer Überwindung einseitiger Täter- und Opferzuschreibungen führen, die eine tatsächliche Anerkennung der Beteiligten und folglich eine Einsichtsgewinnung erst begründet (vgl. die qualitative Auswertung in Kapitel 8).

11 Vor dem Hintergrund der Forschungsergebnisse zum pathologisch verminderten Angsterleben bei chronisch Kriminellen und der psychoanalytischen Erkenntnisse, dass Delinquente Strafen als Angriffe erleben, ist generell zu bezweifeln, dass eine Strafandrohung bei dieser Personengruppe Angst erzeugt und eine Straftat so vereitelt werden könnte (vgl. Reinke 1975, S. 27ff.; Reinke 1997).

zesse angeregt, die die Entstehung sozialer Sensibilität und Moralentwicklung fördern. Im Gegensatz zu ausgrenzenden Reaktionen auf Straftaten (z. B. Arrest, Jugendstrafe) kann der »TOA [...] das Band zur Konformität neu knüpfen und ein positives Selbstkonzept stützen« (Rössner 2001, S. 10). Hagedorn und Metzger (2003) erweitern den Begriff von Einsicht, die durch den Täter-Opfer-Ausgleich mittels Erfahrungen statt über Belehrungen gefördert werde, bleiben dabei allerdings ebenfalls auf eine sozialkognitive Dimension beschränkt. Sie definieren Einsicht als Bewusstsein für die Rechte und Interessen anderer, das die Übernahme von Verantwortung gewährleiste. Die Täter könnten sowohl von der Entlastung von Schuldgefühlen als auch von der Einsicht in die Folgen der Tat profitieren, da sich ihnen damit die Chance böte, an der Tataufarbeitung zu wachsen, statt in kriminelle Karrieren »abzurutschen«.

Resozialisierungseffekte werden also von verschiedenen Autoren mit dem Konzept der Einsicht verbunden, wobei Einsicht jeweils unterschiedlich definiert wird, vorrangig in einem sozialkognitiven Sinne. Insgesamt fehlt es jedoch an begrifflicher Schärfe, sodass – wie bei der Verwendung des Konfliktbegriffes – von einer eher alltagssprachlichen Nutzung auszugehen ist, bzw. von einer unreflektierten und verkürzten Übernahme des Begriffes aus dem juristischen Diskurs. Diese Verwendung ist m. E. ergänzungsbedürftig aufgrund der zentralen Stellung des Begriffes der »Einsicht« für eine Theorie der Veränderung im Täter-Opfer-Ausgleich. Daher zielt diese Arbeit darauf, ein Konzept von Einsicht zu erarbeiten, das in der psychoanalytischen Theorie verankert wird und damit eine Theorie der Veränderung bereitstellt, welche als notwendiges Prozesswissen (vgl. Thomä/Kächele 1985[12]) der Praxis des Täter-Opfer-Ausgleichs zugrunde gelegt werden könnte. Ob eine strafrechtliche Mediation eine geeignete Methode darstellt, um eine verhaltenswirksame und persönlichkeitsverändernde Einsicht zu erzeugen, und nicht ebenfalls als Strafe oder Zwang erlebt wird, gilt es im Rahmen dieser Arbeit zu klären.

Böllinger (1999, 2001) sieht in der Bewusstmachung von Unbewusstem ein Ziel der Mediation und Begleitforschung, welches ich teile und dieser Arbeit zugrunde lege. Damit ist gemeint, dass die Konfliktschlichter Widerstände der Konfliktparteien, die sich gegen die Einsicht richten, in ihrer Funktion zu erkennen und dieses Wissen den Beteiligten zugänglich zu machen, um damit deren Verständnis für das eigene Verhalten zu verbessern (Schmitz 1989,

---

12 Vgl. auch die kritische Auseinandersetzung mit Thomäs und Kächeles Ansatz bei Zepf und Hartmann (1989, S. 73ff.).

S. 182). Für Schmitz (ebd., S. 183ff.) sind zeitweilige Parteilichkeit, unklare Sachverhalte und Widerstände der Beteiligten keine Störungen des Prozesses, sondern konstituierende Merkmale des Tätigkeitsfeldes, deren Bewältigung nur durch fundierte psychologische Kenntnisse, Konfliktfähigkeit und eine intensive praxisbegleitende Supervision gelingen kann. Diese Anforderungen an das Praxisfeld erscheinen mir besonders in der Bremer Schule des Täter-Opfer-Ausgleichs verwirklicht, weshalb ich diese im nächsten Abschnitt darstellen werde.

1.2 Psychoanalytisch orientierte strafrechtliche Mediation – die Bremer Schule des Täter-Opfer-Ausgleichs

Insgesamt kann man von einer Methoden- und Theorievielfalt aus den Bereichen der Kommunikations- und Konflikttheorien sprechen, derer sich die Praktiker aus einem Mangel an konsistenten Konzepten eklektisch bedient haben, als sie an die praktischen Mediationserfahrungen aus den USA anknüpften (Delattre 2000, S. 9). Eine Ausnahme stellt hierbei die Schlichtungsstelle in Bremen dar, die sich seit ihrer Gründung 1990 neben ihrer ausdrücklichen justizfernen und gemeindenahen Verankerung um eine psychologisch-psychoanalytische Fundierung ihrer Tätigkeit bemüht (Winter 1990). Ich werde im Folgenden die Besonderheiten der Bremer Schule darstellen, da ich diesen Ansatz als besonders fruchtbar im Sinne der Einsichtsbildung erachte; entsprechend bezieht sich auch die Wirksamkeitsstudie auf den Täter-Opfer-Ausgleich Bremen e. V. (vgl. den empirischen Teil dieser Arbeit).

1.2.1 Die Ziele des Bremer Täter-Opfer-Ausgleichs

Basierend auf Konzepten der psychoanalytischen Sozialarbeit und der gemeindenahen Psychiatrie (vgl. Verein für Psychoanalytische Sozialarbeit 1999) soll die Schlichtungsstelle insbesondere denjenigen einen Raum zur Verfügung stellen, die über keinen angemessenen inneren Raum zur Bearbeitung ihrer Konflikte verfügen (Winter 1999, S. 5). Als »Raum« wird hierbei nicht der äußere Ort des Gespräches verstanden, sondern vielmehr wird »Raum« als Metapher für Innerseelisches und Zwischenmenschliches benutzt (vgl. Winnicott 1967; Ogden 1997; Britton 1998; Altmeyer 2005). Das vorrangige Ziel eines Täter-Opfer-

Ausgleichs wird darin gesehen, »das Verhalten der Jugendlichen zu verstehen und [...] mit ihnen gemeinsam den Raum zu eröffnen, um ihre eigenen [...] inneren Realitäten zu besehen und einer Bearbeitung zugänglich zu machen« (Winter 1999, S. 7). Einerseits können so Motive der Jugendlichen gefunden werden, die verlässlicher zu einem Verzicht auf zukünftiges delinquentes Verhalten führen können als Verbote dies leisten würden, andererseits eröffnen reflexive symbolische Räume auch ich-strukturell eine Alternative zum gewalttätigen Ausagieren unerträglicher (innerer) Realitäten. Winter warnt jedoch vor einer Überschätzung der Maßnahme, da eine geringe Anzahl von Gesprächen vermutlich keine tiefgreifenden strukturellen Veränderungen der Persönlichkeit bewirken kann. Ich schließe mich seiner Haltung grundsätzlich an, möchte jedoch auf die Chancen hinweisen, die eine Konfliktbearbeitung über mehrere Schlichtungen hinweg bedeuten kann. Nach einem gelungenen Erstkontakt kann es vorkommen, dass sich ein Jugendlicher immer wieder aufgrund eigener Probleme oder Cliquenvorfälle an den Schlichter wendet, weil sich ein Vertrauensverhältnis entwickelt hat. Hierbei kann eine vertiefte Beziehung zum Schlichter entstehen, die durchaus Veränderungspotenziale befördert[13] (Taubner 2003). Eine längerfristige Zusammenarbeit ist insbesondere für diejenigen Straffälligen angezeigt, bei denen im Verlauf einer Schlichtung deutlich wird, dass ihre Straftaten nicht im Sinne passagerer Jugenddelinquenz zu sehen sind, sondern im Kontext einer frühen Störung stehen. Bei diesem Personenkreis sieht sich die Schlichtungsstelle in Bremen als niedrigschwelliges Angebot, das erste Schritte in Richtung einer therapeutischen Bearbeitung anbieten kann.

Ein weiteres Ziel, das mit der Eröffnung reflexiver Räume eng verbunden ist, besteht darin, die begangene Straftat sowohl gesellschaftlich-sozial als auch psychisch zu integrieren (Winter 2004). Die soziale Integration folgt der Logik der »Wiedergutmachenden Gerechtigkeit« (»restorative justice«) (Matt 2002): Durch die Wiedergutmachung der Tat und den Ausgleich zwischen Täter und Opfer kann der Täter wieder in die gesellschaftliche Gemeinschaft aufgenommen werden. Die soziale Integration ist allgemeines Ziel, die Betonung der Stärkung psychischer Integrationsfähigkeit ein Spezifikum des Täter-Opfer-Ausgleichs Bremen. Ein gelungener emotionaler Ausgleich zwischen den Parteien bedeutet eine Auseinandersetzung mit schwierigen Gefühlen, die neben Wut und Hass auch Schuld-, Scham- und Reuegefühle einschließen. Erst nachrangig geht es

---

13 Auf die Möglichkeit, dass Jugendliche weitere Straftaten verüben könnten, um weitere Gespräch im Täter-Opfer-Ausgleich führen zu können, hat Bindrich (2001) hingewiesen.

um Meinungen und Einstellungen, und zuletzt um materielle Ausgleichsleistungen (Winter 2004, S. 22). Eine psychische Integration kann in einem erweiterten Sinne bedeuten, dass der Täter in der Schlichtung sein eigenes Schicksal im Opfer erkennt. Dies wird auf der Grundlage psychoanalytischer Erkenntnisse so verstanden, dass der Täter aufgrund unbewusster Motive beschädigende eigene Erfahrungen wiederholt und in der Auseinandersetzung mit den Gefühlen des Opfers eigene Gefühle erblickt, die er unterdrücken und von seiner bewussten Erfahrung abspalten muss. In der Bewusstmachung seiner abgespaltenen Gefühle liegt die Chance eines Neuanfanges, wenn er vermittelt über die Hilfe des Schlichters als Drittem diese Gefühle wieder in sich hineinnehmen kann und als seine eigenen erkennt, statt sie projektiv im Gegenüber unterzubringen und dort zu bekämpfen (Reinke 1999; Bindrich 2001).

Eine Veränderung chronifizierter Strukturen, die hier als pathologisch narzisstische Strukturen verstanden werden und eine psychische Weiterentwicklung des Individuums verhindern, bedarf einer seelischen Erschütterung. Lorenzer (1986b) spricht in diesem Zusammenhang von einer »Hermeneutik des Leibes«, da seelische Erschütterungen am eigenen Leib erfahren werden müssen, um dann wieder versprachlicht werden zu können (zitiert nach Reinke 1999, S. 48). Reinke (1997) hat die besonderen Anforderungen in der soziotherapeutischen Arbeit mit Delinquenten unter dem Begriff der Angstbewältigung diskutiert. Eine Angstbewältigung sei jedoch nur möglich, wenn »Angst in einem solchen Milieu erlebt werden kann« (ebd., S. 71). Leiblich-seelische Erschütterungen, die einer korrigierenden emotionalen Beziehungserfahrung zugrunde liegen, scheitern, wenn der jeweilige Mitarbeiter eine zu starre Abwehr aufweist oder sich von den archaischen Abwehrmechanismen überfluten lässt. Ersteres würde bedeuten, dass die Angst des Klienten den Schlichter nicht erreicht, bei Letzterem könnte der Mitarbeiter die Gefühle von Bedrohung und Überwältigung nicht integrieren und könnte dem Klienten nicht mehr als Hilfs-Ich zur Verfügung stehen. Als besondere Schwierigkeiten der Arbeit im Täter-Opfer-Ausgleich sehe ich die »Verbrüderung« mit dem Klienten gegen andere beteiligte Rechtsinstanzen, bei der bedrohliche Gefühle dann ins Außen verlagert werden können. Die Kehrseite geschieht dann, wenn der jeweilige Schlichter sich hinter den Rechtsinstanzen verbirgt und so als Beziehungspartner nicht zur Verfügung steht. Die Bearbeitung unbewusster Gründe für fremdschädigendes Verhalten sowie eine Bewältigung der Angst seitens der Mitarbeiter bedarf einer spezifischen Haltung des Schlichters und eines darauf ausgerichteten Settings, welche ich in den beiden folgenden Abschnitten beschreiben werde.

1.2.2 Die Haltung des Schlichters

Die Prinzipien der Mediation bilden den Rahmen einer Schlichtung, der jedoch zumeist für die Anforderungen, die das hier im Zentrum der Betrachtung stehende Klientel an die Schlichter stellt, nicht ausreicht. Die Bearbeitung von Straftaten bedeutet einen intensiven Austausch mit Personen, die Grenzen überschreiten und Beziehungsabbrüche inszenieren. Ein Beispiel für eine eher misslungene Antwort eines Schlichters im Sinne einer agierten Gegenübertragungsreaktion geben Taubner und Frühwein (2004, S. 71), die einen jungen Mann beschreiben, der wegen drei Körperverletzungen angezeigt war, und die einführenden Worte des Schlichters beantwortete mit: »Fick dich ins Knie, Alter!« Hierbei sind Reaktionen durch den Schlichter vorstellbar, die nicht die inneren Beweggründe für das Handeln des Beschuldigten berücksichtigen, sondern in den Bereichen von Beziehungsabbruch, Mitleid oder Repression anzusiedeln sind. Der provokative Ausspruch fand tatsächlich eine von unbewältigter Aggression getragene Antwort des Schlichters: »Bevor ich mich ins Knie ficke, fickt Sie der Jugendrichter sonst wo hin!« Zwar hat der Schlichter an dieser Stelle die Schlichtung nicht abgebrochen und eine notwendige Begrenzung des Jugendlichen versucht, diese basierte jedoch auf einer Drohung mit Verweis auf die Gerichtsverhandlung und bedeutete vermutlich eine Wiederholung repressiver Beziehungskonstellationen, mit denen der Jugendliche vertraut ist (zum Umgang mit negativen Übertragungen vgl. Kernberg 1985, 2004). Andere, nicht auf einer psychoanalytischen Haltung basierende Antworten sind beispielsweise Verleugnungen oder Bagatellisierungen der Aggression des Beschuldigten auf der Grundlage einer Mitleidsreaktion des Professionellen, die mit der »harten« Vergangenheit des Jugendlichen begründet wird. Auch diese Alltagsreaktionen würden jedoch die Erfahrung von misslingenden Beziehungen wiederholen, weil sie nicht am Erleben der Betroffenen ansetzen. Die psychoanalytische Theorie stellt einen Rahmen dar, um das scheinbar irrationale Verhalten des Jugendlichen verstehen zu können. Delinquentes und kriminelles Verhalten insbesondere von jungen Menschen kann als Zeichen der Hoffnung auf Heilung gewertet werden, einen Ausweg aus Trauma und Vernachlässigung durch einen liebevollen und begrenzenden Rahmen zu suchen (Bowlby 1944; Aichhorn 1925; Winnicott 1956). Im Täter-Opfer-Ausgleich Bremen hat sich die Auffassung durchgesetzt, dass eine Schlichtung durchaus das Potenzial hat, junge Menschen in ihren unbewussten Wünschen nach Heilung zu unterstützen[14]. Dazu muss jedoch eine »andere Antwort« im Sinne einer therapeutischen Intervention gefunden werden, welche die Kreisläufe von destruktiven Beziehungserfahrungen unterbricht (Alexander/French 1949; Reinke 1997; Taubner/ Frühwein 2004, S. 73).

Die klinische Orientierung der Bremer Schule findet ihren Niederschlag also in einer besonderen Haltung des Schlichters, die auf dem psychoanalytischen Verstehen basiert. Das psychoanalytische Erkenntnisinteresse richtet sich allgemein auf die unbewussten Vorstellungen, die im Zusammenspiel zwischen Analytiker und Analysand rekonstruiert, sprachlich verfügbar gemacht und in ihren lebensgeschichtlichen Sinn eingeordnet werden können. Grundlegend für das psychoanalytische Verstehen ist die Annahme eines Wiederholungszwanges, »so dass die aufgrund eines Konflikts unbewusst gewordenen Beziehungen dynamisch virulent bleiben und in unterschiedlichen szenischen Ausformungen immer wieder agiert werden« (Zepf 2006b, S. 279). Über den Vorgang des Verstehens können Wiederholungszwänge durchbrochen werden, wobei das Erkennen nicht auf einer theoriegeleiteten Beschreibung der Symptome basiert, sondern in dem Bereitstellen und Reflektieren einer Situation, »in der das alte Drama des Konfliktes mit den neuen Ausstattungen von Analytiker und Analysand wieder in Szene gesetzt werden kann« (Reinke 1999, S. 48 unter Rekurs auf Lorenzer 1970b). Laut Lorenzer (1970b) sind »Erklärungen«, die ein logisches (auf den Sachverhalt bezogenes) oder psychologisches (emotional-affektives) Nachvollziehen der Äußerungen des Analysanden bedeuten, die Voraussetzung für das eigentliche »psychoanalytische Verstehen« als »szenisches Verstehen«. Daher konzipieren Argelander (1970 mit einem klinischen Schwerpunkt) und Lorenzer (1970b mit einem metatheoretischen Schwerpunkt) das »szenische Verstehen« als Erkenntnisgrundlage der Psychoanalyse, welche im Analytiker über den systematischen Prozess der Selbstanalyse der Gegenübertragungsreaktionen entsteht (Reinke 1995). Als Szene wird immer ein repräsentierter Interaktionszusammenhang betrachtet, d. h. der Patient steht in Beziehung zu einem Objekt. Aufgrund der gemeinsamen »Praxis« zwischen Analytiker und Analysand kann nur über das szenische Verstehen die Schwelle des Unbewussten überschritten werden, da die »situative Struktur« über alle Verfremdungen und Bedeutungsverfälschungen, denen die Sprache unterliegt, erhalten bleibt (Lorenzer 1968, zitiert nach Reinke 1999, S. 59). Psychoanalytisches Verstehen gründet also auf einer

---

14 Vgl. Argelander (1970) zu den bewussten und unbewussten Motivationen, die einen Heilungswunsch bei der Suche nach einer Psychotherapie begleiten.

Integration von anamnestischen Daten des Klienten und der gefühlsmäßigen Erfassung der szenischen Interaktion zwischen Schlichter und Klient unter der Berücksichtigung von Übertragung und Gegenübertragung, die mit einer passageren Identifizierung mit dem Klienten einhergeht (vgl. für die Täter-Opfer-Ausgleichs-Situation Bindrich 2001).

Ich möchte im Folgenden aus meiner Praxis ein Beispiel für eine liebevoll haltende Intervention auf der Grundlage szenischen Verstehens darstellen. Im Rahmen einer strafrechtlichen Mediation mit einem 15-jährigen Jugendlichen, der eine 82-jährige Frau beraubt hat, wobei diese aufgrund eines Sturzes dabei einen Armbruch erlitt, kam es nach mehreren Einzelsitzungen zu einem Telefongespräch mit dem Beschuldigten, während dessen ich ihm die Forderungen des Opfers mitteilte. Hinzufügen möchte ich überdies, dass es sich nicht um einen durchschnittlichen Täter-Opfer-Ausgleich handelte, da der Jugendliche m. E. in besonderer Weise durch eine, sich bereits zu diesem Zeitpunkt andeutende, schwere Persönlichkeitsstörung beeinträchtigt war, was auf viele andere Beschuldigte nicht zutrifft.

Als ich Steffen am Telefon von der Forderung der alten Dame erzähle, dass sie sich als Wiedergutmachung ein Gespräch mit seiner Mutter wünsche, erlebe ich einen starken Wutanfall an der anderen Seite der Leitung. Er wirft mir vor, dass der ganze Täter-Opfer-Ausgleich eine »große Verarschung« sei und dass er es auf keinen Fall zulassen werde, dass seine Mutter die alte Frau treffe. Dann beginnt er die Geschädigte als »alte Hure« zu titulieren, was ich ihm verbiete, und er unterlässt es daraufhin. Er fragt nach den möglichen Konsequenzen eines Scheiterns der Schlichtung und ich kann da nur auf den Richter verweisen, in dessen Hand die Verhängung weiterer Sanktionen liegt. Steffen steigert sich derweil immer weiter in seine Wut hinein und beginnt zu drohen, die Frau zusammenzuschlagen, und fasst konkrete Handlungspläne dazu: Er würde jetzt gleich zu dem Altenwohnheim gehen, würde ja auch von mir ihren Namen kennen und zieht mich somit als Mitschuldige hinein. Immer wieder schreit er: »Was will diese Frau?« und »Es ist meine Straftat und nicht die meiner Eltern!« Es gipfelt in der Drohung, dass er sich als Handwerker verkleiden und sie erschießen werde. Ich werde immer verzweifelter und bekomme richtig Angst und Panik, wobei ich aber den Eindruck habe, dass es sich hierbei auch um die Gefühle von Steffen handeln könnte, die sich für mich unerträglich anfühlen. Ich sage ihm, dass wir unter diesen Bedingungen den Täter-Opfer-Ausgleich nicht fortsetzen können und dass ich die Polizei und den Richter über diese Drohungen informieren werde, falls er sie wirklich ernst meine. Ich mache das Angebot, dass wir uns heute Nachmittag gemeinsam mit seiner Mutter treffen können, um das weitere Vorgehen zu besprechen. Dann könne ich ihm auch in Ruhe erklären, warum die Frau das Gespräch mit seiner Mutter wünsche. Plötzlich erscheint er mir ganz ruhig und ist mit dieser vorläufigen Lösung einverstanden. Er würde aber nur eine halbe Stunde bleiben, weil er danach zum Sport ginge. Tatsächlich erscheint er zum Termin und duldet später ein gemeinsames Gespräch zwischen Mutter und Geschädigter, dem eine persönliche Entschuldigung Steffens bei der alten Dame vorausgeht.

Ich verstehe die Forderung des Opfers nach einem Gespräch mit der Mutter des Beschuldigten als einen Angriff auf dessen Größenselbst. In seiner Größenvorstellung ist Steffen übersteigert eigenständig und unabhängig von den Eltern, während er tatsächlich wenig erwachsene Züge aufweist, von den Eltern stark kontrolliert und auch zur Durchsetzung der elterlichen Interessen körperlich misshandelt wird. Das straffällige Verhalten erscheint in dieser Linie als ein von den Eltern unabhängiger Bereich, innerhalb dessen er fast unbegrenzt seine eigenen Omnipotenzgefühle ausleben kann. Steffen beantwortet die Einschränkung seines Größenselbst mit narzisstischer Wut und versetzte mich in die Lage einer Ohnmächtigen und Mitschuldigen. Da ich die in mir unerträglichen Gefühle jedoch auch vor dem Hintergrund seiner Lebensgeschichte als seine eigenen Gefühle der Ohnmacht und Panik im Sinne des Abwehrmechanismus der projektiven Identifizierung verstehen konnte, war es mir möglich, selbst ruhig zu bleiben, d. h. meinen eigenen psychischen Raum nicht zu verlieren und somit nicht ins Agieren zu geraten. Ich konnte ihm deshalb in ruhigem Tonfall Grenzen verdeutlichen und ein Beziehungsangebot machen, das nicht auf Rache und Gegenaggression fußte. Daraufhin konnte er sich narzisstisch stabilisieren und zeigte mir seine Unabhängigkeit von meiner Unterstützung über die Zeitbegrenzung aufgrund seiner »wichtigen« Sporttermine. In dem Beispiel wird auch deutlich, dass ich dem Beschuldigten mein Verständnis der Szene nicht über eine sprachliche Deutung, sondern über meine Haltung mitgeteilt habe. Das Verständnis für die unbewussten Motive der Taten und des Verhaltens in den Schlichtungsgesprächen schützt den Schlichter davor, seine Rolle und sein einfühlendes Verstehen aufgrund von Angst, Gegenaggression oder Überidentifizierung zu verlassen, da deutlich wird, dass der Täter nicht aus moralischer Verwerflichkeit handelt, sondern zumeist aufgrund eines frühen narzisstischen Defizits oder einer passageren Krise (vgl. Kapitel 4)[15].

---

15 Sehr interessant ist darüber hinaus die Beziehungsdynamik zwischen Steffen und der Geschädigten, da Letztere offensichtlich ein gutes Gespür für das tatsächliche psychische Alter Steffens hat, und daher mit dessen Mutter über dessen Tat reden will – von Mutter zu Mutter.

Vor dem Hintergrund einer psychoanalytischen Haltung steht somit nicht die Rekonstruktion des objektiven Herganges der Tat im Vordergrund, sondern das Zusammenwirken »von innerer Beteiligung und äußerem Ablauf« (Bindrich 2004, S. 49), so wie auch das psychoanalytische Verfahren am subjektiven Erleben ansetzt (Zepf 2006b, S. 277). Das psychoanalytische Verstehen als Grundhaltung bedeutet auch, dass das Hilfsangebot an die Beteiligten an erster Stelle steht und die Schuldfrage nur nachrangig behandelt wird. Nur so können das tatsächliche Geschehen und die innere Beteiligung aufgearbeitet werden, weil die Beteiligten sich nicht rechtfertigen und verteidigen müssen. Aus diesem Prozess kann dann die Bereitschaft zu innerlich getragenen Entschuldigungen entstehen, weshalb die Schuldfrage keineswegs unbearbeitet bleibt: »Für die Klärung der entstandenen Schuld muss also, scheinbar paradoxerweise, die Schuldfrage, vor allem im Sinne von Beschuldigung und Anklage, ausgeklammert werden« (Bindrich 2004, S. 50).

1.2.3 Das Setting des Bremer Täter-Opfer-Ausgleichs als Schalenmodell

Die jeweils probeweise eingesetzten Deutungen, die unbewusste lebensgeschichtliche Bedeutungen in die Sprache zurückführen, entstehen nach Lorenzer jedoch nicht aus einem Wechselschritt zwischen dem situativen Erleben und den theoretischen Vorkenntnissen, sondern unter Rekurs des Analytikers auf seine Fülle verstandener Interaktionsschemata, sodass auch ein Nicht-Analytiker unter entsprechender Anleitung szenisches Verstehen ausüben kann (Lorenzer 1970b; Reinke 1999, S. 60). Letzteres ist für die Theorie und Praxis des Täter-Opfer-Ausgleichs besonders interessant, da die Methode des szenischen Verstehens daher auch für Mitarbeiter ohne psychoanalytische Ausbildung nutzbar gemacht werden kann. Szenisches Verstehen kann jedoch nicht ohne weiteres auf das Feld des Täter-Opfer-Ausgleichs übertragen werden, da es im Rahmen der psychoanalytischen Situation in ein spezifisches Setting eingebunden ist. Das psychoanalytische Setting ermöglicht eine notwendige Kontrolle der Situation, denn »[d]iese allein unterscheidet das methodische Einsetzen von subjektiven Fähigkeiten [...] vom Alltagsgeschehen [...]« (ebd., S. 50). Die Verwendung des szenischen oder psychoanalytischen Verstehens für das Feld des Täter-Opfer-Ausgleichs bedarf daher eines Methodentransfers, wie ihn Lorenzer (1986a) für den Bereich der tiefenhermeneutischen Kulturanalyse vorgelegt hat. Meiner Auffassung nach ist das Schalenmodell, das Reinke (1997) für die Soziotherapie mit Delinquenten entwickelt, ein geeignetes Vorbild für ein Setting des Täter-Opfer-Ausgleichs, weil es szenisches Verstehen ermöglichen kann.

Die Anforderungen an ein psychoanalytisches Verstehen in diesem Arbeitsfeld werden insbesondere von den narzisstischen Übertragungen gestaltet, die für antisoziale Persönlichkeiten typisch sind[16]. Narzisstische Übertragungskonfigurationen können von einer solchen Wucht bzw. so fragmentiert sein, dass eine Person allein die analytische Haltung nicht wahren und auch die notwendige Distanz zur Reflexion des Geschehens (auch im Nachhinein) kaum einnehmen kann, sodass Verstehen im oben beschriebenen Sinne durch die Zusammenarbeit mehrerer Professioneller gewährleistet werden sollte (Reinke 1997, S. 105f.; Verein für Psychoanalytische Sozialarbeit 1999). Reinke (1997) hat die narzisstische Übertragung unter Rückgriff auf Kernberg (1974) für die soziotherapeutische Arbeit mit antisozialen Persönlichkeiten beschrieben, die sich von der neurotischen Übertragung insofern unterscheidet, als hier nicht die frühkindlichen Objektbeziehungen in der Beziehung mit dem Therapeuten wiederholt werden, sondern vorrangig die *Abwehr* auf traumatische Erlebnisse der Kindheit:

> Unter der narzißtischen Übertragung ist einerseits die Bereitschaft zu verstehen, auch im späteren Leben die chaotischen und fragmentierten Anteile des grandiosen Selbst und des idealisierten Objekts auf alle Personen der sozialen Umwelt zu richten. [...] Gegenüber der Neurose und ihrem vorwiegend autoplastischen Konfliktgeschehen ist der innere Kampf des Patienten viel deutlich sichtbarer, da er alloplastisch, d. h. im außen angreifend, agiert wird (Reinke 1997, S. 100).

So gilt insbesondere für das antisoziale Verhalten, welches vor dem Hintergrund einer pathologisch narzisstischen Entwicklung geschieht, dass psychische Konflikte über die »Sprache der Handlung« mitgeteilt werden, die über einen szenisch-psychoanalytischen Zugang verstanden werden können (ebd., S. 101; vgl. auch Streeck-Fischer 2006). Das klassische Setting wurde daher von Winter um das Prinzip der Co-Schlichtung ergänzt, die durch die Konfliktbearbeitung im Schlichterteam eine zweite Sicht auf den jeweiligen Fall ermöglicht (Winter 1990, S. 32f.). Das Schalenmodell, das Reinke (1997) für die soziotherapeutische Arbeit mit erwachsenen Straftätern entwickelte, wurde von Blank und Genegel (2000, S. 170) auf den Täter-Opfer-Ausgleich übertragen. Für die

---

16 Zur Differenzierung von antisozialem Verhalten vor dem Hintergrund verschiedener Persönlichkeitsstörungen vs. einer passageren delinquenten Adoleszenzentwicklung vgl. Kapitel 4.

strafrechtliche Mediation gilt noch mehr als für soziotherapeutische Angebote, dass innerpsychischen Konflikten nur bedingt eine Projektionsfläche gegeben werden darf, da nicht der Rahmen (und die Ausbildung) gegeben ist, diese vollständig durchzuarbeiten[17]. Das Schalenmodell – übertragen auf die Bedingungen eines Täter-Opfer-Ausgleichs – stellt eine Organisationsform dar, deren Kern die Beziehung zwischen Schlichter und Klienten bildet. Der Kern wird von drei Kontroll- und Auffangschalen umgeben, die einerseits die Ausbreitung der narzisstischen Übertragung ermöglichen (Auffangfunktion) und andererseits die Reflexion des Übertragungsgeschehens sichern sowie Spaltungsprozessen entgegen wirken sollen (Kontroll- und Integrationsfunktion). Je integrativer die Institution arbeiten kann, desto größer ist die Chance für die Klienten, die Schlichter als eine Art »Hilfs-Ich« zu nutzen, um die Konflikte zu bearbeiten, die zu der Straftat geführt haben[18]. Die erste den Kern umgebende Schale stellt die Co-Schlichtung dar. Bereits in diesem Setting kann der Denkraum für etwas Drittes organisatorisch gesichert werden, da die Möglichkeit besteht, dass gespaltene Gefühle sich auf die beiden Schlichter aufteilen und bei einer gemeinsamen Reflexion das unterschiedlich Wahrgenommene integriert werden kann. Die regelmäßigen Fallbesprechungen in den Teamsitzungen stellen die zweite Schale dar, die monatlichen Supervisionen schließlich die dritte Schale. In zunehmender Distanz vom Kern können die Mitarbeiter bzw. die Supervisoren, die nicht direkt mit dem Klienten arbeiten, zum Verständnis der Schlichtungs- und Beziehungsprozesse beitragen, sodass es zu einem vertieften Verständnis der jeweiligen Konfliktdynamik kommt. In der Supervision geht es auch um das Bewusstmachen von schwer annehmbaren Gefühlen, die der jeweilige Fall im Schlichter auslöst. Wenn genug Vertrauen innerhalb der Supervisionsgruppe besteht, können die einzelnen Mitglieder ihre eigenen Fähigkeiten in diesem Rahmen entwickeln, indem sie bestimmte eigene Reaktionsmuster erkennen, reflektieren und bearbeiten (Bindrich 2001, S. 30). Durch das Schalenmodell kann folglich die beim Schlichter prinzipiell vorhandene Haltung wieder gewonnen werden, die durch die Praxis mit dem Klienten immer wieder erschüttert wird.

---

17 Deutlich wird hierbei auch die Notwendigkeit einer differenzierten Persönlichkeitstheorie, die ein Ausagieren der Übertragungserlebnisse, z. B. als Streit zwischen den Schlichtern, begrenzen kann, wie wir am Beispiel von studentischen Interviews mit persönlichkeitsgestörten Patienten demonstriert haben (Storck/Taubner 2007).

18 Die hohen integrativen Anforderungen des Arbeitsfeldes werden leider oft durch einen ungesicherten organisatorischen Rahmen der Täter-Opfer-Ausgleichs-Projekte (z. B. befristete Verträge, unklare Weiterfinanzierungen) entscheidend erschwert.

Im Folgenden gebe ich einen Überblick über den Stand zur Forschung, wobei der Täter-Opfer-Ausgleich Bremen bislang nicht wissenschaftlich begleitet wurde und sich die Ergebnisse der verschiedenen Studien also auf die strafrechtliche Mediation ohne psychoanalytische Begründung beziehen.

1.3 Überblick über den Stand der Forschung zum Täter-Opfer-Ausgleich

Die bisherige vorrangig kriminologische Forschung zum Täter-Opfer-Ausgleich konzentriert sich auf die Bereiche der Realisierbarkeit der Täter-Opfer-Ausgleichs-Projekte und der Schlichtungsergebnisse im Sinne erfolgreicher Schlichtungen und Zufriedenheit bei den beteiligten Personen. Dies bedeutet, dass die bisherige Forschung stark auf den Bereich der Kurzzeiteffekte fokussierte. Einen weiteren Forschungsschwerpunkt stellt die Akzeptanz des Täter-Opfer-Ausgleichs bei den anderen professionellen Beteiligten eines Strafprozesses dar, die hier jedoch nicht weiter ausgeführt werden, da sie keine Relevanz für die bearbeitete Fragestellung aufweisen (vgl. Walter 1998; Pelikan 1991; Pfeiffer 1991). Gleiches gilt für die Forschungen zur Akzeptanz des Täter-Opfer-Ausgleichs in der Bevölkerung (vgl. Sessar 1992; Pfeiffer 1994; Kilching 1995, 1996).

Darüber hinaus gibt es eine eher unsystematische Sammlung von Fallbeschreibungen, die bestimmte Problembereiche der Schlichtungstätigkeit diskutieren. Hier wird auch deutlich, dass eine Fundierung im Sinne der von mir angestrebten theoretisch-methodischen Begründung bislang fehlt. Die einzigen Studien zu Langzeiteffekten stellen Rückfallerhebungen von Ausgleichsfällen in Schleswig-Holstein und Lüneburg dar (Keudel 2000; Busse 2001). Der Mangel an systematischer Evaluation des Täter-Opfer-Ausgleichs ist für diesen jedoch nicht spezifisch, er lässt sich bei allen anderen kriminalpräventiven Maßnahmen ebenfalls feststellen (BMI, BMJ 2001 zitiert nach Bannenberg/Rössner 2003, S. 115). Wirksamkeitsforschung im Bereich der Mediation jenseits ihrer strafrechtlichen Anwendung hat in Deutschland in Ermangelung von ausreichender Mediationspraxis kaum stattgefunden (vgl. Alexander et al. 2003, S. 196), weshalb ich die folgenden Ausführungen um US-amerikanische Forschungsergebnisse ergänzen werde.

1.3.1 Kurzzeiteffekte des Täter-Opfer-Ausgleichs

Mit unterschiedlichen Methoden wurde die Umsetzung der Idee des Täter-Opfer-Ausgleichs in den einzelnen Projekten vor Ort beschrieben oder auch kritisch begleitet. Die Ergebnisse der Einzelstudien sollen hier, da sie immer wieder dieselben Fragen berühren, zusammengefasst dargestellt werden (einen Überblick geben Schreckling 1991; Bannenberg 1993; Dölling/Henninger 1998).

Als Voraussetzung zur Durchführung einer Schlichtung benennen die Studien einen geständigen Täter[19], ein personifizierbares Opfer, einen klaren Sachverhalt in Bezug auf die Tat sowie die Mitwirkungsbereitschaft der Beteiligten. Die Zustimmungsquote für die Teilnahme an einem Täter-Opfer-Ausgleich bewegt sich bei den Tätern zwischen 85% und 95%, bei den Opfern mehrheitlich zwischen 80% und 90% (Dölling/Henninger 1998, S. 367). Die Motive der Teilnahme aufseiten der Täter sind einerseits der Wunsch nach einer Vermeidung des Strafverfahrens bzw. einer Besserstellung darin, andererseits das Bedürfnis, sich zu entschuldigen und der Wunsch nach Versöhnung. Die Opfer geben als Motive für ihre Teilnahmebereitschaft an, Zweifel an der Wirkung einer Strafe zu haben, den Täter vor einer Strafe bewahren zu wollen, die mögliche Reduktion der eigenen Angst, Normverdeutlichung für den Täter und die Erfüllung materieller Ersatzansprüche. Die behandelten Delikte konzentrieren sich primär auf den Bereich der mittleren bis schweren Kriminalität, vorrangig Straftatbestände wie Körperverletzung und in geringerem Umfange Raubtaten. Allerdings werden auch Delikte geschlichtet, die stärker dem Bereich der Bagatellkriminalität angehören wie z. B. Diebstahl und Sachbeschädigung. Als Ausgleichserfolg wird eine einvernehmliche und abschließende Regelung zwischen dem Täter und dem Opfer angesehen, die bei jugendlichen und heranwachsenden Beschuldigten bei 85% der Fälle und bei erwachsenen Beschuldigten bei 78% der Fälle erreicht wird (Rössner 2000). Bei durchschnittlich 62,2% fand ein Ausgleichsgespräch im Beisein von Vermittlern statt, wobei die Quote mit 40% deutlich niedriger ausfällt, wenn der Täter erwachsen ist[20]. Bei 75% der erfolgreichen Ausgleichsfälle wurden weitere Leistungen wie Entschuldigungen, Schadenersatz, Schmerzensgeldzahlungen sowie symbolische

---

19 An dieser Stelle möchte ich zwischen Geständigkeit im Sinne eines Eingestehens, die vorgeworfene Straftat begangen zu haben, und einer erlebten Einsicht im Sinne einer Bewusstheit und Anerkennung für die die Tat begleitenden psychischen Folgen beim Beschuldigten und beim Geschädigten unterscheiden.

20 In diesen Fällen kann über die sogenannte »Pendeldiplomatie«, bei der der Schlichter mehrfach zwischen den Parteien pendelt, trotzdem eine einvernehmliche Regelung gefunden werden.

Wiedergutmachungen erbracht (vgl. Bannenberg 1993, S. 179). Die Gründe für das Scheitern eines Ausgleichsversuches (durchschnittlich 24,9% der Fälle) sind nach Bannenberg vielschichtig. Bei den Geschädigten spielten hierbei Ängste sowie Bestrafungswünsche eine Rolle, bei den Beschuldigten primär die Auffassung, nicht allein für die Tat verantwortlich zu sein (ebd., S. 181). Schreckling (1989) versucht durch eine statistische Auswertung Merkmalszusammenhänge in Bezug auf den Ausgleicherfolg zu bestimmen, kommt aber zu dem Ergebnis, dass es dafür keinen zentralen Faktor zu geben scheint, und benennt folgende Risikofaktoren: Gewaltstraftaten, ungünstige soziale Täterlage, ältere weibliche Geschädigte (ebd., S. 110). Dölling und Hartmann (1994, S. 71) konnten zeigen, dass die Erfolgswahrscheinlichkeit unabhängig von der sozialen Schicht der Konfliktparteien ist, andererseits jedoch stark von den Arbeitsbedingungen der jeweiligen Schlichtungsstelle und dem persönlichen Arbeitsstil des jeweiligen Vermittlers abhängt, was die Bedeutsamkeit einer theoretischen Fundierung der Tätigkeit unterstützt. Eine qualitative Befragung von Tätern und Opfern nach dem erfolgten Ausgleich beim Modellprojekt München/Landshut kam zu dem Ergebnis, dass beide Gruppen den Täter-Opfer-Ausgleich durchweg positiv einschätzen (vgl. Hartmann 1995, S. 282--284). Im Falle eines erfolgreichen Ausgleichs kam es bei 82,4% der Fälle zu einer Einstellung des Strafverfahrens, 33,3% der gescheiterten Ausgleichsversuche wurden ebenfalls eingestellt (Bannenberg 1993, S. 186f.).

Insgesamt verweisen alle genannten Studien daraufhin, dass die strafrechtliche Mediation im Bereich der Kurzzeiteffekte mit einem hohen Erfolg im Sinne der Beteiligungs- und Schlichtungsquote im Bereich der mittleren bis schweren Kriminalität durchgeführt wird. Die positive Bilanz der Kurzzeiteffekte entspricht der US-amerikanischen und deutschen Mediationsforschung im Feld der Familien- und Scheidungsmediation (vgl. Depner et al. 1992; Emery 1994; Irving/Benjamin 1992; Kelly 1990; Bastine et al. 1995; Proksch 1998).

1.3.2 Langzeiteffekte des Täter-Opfer-Ausgleichs

Die bislang einzigen Rückfallstudien zum Täter-Opfer-Ausgleich wurden im Rahmen von Dissertationen vorgelegt. Keudel (2000) untersuchte dabei alle Gerichtsakten der in Schleswig-Holstein behandelten Täter-Opfer-Ausgleichsverfahren zwischen 1991 und 1995 und kommt zu dem Ergebnis, dass nach einem erfolgten Täter-Opfer-Ausgleich im Bereich der Jugenddelinquenz sich 58% der jugendlichen Täter und 73% der heranwachsenden Täter legal bewähren (ebd., S. 121). Im Vergleich zu traditionellen Sanktionen (Arrest, Jugendstrafe bzw. Sozialer Trainingskurs bei den Jugendlichen) schneidet der Täter-Opfer-Ausgleich besser, im Vergleich zu der non-intervenierenden Diversion (die Einstellung des Verfahrens) bei Bagatellen schlechter ab. Busse (2001) verglich eine Stichprobe von 91 jugendlichen Beschuldigten, die nach einer Körperverletzung einen Täter-Opfer-Ausgleich absolvierten, mit einen Gruppe von 60 Beschuldigten, die formell nach dem JGG verurteilt wurden. Nur 56% der Täter-Opfer-Ausgleichsgruppe wurden rückfällig im Vergleich zu 81% der Verurteiltengruppe[21]. Insgesamt könne vor dem Hintergrund der Würdigung der Rückfallforschung geschlussfolgert werden, dass es zum derzeitigen Stand der Forschung keinen Hinweis gibt, die spezialpräventive Wirung des Täter-Opfer-Ausgleichs in Frage zu stellen (Keudel 2000, S. 218).

Hinsichtlich der Langzeiteffekte entsprechen die empirischen Ergebnisse der nicht-strafrechtlichen Mediationsforschung nicht den Erwartungen an diese Methode. Zwar berichteten Klienten einer Scheidungsmediation von einer Verbesserung der Kooperation zwischen den Eheleuten, geringeren Konflikten und einer kindzentrierteren Kommunikation. Diese Effekte ließen sich aber zwei Jahre nach der Mediation nicht mehr nachweisen (Irving/Benjamin 1992). Pearson und Thoennes (1989, S. 23) machen deutlich, dass die empirischen Ergebnisse darauf hindeuten, dass Mediation kaum geeignet ist, grundlegende Beziehungsmuster zwischen Eheleuten zu verändern. Allerdings sprechen die Ergebnisse dafür, dass es eine begrenzte Wirksamkeit für eine psychische Veränderung der einzelnen Mediationsteilnehmer gibt (ebd., S. 28). Pruitt et al. (1993) konnten in ihrer Untersuchung der Langzeiteffekte von sozialer Mediation – vorrangig Nachbarschaftskonflikte – zeigen, dass der Erfolg eines Ausgleichs (Kurzzeiteffekte) keinen Zusammenhang zu den Langzeiteffekten hat: »[L]ongterm success is not a simple function of reaching agreement or the quality of the agreement in community mediation. [T]he remedy is to spend more time so that deeper issues can be explored and better agreements reached« (ebd., S. 325). Sie kommen in ihrer Gesamtwürdigung zu dem Schluss, dass Mediation stärker therapeutische Ziele im Sinne einer Verbesserung der Beziehung

---

21 Leider wird in der deutschsprachigen und angloamerikanischen Rückfallforschung nicht zwischen passagerer und chronifizierter Jugendkriminalität differenziert, weshalb die Daten einem erheblichen Informationsverlust unterliegen, da diese Formen der Kriminalität im Rahmen der Adoleszenz nicht vergleichbar sind (auf dieses Manko hat Mofitt 1993 für den anglo-amerikanischen Bereich hingewiesen, vgl. Kapitel 4). So könnten auch die niedrigen Rückfallquoten für die nicht-intervenierenden Reaktionen begründet werden, wenn diese vorrangig die passagere Jugenddelinquenz betreffen.

der Konfliktpartner verfolgen sollte, um ihre langfristige Wirksamkeit zu erhöhen (ebd., S. 327). Dies ist ein weiterer Punkt, an dem die Notwendigkeit eines psychoanalytisch-dynamischen Konzeptes von Mediation deutlich wird, wobei zwischen weiter bestehender Beziehung zwischen den Konfliktparteien (Ehepaare, Nachbarn) und situativ aufeinandertreffenden Personen zu differenzieren ist, da bei Ersteren eine Verbesserung der Beziehung angestrebt werden kann und bei Letzteren eher eine Verbesserung der allgemeinen Beziehungs*fähigkeit* im Vordergrund steht.

1.3.3 Das Entstehen von Einsicht im Beschuldigten

Bislang liegen keine empirischen Ergebnisse vor, welche die Effekte einer Schlichtung hinsichtlich der Einsichtsgewinnung des Beschuldigten belegen. Verschiedene Autoren haben sich dieser Frage über explorativ-qualitative Auswertungen von Schlichtungsgesprächen und nachträglichen Interviews der Beteiligten genähert. Jansen und Karliczek (2000) untersuchen 26 Täter und Opfer mittels eines problemzentrierten Interviews jeweils direkt nach der Schlichtung und 15 der Probanden bei einer Wiederholungsbefragung 9 bis 12 Monate später. Sie resümieren, dass die Täter den Täter-Opfer-Ausgleich als persönliche Chance begriffen, eine positive Einstellung zum Geschädigten zu entwickeln. Bei der retrospektiven Betrachtung während der Zweiterhebung dominierte in den Interviews der Beschuldigten die Auffassung, durch den Täter-Opfer-Ausgleich einen »Denkanstoß« insbesondere bezüglich der Folgen der Straftat erhalten zu haben, wobei sich die Folgen eher auf die negativen Konsequenzen für sie selbst bezog als für die Geschädigten. Laut den Autoren wurde die Angst vor einer Strafverfolgung wegen erneuter Vergehen deutlich, die nicht so »glimpflich« enden würden wie die Einstellung des Verfahrens nach dem Täter-Opfer-Ausgleich. Die Autoren interpretieren das Abwägen selbstschädlicher Folgen kriminellen Verhaltens als beginnenden sozialen Lernprozess bei den Beschuldigten und schlussfolgern eine mögliche längerfristige präventive Wirkung des Täter-Opfer-Ausgleichs (ebd., S. 177). Auch sie verweisen auf die entscheidende Bedeutung, die dem Verhalten des Vermittlers zukommt, und empfehlen, »dass die Vermittler ihre Arbeit einem permanenten Prozess der kritischen Reflexion unterziehen [...]« (ebd., S. 178). Allerdings konnte in dieser Studie nicht gezeigt werden, dass sich bei den Beschuldigten eine gesteigerte Empathie für das Opfer, eine Normvertiefung oder Unrechtseinsicht entwickelte.

In Anlehnung an die kognitive Kriminalitätstheorie von Sykes und Matza (1957) beschreibt Messmer (1989, 1993, 1996) in seiner Auswertung von transkribierten Ausgleichsgesprächen mit jugendlichen Beschuldigten täterspezifische Konstruktionen der Rechtfertigung mittels Neutralisierung. Eine Neutralisierungstechnik ist ein Begründungsmechanismus, welcher abweichendes Verhalten sowohl ex ante als auch ex post erlaubt und gleichzeitig die Norm als allgemeingültigen Wert bestehen lässt (ebd., S. 228ff.). Diesem Konzept liegt die Auffassung zugrunde, dass der Täter das Ausmaß des Unrechts seines Verhaltens kennt, die Schuldzuweisungen jedoch externalisiert und die Verantwortung für das Unrecht auf die soziale Umwelt (vorzugsweise das Opfer) projiziert (Messmer 1996, S. 199). Rechtfertigungen sind nach Messmer Abwehrreaktionen auf Schuldgefühle, »wenn die Geschehnisse sich nicht leugnen und diesbezügliche Ursachen aus dem persönlichen Verantwortungsbereich sich nicht ausschließen lassen« (ebd., S. 207). Vermittelt über diese Rechtfertigungsmuster wird

> [...] das inkriminierte Verhalten zur logisch notwendigen Reaktion auf die Handlung des jeweils anderen und die Rollenverteilung zwischen Täter und Opfer kehrt sich hinsichtlich ihres Verursacherstatus in das Gegenteil um. [...] Auf diese Weise verkehrt sich die Schematisierung von konform und deviant in ihr Gegenteil, so dass die Grenzziehung zwischen Gut und Böse verschwimmt (ebd., S. 161).

Neutralisierungstechniken immunisieren somit den Täter gegen ein wesentliches Ziel des Ausgleichsverfahrens, die Aufarbeitung des Unrechts der eigenen Tat und das Erkennen der Unangemessenheit der eigenen Reaktionen. Im Gegensatz zu gerichtlichen Maßnahmen, bei denen bestehende Normen und konkurrierende Rechtfertigungsmuster zumeist unausgesprochen bestehen bleiben, sieht Messmer bei der Unrechtsaufarbeitung im Rahmen eines Täter-Opfer-Ausgleichs die Chance, die beschriebenen Neutralisierungstechniken zu umgehen oder gar Sichtweisen neu auszurichten. Der Täter wird nicht bloß mit seiner Normübertretung konfrontiert, sondern aufgefordert, sein Rechtfertigungsmuster offen zu legen, welches mit der Sichtweise des Geschädigten verschränkt wird. Messmer sieht Sprache als Moment ungewollter Preisgabe: Schwächen und Widersprüche der jeweiligen Position könnten in der Konfrontation aufgedeckt werden, in der Folge würden Rechtfertigungsmuster nicht aufrechterhalten. Seine Gesprächsanalysen haben gezeigt, dass die interaktive Auseinandersetzung um die Norm im Ausgleichsgespräch dazu führt, dass sich gemeinsame Bezugspunkte herausbilden (Messmer 1996, S. 232ff.). Diese Interaktion zeichnet sich nach Messmer dadurch aus, dass sowohl der Vermittler als auch der Geschädigte versuchen, die Neutralisierungstendenzen des Täters zu unterlaufen (Messmer 1993, S. 78).

Ich habe Messmers Vorarbeiten etwas ausführlicher dargestellt, da er sich inhaltlich als Einziger mit der Frage der Einsicht beschäftigt hat und seine Arbeit eine rühmliche Ausnahme im Feld der Täter-Opfer-Ausgleichsforschung darstellt, da er theoretisch und methodisch fundiert vorgeht und das Feld relativ ideologiefrei darstellt[22]. Meine Kritik betrifft im Wesentlichen die Verkürzungen, die er sich mit seiner gewählten Rahmentheorie auferlegt, sowie das Beharren auf der Zuschreibung von Täter- und Opferrollen. Messmer definiert Einsicht als Unrechtseinsicht, die sowohl das Eingestehen einer Handlung – einschließlich deren Unrecht – als auch die Übernahme der größeren Anteile von Schuld und Verantwortung impliziert[23]. Eine Konfliktbearbeitung verlangt jedoch, dass beide Parteien in ihrer subjektiven Sicht auf den Vorfall angehört und respektiert werden[24], während in Messmers Auffassung Vermittler und Opfer gemeinsam die Rechtfertigungen des Täters »brechen«. Hierbei wird ein objektiver Tathergang impliziert, der sich an den »Tatsacheninformationen« des Polizeiberichtes orientiert, was auch aus juristischer Sicht zu problematisieren ist, da der tatsächliche Sachverhalt erst in der Verhandlung festgestellt werden kann und nicht aus dem Polizeibericht ableitbar ist. Tatsächliche Einsicht kann aus psychodynamischer Sicht nicht entstehen, nur weil andere »bessere Argumente« haben bzw. »Tatsachen« für sich sprechen las-

---

22 Eine Ausnahme stellt seine Verwendung der Begrifflichkeiten von »Gut« und »Böse« dar, wobei sich Böse wohl vorrangig auf das Unrecht der Straftat bezieht, nicht auf den Täter. Für das Feld der psychopathologischen Kriminaltheorien hat Rauchfleisch (2000) auf die Verwendung von moralisierenden Begriffen hingewiesen. Im Feld des Täter-Opfer-Ausgleichs zeichnet sich das Gros der Publikationen m. E. eher durch Verleugnungen aus, indem die z. T. schwerwiegenden Gewaltstraftaten als »Konflikte« verharmlost oder ganz verschwiegen werden.

23 Tränkle (2002) weist in diesem Zusammenhang auf ein strukturelles Problem des Täter-Opfer-Ausgleichs hin: Dass einerseits die Straftat als Konflikt mit verschiedenen Konfliktparteien betrachtet werden soll, andererseits aber eine justiziell definierte Rollenverteilung in Täter und Opfer bestehen bleibt. Insbesondere bei jugendtypischen Delikten kann die Schuldverteilung aber nicht so eindeutig verteilt sein, wie es die juristische Definition impliziert. Ein Täter kann sich demnach in der Zwangslage befinden, sich trotz verminderter Schuld auf den Täter-Opfer-Ausgleich einzulassen, um ein Gerichtsverfahren zu vermeiden, andererseits während der Ausgleichsgespräche aber auf seinen tatsächlichen verminderten Schuldanteilen zu beharren (Tränkle 2002 wählt das Beispiel einer Notwehrsituation, S. 27f.).

24 Vgl. das Konzept der Anerkennung von Honneth (1992, 2003) in Kapitel 2.

sen[25]. Einsicht kann nur dann verhaltenswirksam werden, wenn sie auch emotional getragen wird und an den Wahrnehmungen und Empfindungen der Beteiligten ansetzt. Diese These werde ich in den drei folgenden Kapiteln belegen.

Messmer betrachtet Rechtfertigungsstrukturen darüber hinaus als Prozesse, die sämtlich dem Bewusstsein zugänglich sind und somit der Entscheidung des Individuums unterliegen. Auf dieser Grundlage ist die von ihm vorgeschlagene argumentative Arbeit an der Unrechtseinsicht folgerichtig. In der Erörterung der Motive für Rechtfertigungen verlässt er jedoch den Rahmen seiner gewählten Referenztheorie:

> Dem Anschein nach fundieren Rechtfertigungen eine naheliegende, weil unmittelbar entlastende Reaktion auf Schuld, mit denen die Betroffenen die Grundlagen ihrer Selbstachtung nach innen und außen schützen. Der Psychoanalyse sind ähnliche Abwehrmechanismen seit jeher bekannt, mit denen Individuen auf bedrohliche, weil ihre persönliche Identität unmittelbar betreffende Konfliktsituationen reagieren (Messmer 1996, S. 230).

Durch den Rekurs auf psychoanalytische Abwehrkonzepte verstrickt sich Messmer in Widersprüche, die er in seiner Arbeit nicht auflöst. Schließlich geschieht Abwehr zum Schutz des psychischen Gleichgewichts vollständig unbewusst, d. h. das Abgewehrte ist dem Individuum kognitiv nicht zugänglich, da Abwehr die Funktion hat, unerträgliche Vorstellungsinhalte und Gefühle vom Bewusstsein fernzuhalten (vgl. A. Freud 1936). Sind also Rechtfertigungen die bewussten Abkömmlinge von innerpsychisch notwendigen Abwehrprozessen, die sich als Widerstand in den Ausgleichsgesprächen manifestieren, so werden sich diese vermutlich als resistent gegenüber rationalen Argumenten erweisen (vgl. Horn et al. 1984 zu den Grenzen rationaler Gesundheitsaufklärung). Auch Hassemer weist in diesem Zusammenhang daraufhin, dass die Strategien der Leugnung eine gewichtige Rolle zur Herstellung oder Beibehaltung des inneren Gleichgewichts von Tätern haben, was einer Unrechtsaufarbeitung entgegen-

---

25 Messmer argumentiert vom Standpunkt kognitiver Theorie. Doch auch wenn die argumentative Auseinandersetzung zwischen Täter und Opfer vor dem Hintergrund von Habermas' Kommunikativer Kompetenz (1968) betrachtet wird, die voraussetzt, dass allseits kompetente Sprecher vorhanden sind und das »bessere Argument« tatsächlich zählen kann, muss eingeschränkt werden, dass viele Beschuldigte – zumindest bestimmte Gruppen von Tätern – nur der Möglichkeit nach kompetente Sprecher im Sinne Habermas' sind (vgl. Kapitel 4). Gerade die Habermassche »Theorie des kommunikativen Handelns« (1981a, b) in ihrem Primat des Rationalismus berücksichtigt nicht das Konflikthafte aus Interaktion und Kommunikation.

steht (Hassemer 1998, S. 399). Die psychoanalytische Forschung (Reinke 1997) hat auf die unbewussten Dimensionen der Entstehung von Kriminalität hingewiesen, die meiner Auffassung nach einer Unrechtseinsicht entgegenstehen können, da kriminelles Handeln nicht verkürzt als die Entscheidung eines Individuums gegen eine Norm aufgefasst werden kann, sondern auch als Schutz und psychische Überlebensstrategie.

1.4 Fragestellung und eigenes Forschungsvorhaben

Bei der Betrachtung der verschiedenen Studien zum Täter-Opfer-Ausgleich wird deutlich, dass neben den sozialwissenschaftlichen, rechtswissenschaftlichen und kriminologischen Studien bislang kaum psychologische Forschung stattgefunden hat. Mit dieser Arbeit soll ein alternativer Ansatz zu den referierten Studien auf der Grundlage einer stringenten Rahmentheorie vorgelegt werden, die ich in den Rahmen der psychoanalytischen Objektbeziehungstheorie einordne. Ich werde im Folgenden die Lücken der bisherigen Forschung prägnant zusammenfassen und zu meiner eigenen Fragestellung hinleiten.

Es wurde bislang die Realisierbarkeit und der äußere Ablauf der Schlichtungsbemühungen untersucht (Dölling 1993, S. 81ff.), nicht aber die komplexen psychischen Phänomene und Wirkzusammenhänge, die hinter einer Schlichtung stehen (Rössner 2000, S. 35). Witte (1994, S. 309) spricht für das Feld der Familienmediation von äußeren und inneren Zielen einer Mediation: Die äußeren seien das Erlangen einer einvernehmlichen Einigung der Beteiligten, während die inneren auf Veränderungen im psychodynamischen und kognitiven Bereich abzielen, mit dem Ziel der Prävention zukünftiger Konflikte. Allerdings seien die empirischen Untersuchungen zur Wirksamkeit der Mediation insgesamt noch unzureichend, um Schlüsse über Langzeiteffekte ziehen zu können (Witte et al. 1992). Eine Differenzierung der Ziele einer Schlichtung hat für den Bereich des Täter-Opfer-Ausgleichs bislang nicht stattgefunden, ebenso wenig – mit Ausnahme der Rückfallhäufigkeit – eine Erforschung möglicher Transfer- und Langzeiteffekte. Es gibt durch das Fehlen einer Vorher-Nachher-Untersuchung lediglich vage Vermutungen, welche Auswirkungen der Schlichtungsprozess auf die Beteiligten haben könnte. Die strafrechtliche Mediation zeichnet sich im Gegensatz zum formalen Gerichtsverfahren durch Flexibilität und Offenheit aus, welche gerade die Chance einer Lernerfahrung ermöglichen sollen. Zum Prozessaspekt des Täter-Opfer-Ausgleichs liegt jedoch noch kein valides Untersuchungsmaterial vor (Messmer 1993, S. 72f.). Darüber hinaus hat bislang keine Wirkfaktorenforschung stattgefunden, die die verschiedenen interferierenden Variablen (Klientenvariablen, Schlichtervariablen, Prozessfaktoren) in einen konsistenten Wirkzusammenhang gebracht hätte. Zentrale Begriffe wie Konflikt oder Einsicht werden entweder alltagssprachlich oder an den juristischen Diskurs angelehnt benutzt. Die strafrechtliche Mediation erscheint folglich als eine nicht-theoriegeleitete Nutzung von Methoden, deren Wirkung für die Zielgruppe von Straffälligen und deren Opfer ebenfalls nicht hinlänglich bekannt ist. Zu dem derzeitigen Stand der Forschung sind daher auch die Voraussetzungen einer wissenschaftlichen Untersuchung der Wirkfaktoren noch nicht gegeben, da bislang keine psychodynamischen oder interpersonellen Effekte der Maßnahme Täter-Opfer-Ausgleich systematisch-empirisch untersucht wurden. Die angestrebte Untersuchung kann jedoch zukünftiger Wirkfaktorenforschung als Grundlage dienen.

Mit dieser Arbeit soll sowohl ein theoretischer als auch empirischer Beitrag zur Entwicklung einer Theorie der strafrechtlichen Mediation geleistet werden. Ich werde mich theoretisch und empirisch mit dem Konzept der Einsicht auseinandersetzen, um die Frage zu beantworten, ob die Beschuldigten durch die Gespräche und Begegnungen zu einer Einsicht über ihre Taten – verbunden mit einer Empathie für das Opfer – gelangen, und ob sich darüber hinaus die Reflektionsfähigkeiten der Beschuldigten nach einem Täter-Opfer-Ausgleich steigern. Diese zentralen Fragen sind zum heutigen Stand der Forschung nicht untersucht worden und leiten mich bei meiner Untersuchung an. Zu diesem Zweck werde ich zunächst unter Berücksichtung der verschiedenen wissenschaftlichen Diskurse eine psychoanalytisch begründete Definition von Einsicht vorschlagen. Einsicht verstehe ich auf der Grundlage von Mentalisierungsprozessen und Bewältigung innerpsychischer Abwehr (vgl. Kapitel 3), die in der Adoleszenz temporär bzw. aufgrund einer frühkindlichen psychopathologischen Entwicklung auch über die Adoleszenz hinaus beeinträchtigt sein kann (vgl. Kapitel 4). Durch meine psychoanalytisch begründete Begriffsfassung von Einsicht kann ich diese mit den Methoden der Psychotherapieforschung im Rahmen eines Prä-Post-Designs untersuchen (vgl. den empirischen Teil)[26] und werde auf der Basis von qualitativ begründeten Auswertungsmethoden Ableitungen für die Praxis im Sinne einer Theorie der Veränderung belegen.

---

26 Erst kürzlich machte Weber (2006) in seiner kritischen Betrachtung der aktuellen Täter-Opfer-Ausgleichs-Forschung darauf aufmerksam, dass diese sehr von den Methoden und Ergebnissen der Psychotherapieforschung profitieren könne (S. 6f.).

2 Philosophische und juristische Auffassungen von Einsicht

Im Folgenden werde ich den Begriff der Einsicht zunächst von seinen philoso-phischen Wurzeln herleiten, die den aktuellen juristischen Begriffsauffassungen zugrunde liegen. Hinsichtlich des juristischen Einsichtsbegriffs werde ich mich vorrangig auf das Jugendgerichtsgesetz (JGG) beziehen, da meine Arbeit auf die Einsichtsmöglichkeiten junger Gewalttäter fokussiert. Das JGG fordert für jugendliche Straftäter das Bestehen einer Einsichtsreife als Grundbedingung für die Verantwortlichkeit im Sinne einer Strafmündigkeit. Ich werde zeigen, dass der philosophisch-juristische Begriff von Einsicht sich durchaus für die Theorie und Praxis des Täter-Opfer-Ausgleichs eignet, wenn er im Rahmen eines reflek-tierten Transfers übertragen wird. Ich gehe von der These aus, dass der für den Bereich des Täter-Opfer-Ausgleichs benutzte Begriff von Einsicht direkt aus dem juristischen Diskurs übernommen wurde, ohne seine juristische Verwen-dung zu reflektieren, bzw. dass der Begriff rein alltagstheoretisch Verwendung findet. Das juristische Konzept der Einsicht bezieht sich auf die neuzeitliche Grundauffassung eines *im Prinzip* freien und verantwortlichen bürgerlichen Rechtssubjekts, dass *im Prinzip* Einsicht in die Unrechtmäßigkeit einer Tat haben kann, und folglich auch die daraus abgeleiteten Maßnahmen einer gesell-schaftlichen Sanktion *prinzipiell* anerkennen kann. In der Rechtspraxis kann jedoch eine geäußerte Unrechtseinsicht des Beschuldigten zu einer schwäche-ren Sanktionierung führen und umgekehrt, d. h. dass Einsicht konkretistisch als explizierte Unrechtseinsicht missverstanden wird. Die rechtspraktische Alltags-verwendung des Einsichtsbegriffes hat sich folglich von seiner philosophisch-juristischen Begründung entfernt (vgl. Leithäuser 1976, 1977 zum Alltagsbe-wusstsein) und spiegelt sich in seinen Verkürzungen in den Diskursen des Täter-Opfer-Ausgleichs wider[1]. Meines Erachtens steht hinter der gerichtlichen

---

1 Aus Sicht von Foucaults (1976) Herausarbeitung der Logik des Gefängnisses zur Produktion einer Kaste Delinquenter, die in gesellschaftlich ungefährlichen Bereichen gesetzeswidrige Hand-lungen betreibt und die Masse an der Ausübung jener Taten hindert, ist die Forderung nach einer explizierten Unrechtseinsicht des Beschuldigten sogar als Zynismus zu erachten bzw. als Rechtfertigung für eine Art der Bestrafung, die bekanntermaßen nicht der Besserung dient.

Bewertung der gezeigten Unrechtseinsicht des Beschuldigten ein psychologisches Moment, dem offen Einsichtigen eine bessere Prognose hinsichtlich seiner Rückfälligkeit zuzuschreiben. Reinke (1984) hat bereits darauf verwiesen, dass psychologische Interventionen wie z. B. Therapie statt Strafe nur eine scheinbare Humanisierung des Strafverfahrens darstellen, wenn sich diese außerhalb der Rechtsbegriffe bewegen, die das Individuum vor einem willkürlichen Zugriff schützen.

Auf der Grundlage meines psychoanalytisch begründeten Forschungsinteresses gilt es zu unterscheiden, ob ein im Prinzip einsichtsfähiges Rechtssubjekt sich einer Unrechtseinsicht aus bewussten oder unbewussten Gründen verweigert oder ob eine fehlende Einsichtsreife Ausdruck einer beschädigten Subjektivität ist, die die prinzipielle Einsichtsfähigkeit in Frage stellt. In beiden Fällen müsste diesen Subjekten die Möglichkeit gegeben werden, sich in die Selbstverantwortung und Selbst-Auseinandersetzung zu entwickeln, die die Grundlage von Einsicht bilden, und es stellt sich die Frage, ob dies im Rahmen eines Täter-Opfer-Ausgleichs geschehen kann. Reinke (1984) sieht dies unter Rekurs auf Freuds »Erziehung zur Realität« (1927c) nur gewährleistet, wenn die Möglichkeit zur Entwicklung insbesondere der sogenannten integrativen, aber auch der adaptiven Ich-Funktionen gegeben ist.

2.1 Einsicht im philosophischen Diskurs

Das Wort »Einsicht« wird in der deutschen Sprache erst seit dem 18. Jahrhundert verwendet und bezeichnet eine Form des Einsehens, der Erkenntnis und Vernunft. Dabei ist Einsicht eine substantivierte Ableitung des Begriffes »einsehen«, der bereits seit dem 12. Jahrhundert im Mittelhochdeutschen nachweisbar ist (*insehen*) und eine Übersetzung des lateinischen *inspicere* darstellt, welches »in etwas (Verborgenes) hineinschauen« bedeutet (Pfeifer 1989). Diese ursprüngliche Bedeutung wurde ab dem 13. Jahrhundert in die Mystik übertragen, sodass »einsehen« mit einer religiösen Erkenntnis gleichgesetzt wurde. Im Frühneuhochdeutschen (16. bis 18. Jahrhundert) wurde mit *ein Einsehen tun* ein Einschreiten und Strafen bezeichnet (ebd.). Erst ab dem 18. Jahrhundert wurde Einsicht für eine allgemeine Erkenntnis verwendet (Kluge 1995). Im Besonderen findet der Begriff der Einsicht Anwendung für den Bereich, einen Irrtum oder Fehler einzugestehen. Der aktuelle Brockhaus (2007) bezieht sich in seiner Begriffsbestimmung auf die gestaltpsychologische Fassung des Einsichtsbegriffes, wie er von Köhler (1917) eingeführt wurde. Hiernach wird Einsicht als plötzliches Verstehen eines zuvor als problematisch erlebten Sachverhaltes definiert, welches mit einem Bühlerschen »Aha-Erlebnis« verbunden sei und eine völlig neuartige Problemlösung ermögliche. Ein Lernen durch Einsicht stellt einen Gegenpol zu dem Versuchs-Irrtums-Lernen dar, welches innerhalb der Lerntheorien vertreten wird.

»Einsicht« bzw. »Insight« wird als Begriff in der Philosophie terminologisch nur selten definiert, was seinen Ausdruck letztlich auch darin findet, dass er in philosophischen Enzyklopädien nicht als eigenständiger Begriff aufgeführt ist (Sandkühler 2002; *Stanford Encyclopedia of Philosophy* 2005). Lediglich im *Historischen Wörterbuch der Philosophie* (Ritter 1972, S. 414) gibt es einen Eintrag, der verdeutlicht, dass dem Begriff der Einsicht, »mag er auch an zentrale Themen der abendländischen Philosophiegeschichte anknüpfen, doch keine kontinuierliche und eigenständige begriffsgeschichtliche Tradition zuordnen lässt«. Es scheint sich daher bei dem Begriff der Einsicht um einen alltagsphilosophischen Begriff zu handeln, dem eine eigenständige theoretische Begründung fehlt und dessen Verwendung theorieabhängig variiert.

Husserl (1929) definierte Einsicht als »apodiktische Evidenz« in der Tradition der cartesianischen Vorstellung von Intuition (intuitus), die die Fähigkeit beschreibt, eine einfache und notwendige Wahrheit in einem Blick und mit unerschütterlicher Gewissheit zu erblicken. Diese Definition hat sich außerhalb der phänomenologischen Literatur nicht durchgesetzt, entspricht aber durchaus der nicht-terminologischen Verwendung des Einsichtsbegriffes (Ritter 1972). Auch Husserls (und – nebenbei bemerkt – Freuds) Lehrer Brentano verwendete Einsicht und Evidenz nahezu synonym. In seinem Werk *Wahrheit und Evidenz* definiert er Einsichten als unmittelbare Evidenzurteile, die für das Individuum Wahrheit kennzeichnen und auch die Grundlage moralischer Urteile bilden (Brentano 1930).

Einsicht wird jenseits der Evidenztheorie im Kontext ethischer Diskurse sowohl im Rahmen der eudämonistischen Ethik (basierend auf der antiken Tugendlehre und Theorie des gelingenden Lebens von Platon und Aristoteles) als auch der Moralphilosophie (basierend auf der Auffassung der moralischen Gleichheit aller Menschen seit Kant) benutzt. Da die prinzipielle Einsichtsfähigkeit des bürgerlichen Rechtssubjekts das Bewerten des eigenen Verhaltens vor dem Hintergrund eines Wertesystems von Recht und Unrecht voraussetzt, werde ich den Einsichtsbegriff im ethisch-philosophischen Diskurs einerseits nach Platons und Aristoteles' Tugendlehre und andererseits im Rahmen der Theorie der Ethik der moralischen Gefühle sowie der deontologischen Ethik näher erläutern. Der Exkurs zur Anerkennungstheorie von Honneth (1994, 2003) stellt aufgrund seiner Betonung des Intersubjektiven das Bindeglied zu der von mir vorgeschlagenen psychoanalytischen Begriffsfassung von Einsicht dar.

2.1.1 Einsicht in der antiken Tugendlehre (eudämonistische Ethik)

Die antike eudämonistische Ethik als Tugendlehre und Theorie des gelingenden Lebens basiert auf der Vorstellung, dass Glückseligkeit (*eudaimonia*) das höchste Ziel darstellt, auf das sich menschliches Handeln ausrichtet, da sie nur um ihrer Selbst willen angestrebt wird. Aristoteles grenzt Glückseligkeit ausdrücklich gegen subjektive Glücksgefühle ab, denn Glückseligkeit bedeutet die volle Entfaltung des im Menschen zugrunde liegenden Möglichen. Erreicht ein Mensch Glückseligkeit, so sind seine »Seelenteile« (biologisch, psychisch und rational) im Einklang miteinander, was Aristoleles als ausgewogene Mitte oder das »rechte Maß« (*mesotes*) bezeichnet, z. B. Tapferkeit als rechte Mitte zwischen Tollkühnheit und Feigheit (nach Sandkühler 2002, S. 1060b). Ein nach dieser Mitte ausgerichtetes Handeln versteht er als tugendhaftes Handeln, welches nur auf der Grundlage des rationalen Seelenteils durch Weisheit und Einsicht gelingen kann. Platon fasst den rational denkenden Seelenteil in einem dreifachen Sinne auf. Das Denken mache die Seele einmal von den sinnlichen Wahrnehmungen und dann auch von den triebhaften Impulsen unabhängig, ermögliche einen inneren Dialog und eröffne plötzliche Erleuchtungen im Spektrum von Verhältnis (*logos*), Einsicht (*phronesis*) und Vernunft (*nus*) (ebd., S. 226). Dabei konzipiert er das Denken als das »Sehen von Ideen«, was sich in der Metaphorik des Einsichtsbegriffes ebenfalls spiegelt.

Auf der Grundlage seiner Tugendethik bricht Platon (1982) mit der mystischen Vorstellung einer göttlichen Kausalität und sieht den Menschen in der Verantwortung für seine eigenen Taten: »Die Schuld liegt an dem, der gewählt hat. Gott ist daran schuldlos« (ebd., S. 617e). Es handelt sich dabei um einen Begriff von Wahlfreiheit, der die Möglichkeit des Menschen bezeichnet, zwischen besseren und schlechteren Handlungsoptionen wählen zu können[2]. Zwar wird ein Fehlverhalten im Spannungsfeld zwischen Schicksal und Wahlfreiheit gesehen, der Mensch wird aber für die Herausbildung von charakterlichen

---

2 Die alt-stoische Auffassung von der Vereinbarkeit von Freiheit und Determinismus verdichtet sich in dem Bild des an einen Wagen gebundenen Hundes: »Der Hund hat die Möglichkeit,

Entwicklungen als verantwortlich gesehen, die ein Fehlverhalten verursachen können. Die Verschränkung von schicksalhaften Gegebenheiten und der eigenen Wahlfreiheit beschreibt Platon im Mythos von *Er*, in dem die Seelen vor dem Eintritt ins irdische Dasein Lose ziehen, die die Reihenfolge festlegt, in der sie eine Lebensform auswählen können (Platon 1900–1907). Der Mythos wird so interpretiert, dass »bei aller Unwägbarkeit der Wahl der Einzelne immer noch die Möglichkeit hat, seinem Lebensweg durch Gerechtigkeit und Einsicht die richtige Tendenz zu geben« (Sandkühler 2002, S. 401).

Die präexistente Schicksalswahl einer richtigen Lebensführung Platons führt Aristoteles auf die tatsächlichen Bedingungen der individuellen Lebensweise zurück. Die jeweils beste Handlungsentscheidung basiert sowohl auf einer angemessenen Ausübung der Wahlfreiheit als auch auf der Entwicklung tugendhafter Einstellungen. Aristoteles definiert schuldhaftes Verhalten folglich als das Verfehlen des richtigen Zieles. In dieser teleologischen Auffassung erscheinen die tatsächlichen Folgen einer Handlung nachrangig zu dem mit der Handlung *Beabsichtigten*. Die antike Auffassung von Einsicht stellt das Werden des Selbst in Bezug auf einen gegebenen Sinnzusammenhang in den Mittelpunkt. Das »Verfehlen« von Einsicht wäre dann als Verfehlen der (Selbst-)Anerkennung zu verstehen. Ich schließe diesen Abschnitt mit einem Zitat, welches das Vorherige prägnant zusammenfasst:

> Der Bezug auf das einsichtige und begründende, entscheidende und schließlich handelnde *Selbst* ist in den antiken Theorien offenkundig. Man muß nicht nur wissen, in welcher Lage man sich befindet, sondern auch, *wer man selbst ist*, wenn man richtig handeln können soll. Und daß man durch die so oder so getroffene Entscheidung nicht nur erkennen läßt, wer man *ist*, sondern auch selbst dazu beiträgt, wie und wer man *wird*, gehört zu den ebenfalls spätestens von Aristoteles benannten Grundvoraussetzungen der Ethik (ebd., S. 1406, Kursivierungen im Original).

2.1.2 Einsicht im Rahmen der Ethik der moralischen Gefühle

Die Ethik der moralischen Gefühle (Moral-Sense-Philosophy) wurde 1711 zunächst von A. A. C. Shaftesbury formuliert, der den moralischen Sinn (moral

---

freiwillig hinter dem Wagen herzulaufen oder von ihm gewaltsam hinterhergezogen zu werden. Diesem Sinnbild zufolge äußert sich die F[reiheit] des Einzelnen in dem richtigen Verständnis seiner Situation sowie in der Einsicht und Zustimmung zu den beherrschenden Gesetzmäßigkeiten des Logos« (Sandkühler 2002, S. 401b).

sense) weder allein in der Ratio bestehend noch aus dem Überlebenstrieb ableitbar sieht. Shaftesbury prägt den Satz, dass der Mensch von Natur aus gut sei, und konstatiert, dass eine sittliche Billigung kein ausschließlich kognitiver Akt sei, sondern ein »reflektierter Affekt«. Damit wird das Reflexionsvermögen im Sinne einer Selbsteinsicht zur notwendigen Bedingung für eine sittliche Güte: »Nur wer seiner selbst bewusst werden kann, kann gut handeln, denn nur er kann seine Neigungen beurteilen« (Sandkühler 2002, S. 532). Der moralische Sinn ist eine innere Instanz, die Recht und Unrecht unterscheiden hilft, und so die Geltung moralischer Normen und die Einsicht in diese sicher zu stellen vermag. Er stellt nach Shaftesbury als sekundärer Affekt[3] eine Harmonie zwischen egoistischen und sozialen Antrieben dar, durch die Kontrolle der impulsiven primären Affekte:

> [T]he very actions themselves and the affections of pity, kindness, gratitude and their contraries, being brought into the mind by reflection, become objects. So that, by means of this reflected sense, there arises another kind of affections towards those very affections themselves, which have been already felt and have now become the subject of a new liking or dislike (Shaftesbury 1999, S. 172).

Tugend und Moralität existieren nach Shaftesbury allerdings auch außerhalb des Menschen als objektive kosmische Ordnung und werden über die Affekte für den Menschen wahrnehmbar (Stanford Encyclopedia of Philosophy 2005). Die Ethik der moralischen Gefühle wurde von F. Hutcheson (1723) weiterentwickelt, der den moralischen Sinn als Grundlage dafür verstand, dass Menschen die Tugendhaftigkeit von Handlungen wahrnehmen können und deshalb fähig sind, bei der Handlungsmotivation und -bewertung von subjektiven Präferenzen abzusehen. Er postuliert eine natürliche Veranlagung zu Sympathie und Mitgefühl, die das Individuum dazu befähige, sich sowohl gedanklich als auch affektiv in einen anderen Menschen hineinzuversetzen. D. Hume (1751) ergänzt die These des »moral sense« dergestalt (gegen Shaftesbury und Hutcheson), dass moralische Bewertungen und Entscheidungen prinzipiell aus einem Zusammenwirken von Kognition und Affekt entstünden. Er untermauert seine These durch die Konstruktion eines inneren, sympathisierenden Beobachters, dessen

---

3   Die Theorie eines Affektes zweiter Ordnung lässt sich nach heutiger Erkenntnis nicht aufrechterhalten. Stattdessen hat sich in der Philosophie der Theorie des Geistes (»Theory of Mind«) die Auffassung von metakognitiven Kompetenzen etabliert, d. h. einer *Repräsentanz* des eigenen Erlebens, an die auch die im Folgenden zentral gestellte Mentalisierungstheorie (Fonagy et al. 2002) anschließt.

Perspektive als moralische Urteilsinstanz aufgefasst werden kann, was an die psychoanalytische Konzeption des Ichs erinnert, das zwischen den Ansprüchen des Über-Ichs und den triebhaften Wünschen vermittelt.

Die Ethik der moralischen Gefühle stellt wie die antike Auffassung die Selbstanerkenntnis in den Mittelpunkt moralischer Einsicht, hebt jedoch im Gegensatz zu dieser die Bedeutsamkeit der Affekte hervor. Die Auffassung eines angeborenen Gutseins widerspricht der aristotelischen Auffassung der menschlichen Verantwortung zur Realisierung von Gut und Böse, welche auch in der psychoanalytischen Konflikttheorie ihren Niederschlag findet.

2.1.3 Einsicht in der deontologischen Ethik

Im Gegensatz zu den bisher beschriebenen Ethiken ist für eine deontologische Ethik (griech. *to deon* = die Pflicht) das moralisch Richtige unabhängig von einem außermoralischen Ziel und Wert. Die moralischen Pflichten müssen daher im Diskurs einer deontologischen Ethik begründet werden. Die bekanntesten Richtungen sind die kantische Ethik und die Diskursethik nach Apel und Habermas. Beide werden als internalistische Ethiken bezeichnet, weil sie darauf gründen, dass die Einsicht in das moralisch Richtige den entscheidenden Grund für moralisches Handeln liefert und Gründe prinzipiell die Ursachen für Handlungen darstellen (Sandkühler 2002, S. 1065). Für Gründe existiert jedoch kein Eindeutigkeitskriterium, sie stellen argumentative Urteile dar, da die eigene Urteilsfindung auf Unvollkommenheit beruht, d. h. der Möglichkeit nach irrt. Das ist die Grundlage für eine erneute kritische Reflexion bzw. das Streben nach Einsicht auch nach einem getroffenen Urteil.

Die kantische Ethik setzt sich insbesondere mit dem Schuldbegriff auseinander. Kant geht davon aus, dass der Mensch zwischen seiner sittlichen Pflicht und einem sittlich nicht zu rechtfertigenden Interesse wählen muss. Moralische und juristische Schuld basieren auf der Zurechnungsfähigkeit des Urhebers einer Tat (ebd., S. 1405), was sich in der Auffassung vom bürgerlichen Rechtssubjekt widerspiegelt. Deutlich wird an dieser Stelle, dass nicht wie in der teleologischen Auffassung nur die Handlungsziele, sondern auch die tatsächlichen Handlungsfolgen Berücksichtigung finden. Eissler (1904) versteht unter Zurechnungsfähigkeit »ein Urteil, in welchem wir 1. eine Tat als gewollt, 2. einen Willensakt als freie Betätigung einer Persönlichkeit [...] gelten lassen wollen. Zurechnungsfähig ist, wer auf Grund seines ›normalen‹, entwickelten, pathologisch nicht gehemmten Wollens und Denkens als (psychologisch) freier, aktiver Urhe-

ber einer Tat betrachtet werden kann« (zitiert nach Sandkühler 2002, S. 1405b).
Grundlegend für die Schuld ist nach Kant, dass der Mensch unfähig ist, seinen
Willen nur an das moralische Gesetz zu binden. Er differenziert zwischen drei
Graden der Schuld: Willensschwäche, unpflichtmäßige Erfüllung einer Hand-
lungspflicht und schließlich das Annehmen einer »bösen Maxime«. Die ersten
beiden Schuldgrade werden von Kant als unvorsätzlich betrachtet, sodass die
Handlung eine bloße Verschuldung darstellt. Ein vorsätzliches Verfolgen einer
bösen Maxime stellt für Kant ein Verbrechen dar (Kant 1797).

Die Diskursethik (K. O. Apel; J. Habermas) gibt Hinweise zum Verfahren
der Normbegründung bei strittigen Handlungsweisen: Eine Handlungswei-
se verdient dann die allgemeine Zustimmung, wenn im praktischen Diskurs
der möglicherweise Betroffenen bestimmte normative Argumentationsregeln
eingehalten werden, die Repression und Ungleichheit ausschließen sollen (Sandkühler 2002, S. 1066). Der andere wird dabei als prinzipiell kompetenter Sprecher
anerkannt. In seinem Modell des reinen kommunikativen Handelns postuliert
Habermas (1968; vgl. 1981a, b), dass über analytische Einsicht als hermeneuti-
schem Prozess Symbole wieder zugänglich gemacht werden können, die von
der öffentlichen Kommunikation ausgeschlossen wurden (vgl. Lorenzer 1970a,
1970b, 1972):

> [A]nalytische Einsicht [ist] komplementär zu dem fehlgeleiteten Bildungsprozess.
> Sie verdankt sich einem kompensatorischen Lernvorgang, der Abspaltungspro-
> zesse rückgängig macht. [...] Die virtuelle Ganzheit, die durch die Abspaltung
> zerschnitten ist, wird durch das Modell reinen kommunikativen Handelns reprä-
> sentiert. Diesem Modell zufolge sind alle eingewöhnten Interaktionen und alle für
> die Lebenspraxis folgenreichen Interpretationen auf der Grundlage des verinner-
> lichten Apparats der nicht-restringierten Umgangssprache einer zwanglosen und
> öffentlichen Kommunikation jederzeit zugänglich, so dass auch die Transparenz
> der erinnerten Lebensgeschichte gewahrt ist (Habermas 1968, S. 285).

Vermittelt über Sprachanalyse kann die Einheit des zuvor Getrennten wiederhergestellt werden, die in Bezug auf das Individuum als ein »interner
Fluchtvorgang« aufgefasst werden kann, »mit dem das Ich sich vor sich selbst
verbirgt« (ebd., S. 294).[4]

---

4 Habermas (1968) bezieht sich auf die Psychoanalyse Lorenzers (Lorenzer 1970a, 1970b) als
   paradigmatische Wissenschaft der »kommunikativen« Selbstreflexion, missversteht psychoanalytisches Verstehen jedoch als Sprachanalyse statt als szenisches Verstehen (vgl. Reinke 1998).

2.1.4 Einsicht durch Anerkennung

In der zeitgenössischen Moralphilosophie gibt es eine Rückbesinnung auf die antiken Vorstellungen der Sittlichkeit im Sinne eines guten Lebens, das sich an allgemeinen Moralprinzipien orientiert. Dem steht die Moralphilosophie Kants entgegen, der die universalistische Einstellung postuliert, allen Subjekten den gleichen Respekt entgegen zu bringen und ihren Interessen mit gleicher Fairness zu begegnen. Der Zweck dieser Moral lässt sich jedoch nicht an konkreten Zielen menschlicher Subjekte belegen (vgl. Honneth 1994, S. 274f.). Honneths auf den Hegel der Jenaer Zeit (1970) und auf Mead (1973, 1980, 1983) basierender Anerkennungsansatz stellt eine Zwischenstellung beider Positionen dar, weil es ihm nicht um eine moralische Autonomie des Menschen geht, sondern um die Bedingungen seiner Selbstverwirklichung. Moral ist in diesem Sinne als eine Schutzvorrichtung zur Errichtung eines guten Lebens zu betrachten und nicht als ein Selbstzweck. Gleichzeitig will Honneth keine anzustrebenden Tugenden benennen, die einer individuellen Lebensplanung entgegenstehen würden (ebd., S. 276).

Honneth definiert Anerkennung als die öffentlich erkennbare Bekundung einer Wertschätzung. Das Gegenüber positiv durch expressive Äußerungen (z. B. Lächeln) zur Kenntnis nehmen ist die elementarste Form sozialer Anerkennung als moralischer Handlung (Honneth 2003, S. 20). Er unterscheidet drei Formen bzw. Ebenen der Anerkennung: Liebe, Rechte und Solidarität, wobei vermutlich jede Form der Anerkennung den intelligiblen Eigenschaften[5] von Personen gilt. Moral und Anerkennung fallen für Honneth zusammen, wenn eine moralische Einstellung darauf basiert, dem anderen einen Wert zuzusprechen. Wiederum Kant folgend definiert er, dass im Akt der Anerkennung der Abbruch der Selbstliebe beginnt: Im anerkennenden Subjekt vollzieht sich eine Dezentrierung, weil dem anderen Subjekt ein legitimer Wert zugesprochen wird, und es so mit einer moralischen Autorität ausgestattet ist, d. h. es begrenzt unsere spontanen Neigungen und Impulse aus Rücksicht auf den anderen (ebd., S. 22)[6].

Bereits die Diskursethik (Habermas) betonte die Anerkennung des Gegenübers als kompetenten Sprecher, bringt dies aber nicht in einen Entwicklungszusammenhang. Honneth belegt im Rahmen seiner intersubjektiven Theorie

---

5 Intelligibel ist ein Ausdruck Kants und bezieht sich auf den Umstand, dass Personen ihr Leben in rationaler Selbstbestimmung vollziehen müssen und keine Alternative als die reflexive Orientierung an Gründen haben (vgl. Honneth 2003).

6 Zur Kritik dieses Ansatzes der mitmenschlichen Rücksichtnahme vor dem Hintergrund primärer Negativität vgl. Whitebook (2001).

mithilfe des symbolischen Interaktionismus (Mead 1973, 1980, 1983), dass ein Subjekt nur in dem Ausmaß ein Bewusstsein seiner Selbst erwerben kann, wie es sein eigenes Handeln aus der Perspektive einer symbolisch repräsentierten zweiten Person wahrzunehmen lernt (vgl. auch Fonagy et al. 2002). Deutlich wird die Vorrangigkeit des anderen vor der Entwicklung eines eigenen Selbstbewusstseins:

> Es ist eher eine Übertragung aus dem Gebiet sozialer Objekte auf das amorphe, unorganisierte Gebiet dessen, was wir als innere Erfahrung bezeichnen. Durch die Organisation dieses Objekts, der Ich-Identität, wird dieses Material seinerseits organisiert und in Form des sogenannten Selbstbewusstseins unter die Kontrolle des Individuums gebracht (Mead 1980, S. 239)[7].

Die intersubjektive Struktur der menschlichen Persönlichkeit ist somit maßgeblich von der Anerkennung beeinflusst. Die erfahrene Anerkennung bedingt die Selbst-Anerkenntnis der eigenen Person:

> Die Individuen werden als Personen allein dadurch konstituiert, dass sie sich aus der Perspektive zustimmender oder ermutigender Anderer auf sich selbst als Wesen zu beziehen lernen, denen bestimmte Eigenschaften und Fähigkeiten positiv zukommen. Der Umfang solcher Eigenschaften und damit der Grad der positiven Selbstbeziehung wächst mit jeder neuen Form von Anerkennung, die der einzelne auf sich selbst als Subjekt beziehen kann: so ist die Liebe die Chance des Selbstvertrauens, in der Erfahrung von rechtlicher Anerkennung die der Selbstachtung und in der Erfahrung von Solidarität schließlich die der Selbstschätzung angelegt (Honneth 1994, S. 277f.).

Ohne Selbstvertrauen, ohne eine rechtlich gewährte Autonomie und ohne Selbstachtung ist Selbstverwirklichung nicht vorstellbar; sie bilden nach Honneth intersubjektive Schutzvorrichtungen, die die innere und äußere Freiheit und somit auch die Einsicht zur Realisierung individueller Lebensziele sichern helfen. Er veranschaulicht dies am Beispiel der Objektbeziehungstheorie nach D. Winnicott, wonach die Liebe als eine Form der Anerkennung das Gelingen affektiver Bindungen in einer Balance von Symbiose und Selbstbehauptung bedeuten kann. Der Säugling, der sich geliebt fühle, könne angstfrei mit sich allein

---

7 Der intersubjektive Ansatz ist an dieser Stelle aus Sicht der psychoanalytischen Objektbeziehungstheorie (Winnicott 1967; Lorenzer 1972) zu kritisieren, die von einem dialektischen Prozess der Selbstentwicklung ausgeht, in welchem zwischen dem realen und dem repräsentierten Anderen unterschieden wird.

sein (Honneth 2000). Die von Hegel angenommene und durch Mead geklärte Verschränkung von Individualisierung und Anerkennung ist die Basis der besonderen Verletzlichkeit menschlicher Wesen, die sie durch »Missachtung« erfahren können. Missachtung im Sinne von Vergewaltigung und Misshandlung, Entrechtung und Ausgrenzung, Entwürdigung und Beleidigung kann eine Verletzung darstellen, die die Identität einer Person zerbrechen kann (Honneth 1994, S. 213).

Der von Honneth (1994) postulierte »Kampf um Anerkennung« basiert auf der Tatsache, dass Intersubjektivität immer gebrochen ist, d. h. die Beziehungsrealität nicht den symbiotischen und autonomen Wünschen eines Individuums entspricht. Ich möchte mich der Kritik von Busch (2002) anschließen, der neben der fehlgelaufenen Anerkennung weitere Motive der Nicht-Anerkennung (»Du bist nichts wert«, »Du hast hier nichts zu suchen«, »Ich hasse dich«) wie Neid, Verachtung und den Narzissmus der kleinen Differenz benennt (Freud 1930, S. 243) und dies auf die Wirksamkeit aggressiver Triebkräfte zurück führt. Letztere bezeichnet Busch (ebd.) als einen mächtigen Gegner, der sich gegen die sozialen intersubjektiven Bemühungen richtet.

2.1.5 Fazit zur Verwendung des Einsichtsbegriffes im ethisch philosophischen Diskurs

Der Einsichtsbegriff scheint in seiner Verwendung in den ethisch-philosophischen Diskursen eine Doppelnatur aufzuweisen. Einerseits wird tugendhaftes oder moralisches Verhalten möglich, wenn der Mensch über Einsicht an einer objektiven Wahrheit im Sinne eines transzendenten oder göttlichen Weltwissens teilhat, wie es in der antiken und mittelalterlichen Philosophie gesehen wird. Und auch die Moral-Sense-Philosophy postuliert ein objektives Normengefüge, an dem die Individuen vermittelt über ihre Affektwahrnehmung und -reflexion teilhaben können. Erst die deontologische Ethik schließlich bezweifelt die Existenz objektiver überdauernder moralischer Normensysteme, was sich in der aktuellen moralphilosophischen Auffassung durchgesetzt hat. Andererseits postulieren alle hier referierten Theorien der Ethik eine Einsicht in das eigene Selbst und die Selbstentwicklung als Grundbedingung für tugendhaftes Verhalten im Sinne eines konflikthaften Kreislaufes zwischen Selbstwahrnehmung, Selbstreflexion und Handlungsentscheidung. Insbesondere die kantische Ethik verdeutlicht diesen Konfliktcharakter, der dem ethischen Verhalten zugrunde liegt, statt der Grundannahme eines angeboren Guten der menschlichen Natur durch die Moral-Sense-Philosophy. Es ist aber das Verdienst Shaftesburys, die Bedeutsamkeit der Affekte und ihrer Reflexion – wenngleich diese nicht ebenfalls *in* Affekten geschehen kann – für die individuelle Moralentwicklung herausgearbeitet zu haben, und der Beitrag Hutchensons, dass menschliche Ethik davon getragen wird, den innerpsychischen Standpunkt eines Gegenübers einnehmen zu können. Die Auffassung, dass die Selbstanerkenntnis und das Selbstbewusstsein einer wechselseitigen Anerkennung durch ein Gegenüber bedürfen, hat Honneth (1994, 2003) auf der Grundlage des Symbolischen Interaktionismus (Mead 1973, 1980, 1983) überzeugend dargelegt. Im Rahmen der bindungstheoretischen und psychoanalytischen Theoriebildung werden die Gedanken des Symbolischen Interaktionismus aktuell ebenfalls wieder aufgegriffen, leider ohne deren gesellschaftstheoretische Überlegungen mitzureflektieren. Insbesondere das Nachdenken über Gefühle und Gedanken im Sinne von Metakognitionen und Mentalisierung beschäftigt die aktuelle psychoanalytische Psychotherapie- und Resilienzforschung und wird in dieser Arbeit besonders aufgrund ihrer Operationalisierungen von Reflexiver Kompetenz ins Zentrum der Überlegungen über die Einsichtsentwicklungen im Verlauf eines Täter-Opfer-Ausgleichs rücken.

Ich ziehe für meinen eigenen Begriff der Einsicht aus dem philosophischen Diskurs das Fazit, dass Einsicht die Verantwortung des bürgerlichen Subjekts impliziert, sein eigenes Verhalten, seine Wünsche und seine eigenen Ziele einer permanenten Reflexion ihres ethischen Gehaltes zu unterziehen. Einsicht stellt keine Entscheidung zwischen einem objektiv bestimmbaren Richtig oder Falsch dar, sondern ist ein permanentes Ringen auf der Grundlage von Selbstanerkennung aller »Seelenteile« und Anerkennung des Gegenübers. Da Selbstbewusstsein im Sinne einer Selbstanerkenntnis in der Entwicklung und Sicherung einer Person eines anerkennenden wertschätzenden Gegenübers bedarf, können Einsichtsprozesse durch eine Entwicklung im Kontext von Missachtung verunmöglicht werden.

2.2 »Einsicht« als Begriff des Jugendgerichtsgesetzes (JGG)

Die Einführung des Jugendgerichtsgesetzes (JGG) in Deutschland am 1. 7. 1923 beinhaltete, dass die neuen gesetzlichen Regelungen für Nicht-Erwachsene ausdrücklich erzieherische Aufgaben in den Vordergrund stellen. Kinder werden bis zum 14. Lebensjahr als strafunmündig aufgefasst, Heranwachsende (18.–20. Lebensjahr) und Erwachsene (ab 21 Jahren) gelten als prinzipiell strafmündig; auf sie wird das im Strafgesetzbuch (StGB) geregelte »Erwachsenenstrafrecht« angewandt, wobei für Heranwachsende ebenfalls das JGG genutzt werden kann. Für den Abschnitt der Jugend (14.–17. Lebensjahr) gilt eine bedingte Strafmündigkeit, wenn eine Verstandesreife, eine ethische Reife und die Widerstandsfähigkeit gegen die Ausübung von Straftaten gegeben sind[8]. Die sogenannte Verantwortlichkeit stellt die Grundlage der Strafmündigkeit für Jugendliche dar und wird im § 3 JGG geregelt:

> § 3 Verantwortlichkeit (JGG)
>
> Ein Jugendlicher ist strafrechtlich verantwortlich, wenn er zur Zeit der Tat nach seiner sittlichen und geistigen Entwicklung reif genug ist, das *Unrecht der Tat einzusehen* und nach dieser *Einsicht* zu handeln.   (Kursivierung ST)

Die strafrechtliche Verantwortlichkeitsprüfung der 14 bis 17-Jährigen ist mit dem Gesetzesziel verbunden, dass bei der Anwendung des § 3 JGG »im Sinne einer positiven Spezialprävention auf Strafe verzichtet wird, nicht nur, weil Strafe hier sinnlos, sondern auch schädlich wäre« (Ostendorf 2003, S. 40f.). Liegt keine strafrechtliche Verantwortung bei dem beschuldigten Jugendlichen vor, so kann der Jugendrichter auf der Grundlage des Kinder- und Jugendhilfegesetzes (KJHG) dieselben Maßnahmen anordnen wie ein Vormundschaftsgericht (z. B. eine Fremdunterbringung). In der bestehenden Literatur wird der § 3 JGG kontrovers diskutiert, z. B. als historisches Überbleibsel betrachtet, das aufgrund seiner unklaren Rechtsbestimmungen in der Praxis nicht eindeutig umsetzbar sei. Die »entwicklungspsychologische Einstufung« des Beschuldigten stamme im Kern aus dem Strafgesetzbuch (StGB) von 1871, wo 12-Jährige noch mit dem Erwachsenenstrafrecht sanktioniert wurden und mangelnde Verantwortlichkeit zur Strafmilderung eingesetzt werden konnte (vgl. Lemm 2000). In den vorliegenden Gesetzeskommentaren wird auch die Auffassung deutlich, dass es die Ausbildung ethischer Normen empfindlich störte, zöge man jugendliche Beschuldigte für Straftaten nicht zur Rechenschaft. Eine Verneinung der Verantwortungsfähigkeit schädige das Selbstwertgefühl der Betreffenden (Brunner/Dölling 2002, S. 84). Es werden daher einerseits Forderungen formuliert, den Paragrafen abschaffen, weil er mit der Einführung eines

---

8 Auf der Grundlage entwicklungspsychologischer Erkenntnisse hinsichtlich einer verlängerten Phase der Adoleszenz sollte die bedingte Strafmündigkeit auch auf die im juristischen Sinne Heranwachsenden ausgeweitet werden.

JGG überflüssig geworden sei. Andererseits wird gefordert, ihn auszuweiten (Ostendorf 2003), um Jugendliche weiter zu entkriminalisieren (vgl. Brunner/ Dölling 2002, S. 85). Tatsächlich ist die Frage der Verantwortlichkeit als Basis der Strafmündigkeit ein nur für Jugendliche geltender Schuldausschließungsgrund, der zu den §§ 20, 21 des Strafgesetzbuches (Schuldunfähigkeit und verminderte Schuldfähigkeit) hinzutritt und vom Gericht im Urteil positiv festgestellt werden muss (Streng 2003, S. 26; Laubenthal/Baier 2005, S. 29). Dabei folgt die Überprüfung analog zum Prüfsystem der Schuldfähigkeit einer zweistufigen Systematik: Zunächst muss die sittliche und geistige Reife überprüft werden, dann die Einsichts- und Steuerungsfähigkeit hinsichtlich der konkreten Tatsituation. Die mangelnde Verantwortlichkeit unterscheidet sich insofern von der Schuldunfähigkeit, als hierbei kein psychopathologischer Zustand vorliegen muss, sondern von einer Entwicklungsverzögerung ausgegangen wird, die potenziell ausgeglichen werden kann (Brunner/Dölling 2002, S. 89; Streng 2003, S. 33; Eisenberg 2006, S. 58). Trenczek (2003, S. 37) weist daraufhin, dass trotz der grundsätzlichen Bejahung der Einsichts- und Steuerungsreife (§ 3 JGG) die strafrechtliche Verantwortlichkeit gleichwohl nach § 20 StGB ausgeschlossen bzw. nach § 21 StGB gemindert sein kann.

2.2.1 Einsichtsfähigkeit

Einsicht wird im juristischen Sinne als das Unterscheidungsvermögen zwischen Recht und Unrecht auf der Grundlage eines moralisch-rechtlichen Bewusstseins gefasst (Eisenberg 2006, S. 47). Einsichtsfähigkeit impliziert keineswegs, »dass der Thäter wirklich die Strafbarkeit seines Thuns erkannt habe, sondern nur, dass er es nach dem Grade seiner intellektuellen Entwicklung hätte erkennen können« (Frank 1903, zitiert nach Lempp 1997, S. 372). Es geht also bei der Einsichtsfähigkeit im Gegensatz zu § 17 StGB (Verbotsirrtum) nicht um die konkrete fehlende Unrechtseinsicht, sondern um die reifebedingte *Fähigkeit* zur Einsicht: »Der Jugendliche muss nach seinem Entwicklungszustand befähigt sein einzusehen, dass seine Handlung mit einem geordneten und friedlichen Zusammenleben der Menschen unvereinbar ist und deshalb von der Rechtsordnung nicht geduldet werden kann« (Brunner/Dölling 2002, S. 86). Eine tatsächliche Einsicht eines Unrechts kann nur als Anzeichen für eine grundsätzliche Einsichtsfähigkeit gewertet werden (ebd.). Einsichtsfähigkeit liegt nicht vor, wenn Rechtsgüter verletzt werden, deren Schutzwürdigkeit alterstypisch nicht erkannt wird (z. B. die Nicht-Erfüllung des Pflichtversicherungsgesetzes)

oder wenn die Straftat Ausdruck einer »kindlichen Einstellung« war (Trenczek 2003, S. 37). Darüber hinaus ist die Einsichtsfähigkeit »teilbar«, d. h. dass sie
von Tat zu Tat unterschiedlich ausgeprägt sein kann und daher für jede einzelne
Rechtsverletzung geprüft werden muss.

Die Differenzierung zwischen Recht und Unrecht wird einerseits als kognitive Fähigkeit definiert (Eisenberg 2006, S. 53), andererseits wird neben der
sogenannten intellektuellen Verstandesreife eine sittliche Reife vorausgesetzt,
die ein »ethisch-gefühlsmäßiges Nachvollziehen« der gesellschaftlichen Normen
begründet, ohne dass eine konkrete Kenntnis der Strafnormen vorliegen muss
(Laubenthal/Baier 2005, S. 31). Das Erkennen der Sittenwidrigkeit einer Handlung allein reicht für das Vorhandensein einer Einsichtsfähigkeit jedoch nicht
aus, wenn die vergleichsweise Schwere einzelner sittenwidriger Handlungen
nicht erkannt wird, z. B. wenn Kinder das Verbot auf dem Hof zu spielen mit
dem Diebstahls-Verbot auf eine Stufe stellen (Dallinger-Lackner 1966). Auch
Jescheck (1978) betont, dass verantwortlich im Sinne der Einsichtsfähigkeit
derjenige ist, der das materielle Unrecht seiner Tat erkennt und nicht nur das
sittenwidrige. Erst beim Vorliegen einer Einsichtsfähigkeit stellt sich die Frage
nach der Steuerungsfähigkeit, d. h. ob das Individuum befähigt ist, nach seinen
Einsichten zu handeln (Streng 2003, S. 28).

Bei der Aufzählung der verschiedenen Erklärungsansätze wird deutlich, dass
es keine einheitliche Begriffsbestimmung gibt, vermutlich weil die Gesetzeskom-
mentare sich jeweils auf unterschiedliche implizite philosophische Diskurse
beziehen. In den Bemühungen um begriffliche Klarheit wird teilweise auf
hilfswissenschaftliche Bereiche insbesondere aus dem Feld der Psychologie aus-
gewichen, um gesellschaftliche Veränderungen der Sozialisationsbedingungen
junger Menschen zu berücksichtigen. Es scheint jedoch, dass psychologische Begriffe unreflektiert übernommen werden, d. h. aus ihrem theoretischen Kontext
herausgetrennt werden und somit ihren Begründungszusammenhang verlieren.

2.2.2 Steuerungsfähigkeit

Von der Einsichtsfähigkeit wird im Gesetz die Steuerungsfähigkeit unterschieden. Der Steuerungsfähigkeit liegt das Postulat der Willensfreiheit zugrunde,
d. h. die Auffassung, dass das Handeln einer Willensentscheidung folgt bzw.
unterlassen werden könnte. Das Jugendgerichtsgesetz (JGG) trägt in seiner
Würdigung der Steuerungsfähigkeit der Möglichkeit einer Determiniertheit von
Verhalten eher Rechnung als das Strafgesetzbuch (StGB), da dem Beschuldig-

ten im Einzelfall eingeräumt wird, dass er zwar grundsätzlich über die Reife zur Einsichtsfähigkeit verfügt, es konkret aber an der Reife gefehlt hat, Hemmungsvorstellungen oder Elemente des Widerstands gegen die Tatbegehung abzurufen (Eisenberg 2006, S. 53): »Der Jugendliche muss schließlich nach der geistigen Einsicht und dem sittlichen Empfinden handeln, also den Verlockungen zur Tat widerstehen *können*, und zwar kraft schützender Gegenvorstellungen, bes. kraft der Einsicht in seine Rechtspflichten« (Brunner/Dölling 2002, S. 86; Kursivierung ST). Als Einschränkungen der Steuerungsfähigkeit werden verschiedene alterstypische Probleme in den Gesetzeskommentaren referiert. So könne die »seelische Unausgeglichenheit« Jugendlicher trotz vorliegender Einsichtsfähigkeit zu einem Versagen des Direktionsvermögens führen (ebd., S. 87). Weiterhin sei die Fähigkeit, die Einsicht umzusetzen, in der Folge eines starken Geschlechtstriebes oder unter dem Einfluss übermächtiger Bezugspersonen eingeschränkt, wenn z. B. der Vater zur Begehung der Straftat auffordere oder in einer Peergruppe starker Druck ausgeübt würde (Laubenthal/Baier 2005, S. 32). Eisenberg (2006, S. 49) kritisiert, dass sich die Einsichtsfähigkeit als kognitive und emotionale Qualität kaum von der Steuerungsfähigkeit trennen lasse, da »die Aktualisierung der Voraussetzungen normorientierten Verhaltens von den Feldkräften der gesamten inneren und äußeren Situation, nicht aber von einer isolierten Potenz wie der des Willen abhängt«.

2.2.3 Geistige und sittliche Reife des Beschuldigten

In den bisherigen Ausführungen sind die widersprüchlichen Auffassungen bereits deutlich geworden. Die Definition einer der Einsichts- und Steuerungsfähigkeit zugrunde liegenden geistigen und sittlichen Reife steigert die Unklarheit der Begrifflichkeiten aufgrund nicht explizierter Grundannahmen. Die notwendige geistige Reife, die einerseits als Verstandesreife (philosophisch begründet) oder kognitive Reife (psychologisch begründet) umschrieben wird, erfährt in keiner der Kommentare eine nähere Erläuterung. So geht Schütze in seinen Beschreibungen von einer biologisch verankerten Entwicklungsreife aus, die von der psychologischen Ebene der Einsichts- und Steuerungsfähigkeit zu trennen sei (Schütze 1997, S. 366). Die biologische Entwicklungsreife umfasst bei ihm ebenfalls die sittliche Reife. In den anderen Kommentaren erscheint die sittliche Reife als Gradmesser der Identifikation mit den gesellschaftlich-ethischen Normensystemen. Einigkeit herrscht darüber, dass der Jugendliche in seiner Beurteilung nur moralischen Handlungsmaßstäben unterworfen werden darf, die seiner erlebten Wirklichkeit entsprechen. Eisenberg (2006, S. 54ff.) sieht die sittliche Reife als die gefühlsmäßige Verarbeitung und die Einsicht in den Ernst sittlicher Forderungen im Rahmen sozialer Normensysteme, was dann psychologisch fassbar sei und eine rein kognitive Auffassung erweitere. Auch Streng (2003, S. 26f.) ist der Auffassung, dass eine sittliche Reife nicht nur die *Kenntnis* von Wertvorstellungen, sondern auch deren gefühlsmäßige Verankerung bedeutet. Er definiert zwei wesentliche Faktoren, die eine ausreichende geistige und sittliche Reife behindern (ebd.): Die Behinderung der Normeninternalisierung durch Kultur-Konflikt-Konstellationen z. B. bei Jugendlichen ausländischer Herkunft sowie eine defizitäre Sozialisation, die eine altersangemessene ethisch-moralische Entwicklung erheblich behindert hat.

Die begriffliche Verwirrung wird erweitert durch Albrecht (2000, S. 97), der die geistige Reife als physisch-sozialen und die sittliche Reife als psychischen Entwicklungsstand charakterisiert. Zur Klärung der Frage, wie eine geistig sittliche Reife zu definieren sei, kommt Brunner (1981) zu dem Schluss: »So sei geistig und sittlich reif, das Unrecht einzusehen, wem bewusst ist, dass er etwas Verbotenes tut« (zitiert nach Albrecht 2000, S. 97f.). Albrecht kritisiert diese Definition mit Recht als tautologischen Schluss und konstatiert für den gesamten Bereich der strafrechtlichen Verantwortlichkeit Jugendlicher eine »beachtenswerte Anhäufung unbestimmter Rechtsbegriffe«, die den »tatrichterlichen Pragmatismus nur verständlicher« macht, der eine weitgehende Nichtbeachtung des § 3 JGG bedeutet (ebd., S. 99).

2.2.4 Fazit zur Verwendung des Einsichtsbegriffes im JGG

Die Verwendung der Rechtsbegriffe, die die Verantwortlichkeit eines Jugendlichen im JGG regeln sollen, wird in der juristischen Kommentarliteratur ausdrücklich auf der Grundlage des Forschungsstandes der Hilfswissenschaft Psychologie kritisiert. So sei eine Unterscheidung zwischen der kognitiven Einsichtsfähigkeit und der durch den Willen bestimmten Steuerungsfähigkeit weder empirisch noch normativ möglich. Auch sei die Abgrenzung zur Entwicklungsreife schwierig, deren Grundlage schließlich ein handlungsbezogenes und auf Emotionen gründendes Unrechtsbewusstsein darstelle (Albrecht 2000, S. 98). Insgesamt erscheine der Begriff der Reife ideologiebefrachtet, wobei »das vorgeblich psychologische Element der Verantwortlichkeit [...] tatsächlich Produkt richterlicher Wertung« sei (Eisenberg 2006, S. 49). Besonders augenfällig ist, dass es im Gegensatz zum § 20 StGB für die Reifefeststellung keine rechtlich verankerten Kriterien gibt außer dem »gesunden Menschenverstand«, was auf die Wichtigkeit einer begrifflichen und empirischen Erarbeitung von Einsichtprozessen bei jungen Straftätern verweist. Der § 3 JGG zielt auf einen Entwicklungsrückstand des jeweiligen Jugendlichen, der nicht als eine krankhaft einzustufende Normabweichung zu betrachten ist. Insbesondere im Rahmen adoleszenter psychischer Erkrankungen (z. B. das sogenannte ADHS-Bild; vgl. Warrlich/Reinke 2007) kann es zu einer Nachentwicklung kommen bzw. zu spontanen Remissionen. In Ermangelung von Längsschnittbeobachtungen gibt es zu dieser Frage jedoch keine gesicherten wissenschaftlichen Ergebnisse (Schütze 1997, S. 367). Selbst die jugendpsychiatrischen Gutachter tun sich mit der Anwendung des § 3 JGG schwer und weichen bei einer Verneinung der strafrechtlichen Verantwortlichkeit eher auf die Kriterien des § 20 StGB aus, d. h. auf psychopathologische Erscheinungen (Schütze zitiert hierzu die Studie von Beckmann von 1969 und verweist auf deren Aktualität, obwohl diese 30 Jahre zurückliegt). Die unklaren Rechtsbegriffe zeigen ihre Wirkung u. a. auf die Rechtspraxis insofern, als der § 3 JGG in der Justizpraxis nur geringe Bedeutung hat und nur formelhaft geprüft wird (Lemm 2000). Die strafrechtliche Verantwortlichkeit auf der Grundlage der Entwicklungsreife sowie Einsichts- und Steuerungsfähigkeit wird nur floskelhaft und schematisch bejaht, wenn nicht offensichtliche pathologische Befunde Zweifel aufkommen lassen. Es wird daher Kritik an der Rechtspraxis geübt, die den Einzelfall hinsichtlich der strafrechtlichen Verantwortlichkeit Jugendlicher kaum würdige (Laubenthal/Baier 2005, S. 30). Schließlich würde der § 3 JGG bei richtiger Anwendung zu einer echten Umgehung des Strafverfahrens führen, da in diesen Fällen nur Jugendhilfemaßnahmen zulässig wären, was einen tatsächlichen Einstieg in die Diversion darstellte (Ostendorf 2003, S. 42).

Deutlich wird trotz des Ringens um Definitionen, dass Einsicht als Erkenntnis des Unrechts einer Tat untrennbar von der emotional getragenen moralischen Entwicklung einer Person ist und in dem sozialen Kontext des Handelnden gesehen werden muss. Tatsächlich handelt es sich daher um einen wesentlich differenzierteren Einsichtsbegriff als die kognitiv verkürzte Auffassung von Einsicht in der bisherigen gängigen Verwendung für das Feld des Täter-Opfer-Ausgleichs. In der juristischen Begrifflichkeit wird jedoch zwischen der kognitiven Ebene und der moralisch-ethischen gefühlsgetragenen Ebene unterschieden, was nicht im Einklang mit einer zeitgemäßen Erkenntnis psychischen Erlebens steht, die kognitive Fähigkeiten stets begleitet von emotionalen und unbewussten Prozessen betrachtet, sowie mit situations- und personenbezogener Varianz (z. B. Emrich 2001; vgl. auch das Mentalisierungskonzept Kapitel 3). Auch die juristische Begriffsverwendung impliziert, dass eine Einsicht in Recht und Unrecht zu einem legalen Verhalten führe. In Ermangelung des Einbezugs von Erkenntnissen stringenter psychologischer Theorien bleibt die Diskrepanz zwischen dem *Wissen* um die Normen und einer *Integration* von Normen als tatsächlichem Handlungsmaßstab aber unaufgelöst. Normen werden in Abhängigkeit von den Möglichkeiten der Eltern als erwachsener Gesellschaftssubjekte innerhalb der familiären Beziehungen an die Kinder vermittelt (Lorenzer/Görrlich 1994), weshalb sie emotional-sinnliche Verknüpfungen aufweisen, auch wenn sie in der Entwicklung eines Individuums entpersonalisiert und damit verallgemeinert werden. Hier wäre also zu trennen zwischen einem kognitiven Erkennen, sich entgegen einer sozialen Norm verhalten zu haben, und einer kognitiv-emotionalen Einsicht in ein Unrecht, welche voraussetzt, dass nicht nur das materielle Unrecht anerkannt werden kann, sondern auch dessen psychische sowie soziale Konsequenzen für das Selbst und den anderen. Nur so kann Einsicht handlungsleitend werden.

Es wird für das Feld des Täter-Opfer-Ausgleichs deutlich, dass eine prinzipielle Einsichtsfähigkeit und -reife (nicht der Einsichts*wille*, der von Pelikan 1998 gefordert wird) eine kritische Schwelle für das Gelingen einer strafrechtlichen Mediation darstellen kann. Es ist fraglich, ob eine kurzfristige Intervention wie der Täter-Opfer-Ausgleich für einsichtunfähige Personen entscheidende Hilfestellungen im Sinne einer Nachentwicklung leisten kann. Andererseits würde im Prozess der Auseinandersetzung mit der Tat vermutlich die Einsichtsfähigkeit der Beschuldigten deutlich werden, wenn die Vermittler ausreichend diagnostisch geschult wären, sodass Empfehlungen vonseiten der Schlichtungsstelle ausgesprochen werden könnten. Es gilt aus Sicht der Wissenschaft, sowohl für die juristische als auch die mediative Praxis geeignete Kriterien für die Entwicklung eines Begriffes von Einsicht bereitzustellen, die dann eine Überprüfung der Einsichtsfähigkeit erst ermöglichen würden. Zumindest könnte der Täter-Opfer-Ausgleich einen Beitrag zu der Entwicklung eigenständigen Denkens leisten, wie es Reinke (1984) empfiehlt, statt einer Reaktion, die auf Schuld- und Angstgefühle im Sinne einer »Über-Ich-Dressur« (vgl. Horn 1969) abzielt, damit einsichtsunreife Subjekte sich zu freien bürgerlichen Rechtssubjekten entwickeln können:

> Wenn die Subjekte die verinnerlichten – nicht introjizierten – Werte, Ge- und Verbote so integrieren können, daß sie ihnen sinnvoll erscheinen, würde ihnen dies auf

dem Wege der Sublimierung als reiferer Ichfähigkeit ermöglichen, doch noch zu einer Befriedigung ihrer sinnlichen und ihrer Triebbedürfnisse zu kommen. In heutiger Terminologie würden wir davon sprechen, daß sie ein Selbst entwickeln können. Sublimierung, als gelungene Synthese von Triebwünschen und kulturell anerkannten Beiträgen zum gesellschaftlichen Zusammenleben – auf welchem Gebiet auch immer – wäre dann für die Subjekte der innere Grund, die gesellschaftlichen Werte anzuerkennen und nicht bloß zu übernehmen. Dies setzt natürlich ein gegenseitiges Verhältnis von Anerkennung voraus (Reinke 1984, S. 194).

3 Ein psychoanalytisch begründeter Einsichtsbegriff für den Täter-Opfer-Ausgleich

Das zurückgebliebene Paar unterhielt sich verständig, und in solchen Fällen nähert sich der Verstand auch wohl dem Gefühl. Abwechselnd einfache, natürliche Gegenstände zu durchwandern, mit Ruhe zu betrachten, wie der verständige, kluge Mensch ihnen etwas abzugewinnen weiß, wie die Einsicht ins Vorhandene, zum Gefühl seiner Bedürfnisse sich gesellend, Wunder tut, um die Welt erst bewohnbar zu machen [...] (Goethe 1821, S. 95).

Sowohl im philosophischen als auch im juristischen Diskurs wird der Begriff der Einsicht mit einer sittlichen Lebensführung in Verbindung gebracht. Während der juristische Diskurs auf die Kenntnis und/oder gefühlsgetragene Verankerung innerhalb der Normengemeinschaft abzielt, steht Einsicht innerhalb der Moralphilosophien in einem Kontext der Selbstanerkenntnis und Anerkennung des Gegenübers. Dies stellt m. E. die Brücke für einen psychoanalytisch begründeten Einsichtsbegriff dar, der sich von Vorstellungen eines richtigen oder falschen Handelns befreien kann und zudem ein Konzept der psychischen Veränderung enthält. Statt der Reduktion von Einsicht im bisherigen TOA-Diskurs auf die Frage »Habe ich etwas ›Unrechtes‹ getan?«, zielt ein psychoanalytisch begründeter Einsichtsbegriff auf die Reflexion eigener Wünsche, Absichten und Handlungen in einem Rahmen größtmöglicher Offenheit, sodass einerseits ein analytischer Raum für die Resymbolisierung konflikthafter und abgewehrter Inhalte entstehen kann und andererseits eine strukturelle Entwicklung unterstützt wird, die die Reflexive Kompetenz fördert.

Ich werde im Folgenden den psychoanalytischen Einsichtsbegriff in seinen ich-psychologischen Wurzeln und objektbeziehungstheoretischen Weiterentwicklungen reflektieren und mit dem Mentalisierungskonzept (Fonagy et al., z. B. 2002) verbinden. Das Mentalisierungskonzept eignet sich insofern dazu, als es eine strukturelle Perspektive auf Merkmale der Einsichtsfähigkeit eröffnet und zudem eine Operationalisierung für die empirische Forschung anbietet. Zum Abschluss dieses Kapitels werde ich zu einer eigenen psychoanalytisch begründeten Begriffsfassung von Einsicht für die Theorie und Praxis des Täter-Opfer-Ausgleichs kommen, die für den empirischen Teil der Arbeit erkenntnisleitend sein wird.

3.1 Der Begriff der Einsicht im psychoanalytischen Theoriediskurs

Trotz seiner zentralen Bedeutung für die Theorie der Behandlung innerhalb der Psychoanalyse ist deren Begriff von Einsicht bis heute als vage zu bezeichnen und weist – ähnlich wie die philosophische und juristische Verwendung – keine eigene konzeptuelle Tradition auf, sondern stellt eher ein Ringen um die Begriffsauffassung dar, das die Psychoanalyse seit Freuds Aufgabe der hypnotischen Behandlung und seinem Junktim aus Heilen und Forschen begleitet (Freud 1927a, S. 293f.).

Klinische und empirische Befunde haben in der Vergangenheit gezeigt, dass Einsichten nicht notwendigerweise eine verändernde Wirkung haben müssen (Appelbaum 1975) und die Selbstverständlichkeit der klinischen Verwendung des Einsichtskonzepts auffällig mit dem Mangel an technisch-empirischen Belegen kontrastiert ist (Pfäfflin/Mergenthaler 1998).[1] Dieses Phänomen ist auf teilweise divergierende und vorrangig unpräzise Definitionen von Einsicht und damit verbundene Probleme bei der Operationalisierung und empirischen Überprüfung zurückzuführen, weshalb von einer sowohl konzeptuellen als auch empirischen Lücke in der Erforschung der Einsicht auch im Bereich des psychoanalytischen Theoriediskurses gesprochen werden muss. Da die Gewinnung von Einsicht in der psychoanalytischen Behandlungstheorie jedoch als eine der wichtigsten Grundlagen von Veränderung angesehen wird, ist eine Auseinandersetzung mit dem psychoanalytischen Einsichtsbegriff auch für die Theorie und Praxis der strafrechtlichen Mediation sehr gewinnbringend und trägt zur Entwicklung einer Theorie der Schlichtung bei.

Sigmund Freud selbst benutzt den Begriff »Einsicht« einerseits im Sinne von der Krankheitseinsicht eines Patienten, was er der psychiatrischen Terminologie entlehnt (vgl. Bleuler 1911), und andererseits als Ausdruck zur Bezeichnung

---

1 Zur Unterscheidung von technischer und kommunikativer Empirieproduktion vgl. Bonß (1982).

eines generalisierten Wissens (A. Freud 1981, S. 241).[2] Im Rahmen seiner technischen Schriften gibt er der Selbsterkenntnis, die er als die zentrale Ursache der therapeutischen Veränderung betrachtet, nicht die Überschrift Einsicht. Erst die amerikanische Ich-Psychologie stellt den Begriff »Einsicht« – allerdings kognitivistisch verkürzt – in das Zentrum ihrer psychoanalytischen Behandlungs- und Veränderungstheorie, wobei die ich-psychologischen Autoren Einsicht als eine verdichtete begriffliche Fassung des berühmten Freud-Zitates betrachten: »Ihre Absicht [die der Psychoanalyse, ST] ist ja, das Ich zu stärken, es vom Über-Ich unabhängiger zu machen, sein Wahrnehmungsfeld zu erweitern und seine Organisation auszubauen, so dass es sich neue Stücke des Es aneignen kann. *Wo Es ist soll Ich werden*« (Freud 1933a, S. 86, Kursivierung ST).

Aufgrund der Entwicklung weiterer Schulen innerhalb der Psychoanalyse – hier ist insbesondere die Objektbeziehungstheorie zu nennen – postuliert Cremerius (1979) eine Spaltung der psychoanalytischen Behandlungtechnik in eine klassische, auf Freuds technische Abhandlungen zurückgehende Technik, die er »Einsichtstherapie« nennt, und eine zweite Richtung, die er als »Therapie der emotionalen Erfahrungen« bezeichnet (z. B. Winnicott 1951; Alexander/ French 1949). Cremerius arbeitet heraus, dass beide Richtungen prinzipiell das gleiche Ziel verfolgen, den Weg jedoch verschieden akzentuieren: Während die Einsichtstherapie die Deutung des Analytikers und eine daraus resultierende Einsicht des Patienten als Voraussetzung für eine neue emotionale Erfahrung sieht, würden Vertreter der anderen Richtung die neue emotionale Erfahrung an die erste Stelle setzen als Grundvoraussetzung für Deutung und Einsicht. In Abgrenzung zu anderen Psychotherapieformen definiere sich die psychoanalytische Therapie (egal ob klassisch oder in ihren neueren Varianten) aber vorrangig über ihren Heilungsbegriff, der das Ziel der Einsicht in die unbewussten Anteile des Selbst einschließlich der Abwehrorganisation habe (Cremerius 1979, S. 583). Ein Wiedererleben der innerpsychischen Konflikte des Patienten im Rahmen einer Übertragungsbeziehung hat die stärkste heilende Wirkung, sie ist jedoch nur dann von Dauer, wenn es beim Patienten zur Einsicht kommt, d. h. zu Bewusstsein, Resymbolisierung, struktureller Ich-Veränderung oder »Emanzipation vom Objekt« (Loewald 1973), sodass sich das Ich auch außerhalb der suggestiven Wirkung der Übertragung emanzipieren kann. Hohage (1989) und Rangell (1981) weisen deshalb darauf hin, dass Faktoren wie eine heil-

---

2 Kerz-Rühling (1986) hat die Verbindung Freuds zur Urteilslehre von Franz Brentano und Edmund Husserl in seiner Verwendung des Einsichtsbegriffes hervorgehoben.

same Beziehungserfahrung das Element der Einsicht nicht ersetzen können, da Veränderungen der Beziehung ohne Selbstreflexion mit einer Manipulation gleichzusetzen sind, die dem Behandlungsideal der Psychoanalyse nicht gerecht werden.

> [... A]n affective bond is a necessary ingredient of the analytic relationship in its purest sense, but in the service of the attainment of insight not to replace it. Insight itself is both cognitive and affective, as are the methods by which insight is achieved and applied (Rangell 1981, S. 137).

Nach einer Abkehr von als rigide empfundenen Ich-psychologischen Positionen hinsichtlich des Einsichtbegriffes[3] hat innerhalb des psychoanalytischen Theoriediskurses in den letzten Jahren eine erneute Hinwendung zu der Bedeutung des Konzeptes von Einsicht stattgefunden, die ich einerseits in den Versuchen der Operationalisierung und empirischen Überprüfbarkeit des Konzeptes der emotionalen Einsicht verorte (vgl. Mergenthaler 2002; Hohage/Kübler 1988[4]), andererseits in der Konzeptualisierung einer kognitiv-psychoanalytischen Theorie, wie sie von Fonagy und Mitarbeitern vorgelegt wurde. Letztere stellt einen Ansatz dar, Einsicht im Rahmen einer entwicklungspsychologischen Referenztheorie (vgl. Abschnitt 3.2 auf Seite 92) zu begreifen, d. h. Einsicht nicht nur vor dem Hintergrund eines Konfliktmodells zu betrachten, sondern auch strukturelle Bedingungen zu berücksichtigen, wie z. B. die Ausprägung der Mentalisierungsfähigkeiten. Ich stimme Hohages (1989) Befund zu, dass Einsicht im bisherigen Diskurs vorrangig als Behandlungsideal und weniger als Mechanismus für therapeutische Veränderung gefasst wurde, was eine Neukonzeption für eine empirische Erforschung im Sinne einer engeren Begriffsfassung notwendig werden lässt, damit Einsicht nicht mystifiziert wird, sondern als Wirkfaktor im Sinne einer »unverzichtbaren Lernerfahrung« im Rahmen einer psychoanalytischen Therapie beforscht werden kann (Mertens 1991, S. 217f.).

---

3 So wurde im Rahmen von selbstpsychologischen Ansätzen der Wirkfaktor der Einsicht aufseiten des Patienten durch die heilsame Wirkung der Empathie aufseiten des Therapeuten ersetzt (vgl. Ornstein/Ornstein 1980), wobei Wolf (1983) bereits darauf hingewiesen hat, wie auffällig ähnlich die Konzepte der Empathie und der emotionalen Einsicht sind.

4 Ich möchte an dieser Stelle auch auf die Heidelberger Umstrukturierungsskala verweisen (Rudolf/Grande/Oberbracht 2001), die eine Skala der Einsicht zentraler Konfliktfoki vor dem Hintergrund der OPD-Diagnostik (Operationalisierte Psychodynamische Diagnostik, Arbeitskreis OPD 2006) erarbeitet haben, die die Veränderung von Einsicht hinsichtlich zentraler Konflikte im Verlauf einer Therapie beschreibt.

Im Folgenden werden die Grundpfeiler der Freud'schen Veränderungstheorie benannt, auf denen der spätere Einsichtsbegriff fußt, und danach die verschiedenen Konzepte des Begriffes diskutiert, die Einsicht als Prozess- und/oder Ergebnisvariable begreifen, wobei ein spezielles Augenmerk auf den Zusammenhang von Abwehrprozessen und Einsicht gelegt wird.

3.1.1 Freuds Theorie der psychischen Veränderung im Rahmen des psychoanalytischen Prozesses

Im Rahmen von Freuds erstem Modell der Seele, dem Affekt-Trauma-Modell (vgl. Sandler et al. 1997), war das Bewusstwerden verschütteter traumatischer Erinnerungen, besonders in Gestalt eines Wieder-Anbindens des Affekts an die Erinnerung, für den Heilungserfolg bei hysterischen Patientinnen von zentraler Bedeutung. Diese Erinnerung setzte jedoch nicht die Aktivität der Patientin voraus, sondern die Freisetzung versteckter Erinnerung stellte eine Leistung des Psychoanalytikers dar, der die Patientin mit seinen Einsichten oder auch mit Informationen, die er von Dritten über die Patientin erhalten hatte, konfrontierte (Freud 1913c). Die Entdeckung der innerpsychischen Widerstände gegen die Bewusstwerdung verschütteter Erinnerung und die Erkenntnis, dass per Hypnose gewonnene »Einsichten« nicht von Dauer waren, da sie nicht von den Patienten selbst gewonnen worden waren, führte Freud dazu, die Rolle des Patienten stärker zu beachten. Dies mündete in die Grundregel der freien Assoziation, die bedeutet, dass der Patient auch *selbst* an seinen Widerständen arbeitet. Freud kritisierte seine vorherige Technik als zu intellektuell und kam zu der Auffassung, dass der Patient seine Widerstände und deren Macht *erleben* muss, bevor er sie aufgeben kann:

> In den frühesten Zeiten der analytischen Technik haben wir allerdings in intellektualistischer Denkeinstellung das *Wissen* des Kranken um das von ihm Vergessene hoch eingeschätzt und dabei kaum zwischen unserem Wissen und dem seinigen unterschieden. [...] Es war eine schwere Enttäuschung, als der erwartete Erfolg ausblieb. Wie konnte es nur zugehen, dass der Kranke, der jetzt von seinem traumatischen Erlebnis wusste, sich doch benahm, als wisse er nicht mehr davon als früher? [...] Die Kranken wissen nun von dem verdrängten Erlebnis in ihrem Denken, aber diesem fehlt die Verbindung mit jener Stelle, an welcher die verdrängte Erinnerung in irgend einer Art enthalten ist. *Eine Veränderung kann erst eintreten, wenn der bewusste Denkprozess bis zu dieser Stelle vorgedrungen ist* und dort die Verdrängungswiderstände überwunden hat (Freud 1913c, S. 475f., Kursivierung ST).

Die Technik der Psychoanalyse wandelte sich dahingehend, dass der Patient nicht mit seinen verdrängten Erinnerungen direkt konfrontiert wurde, sondern dass der Psychoanalytiker die Widerstände deutete, die den Patienten daran hindern, sich an Situationen, Gefühle oder Wünsche zu erinnern. Diese neue Arbeitsteilung zwischen Patient und Analytiker hatte allerdings das gleiche Ziel wie die vorherige Technik der Deutung: »Das Ziel dieser Techniken ist natürlich unverändert geblieben. Deskriptiv: die Auffüllung der Lücken der Erinnerung, dynamisch: die Überwindung der Verdrängungswiderstände« (Freud 1914g, S. 127).

Freud wies darauf hin, dass die Deutung eines Widerstands nicht dessen sofortige Aufhebung zur Folge haben kann:

> Man muss dem Kranken die Zeit lassen, sich in den unbekannten Widerstand zu vertiefen, ihn *durchzuarbeiten*, ihn zu überwinden, indem er ihm zum Trotze die Arbeit nach der analytischen Grundregel fortsetzt. [...] Es ist aber jenes Stück Arbeit, welches die größte verändernde Einwirkung auf den Patienten hat und das die analytische Behandlung von jeder Suggestionsbeeinflussung unterscheidet (Freud 1914g, S. 135f.).

Allerdings machte Freud die Erfahrung, dass vermeintlich Verstandenes kein dauerhaftes Verstehen bedeuten muss, wenn erneute Widerstände das bewusste Begreifen verhindern. Er verdeutlichte dieses Phänomen in seiner Arbeit über die Geschichte der psychoanalytischen Bewegung, wobei er die Abkehr treuer Mitstreiter von den Grundsätzen der Psychoanalyse mit dem erneuten Verlust von Reflexionswissen in der psychoanalytischen Therapiesituation vergleicht:

> Aber ich hatte es nicht erwartet, dass jemand, der die Analyse bis zu einer gewissen Tiefe verstanden hat, auf sein Verständnis wieder verzichten, es verlieren könne. Und doch hatte die tägliche Erfahrung an den Kranken gezeigt, dass die totale Reflexion der analytischen Erkenntnisse von jeder tieferen Schicht her erfolgen kann, an welcher sich ein besonders starker Widerstand vorfindet; hat man bei einem solchen Kranken durch mühevolle Arbeit erreicht, dass er Stücke des analytischen Wissen begriffen hat und wie seinen eigenen Besitz handhabt, so kann man an ihm doch erfahren, dass er unter der Herrschaft des nächsten Widerstandes alles Erlernte in den Wind schlägt und sich wehrt wie in seinen schönen Neulingstagen (Freud 1914d, S. 91f.).

Freud differenzierte folglich zwischen dem *Wissen* um unbewusste Zusammenhänge und dem *Erleben* der unbewussten Konflikte in der analytischen Situation.

Die Übertragung schaffe nach seiner Überzeugung »ein Zwischenreich zwischen der Krankheit und dem Leben, durch welches sich der Übergang von der ersteren zum letzteren vollzieht« (Freud 1914g, S. 135). Konflikte, die lediglich angesprochen, aber nicht in der analytischen Situation durchlebt werden, führen zu keiner Veränderung im Patienten: »Der Patient hört die Botschaft wohl, allein es fehlt der Widerhall. Er mag sich denken: Das ist ja sehr interessant, aber *ich verspüre nichts davon.* Man hat sein Wissen vermehrt und sonst nichts in ihm verändert« (Freud 1937, S. 78, Kursivierung ST). Freud war allerdings der Auffassung, dass nicht die Einsicht des Patienten in seine unbewussten Konflikte, sondern die »irrationale Kraft der positiven Übertragung« zum Analytiker die *Motivation* zur Überwindung der eigenen Widerstände darstelle:

> Die für den guten Ausgang entscheidende Veränderung ist die Ausschaltung der Verdrängung bei dem erneuten Konflikt [im Rahmen der Übertragungsneurose, ST], so dass sich die Libido nicht durch die Flucht ins Unbewusste wiederum dem Ich entziehen kann. Ermöglicht wird sie durch eine *Ichveränderung, welche sich unter dem Einfluss der ärztlichen Suggestion vollzieht.* Das Ich wird durch die Deutungsarbeit, welches Unbewusstes in Bewusstes umsetzt, auf Kosten dieses Unbewussten vergrößert, es wird durch Belehrung gegen die Libido versöhnlich und geneigt gemacht [...]. Je besser sich die Vorgänge bei der Behandlung mit dieser idealen Beschreibung decken, desto größer wird der Erfolg der psychoanalytischen Therapie (Freud 1916/17, S. 473f.; Kursivierung ST).

Die in dem Zitat kursiv gesetzte Ichveränderung ist vor dem Hintergrund des dritten Seelenmodells Freuds (Sandler et al. 1997) zu betrachten: dem Strukturmodell, innerhalb dessen er das Ich als Vermittler zwischen Über-Ich, Es- und Umweltforderungen konzipierte (Freud 1923b, 1926d). Konflikthafte, verpönte Wünsche und Gedanken können unter der Wirkung von Abwehrmechanismen, die im Ich angesiedelt sind, entstellt bzw. dynamisch unbewusst werden. Mit den suggestiven Bedingungen bezeichnete Freud die Übertragungssituation, »suggestive (das heißt Übertragungs-) Bedingungen« (Freud 1913c, S. 462). Somit stellt die Übertragung einerseits den notwendigen Rahmen einer Veränderung dar, da der Patient tatsächliche Erlebnisse machen kann und nicht lediglich ein intellektuelles Wissen erwirbt, und andererseits aufgrund der positiven Übertragungsgefühle dem Analytiker gegenüber an den eigenen Widerständen arbeitet. Hierbei wird das Ziel verfolgt, das bewusstseinsfähige Ich zu vergrößern, indem es »versöhnlich und geneigt«, d. h. toleranter gegenüber der Libido wird. Insbesondere in seiner späteren Arbeit über *Die endliche und die unendliche*

Analyse (Freud 1937c) misst Freud der *Ich-Veränderung* des Patienten, neben der Triebstärke und der Traumaätiologie, einen höheren Stellenwert im Sinne eines Erfolgsfaktors bei als in seinen anderen technischen Schriften. Dies ist auch im Zusammenhang mit seiner Erkenntnis zu sehen, dass eine langfristige psychische Veränderung einer Ich-Veränderung bedarf, um auch nach Auflösung der Übertragungssituation von Dauer zu sein. So warnt Freud vor einer vorschnellen Erfolgsbeurteilung bei etwa nachlassender neurotischer Symptombildung: »Die Übertragung kann häufig genug die Leidenssymptome allein beseitigen, aber dann nur vorübergehend, solange sie eben selbst Bestand hat. Das ist dann eine Suggestivbehandlung, keine Psychoanalyse« (Freud 1913c, S. 477f.).

3.1.2 Auf dem Weg zu einem modernen Begriff von Einsicht als psychotherapeutischem Wirkfaktor

Was Freud als Ich-Veränderung bezeichnete, sollte laut der amerikanischen Ich-Psychologie durch Einsicht erreicht werden, wobei Anna Freud (1981) zu Recht auf die unterschiedliche Bedeutung des deutschen Begriffes »Einsicht« und des englischen Begriffes »Insight« hinweist. Während das deutsche »einsichtig« auf vernünftig oder nicht-störrisch verweist, bezeichnet »insightful« wissend-sein. So wurde »Insight« zur Kennzeichnung eines Wissens über das eigene Selbst im Sinne der Verbindung zwischen bewusst und unbewusst, über die Gründe für Gefühle und Motive sowie den Zusammenhang zwischen Vergangenheit und Gegenwart eingeführt. Stracheys Arbeit von 1934 ist hierbei als der entscheidende Wendepunkt in der behandlungstechnischen Auffassung zu betrachten, da sie die komplexe Wechselwirkung zwischen Deutung und psychischen Prozessen beim Patienten reflektiert. Das Einsichtskonzept beschreibt alle diejenigen psychischen Veränderungen, die sich aufgrund einer Deutung des Analytikers im Patienten vollziehen. Der maßgebliche Schritt zur Veränderung basiert nach Strachey auf einer Umstrukturierung der verinnerlichten Objektbeziehungen (vgl. auch Thomä/Kächele 1985). An Letzterem wird auch der erneute Perspektivenwechsel innerhalb der Psychoanalyse in den 50er Jahren des letzten Jahrhunderts von der Ich-Psychologie zur Objektbeziehungstheorie deutlich, die eine maßgebliche Veränderung der Auffassung von Übertragung und Gegenübertragung bedeutete (vgl. Heimann 1950; Reinke 1995). Strukturelle Veränderungen im Rahmen einer psychoanalytischen Psychotherapie werden demnach durch Deutungen des Psychoanalytikers bewirkt, die vermittelt über die Einsicht vom Patienten nachvollzogen werden (Segal 1962; Rangell 1981).

Entfaltet sich innerhalb der Übertragung der unbewusste Konflikt des Patienten, indem der Patient seine verinnerlichten Objektbeziehungserfahrungen mit dem Analytiker reinszeniert, dann können mutative – sprich verändernde – Deutungen den Patienten aus seinem neurotischen Wiederholungszwang herausführen, indem er erkennt, dass seine (unbewussten) Erwartungen sich nicht erfüllen.

Im Zusammenhang mit therapeutischer Veränderung wurde zwischen echter oder emotionaler und rein intellektueller Einsicht unterschieden, Letztere müsse keine Veränderung nach sich ziehen (so führt beispielsweise das Wissen um die Gesundheitsrisiken nicht regelmäßig dazu, mit dem Rauchen aufzuhören). Sandler, Holder und Dare (1973) verweisen auf die Gefahr einer tautologischen Begriffsbestimmung, dass nur von »echter Einsicht« gesprochen werde, wenn sich eine Verhaltensänderung zeige, und präzisieren den Begriff der Einsicht dahingehend, dass eine Einsicht dann dynamisch wirksam sei, »wenn sie dem Patienten eine Tatsache bewusst macht, die eine Emotion sein kann oder auch nicht, die aber eine Gefühlsreaktion anstößt oder auslöst« (ebd., S. 110). Valenstein (1962) verdeutlicht demgegenüber, dass nicht nur eine Intellektualisierung der Erkenntnis innerpsychischer Zusammenhänge entgegensteht, sondern auch ein Affektsturm (»affectualization«) im Sinne der Abwehr eingesetzt werde. Deshalb stellt er heraus, dass eine erlebte Einsicht eine neue sinnvolle *Verbindung* zwischen Kognition und Affekt herstelle, welche die innerpsychischen Funktionen verändere und damit die Grundlage für alternative Verhaltensweisen schaffe:

> The focus of psycho-analytic work is to mobilize both affects and thoughts in their relationsship to each other [...] with the final insight-oriented goal of a cognitive self-reflective appreciation and understanding of the unit: idea-affect. [...] Extended self-knowledge, combining both affective-conative and intellectual-cognitive components, amounts to the mutative or dynamic insight which dissolves neurotic ego structuraliziation, making possible thereafter altered styles of ego functioning in the form of new action patterns (Valenstein 1962, S. 323).

Die verschiedenen Konzepte über das Wesen der Einsicht fasst Hohage (1989) so zusammen, dass es sich bei der Einsichtsbildung zunächst um ein Überwinden gegensätzlicher Positionen im Bereich der Selbstwahrnehmung handele (ebd., S. 745), die dann neu verbunden werden. Die Integration von Kognition und Affekt bedarf notwendigerweise eines Verstehensrahmens, den Hatcher (1973) in der Einbettung der Erfahrungen in einen Kontext gegeben sieht, welcher erst das Verstehen der Bedeutung einer Fantasie oder eines Verhaltens ermöglicht (ebd.,

85

S. 389f.). Psychoanalyse strebt danach, dem Patienten bedeutsame Kontexte zu ermöglichen, in denen er seine verstörenden Fantasien und Gedanken so organisieren kann, dass sie einen Sinn für ihn ergeben und die Ich-Kontrolle im Sinne einer reflektierenden Selbstbeobachtung gestärkt wird.

Barnett (1978) kritisiert den Begriff der emotionalen Einsicht als vage, unpräzise und wenig hilfreich in der Ergründung von Einsicht. Effektive Einsicht könne vom Analytiker nur angeregt werden, wenn dieser um die kognitiven Störungen wisse, die neurotische Erkrankungen begleiten. Einsicht könne nur gelingen, wenn sie von strukturellen Veränderungen der psychischen Funktionen begleitet werde:

> Knowledge truly becomes insight only when accompanied by significant changes in the patient's mental functioning and methods of ordering experience. The thrust of our concern with insight must shift towards the re-pattering and reforming of *our patient ways of knowing as the bridge between insight and therapeutic change* (Barnett 1978, S. 537, Kursivierung ST).

Ich schließe mich Barnetts Begriffskritik an und werde für meine eigenen Formulierungen auf einen umschreibenden Zusatz verzichten, da m. E. die kognitiv verkürzte ich-psychologische Verwendung des Einsichtsbegriffes überwunden ist, die den Zusatz »emotionale« Einsicht notwendig machte. Stattdessen meine ich mit Einsicht im Folgenden unter Rekurs auf Freuds Formulierungen eine *erlebte* Einsicht[5].

Zusammenfassend kann geschlussfolgert werden, dass Einsicht eine Verinnerlichung des analytischen Prozesses selbst darstellt, die zu einem dynamischen und genetischen Verständnis unbewusster Konflikte führt. Dies hat auch Thomä (1981) mit seiner Beschreibung herausgestellt, dass sich der Patient mit den Funktionen des Analytikers identifiziere und diese neuen Fähigkeiten auch nach Abschluss der Psychoanalyse und ohne den Psychoanalytiker ausüben könne.

Wesentliche Voraussetzung für die Integration neuer Erkenntnisse ist darüber hinaus die Übernahme von Verantwortung für das eigene Handeln (Schafer 1976), die einerseits als Frage der Motivation betrachtet werden kann, andererseits aber auch unter dem Aspekt der Fähigkeit zur Anerkennung innerer Realität zu sehen ist, im Sinne der Toleranz für das Gewahrwerden psychischer Befindlichkeiten und Phänomene, weshalb im Folgenden die struk-

---

5 Vgl. Reichel-Kaczenskis (1997) Ausführungen zu erlebter Einsicht.

turellen Voraussetzungen für Einsicht und die dynamische Wechselwirkung zwischen Einsicht und Abwehr untersucht werden sollen.

3.1.3 Integrative Ich-Funktionen als Voraussetzung für die Einsichtsbildung

Kris (1956) hat als Erster eine genauere Beschreibung derjenigen psychischen Funktionen aufgestellt, die seiner Auffassung nach Einsicht konstituieren. Er sieht Einsichtsbildung auf die Tätigkeit von drei integrativen Ich-Funktionen bezogen, die in einer idealtypischen »guten analytischen Stunde« aktiviert werden (ebd., S. 448ff.): die Fähigkeit zur partiellen temporären Regression, die Fähigkeit des Individuums, das eigene Ich mit Distanz zu betrachten sowie die Ich-Kontrolle über und Toleranz für Affektentladungen.

Die Grundlage für neue Einsichten stellt das Gewahrwerden und Verbinden von bislang getrennten Phänomenen dar. Damit diese überhaupt vom Patienten wahrgenommen werden können, bedarf es der *Fähigkeit zur partiellen und temporären Regression* im Dienste des Ichs (vgl. Kris 1936) im Rahmen der freien Assoziation, die die innerpsychische Zensur des Patienten zeitweilig lockert und somit unbewusstes Material in eine Sprachform bringt. Gleichzeitig muss der Patient die Kontrolle über die Regression und die Beobachterfunktion des Ichs behalten, um trotz seiner Regression gleichzeitig mit dem Analytiker (der Realität) im Kontakt bleiben zu können, sodass keine psychotische Regression erfolgt und das neue Material bearbeitet (gedeutet) werden kann. Kernberg (1985) ergänzt Kris' Ansichten um den Aspekt, dass ein zu leichter Zugang zu primärprozesshaftem Material zu einer Pseudo-Einsicht führen kann, da hier die integrativen Ich-Funktionen geschwächt sind.

> Die Frage der Einsicht bei Borderline-Patienten bedarf gesonderter Diskussion. Bei manchen findet man etwas, was auf den ersten Blick wie Einsicht in tiefe Schichten ihrer Seele und in unbewusste Dynamiken erscheint. Leider erweist sich dies in Wirklichkeit nur als Ausdruck der leichten Zugänglichkeit von Primärprozeß-Funktionen und ist Teil der allgemeinen Regression ihrer Ich-Strukturen. Einsicht, die mühelos entsteht, ohne jede gleichzeitige Veränderung im intrapsychischen Gleichgewicht des Patienten und vor allem ohne jede Betroffenheit über die pathologischen Aspekte seines Verhaltens oder seiner Erfahrung, ist als Einsicht fragwürdig (Kernberg 1985, S. 180).

Nur eine Regression, die in Verbindung mit einer Progression steht, kann also ein Weg sein, Unbewusstes bewusst zu machen, da sie dann im Dienste des

Ich stattfindet und sekundärprozesshaft reflektierend eingeholt werden kann (vgl. Soldt 2005).

Das Nachvollziehen einer Deutung bedarf einer weiteren Ich-Funktion, die das Ich in die Lage versetzt, *das eigene Selbst bzw. seine Funktionen mit Distanz und Objektivität zu betrachten* (vgl. auch Sterbas Konzept der therapeutischen Ich-Spaltung von 1934). Kris (1956) grenzt eine der Einsichtsbildung dienliche Selbstbeobachtung von zwei pathologischen Varianten ab. Zum einen könne die Funktion der Selbstbeobachtung, z. B. im Rahmen einer Zwangsneurose, einem sadistischen Über-Ich dienen, welches das Ich permanent aggressiv verfolge, zum anderen könne die Funktion im Sinne einer permanenten narzisstischen Selbstbespiegelung libidinös überformt sein.

Eng an die autonome Selbstbeobachtungsfunktion gebunden sind die *Ich-Kontrolle über und Toleranz für Affektentladungen.* »Erinnern« im Freud'schen Sinne bedeutet das Gewahrwerden von innerpsychischen Befindlichkeiten, die konflikthaft und affektbeladen sind. Statt erinnert zu werden, können psychische Phänomene sich als Agieren (»Wiederholen«) manifestieren. Ein Agieren im Sinne einer alloplastischen Abwehr ist insofern als ein »Gegenteil« des Erinnerns zu betrachten, als die psychischen Phänomene samt ihrer Bedeutung nicht ins Bewusstsein gelangen, sondern sich im Verhalten manifestieren. Im Zuge des analytischen Prozesses ist die Kontrolle über das Agieren als Grundvoraussetzung für das Erlangen von Einsicht zu betrachten, was besonders bei Personen mit einem dissozialen Syndrom, das sich u. a. durch ein chronisches Agieren auszeichnet, eine schwierige Hürde darstellt. Wenn die innere Konstellation sich so weit ändert, dass Konflikte nicht mehr notwendigerweise ausagiert werden müssen, wird der Affekt nunmehr als Signal erlebt, welches eine adaptive Antwort verlangt. In diesem Falle veranlassen Affekte das Subjekt zu einer Veränderung des eigenen Verhaltens, der Umwelt und letztlich auch der inneren Erkenntnis im Sinne von Einsicht.

Spätere Autoren haben sich größtenteils Kris' Ausführungen angeschlossen oder diese sinnvoll ergänzt, indem die Bedeutsamkeit des Über-Ichs für die Einsichtsbildung herausgearbeitet wurde. In diesem erweiterten Sinne wird psychisches Selbstgewahrsein (»psychological mindedness«) nicht als eine reine Ich-Funktion, sondern als von allen psychischen Strukturen beeinflusst verstanden, insbesondere von einem gut integrierten Über-Ich (Loewenstein 1967, zitiert nach Appelbaum 1973). So ist Blum (1981) der Auffassung, dass das Über-Ich eine entscheidende Rolle bei der Realitätsprüfung spielt, insbesondere bei der

Prüfung der inneren Realität und der inneren Verantwortungsübernahme, was somit Einsichtsprozesse bestimmt:

> The love of truth becomes the ideal of insight, and towards this goal and ideal the patient, as well as the analyst, adopts an analytic attitude, at least a degree of neutrality in the patient towards his free associations. [...] The superego, at the same time, is involved in acceptance of responsibility for thoughts and feelings, which becomes both a requirement for and a consequence of insight (Blum 1981, S. 549).

Wilson (1998) kehrt hervor, dass die Betonung der integrativen Ich-Funktionen für die Einsichtsgewinnung eine unreflektierte Vorannahme in der Ich-psychologisch-psychoanalytischen Theorie berühre, da diese sich zu sehr auf Konzepte von Identität und Kohärenz fokussiere. Er hingegen begreift Einsicht im Erleben des Subjekts als einen oszillierenden Prozess zwischen dem sicheren Verstehen im Rahmen eines kohärenten Narrativs und Momenten des Durcheinander-Seins, weil mentale Inhalte auftauchen, die gleichzeitig fremd und doch zum Selbst zugehörig und als offensichtlich wahr erlebt werden: »I consider moments of insight in which the subject *consciously experiences the emergence of something different and alien within the self.*« (ebd., S. 56). Vor das (rationale) Verstehen setzt Wilson (1998, S. 71) das Erleben dieser zuvor abgewehrten mentalen Inhalte im analytischen Übergangsraum, innerhalb dessen eine Auseinandersetzung mit diesem Fremden und Irrationalen stattfinden muss, bevor es im Selbst des Patienten toleriert werden kann. Ein ähnliches Konzept wurde bereits von Hohage (1989) vertreten, der Einsicht jedoch darauf einengt, dass vormals dissoziierte Selbstanteile im Vorgang der Einsicht einerseits wieder als zum Selbst zugehörig akzeptiert werden und zugleich dem Patienten als fremd erscheinen (ebd., S. 742). Ich werde mich im Folgenden Wilsons Auffassung anschließen und unter dem Begriff der Einsicht sowohl ein Erleben von neuer Zusammengehörigkeit und Kohärenz als auch die Auseinandersetzung mit sich widersprechenden psychischen Inhalten fassen, wobei ich Einsicht als Momente der Erkenntnis begreife, die den fortlaufenden psychoanalytischen Prozess begleiten.

Die Rolle der integrativen Ich-Funktionen und des Über-Ichs sind im Hinblick auf die Bedingungen für Einsicht nach einer Straftat besonders relevant, da dissoziale Persönlichkeiten sowohl an einer Schädigung der integrativen Ich-Funktionen als auch an einer Über-Ich-Pathologie leiden, was die Entwicklung von Einsicht hochgradig erschwert (vgl. Kapitel 4). Reinke (1996) hat zum Zwecke der Therapieprozess-Evaluation bei dissozialen Persönlichkeiten und zur interdisziplinären Überprüfbarkeit psychoanalytischen Vorgehens das Ich-Integrations-Profil entwickelt. Dieses spezifische Instrument ist eine Adaption des Hampstead-Profils (A. Freud 1962, 1964, 1965b), fokussiert aber im Gegensatz zu diesem auf den Entwicklungsstand der integrativen und synthetischen Ich-Funktionen in den Bereichen von Vertrauen, Projektion und Kompensation im Bereich der Objektbeziehungen (Reinke 1996, S. 81ff.). Das Ich-Integrations-Profil gründet auf dem Konzept der Entwicklungslinien, das Anna Freud (1965a) eingeführt hat, und verweist auf die Angst- und Aggressionsbewältigung, die bei der Behandlung dissozialer Persönlichkeiten als zentrale Bearbeitungsaufgabe zu sehen ist (Reinke 1997).

3.1.4 Die Wechselwirkung zwischen Einsicht und Abwehr

Anna Freud (1981) weist darauf hin, dass sich Abwehrprozesse gegen gefährliche innere Impulse nicht nur gegen die Triebderivate selbst, sondern gleichzeitig – zumindest temporär – gegen die synthetischen Ich-Funktionen im Allgemeinen richten, wobei deren Entwicklung geschädigt werden könne (ebd., S. 245). Appelbaum (1973) präzisiert, dass jegliche innerpsychische Abwehr prinzipiell das psychisches Selbstgewahrsein (»psychological-mindedness«) unterminiere (ebd., S. 42). Folglich können Abwehrprozesse gerade die integrativen Ich-Funktionen schwächen, die der Einsicht zugrunde liegen.

Die komplexe Wechselwirkung zwischen Abwehr und Einsicht wird weiter dadurch verdeutlicht, dass Teilkompetenzen wie Erinnern und Introspektion einerseits als notwendige Bedingungen für Einsicht angesehen werden können, andererseits jede kognitive Kompetenz jedoch auch zu Abwehrzwecken genutzt werden kann, wie z. B. Isolierung, Verneinung und Verschiebung. Pressman (1969b) führt als Gradmesser zwischen Abwehr und Einsicht das Maß an Toleranz für das Bewusstwerden bestimmter psychischer Inhalte ein und verweist damit auf Freuds Ansichten über das »Verurteilen« als einer Toleranz für Triebimpulse und Angst, die ohne eine derartige Toleranz verdrängt werden müssen (Freud 1909d).

Insbesondere die Unfähigkeit, Scham- und Schuldgefühle zu tolerieren, die auch bei Patienten mit einem dissozialen Syndrom ausgeprägt ist, kann die Selbstbeobachtungsfähigkeiten eines Patienten beeinträchtigen: »At such moments all the previous work of insight seemed as if ›written on water‹« (Horowitz 1987, S. 188). Hohage (1989) verweist in diesem Zusammenhang auf die dialektische

Natur zwischen Einsicht und Abwehr, da ein stabiles, gesundes Selbst ein bestimmtes Ausmaß der Abwehr zur Aufrechterhaltung seiner Funktionen bedarf und auch nur dann neue Einsichten im Sinne der Erkenntnis bislang abgewehrter Wahrnehmungen erreichen kann (ebd., S. 743). Lorenzer (1970b) weist ebenfalls darauf hin, dass der Prozess der Resymbolisierung an sich als unabschließbar aufzufassen ist, da Konflikte die Psyche konstituieren und nicht nach einer erfolgreichen Psychoanalyse erlöschen. Der Analysand gewinnt jedoch eine alltagspraktische Methode, die sich dem szenischen (psychoanalytischen) Verstehen annähert, und die ihm dann im Rahmen der Selbstreflexion zu weiteren Einsichten verhelfen kann.

Vor dem Hintergrund der Verwobenheit von Einsicht und Abwehr definiert Krause (1985) die zwar notwendige aber nicht hinreichende Bedingung der Funktionstüchtigkeit der integrativen Ich-Funktionen. Einsicht sei darüber hinaus eingebettet in interaktive Handlungszusammenhänge, d. h. Übertragungsprozesse, in denen das Zusammenspiel zwischen Einsicht als einer Resymbolisierung und Abwehr als einer Desymbolisierung reflektiert werden kann. Eine veränderungsrelevante Einsicht muss jedoch von einer Gefälligkeitseinsicht (Kris 1956) unterschieden werden. Wenn Einsicht libidinös überformt ist, stelle sie nur eine Anpassungsleistung an den Analytiker dar und bleibe wirkungslos, sobald die positive Übertragung endet. Sie könne auch aggressiv motiviert sein und für den Zweck einer Unabhängigkeit vom Analytiker eingesetzt werden. In beiden Fällen würde Einsicht wiederum im Dienste der Abwehr eingesetzt, weshalb lediglich von einer partiellen oder einer Pseudo-Einsicht gesprochen werden könne (ebd., S. 449).

Hohage (1989) definiert Einsicht als eine Selbstreflexion, die mit einem Zuwachs an Wahrhaftigkeit, Autonomie und Selbstverantwortung verbunden ist und auf einer korrekten Wahrnehmung und Denkweise basiert, welche nicht von Abwehrprozessen verzerrt wird. Wahrhaftigkeit ist in diesem Zusammenhang nicht mit abstrakter Wahrheit und korrekten kausalen Rekonstruktionen zu verwechseln:

> Beim Wahrheitsanspruch der Selbstreflektion in der Psychoanalyse geht es um die Überwindung von Abwehr und um deren Auswirkungen auf die Wahrnehmung und Verarbeitung. [...] Es geht [...] in der psychoanalytischen Therapie nicht um abstrakte Erkenntnisse über sich selbst, sondern um die Anerkennung der inneren Realität (Hohage 1989, S. 741).

Fortschritte in der Therapie zeigen sich daran, ob Abwehrprozesse aufgelockert werden können und mehr Selbstständigkeit und Selbstverantwortung erreicht werden kann. Das Verstärken von Abwehrprozessen muss allerdings nicht notwendigerweise als Rückschritt oder Misserfolg angesehen werden, da es einen notwendigen Zwischenschritt des therapeutischen Prozesses darstellen kann, indem Konflikte aktiviert (wiederbelebt) werden. Wenn diese allerdings nicht überwunden und durchgearbeitet werden können, so ist der Therapieerfolg in Frage zu stellen (Hohage/Kübler 1988, S. 256). Der Weg zur Einsicht ist dabei für jeden Patienten so individuell, wie seine Abwehrgeschichte verlaufen ist, die zu der Dissoziation von psychischen Inhalten und der Beeinträchtigung psychischer Funktionen geführt hat, die durch Einsicht wieder verfügbar werden können:

> There is no one path towards insight. Each patient must traverse a personally unique method, and that journey will be determined by the structure of the neurosis. The same forces which govern conflict and compromise formation in symptom, dream, and screen memory will govern insight formation [...] (Horowitz 1987, S. 193).

3.2 Mentalisierung und Einsicht

Ausgehend von der durch Anna Freud (1965a) eingeführten Theorie der Entwicklungslinien entwickelte Kennedy (1979) eine Entwicklungslinie der Einsicht als einer Ich-Funktion des Selbstgewahrseins, was eine Präzisierung der zuvor referierten Auffassungen darstellt, Einsicht sei ein Bündel aus Ich- und Über-Ich-Funktionen. Das Konzept von Kennedy wurde in den letzten Jahren durch Fonagy und seine Arbeitsgruppe als Mentalisierungstheorie neu konzipiert und sowohl in eine Entwicklungstheorie als auch in eine Theorie des Selbst eingeordnet. Während Einsicht bislang vor dem Hintergrund psychoanalytischer Konflikttheorien als die Bewusstmachung bzw. Resymbolisierung abgewehrter konflikthafter psychischer Befindlichkeiten konzipiert wurde, integriert das Mentalisierungsmodell eine strukturelle Sicht, die sich stärker objektbeziehungstheoretisch orientiert. Bram und Gabbard (2001) haben für die psychoanalytische Behandlungssituation darauf hingewiesen, dass bestimmte Schwierigkeiten in dem Gewinnen von Einsicht fälschlicherweise als Widerstandsphänomene gedeutet werden, wo sich tatsächlich strukturelle Probleme offenbaren. Einsicht kann unter diesem Blickwinkel nur auf der Basis metarepräsentationaler Fähigkeiten erlangt werden, d. h. auf der Grundlage der

Zugänglichkeit und Handhabbarkeit von Selbst- und Objektrepräsentationen. Darüber hinaus haben Fonagy und Mitarbeiter einen empirischen Zugang zu Mentalisierungsprozessen über ein inhaltsanalytisches Verfahren entwickelt, mit dem die Ausprägung von Reflexiver Kompetenz gemessen werden kann, was im empirischen Teil dieser Arbeit Verwendung finden wird. Ich bin der Auffassung, dass das Konzept der Mentalisierung einen sowohl begrifflichen als auch empirischen Zugang zu den strukturellen Prozessen schafft, die Einsicht konstituieren, welche von der konfliktdynamischen Perspektive ergänzt wird. Da es sich um eine vergleichsweise neue Theorie innerhalb der Psychoanalyse handelt und sie eine der zentralen Rahmentheorien für den empirischen Teil dieser Arbeit bietet, werde ich das Mentalisierungskonzept etwas ausführlicher darstellen.

3.2.1 Einführung in das Konzept der Mentalisierung

Den Begriff der Mentalisierung führten französische Psychoanalytiker in den 60er Jahren des letzten Jahrhunderts ein, um zu einem besseren Verständnis psychosomatischer Erkrankungen zu gelangen, insbesondere zur Erklärung des damit einhergehenden konkretistischen Denkstils dieser Patienten. Besonders hervorzuheben ist Marty (1990, 1991 zitiert nach Lecours/Bouchard 1997), der ausgehend von einem topografischen Standpunkt die Mentalisierung zu den vorbewussten Ich-Funktionen zählt. Mentalisierung basiere auf der Fähigkeit zur Repräsentation und Symbolisierung und bewirke die Transformation und Elaborierung von Trieb-Affekt-Erfahrungen in höher organisierte innerpsychische Erscheinungen und Strukturen (ebd., S. 857f.).

Mit der Formulierung ihres Mentalisierungskonzeptes unternehmen Fonagy und seine Arbeitsgruppe den Versuch einer Neuformulierung der Bindungstheorie, welche das Ziel verfolgt, die historische Spannung zwischen psychoanalytischen Theorien und der Bindungstheorie von Bowlby (1969, 1973, 1980) beizulegen (vgl. dazu auch Zepf 2005). Unter dem Blickwinkel des Mentalisierungskonzeptes wird Bindung als solche nicht länger als lediglich angeborenes Bedürfnis betrachtet, sondern dient als Rahmen der Entwicklung eines Repräsentationssystems, das wiederum das Überleben des in zwischenmenschliche Beziehungen einsozialisierten Subjekts sichert (vgl. Fonagy et al. 2002, S. 10). Somit sind Bindung und Mentalisierung als sich gegenseitig überlappende Konstrukte zu verstehen (ebd., S. 352). Darüber hinaus werden Erkenntnisse der empirischen Säuglingsforschung, der Entwicklungspsychologie (Baron-Cohen 1995) und der Kognitionswissenschaften (Morton/Frith 1995) herangezogen.

Insbesondere die Würdigung der Forschung zur Theorie des Geistes (»Theory-of-mind«) veranlasste die Autoren zu einer Begriffsverwendung, die sich stark an das kognitionswissenschaftliche Verständnis anlehnt. Allerdings deklarieren Fonagy et al. das Konzept der Mentalisierung explizit als psychoanalytische Theorie und sehen sich in der Tradition sowohl Freud'scher Überlegungen zur psychischen Realität (Freud 1912–13a, 1950c), der Denktheorie Bions (1962a) und den Konzepten Winnicotts (1960, 1971). Die psychoanalytisch begründete Theoriebildung wird auch daran verdeutlicht, dass Fonagy et al. (2004, S. 37ff.) das Mentalisieren im Gegensatz zu kognitiven Theorien nicht als Bewusstseins- bzw. Simulationsleistung verstehen, sondern als die Art und Weise, wie Bindungsbeziehungen vorbewusst interpretiert werden. Darüber hinaus ist die Entwicklungslinie der Mentalisierung kein biologischer Ausreifungsprozess, sondern abhängig von dem affektiven Austausch mit den Objekten der frühen Kindheit (Fonagy 2003; Köhler 2004). Fonagy et al. verwenden die Begriffe »Mentalisierung«, »Reflexive Kompetenz«[6] und in älteren Publikationen das »psychologische oder reflexive Selbst«[7] synonym für die Fähigkeit, sich innerpsychische (mentale) Zustände im eigenen Selbst und in anderen

---

6 Fonagy et al. verwenden im Original den Begriff »Reflective Functioning«, der im deutschsprachigen Raum bislang unterschiedliche Übersetzungen erfahren hat. Ich folge in dieser Arbeit der Übersetzung von Reinke (2000), da der Begriff »Reflexive Kompetenz« verdeutlicht, dass es sich um eine dynamische geistige Fähigkeit einer Person handelt, und der Begriff des »Funktion« dies nicht verdeutlichen würde.

7 Den Begriff des »reflexiven Selbst« entlehnen die Autoren William James (1890), der damit einen Entwicklungsprozess beschreiben wollte, der dem Subjekt das Nachdenken über seine eigenen psychischen Befindlichkeiten ermöglicht: »[...] it is the result of our abandoning our outward-looking point of view, and of our having become able to think of subjectivity as such, to think of ourselves as thinkers [...]« (S. 296, zitiert nach Fonagy et al. 1994, S. 242). Besonders im Rekurs auf James werden die Überschneidungen zur Theorie des Symbolischen Interaktionismus (Mead 1980) deutlich, der in den Publikationen jedoch nicht erwähnt wird. Zur Verdeutlichung ihres Konzeptes grenzen die Autoren Mentalisierung von Introspektion und Empathie ab, die als mögliche Bestandteile der Mentalisierung aufgefasst werden können. Die Autoren verstehen unter Empathie »die Verfügbarkeit eines Mechanismus, der es dem Individuum ermöglicht, die Perspektive eines anderen Menschen einzunehmen und dessen inneren, emotionalen Zustand zu erschließen und zu einem gewissen Grad selbst mitzuempfinden [...]« (Fonagy et al. 2004, S. 145). Dabei wird Empathie als eine Widerspiegelung des mentalen Zustands eines anderen betrachtet im Gegensatz zur Mentalisierung, die ein Verstehen des mentalen Zustands des anderen auf der Grundlage der Zuschreibung von innerpsychischen Befindlichkeiten impliziert. Introspektion definieren die Autoren als die Anwendung der Theorie des Geistes auf eigene mentale Zustände. Dabei sei Introspektion eine erlernte Fähigkeit, die sich im Rahmen des Bewusstseins vollziehe. Mentalisierung als grundlegend implizites Wissen um mentale Prozesse geschehe automatisch und (deskriptiv) unbewusst (ebd., S. 68), was den Mentalisierungsansatz auch von dem Konzept des Symbolischen Interaktionismus (Mead 1980) unterscheidet.

Menschen vorzustellen, weil das Selbst und der andere als intentionale Wesen aufgefasst werden, deren Verhalten auf Gründen im Sinne psychischer Befindlichkeiten basieren. Mentalisierung ist eine deskriptiv unbewusste kognitive menschliche Fähigkeit, die dem eigenen Verhalten und dem Verhalten anderer unterhalb der Schwelle gerichteter Aufmerksamkeit einen Sinn zuschreibt (Morton/Frith 1995, S. 363). An dieser Stelle ist unter Rekurs auf Reinke (2003) zu kritisieren, dass die Autoren ihren Begriff der Intentionalität von Dennett (1978) aus einem kognitionswissenschaftlichen Verständnis entlehnen, das Intentionen als kognitive Handlungsabsichten verkürzt. Dies ist der Integration der verschiedenen theoretischen Ansätze geschuldet, bedeutet jedoch eine Verengung auf kognitive Prozesse, was dem Anspruch einer psychoanalytischen Theorie des Geistes letztlich nicht genügen kann. Es bedarf der stärkeren Berücksichtigung sowohl affektiv-triebbestimmter als auch körperlich-sinnlicher Erfahrung wie es im Theoriediskurs von Lecours und Bouchard (1997) geschieht und worauf Lorenzer in seiner Sozialisationstheorie (1972) hingewiesen hat. Eine metapsychologische Aufarbeitung des Mentalisierungskonzeptes kann zwar an dieser Stelle nicht geleistet werden, ich werde jedoch Verbindungen zum psychoanalytischen Abwehrkonzept und dem Konzept der Ödipalität herstellen. Im Weiteren folge ich mit dem Begriff Mentalisierung den Ausführungen von Fonagy et al., die ich für ein hilfreiches, noch weiter auszuarbeitendes Brückenkonzept zwischen verschiedenen Theorietraditionen halte. Der Begriff der Reflexiven Kompetenz wird von mir den messbaren und operationalisierten Zugang zu Mentalisierungsfähigkeiten bezeichnen. Das für meine Ausführungen wichtige Konzept der Mentalisierungshemmung durch Bindungsstörungen und Traumatisierungen im Bindungskontext wird in Kapitel 4 erläutert.

3.2.2 Mentalisierung, Bindung und Affektregulierung

Das Konzept der Affektregulierung findet in der Psychoanalyse seit geraumer Zeit zentrale Aufmerksamkeit. Fonagy et al. knüpfen hierbei an die Vorarbeiten von Emde (Emde 1988; Emde/Shapiro 1992), Krause (1997, 1998) und Schore (1994) an. Im Folgenden wird der Zusammenhang zwischen Affektregulierung, Mentalisierung und Bindung als einander überlappende Konstrukte herausgearbeitet. In diversen Studien konnte der Zusammenhang zwischen der Bindungssicherheit des Kindes, seinen symbolischen Fähigkeiten im Allgemeinen und seiner beginnenden Mentalisierung im Besonderen bestätigt werden (einen Überblick geben Fonagy et al. 2002, S. 53ff.). Die Interaktion zwischen einem Säugling und seinen primären Betreuern bestimmt die Strategien der Affektregulierung, die sowohl den Kern der Entwicklung der Mentalisierung bilden als auch die Muster des Bindungsverhaltens: »Das Affekterleben ist der Keim, aus dem schließlich Mentalisierung erwachsen kann. Die Voraussetzung dafür aber ist mindestens *eine* beständige, sichere Bindungsbeziehung« (Fonagy et al. 2002, S. 378).

Bowlby (1973) postuliert ein dem Bindungsverhalten von Neugeborenen zugrunde liegendes angeborenes Verhaltenssystem, das in Bedrohungs- und Stresssituation aktiviert wird und ein schutzsuchendes Verhalten beim Säugling auslöst, was Fonagy et al. (2004) um die Bedeutung erweitert haben, die der Bindungskontext für die Entwicklung psychischer Repräsentanzen hat. Somit kann das Sicherheitserleben zwar als das Ziel des Bindungssystems betrachtet werden, es diene jedoch in erster Linie als Regulator des emotionalen Erlebens (Sroufe et al. 1990). Eine sichere Bindung ist unter dieser Perspektive die Folge einer erfolgreichen Gefühlsregulation mit der primären Bezugsperson. Frühe Erfahrungen mit den Bezugspersonen werden zu verinnerlichten repräsentationalen Systemen zusammengefasst, die Bowlby (1973) »innere Arbeitsmodelle« (IWM=Internal Working Modells) nennt, wobei unterschiedliche Arbeitsmodelle für jede Bezugsperson gebildet werden können (Fonagy et al. 1994, S. 240). Fonagy et al. (2004) führen in Anlehnung an Mains (1991) Formulierungen über die Kohärenz von inneren Arbeitsmodellen und die Möglichkeit des metakognitiven Zugriffs auf diese den Begriff des »reflektierenden inneren Arbeitsmodells« ein, welches den mentalen Zugriff und flexiblen Umgang mit Objektbeziehungen impliziert. Mary Ainsworth (1985) entwickelte einen Labortest (»Fremde Situation«), mit dessen Hilfe die Verhaltensauswirkungen der inneren Arbeitsmodelle von Bindung von Kleinkindern direkt beobachtet werden können, und klassifizierte drei Bindungskategorien (sicher-gebunden, unsicher-vermeidend, unsicher-ambivalent), mithilfe derer auf nicht-beobachtbare innere Repräsentanzen des Selbst geschlussfolgert werden kann. Später entwickelten Main und Solomon (1990) eine vierte Klassifikation: die desorganisierte Bindung. Die Affektregulation eines Kleinkindes im Rahmen der »Fremden Situation« spiegelt vor dem Hintergrund der Mentalisierungstheorie wider, wie mit ihm in Situationen der affektiven Not umgegangen wurde (vgl. Fonagy 2003, S. 279f.).

In einer Überblicksstudie stellt van IJzendoorn (1995) eine »Transmissionslücke« zwischen Ergebnissen des AAI (Bindungsklassifikation der Eltern) und der Fremden Situation (Bindungsklassifikation der Kinder) fest, die sich auch nicht durch Beobachtungsdaten über die Feinfühligkeit der Bezugspersonen erklärten. Das Konzept der Feinfühligkeit (Grossmann et al. 1985) kann jedoch durch die Anwendung des Konzeptes der Mentalisierung folgendermaßen präzisiert werden:

> Wenn man die sichere Bindung des Kindes als das innerhalb eines Bindungskontextes stattfindende Erlernen von zielorientierten, rationalen Handlungsprozeduren definiert, die zur Regulierung aversiver Erregungszustände dienen, dann kann es diese Prozeduren – so behaupten wir – am erfolgreichsten erwerben und am kohärentesten repräsentieren, wenn ihm sein augenblicklicher Affektzustand von der Betreuungsperson jeweils zutreffend, aber auf eine nicht überwältigende Weise widergespiegelt wird (Fonagy et al. 2002, S. 51).

Diese Formulierung knüpft an das Bion'sche Konzept des »Containment« an (Bion 1962a), das Kind erlangt durch die Repräsentation seines eigenen Affektzustandes eine Affektregulierungsstrategie höherer Ordnung, was als Mentalisierungsvorläufer betrachtet werden kann. Die Autoren konnten belegen, dass unsicher-gebundene Eltern sicher-gebundene Kinder haben können, wenn die Eltern feinfühlig im Sinne von ausgewiesener Reflexiver Kompetenz sind. Die »Transmissionslücke« der transgenerationalen Weitergabe von Bindung konnte somit durch die Einbeziehung der Reflexiven Kompetenz der Betreuungspersonen als maßgeblichem Faktor geschlossen werden (vgl. die Londoner Mutter-Kind-Studie: Fonagy et al. 1991).

Die Qualität der Bindungssituation ist bei der Entstehung von Mentalisierung folgendermaßen beteiligt (vgl. Fonagy at al. 2004, S. 351f.): Sekundär repräsentierte Selbstzustände sind die Bausteine eines reflektierenden oder mentalisierten inneren Arbeitsmodells, wobei die Internalisierung sekundärer Repräsentanzen innerer Zustände (Selbstzustände) von der feinfühligen Affektspiegelung der Betreuungsperson abhängt. Feinfühligkeit in der Betreuung eines Kindes setzt voraus, das Kind als mentales Wesen wahrzunehmen. Das sicher-gebundene Kind findet in den psychischen Repräsentanzen seiner Bezugspersonen ein Bild seiner selbst, was die Grundlage seiner mentalisierenden Selbstorganisation bildet.

3.2.3 Mentalisierung als Entwicklungserrungenschaft und Organisator des Selbst

Eine sinnstiftende Reflexion der inneren Welt setzt den kognitiven Zugang zu den eigenen Emotionen und anderen innerpsychischen Befindlichkeiten voraus, wobei kognitive Vorgänge im Erleben nicht von ihrem emotionalen Fundament trennbar sind (Winnicott 1960; Damasio 1994, 2000), folglich Mentalisierung alle geistig-psychischen Leistungen umfasst und nicht mit Intellektualisierung verwechselt werden darf. Mentalisierung wird als zentrales Konstituens der Organisation des Selbst, der subjektiven Realität und der Fähigkeit zur Affektregulierung betrachtet, wobei diese als Entwicklungserrungenschaft angesehen wird,

> [...] die es Kindern ermöglicht, nicht nur auf das Verhalten eines anderen Menschen zu reagieren; sie reagieren vielmehr auch auf ihre eigene Vorstellung von dessen Überzeugungen, Gefühlen, Einstellungen, Wünschen, Hoffnungen [...]. Die [...] Mentalisierung befähigt Kinder, zu »lesen«, was in den Köpfen anderer vorgeht (Fonagy et al. 2002, S. 32).

Nach dem heutigen Wissensstand ist von einer sehr frühen komplexen Fähigkeit des Säuglings auszugehen, die ihm ermöglicht »Kontingenzen«, d. h. Zusammenhänge, Bedingtheiten und Ähnlichkeiten zwischen Reizereignissen zu erfahren, die entweder Folgen der eigenen Motorik sind oder aus anderen Quellen stammen (Gergely 2002, S. 814). Trotz seiner perzeptuellen Differenzierungsmöglichkeiten ist der Säugling hinsichtlich seiner Affektregulierung von seinen primären Bezugspersonen abhängig. Unter diesem Blickwinkel kommen verschiedene Autoren (Gergely 2002; Schore 1994) zu einer neuen Würdigung der Theorie der Entwicklungsphase der normalen Symbiose nach Mahler, die die Hilfs-Ich-Funktion der Mutter für ihr Kind in diesem Lebensalter beschrieben hat (Mahler et al. 1975). Eine positive Affektabstimmung zwischen Säugling und Bezugsperson in den ersten neun Lebensmonaten führt dazu, dass »[...] allmählich mentale Repräsentationsstrukturen die Funktion des direkten emotionsregulierenden Einflusses mütterlicher Interaktionen ersetzen [...]« (Hofer 1995 nach Gergely 2002, S. 819). Erkenntnisse psychoanalytischer Theorien, die der mütterlichen Spiegelfunktion eine entscheidende und ursächliche Rolle in der emotionalen Entwicklung des Kindes einräumen (Bion 1962; Winnicott 1967; Kohut 1971; Mahler et al. 1975; Jacobson 1964; Kernberg 1984), werden von der entwicklungspsychologischen und neuropsychoanalytischen Forschung ebenfalls gestützt. Die Autoren heben insbesondere die frühe Affektspiegelung hervor: »*Facial and vocal mirroring of affective behavior* may be a central feature of parental affect-regulative interactions during the first year« (Gergely/Watson 1996, S. 1187[8], Kursivierung im Original, vgl. Reinke 2006 zur »Augensprache«).

Im Verlauf des zweiten Lebensjahres entwickeln sich dann allmählich Als-ob-Handlungen und später das Als-ob-Spiel (Leslie 1987), welche eine fundamentale Rolle in der mentalen Entwicklung des Kindes spielen. Der Modus des Als-ob (pretend mode) eröffnet dem Kind Zugang zu Prozessen und Informationen, die in anderen bewussten Modi nicht zugänglich wären. Vygotsky (1978) behauptet in diesem Zusammenhang, dass das Kind im Als-ob-Spiel ein höheres kognitives Niveau erreicht als außerhalb des Spiels: »in play the child is always above his average age, above his daily behavior; in play it is as though he were a head taller than himself« (ebd., S. 102, zitiert nach Fónagy/Fonagy 1993, S. 368). Das Als-ob-Spiel basiert auf zwei Kernaspekten: Einerseits setzt das So-tun-als-ob eine symbolische Repräsentation von Gegenständen, Handlungen oder Ereignissen voraus, andererseits verlangt eine Als-ob-Handlung eine explizite Markierung, um sich von der realistischen Handlung zu unterscheiden (ebd., S. 367). Aufgrund der Verfügbarkeit sekundärer Repräsentationen und der damit zusammenhängenden Fähigkeit, Repräsentationen von der Realität abzukoppeln (referenzielle Entkopplung) kann das Kleinkind zumindest partiell Gefühle und Gedanken von ihren Referenten ablösen und damit auch verändern. Diese Möglichkeit mit innerpsychischen Befindlichkeiten umzugehen und sie von der physischen Realität abzukoppeln, eröffnet einen innerpsychischen Raum, der als Mentalisierungsvorläufer betrachtet werden kann (Marans et al. 1991).

Zwischen dem dritten und fünften Lebensjahr findet ein Übergang von einem teleologischen zu einem mentalistischen Weltbild statt. Das psychische Erleben ist zu diesem Zeitpunkt dual: Einerseits begreift das Kind sich im Modus der psychischen Äquivalenz (realitätsorientiert, aber nicht mentalisierend), andererseits begreift es sein psychisches Erleben im Modus des Als-ob (mentalisierend, aber nicht realitätsorientiert). Der Modus der psychischen Äquivalenz dominiert das Erleben des Kleinkindes: Eigene Gedanken werden als real, wahrhaftig und mit den Gedanken anderer identisch betrachtet, weil Gedanken für das Kleinkind Kopien der Realität darstellen. In unzähligen Experimenten der kognitiven Entwicklungspsychologie konnte eindrucksvoll gezeigt werden, dass z. B. Kleinkinder kein Bewusstsein für falsche Überzeugungen über die Realität

---

8 Gergely und Watson (1996, S. 1190 ff.) postulieren, dass die mütterliche Affektspiegelung eine Art natürliches soziales Biofeedback-Trainingsverfahren darstellt. Beides unterliege denselben zugrunde liegenden Mechanismen, die die Autoren als Kontingenzentdeckung und Kontingenzmaximierung beschreiben.

haben (Bleistift-Test, Perner et al. 1987) sowie Erscheinung und Realität nicht gleichzeitig denken können, z. B. wenn ein Schwamm aussieht wie ein Stein, jedoch tatsächlich ein Schwamm ist (Flavell et al. 1986).

Eigene Gefühle und Wünsche können innerhalb des Modus der psychischen Äquivalenz nicht als intentional betrachtet werden, sondern werden als Teil der physikalischen Realität wahrgenommen. Ohne die Fähigkeit zur Mentalisierung haben jegliche innerpsychischen Phänomene wie z. B. Fantasien und Prozesse der äußeren Realität einen direkten, nicht veränderbaren und übermächtigen Einfluss auf das Kind und die anderen, was intensive Angst auslösen kann. Normalerweise werden destruktive Fantasien und Wünsche im Spiel durchgearbeitet, wobei das Kind dazu einen mitspielenden Erwachsenen oder ein älteres Kind an seiner Seite braucht, die ihm verdeutlichen, dass eine Idee nur eine Idee ist, die sich nicht direkt auf die Realität auswirkt. Dies gelingt natürlich nur, wenn der Mitspielende nicht ärgerlich, traurig oder rächend auf die im Spiel gezeigten Fantasien reagiert, da das Spiel dann Realität würde (Fonagy/Target 1996, S. 228f.). In einem geschützten Spielraum demonstriert der Erwachsene oder das ältere Kind, dass Realität und reale Handlungsfolgen über das Spiel zurücktreten können, aber gleichzeitig im Spiel reale innerpsychische Erfahrungen stattfinden können (Fonagy/Target 1997, S. 692). Das Spiel stellt somit für das Kleinkindalter eine Fortführung der frühen Affektspiegelung zwischen Bezugsperson und Säugling dar. Diese Erfahrungen organisieren und vermitteln zwischen den Modi des psychischen Funktionierens, sodass das Kind nach und nach seine im Spiel bestehende mentalistische Haltung beibehält, d. h. sich aus der psychischen Äquivalenz löst und dabei den Kontakt zur Realität hält.

Von Klitzing (2002) kritisiert, dass sich die Theorie der Entwicklung von Mentalisierung zu sehr auf die frühe Mutter-Kind-Dyade beschränke. Meines Erachtens stellt Klitzings Anregung keinen Widerspruch, sondern eine Ergänzung des Mentalisierungskonzeptes dar, wenn er in der Auswertung seiner prospektiven Längsschnittstudie zu dem Schluss kommt, »dass gelungene Triadifizierungs- und Triangulierungsprozesse wesentliche Katalysatoren von Mentalisierungsprozessen des Kindes sind« (ebd., S. 884). Denn auch Target und Fonagy (2003, S. 94ff.) betonen die Bedeutsamkeit der Objektrepräsentanz des Vaters, die sich parallel zur Objektrepräsentanz der Mutter entwickele, als auch die Wichtigkeit des triadischen Prozesses für die Entwicklung von Beziehungsrepräsentanzen. Das ödipale Kind ist zunehmend mit den Gedanken und Gefühlen eines Dritten (zumeist des Vaters) konfrontiert und setzt sich gleichzeitig mit seinen Wünschen diesem gegenüber im Vergleich zu seiner primären

Bezugsperson auseinander. Gedanken und Fantasien, die im Als-ob-Modus und in Unkenntnis der Wünsche des anderen noch »ungefährlich« gespielt werden konnten, können nunmehr durch ihre mögliche Aktualisierung angsterregende Konflikte in der Außenwelt auslösen. Dies gilt insbesondere für destruktive Gefühle, die mit ödipalen Wünschen verbunden sind. Im Normalfall werden diese Wünsche einerseits durchgearbeitet und andererseits mittels Verdrängung radikal begrenzt (ebd., S. 285). Das »erfolgreiche Durcharbeiten der ödipalen Situation begründet eine Öffnung des Denkens in einen triangulären Raum, welcher, wie wir und andere vorgeschlagen haben, durch das Spielen mit der Realität entstehen kann« (Target/Fonagy 1996, S. 473, Übersetzung ST). Wenn innerpsychische Konflikte jedoch die kindliche Psyche überfordern, verharrt das Kind in Teilbereichen seines psychischen Erlebens aufgrund der damit einhergehenden Abwehrprozesse im Modus der psychischen Äquivalenz, in dem Gedanken und faktische Realität übereinstimmen. Im Falle des als traumatisch erlebten Todes einer Bezugsperson kann dieser Verlust im Modus der psychischen Äquivalenz verleugnet werden, wenn z. B. der Großvater oder Therapeut an die Stelle des Vaters tritt, d. h. nicht den Vater *repräsentiert*, sondern der Vater *ist* (vgl. den Fall »Rebecca«, Fonagy 1995). Im Fall einer Borderline-Erkrankung wird das psychische Erleben sämtlich durch die psychische Äquivalenz dominiert (ebd., S. 42).

Die entscheidende Bedeutung, die der Integration des dualen Modus psychischen Erlebens in den Mentalisierungsmodus zukommt, wird im Folgenden aufgeführt (Fonagy et al. 2002, S. 269ff.): Mentalisierung befähigt das Kind zur *kommunikativen Zusammenarbeit*, welche nach Grice (1975) das oberste Gesprächsprinzip darstellt, da sich der effiziente Sprecher ständig des Blickwinkels seines Gegenübers vergegenwärtigen muss. Durch Mentalisierung erhöhen sich das Niveau der Intersubjektivität und das Gefühl für die *Bedeutsamkeit des eigenen Lebens*. Die Mentalisierung ermöglicht darüber hinaus eine *Kontinuität im Selbsterleben*, da eine Anpassung des psychischen Erlebens (z. B. eine emotionale Neubewertung) ohne ein Ändern der Person möglich ist. Die *Handlungen anderer erlangen eine Bedeutung* auf der Basis der Zuschreibung von innerpsychischen Befindlichkeiten und sind somit vorhersehbar (Fonagy/Target 2002). Damit ist das Kind nicht länger an eine unmittelbare emotionale Reaktion seiner Bezugsperson gebunden und kann z. B. Feindseligkeit oder Zurückweisung auf eine mentale Befindlichkeit seines Gegenübers zurückführen und nicht auf sich selbst. Zudem wird die *Realitätsprüfung* etabliert, d. h. die Unterscheidung zwischen innerer und äußerer Wahrheit, wobei diese miteinander verbunden erlebt werden. Mit der Fähigkeit ausgestattet, den Realitätsgehalt der eigenen mentalen Befindlichkeiten überprüfen zu können, kann ein Individuum sein Innerpsychisches im kohärenten Zusammenhang einer Selbstrepräsentanz erleben, d. h. eine konkrete Erfahrung in Beziehung zur innerpsychischen Erfahrungswelt setzen, was – etwa nach Zepf (2006a) – zur Folge hat, ein Gefühl nicht nur zu »haben«, sondern auch als dieses erkennen, von anderen differenzieren und der Möglichkeit nach verstehen zu können.

3.2.4 Mentalisierung als Schutzfaktor psychischer Gesundheit und Gegenspieler einer dysfunktionalen Abwehr

Die Bedeutsamkeit des Konzeptes der Mentalisierung ergibt sich unter anderem daraus, dass sie als ein Faktor der psychischen Widerstandsfähigkeit einer Person verstanden werden kann, die das Individuum gegenüber belastenden Lebensereignissen schützt und darüber hinaus den Teufelskreis der transgenerationalen Weitergabe von traumatischen Erlebnisse der Elterngeneration an ihre Kinder unterbrechen kann (Fonagy et al. 1994; vgl. auch Reinke 1992 zur transgenerationalen Weitergabe von Traumata). Die Arbeitsgruppe um Fonagy versteht die Ursachen der Weitergabe eines Traumas an die nächste Generation mit Rückgriff auf Fraiberg, Adelson und Shapiro (1985): Verarbeiten Eltern eigene Kindheitstraumata mit Abwehrmechanismen, die einerseits den traumatischen Affekt verleugnen und andererseits eine Identifikation mit dem Peiniger bedeuten (vgl. auch die Arbeiten von Ehlert-Balzer 1996), so verstricken sie ihre eigenen Kinder mit ihrem unbewältigten Schmerz.

> In every nursery there are ghosts. They are the visitors from the *unremembered pasts of the parents* [...] Even among families where the loved ones are stable and strong the intruders from the parental past may break through the magic circle in an unguarded moment, and a parent and his child find themselves re-enacting a moment or a scene from another time with another set of characters [...] Another group of families appear possessed by their ghosts [...] the ghosts take up residence and conduct the rehearsal of the family tragedy from a tattered script (Fraiberg/ Adelson/Shapiro 1985, S. 387f.; Kursivierung ST).

Fonagy et al. (1991, 1994) sehen mit Fraiberg (1982) in der Qualität der innerpsychischen Repräsentationen der frühen Bezugspersonen und des eigenen Selbst einen Gegenspieler einer derart dysfunktionalen Abwehr, da die Fähigkeit eines Elternteils, die eigene Lebensgeschichte zu integrieren, die Grundvoraussetzung dazu darstellt, dem eigenen Kind eine genügend gute Versorgung zu garantieren. Mentalisierung ist dabei ein bedeutender Baustein in der Organisation der Abwehr, der Affektkontrolle und der Kohärenz innerpsychischer Repräsentationen (vgl. die Londoner-Eltern-Kind-Studie, Fonagy et al. 1991, 1994) und somit Gegenspieler einer dysfunktionalen Abwehr.

Trotz erreichter Stufe der Mentalisierung können Regressionen auf den dualen Modus des psychischen Funktionierens erfolgen, die z. B. von kritischen Lebensereignissen ausgelöst werden. Abwehrprozesse verhindern nicht nur den Zugang zu emotionalen Erfahrungen, sondern können sich ebenfalls gegen den reifen mentalisierenden Modus richten (Fonagy et al. 2002, S. 12). Die Integration von Außen und Innen stellt eine lebenslange Aufgabe dar:

> Wir behaupten nun, dass die Akzeptierung der Realität als Aufgabe nie ganz abgeschlossen wird, dass kein Mensch frei von dem Druck ist, innere und äußere Realität miteinander in Beziehung setzen zu müssen, und dass die Befreiung von diesem Druck nur durch einen nicht in Frage gestellten *intermediären Erfahrungsbereich* (in Kunst, Religion, usw.) geboten wird (vgl. Riviere 1936). Dieser intermediäre Bereich entwickelt sich direkt aus dem Spielbereich kleiner Kinder, die in ihr Spiel »verloren« sind (Winnicott 1971, S. 23f.).

Im Folgenden werde ich den Begriff der Einsicht auf der Grundlage der psychoanalytischen Objektbeziehungstheorie, den ich-psychologischen Erkenntnissen und dem Mentalisierungsansatz für das Feld des Täter-Opfer-Ausgleichs definieren.

3.3 Einsicht als Ziel des Täter-Opfer-Ausgleichs

Im psychoanalytischen Theoriediskurs ist die Debatte noch nicht abgeschlossen, ob Einsicht als Prozessfaktor (z. B. Kris 1956) oder als Ergebnis einer psychoanalytischen Therapie angesehen werden kann (z. B. Alexander/French 1946). Nach Hohages Definition (1989) ist Einsicht eine Prozessvariable und Ergebniskriterium zugleich. Auf der Grundlage der vorangegangenen Herleitungen komme ich zu folgender Definition von Einsicht im Täter-Opfer-Ausgleich als Ergebnis eines fortlaufenden Reflexionsprozesses:

Einsicht ist das Ergebnis einer Selbstreflexion, die mit einem Zuwachs an Wahrhaftigkeit und Verantwortlichkeit für die eigene psychische Realität verbunden ist. Einsicht ist begründet in der Anerkennung der inneren Realität des Gegenübers hinsichtlich einer Tat und ihrer Folgen, da das Subjekt durch Einsicht über alle psychischen Repräsentanzen (Selbst- und Objektrepräsentanzen und dazugehörige Affekte) akkurat verfügt. Der Selbstreflexion liegen strukturell Mentalisierungsprozesse zugrunde, die das eigene Verhalten und Erleben mit innerpsychischen Befindlichkeiten verbinden und begründen sowie dysfunktionalen Abwehrprozessen entgegenwirken. Mentalisierungsprozesse basieren letztlich auf dem Entwicklungsstand der integrativen und synthetischen Ich-Funktionen sowie Über-Ich-Funktionen, die die Toleranz für spezifische psychische Inhalte bestimmen. Abwehrprozesse, die aufgrund der mangelnden Toleranzfähigkeit für spezifische psychische Inhalte aktiviert werden, beeinträchtigen Mentalisierungsprozesse, da innerpsychisches Erleben durch sie verzerrt oder dissoziiert wird, d. h. sich reflexiven Prozessen teilweise oder ganz entzieht. Einsicht entsteht also strukturell auf der Grundlage der aktiven Mentalisierung und konfliktdynamisch als Bewältigung von Abwehr im Sinne einer Resymbolisierung von abgewehrten innerpsychischen Elementen. Die Fähigkeit zur aktiven Mentalisierung ist im Konzept der Reflexiven Kompetenz operationalisiert.

Pfäfflin und Mergenthaler (1998, S. 28) postulieren einen Kompetenzzuwachs durch Einsicht, der sich auf vier Dimensionen beschreiben lässt. Ich möchte diese idealtypisch auf den Täter bezogen darstellen und verdeutlichen, dass Einsicht im oben definierten Sinne eine Zusammenführung der verschiedenen Ebenen bedeutet, die nur aus Gründen der Darstellbarkeit getrennt formuliert werden:

1) *Das Wissen* – Der Täter erkennt die eigenen Anteile an der Tat, das Unrecht seiner Tat, die Folgen für das Opfer und für sich.

2) *Das Erleben* – Der Täter erlebt Gefühle von Schuld, Reue, Scham und Empathie für das Opfer. Der Täter reflektiert die Tat vor seinem lebensgeschichtlichen Hintergrund und den Gefühlen, die die Tat begleiteten, und gelangt so zu einem neuen Verständnis für die persönlichkeitsbezogenen, lebensgeschichtlichen und situativ-affektiven Gründe des eigenen Verhaltens. Das Opfer wird in seinem Erleben akzeptiert, anerkannt und verstanden.

3) *Die Beziehungsgestaltung* – Der Täter zeigt in seiner Beziehungsgestaltung gegenüber dem Opfer Impulse zur Wiedergutmachung und Versöhnung sowie Interesse an dessen Sichtweise. Der Täter erkennt die Tätigkeit anderer Verfahrensbeteiligter (Polizei, Gericht, TOA) an und kann die Beziehungsangebote konstruktiv nutzen.

4) *Das Handeln* – Der Täter zeigt keine erneute Straffälligkeit.

Auf den Täter-Opfer-Ausgleich bezogen bedeutet dies zunächst, dass Einsicht eines Täters vor dem Hintergrund einer intensiven persönlichen Auseinandersetzung mit der Tat, der eigenen Beteiligung und dem eigenen Erleben sowie einer Berücksichtigung des Geschädigten gewonnen werden kann. Einsicht ist folglich das Ergebnis eines Prozesses, der im Rahmen einer strafrechtlichen Mediation ermöglicht werden kann. Da Einsicht im höchsten Grade anfällig für Verzerrungen im Sinne von Abwehrprozessen ist, bedarf das Gewinnen von Einsicht eines dialogischen Rahmens im Sinne einer korrigierenden Beziehungserfahrung, innerhalb derer auf verzerrende Wahrnehmungen und Denkweisen auf eine Art und Weise hingewiesen wird, die nicht neue Abwehrprozesse befördert. Unter der Berücksichtigung psychoanalytischer Erkenntnisse wird eine reine Konfrontation des Täters mit seiner Tat und den Folgen vermutlich zu keiner Einsicht führen. Im Rahmen einer Schlichtung wird aufgrund der kurzen Dauer des Verfahrens auch keine vollständige genetische Rekonstruktion der biografischen Zusammenhänge des Beschuldigten und der Tat erfolgen können. Auch ist das Verfahren nicht geeignet, um die nach Kris (1956) erforderliche Regression zu ermöglichen. Trotzdem eröffnen sich m. E. Chancen, da ohne Zeitdruck über die Tat und deren Zusammenhänge reflektiert werden kann. Die Konfrontation mit dem im konkreten Verfahren beteiligten Opfer und die Angst vor der Gerichtssituation stellen einen hochaffektiv aufgeladenen Rahmen dar, der vor dem Hintergrund einer haltend-reflektierenden Haltung des Schlichters (vgl. die Ausführungen zum »Bremer Modell« des Täter-Opfer-Ausgleichs) zu Einsichten führen kann, die ich idealtypisch im Hinblick auf die vier Dimensionen von Pfäfflin und Mergenthaler (1998) dargestellt habe.

Mir erscheint die Fähigkeit zur Mentalisierung als eine Voraussetzung eines gefühlsgetragenen Ausgleichs, der ohne die Anerkennung der Gefühle des Gegenübers auf einer rein materiellen oder formalen Verhaltensebene verbleibt. Die Anerkennung der Gefühle des anderen setzt aber eine Relativierung und Neubewertung der im Rahmen einer Straftat empfundener Gefühle voraus (vgl. Dornes' Anmerkungen zur emotionalen Einsicht 2004, S. 12). Der Versuch einer Stärkung reflexiver Fähigkeiten im Setting des Täter-Opfer-Ausgleichs kann dann erfolgreich sein, wenn – analog zur frühkindlichen Situation der Entwicklung von geistigen Fähigkeiten – die Mediatoren sich als Subjekte mit ausreichender Reflexiver Kompetenz zur Verfügung stellen.

Das folgende Kapitel beschäftigt sich mit der Einsichtsfähigkeit adoleszenter Gewalttäter, die aufgrund einer Beeinträchtigung der synthetischen und integrativen Ich-Funktionen vor dem Hintergrund eines dissozialen Syndroms und den besonderen Bedingungen der Adoleszenz eingeschränkt sein kann.

4 Einsicht vor dem Hintergrund gewalttätigen Verhaltens in der Adoleszenz

Nachdem ich im vorherigen Kapitel Einsicht im Täter-Opfer-Ausgleich als Resultat einer mentalisierenden Selbstreflexion hinsichtlich der Straftat und deren Folgen definiert habe, die über das Bewusstwerden der eigenen Motive und Gefühle mit einem Zuwachs an Wahrhaftigkeit und Verantwortungsübernahme verbunden ist, werde ich die Mentalisierungsfähigkeiten unter den Bedingungen der Adoleszenz und besonders vor dem Hintergrund gewalttätigen Verhaltens Jugendlicher untersuchen. Strafbare und gewalttätige Handlungen fußen keineswegs immer auf einer psychopathologischen Erkrankung. Gleichwohl konnte im anglo-amerikanischen Raum festgestellt werden, dass bei 62% der Gefängnisinsassen eine Persönlichkeitsstörung diagnostizierbar ist und auch eine auffällig hohe Zahl an psychotischen Erkrankungen vorliegt (Fazal/Danesh 2002). Das Vorherrschen psychopathologischer Diagnosen bei Inhaftierten ist für den deutschsprachigen Raum ebenfalls ansatzweise bestätigt worden (Reinke 1997; Frädrich/Pfäfflin 2000) und auch für den Jugendstrafvollzug belegt (Hinrichs 2001; Schulte-Markwort et al. 2002). Kriminologisch-soziologische Forschungsergebnisse zeigen deutlich, dass insbesondere gewalttätiges Verhalten mit Traumatisierungen in der Ursprungsfamilie zusammenhängt. Die Psychoanalyse stellt mit der klinischen Theorie zum dissozialen Syndrom (Reinke 1997) ein Modell bereit, um diesen Zusammenhang psychodynamisch zu verstehen. Darüber hinaus bietet die psychoanalytische Theorie einen Verstehensansatz für den jeweiligen Gewaltausbruch. Eine persistierende Gewalttätigkeit liegt bei einem dissozialen Syndrom in dem Fehlen integrativer Ich-Funktionen begründet, was sich z. B. als Mentalisierungshemmung zeigt. Eine Mentalisierungshemmung führt dazu, dass Gewalttaten begangen werden, anstatt Wut, Trauer und Angst in Reaktion auf Vernachlässigung, Ablehnung und Misshandlung zu erleben (Fonagy 1999, S. 123). Fonagy et al. schlagen für diese Entwicklungspsychopathologie den Begriff der funktionellen Psychopathie vor, da sie, im

Gegensatz zum klassischen Psychopathiebegriff, den Verlust der Sensibilität für die inneren Welten als reversibel betrachten, weil er im Rahmen eines Abwehr- und Bewältigungsprozesses kein Defizit, sondern eine Anpassungsleistung darstellt (Fonagy 2006, S. 528; Fonagy et al. 2002, S. 429). Ich lehne den Begriff der Psychopathie ab, weil er eine Entwertung transportiert und in seiner aktuellen begrifflichen Verwendung auf der Ebene der Phänomenologie verbleibt, keinerlei Hinweise auf die Gründe für antisoziales Verhalten vermittelt, eine lebenslange Auffälligkeit behauptet und etwaige Behandlungsmöglichkeiten verneint (Hart/Hare 1997; Hare 2000[1]). Daher werde ich mich im Rahmen meiner Ausführungen an die Begrifflichkeiten der internationalen Klassifikationssysteme anschließen, d. h. von der Antisozialen (DSM-IV) bzw. Dissozialen (ICD-10) Persönlichkeitsstörung sprechen.

Adoleszente Gewalttätigkeit werde ich als schwerwiegendes antisoziales Verhalten auffassen, das in seiner jeweiligen Ausprägung jedoch auf eine beginnende Persönlichkeitsstörung hinweisen *kann*. Gewalttätigkeit ist allerdings kein differenzialdiagnostisches Kriterium für eine Antisoziale Persönlichkeitsstörung bzw. ein dissoziales Syndrom, da antisoziales Verhalten besonders in der Adoleszenz auch vor dem Hintergrund von konflikthaften Entwicklungsbedingungen der Adoleszenten im Kontext eines verlängerten Ausschlusses an gesellschaftlicher Teilhabe verstanden werden kann (Moffitt 1993). Gewalttätigkeit markiert jedoch das Scheitern normaler Entwicklungsprozesse (Fonagy 2006, S. 489), auch wenn es sich in der Adoleszenz zumeist um ein temporäres Scheitern mit guten prognostischen Aussichten handelt. Eine psychoanalytisch und bindungstheoretisch fundierte Theorie der Entwicklungspsychopathologie ist m. E. eine notwendige Voraussetzung für individuelle Diagnostik und Intervention, wie sie von kriminologischer Seite immer wieder gefordert wird, um Kriminalität effektiv zu begegnen (Bannenberg/Rössner 2003), und wie sie von Klüwer (1974) für das Feld der Jugenddelinquenz bereits vorgeschlagen worden ist. Zur Differenzierung zwischen passagerer adoleszenter Delinquenz und schwerwiegenden Ich-Störungen verweise ich zudem auf Kernbergs (1985) Unterscheidung zwischen Identitätskrise und Identitätsdiffusion und werde die Ausprägung und

---

1 Besonders problematisch ist die klinische Verwendung der Psychopathie-Checkliste (PCL, Hare 1990/91), die mittlerweile modifiziert auch auf Kinder angewandt wird (Antisocial Process Screening Device, APSD, Frick/Hare 2001) und mit ihrer Zuschreibung eines überdauernden psychopathischen Charakters allen Erkenntnissen über positive Entwicklungsverläufe z. B. aufgrund positiver Bindungsbeziehungen widerspricht. Zur Remission psychopathischer und antisozialer Persönlichkeitsstörungen vgl. Martens (2000).

Qualität der Reflexiven Kompetenz als ein weiteres diagnostisches Kriterium vorschlagen. Ich gehe davon aus, dass bei einem Fehlen integrativer Ich-Funktionen, das seinen Ausdruck u. a. in einer Mentalisierungshemmung findet, Einsichtsprozesse stark eingeschränkt sind und daher Interventionen notwendig werden, die die generelle Einsichtsfähigkeit fördern.

4.1 Risiko- und Schutzfaktoren für kriminelles und gewalttätiges Verhalten

Überblicksstudien (Farrington 2003; Loeber/Green/Lahey 2003; Rutter et al. 1998), Längsschnittuntersuchungen (Farrington 1995; Loeber et al. 2002; Moffitt et al. 2002) und Querschnittstudien (Enzmann/Wetzels 2001; Pfeiffer/Wetzels/Enzmann 1999) konnten den Zusammenhang zwischen in der Kindheit einsetzenden Risikofaktoren und Straffälligkeit – insbesondere Gewalttätigkeit – belegen. Das Auftreten von Impulsstörungen und Störungen des Sozialverhaltens ab einem Alter von drei Jahren, ein niedriger IQ und schlechte Bildungsabschlüsse sowie eine Antisoziale Persönlichkeitsstörung bei den Eltern machen eine Fortsetzung von Delinquenz und Gewalttätigkeit im Erwachsenenalter statistisch wahrscheinlich. Bezüglich des Elternverhaltens werden körperlicher und sexueller Missbrauch der Kinder sowie häusliche Gewalt als der stärkste Prädiktor für delinquentes Verhalten erachtet (Heck/Walsh 2000; Pfeiffer/Wetzels/Enzmann 1999; Loeber/Dishion 1984; Olweus 1984; Loeber/Stouthamer-Loeber 1986; Patterson/Stouthamer-Loeber 1984). In der Adoleszenz sind Risikofaktoren die Mitgliedschaft in einer delinquenten Peer-Gruppe und der Besuch einer kriminalitätsbelasteten Schule (einen Überblick geben Hiatt/Dishion 2008; Levinson/Fonagy 2004).

Tatsächlich liegt retrospektiv bei 80 bis 90% der Straftäter eine Vorgeschichte der Misshandlung vor, prospektiv werden rund ein Viertel der Menschen, die in ihrer Kindheit schwer misshandelt wurden, als Straftäter verurteilt (Lewis 1984). Hierbei ist zu bedenken, dass elterliche physische Gewalt zumeist mit anderen Belastungen des Kindes einhergeht, wie z. B. eine generelle erhöhte Konflikthaftigkeit in der Familie, vermehrte Partnergewalt sowie ein Fehlen positiver Zuwendung seitens der Eltern (Belsky 1993 und Hemenway/Solnick/Carter 1994 zitiert nach Wetzels 1997, S. 90). Vor dem Hintergrund dieser Mangelerfahrungen innerhalb der Primärfamilie wurde jugendliche Delinquenz im psychoanalytischen Theoriediskurs lange als Ausdruck einer psychischen Verwahrlosung bezeichnet (Aichhorn 1925; Bernfeld 1929): Die Kinder sind nicht »verwahrt«, d. h. nicht gehalten worden (Klüwer 1974).[2]

Innerhalb der klinischen Bindungsforschung wurde die unsichere Bindung ebenfalls als Risikofaktor diskutiert. Shaw und Vondra (1993) fanden heraus, dass familiäre Risikofaktoren, die mit delinquentem Verhalten einhergehen, ebenfalls in Familien mit unsicher-vermeidend gebundenen Kindern aufzufinden sind. So konnte gezeigt werden, dass Mütter von unsicher-vermeidend gebundenen Kindern einer Wahrnehmungsverzerrung unterliegen, sodass sie das Verhalten ihrer Kleinkinder als anspruchsvoll und schwierig einschätzen, weshalb sie auf kindliche Annäherungen mit zurückweisendem Verhalten reagieren (Bates et al. 1985). Es wird auch davon ausgegangen, dass es wesentlich schwieriger ist, ein Kind zu kontrollieren, das aufgrund seiner unsicheren Bindung an seine Betreuungsperson den Liebesverlust nicht so fürchtet wie ein sicher gebundenes Kind (Fonagy et al. 1997, S. 245). Insbesondere Schuldgefühle hemmen normalerweise aggressives Verhalten, können jedoch durch Furchtlosigkeit deaktiviert sein. Kochanska et al. (2002) konnten diesen Zusammenhang zwischen geringen Schuldgefühlen und Furchtlosigkeit bei Kleinkindern in Verbindung mit einem bestimmten mütterlichen Erziehungsverhalten bringen, das von negativer Machtausübung wie Drohungen und Einschüchterungen geprägt ist. Meines Erachtens unterliegt die Studie von Kochanska et al. (2002) der unreflektierten Vorannahme an den beobachtbaren Verhaltensdaten zu verharren, d. h. auf Furchtlosigkeit und mangelnde Schuldgefühle aufgrund ihrer Nichtbeobachtbarkeit zu schließen, und diese dann kausal zu setzen. Insbesondere beim dissozialen Syndrom konnte die psychoanalytische Forschung aufklären, dass phänomenal beobachtbare Furchtlosigkeit tatsächlich mit archaischen Vernichtungsängsten einhergeht, was ich unter Abschnitt 4.3.1 auf Seite 118 weiter ausführen werde.

Eine Vermeidung von nahen Bindungsbeziehungen erschwert auch eine Anbindung an soziale Institutionen in der Adoleszenz (Hirschi 1969). Letzteres erhöht laut den kriminologischen Kontrolltheorien die Gefährdung einer delinquenten Entwicklung, da Individuen, die stark an soziale Institutionen angebunden sind, aufgrund der informellen sozialen Kontrolle eher nicht kriminell werden im Vergleich zu denjenigen, die nur schwach angebunden sind

---

2   Der Begriff der »Verwahrlosung« ist heute Begriffen gewichen, die eine stigmatisierende Tendenz zu vermeiden suchen, wie z. B. »dissozial«, bzw. die Stigmatisierung in den Vordergrund stellen (»Psychopath«). Keiner der Begriffe enthält jedoch den ätiologisch-etymologischen Bezug, der sich hinter dem Begriff der Verwahrlosung verbirgt.

(Sampson/Laub 1993). Die Prävalenz von Bindungsdistanzierten in der Bevölkerung liegt allerdings bei 20 bis 30% (van IJzendoorn 1995), die jedoch nicht alle gewalttätige Handlungsmuster zeigen, sodass eine unsicher-vermeidende Bindung vermutlich nur in der Kombination mit weiteren Belastungen (z. B. Persönlichkeitsstörungen) als Risikofaktor für die Entstehung von Gewalttätigkeit aufzufassen ist. Diese These konnte in einer Vergleichsstudie von Gewalttätern mit einer Gruppe persönlichkeitsgestörter Individuen ohne Gewalttaten bestätigt werden (Levinson/Fonagy 2004). In dieser Studie wurde ebenfalls deutlich, dass Personen, die jegliche Bedeutung naher Bindungen verleugnen und sich furchtlos *zeigen*, sozial negativ beurteilt werden, sodass sie eher einer Bestrafung anstelle einer Behandlung zugeführt werden. In einer Vergleichsstudie zwischen forensischen, klinischen und nicht-klinischen Stichproben konnten van IJzendoorn et al. (1997) zeigen, dass in der Gruppe der psychisch erkrankten forensischen Patienten sichere Bindungen fast gänzlich fehlen und der Bindungsstatus eines ungelösten Bindungtraumas deutlich überrepräsentiert ist.

Die verschiedenen Risikofaktoren sind von unterschiedlicher Wertigkeit, wenn sie z. B. nicht Teil der ursächlichen Faktoren für Gewalttätigkeit sind, sondern eine Folge dieser Ursachen darstellen, wie z. B. die Mitgliedschaft in einer delinquenten Gruppe (Farrington et al. 2002) oder das Phänomen der Furchtlosigkeit, das in der vorliegenden kriminologischen Literatur als Ursache gewalttätigen Handelns missverstanden wird, statt es als Folge früher Gewalt- und Bedrohungserfahrungen zu verstehen. Tatsächlich kann aber davon ausgegangen werden, dass die Wahrscheinlichkeit von Gewalttätigkeit im Erwachsenenalter steigt, je mehr Risikofaktoren erfüllt sind, die sich dann in der individuellen Lebensgeschichte akkumulieren und verstärken (Maugham/Rutter 2001). Gleichzeitig werden Risikofaktoren durch Schutzfaktoren abgeschwächt, die Lösel und Bender (2003) in Intelligenz, schulischen oder sportlichen Erfolgen, wenigstens einer nahen Beziehung zu einem Erwachsenen und nicht-delinquenten Freunden sehen (vgl. auch die Ausführung zum Handlungs-IQ als Schutzfaktor bei Bliesener/Köferl/Lösel 1990). Daher können überdauernde »kriminelle Karrieren« nicht auf der Basis der Risikofaktoren allein prospektiv prognostiziert werden, da protektive Schutz- bzw. Resilienzfaktoren eine pathologische Entwicklung verhindern. Im Rahmen dieser Arbeit wird die Mentalisierungsfähigkeit vor dem Hintergrund einer sicheren Bindung als ein derartiger Resilienzfaktor begriffen (Fonagy et al. 1994).

Kriminalität ist unter diesem Blickwinkel als eine Entwicklungspathologie zu verstehen, wohingegen eine rein biologisch-genetische Prädisposition für Kriminalität zu bestreiten ist, da z. B. Kinder mit kriminellen leiblichen Eltern nur dann selbst kriminell werden, wenn sie von dysfunktionalen Familien adoptiert wurden (Mednick/Gabrielli/Hutchings 1984; Bohmann 1996), und positive Verhaltensweisen in der Familie das Kind davor schützen, antisozial zu werden (Reiss et al. 2000). Elterntrainings mit Eltern von Kindern mit antisozialem Verhalten bewirken darüber hinaus eine deutliche Verbesserung der Kinder gegenüber Kindern aus der Kontrollgruppe (Serketich/Dumas 1996). Die Ergebnisse der klinischen Bindungsforschung und kriminologischen Forschung stimmen folglich größtenteils mit den Auffassungen psychoanalytischer Autoren überein, dass gewalttätige Kriminalität als eine sozial unangepasste Form der Bewältigung von Trauma und Misshandlung angesehen werden kann.

4.2 Die Taxonomie antisozialen Verhaltens in der Adoleszenz

In diesem Abschnitt erfolgt eine ausgewählte Zusammenfassung kriminologischer Studien zur adoleszenten Straffälligkeit. Ich erachte diesen Ansatz als eine sinnvolle Ergänzung zu den psychoanalytischen Erkenntnissen, da letztere oftmals eine eingeengt psychopathologische Herangehensweise aufweisen und somit die »Normalität« devianten Verhaltens aus dem Blick gerät. Gleichzeitig ist die Kriminologie mit ihren repräsentativen Studien und quantitativen Auswertungsmethoden ungeeignet zur differentialdiagnostischen Würdigung des Einzelfalls und zum Verständnis phänomenologischer Beobachtungen, weshalb eine klinisch-psychoanalytische Herangehensweise unverzichtbar ist.

In der Kriminologie ist spätestens seit Kenntnis der Ergebnisse der Dunkelfeldforschung (bzgl. nicht offiziell registrierter Kriminalität) bekannt, dass die Mehrzahl der Adoleszenten potenziell strafbare Handlungen ausübt, womit Delinquenz in dieser Lebensphase als ein normales und ubiquitäres (durch alle Gesellschaftsschichten gehendes) Verhalten zu betrachten ist (Brunner/Dölling 2002). Es wird vor allem der passagere oder episodenhafte Charakter dieses Verhaltens betont, da die Verwicklung in kriminelle Handlungen unterbleibt, wenn sich die Adoleszenten durch Berufstätigkeit und Familiengründungen in die Erwachsenenwelt integrieren können (»turning point«-Theorie nach Sampson/Laub 1993). Die offiziellen Statistiken zeigen, dass die Prävalenz von kriminellen Akten in der Adoleszenz bis zu einem Höhepunkt im Alter von 17 Jahren ansteigt, um dann kontinuierlich abzusinken, sodass sich im

Alter von 28 Jahren 85% der vorherigen Straftäter legal verhalten (Blumenstein/Cohen 1987; Farrington 1986). Das Ausmaß der polizeilich registrierten Kriminalität der Jugendlichen und Heranwachsenden entspricht relativ zu ihrem Bevölkerungsanteil dem Dreifachen des Ausmaßes von Erwachsenen, was sich auch der Tendenz nach in den Dunkelfeldstudien widerspiegelt (Streng 2003). Die Kriminalitätsbelastung adoleszenter Mädchen entspricht nur einem Drittel der männlichen Altersgenossen und bezieht sich vorrangig auf Diebstahl (*Polizeiliche Kriminalitäts-Statistik* [PKS] 2004). In Deutschland wird die Überrepräsentation der Straffälligkeit von Jugendlichen mit einem Migrationshintergrund einerseits in einen Zusammenhang mit deren mangelnder Integration gebracht (z. B. ein niedriges Bildungsniveau, vgl. Leithäuser/Meng 2003), andererseits jedoch auch mit häuslicher Gewalt, die in dieser Gruppe besonders häufig vorkommt. So wurde laut einer Repräsentativbefragung von Schülern aus dem Jahr 1997 jeder fünfte türkische Jugendliche Opfer elterlicher physischer Misshandlungen (Pfeiffer/Wetzels 2001, S. 9f.), welche mit gewaltbefürwortenden Männlichkeitsvorstellungen in den betroffenen Ethnien verbunden sind (Wetzels/Enzmann/Pfeiffer 1999). Die Dunkelfeldforschung konnte ebenfalls zeigen, dass sich Täter- und Opferwerdung miteinander verschränkt, d. h. Aggressionsdelikte vorrangig von derselben adoleszenten Klientel verübt werden, die sie auch erleidet (Wetzels et al. 2001; Hosser/Radatz 2005)[3].

Die normale, ubiquitäre und passagere männliche adoleszente Kriminalität ist allerdings zumeist in dem Bereich der gewaltlosen Bagatellkriminalität (z. B. Fahren ohne Führerschein oder Ladendiebstahl) zu verorten. Parallel existiert eine geringe Anzahl vorrangig männlicher Adoleszenter, die für den Großteil der gewalttätigen Kriminalität verantwortlich ist, die mit einem Eingriff in die physische oder psychische Integrität eines anderen Menschen verbunden ist (Kerner 2001, S. 111ff.). Aufgrund der generellen Überrepräsentation junger Männer im Bereich der Gewalttaten im Verhältnis zu ihrem Bevölkerungsanteil (vgl. Schneider 1994, S. 29) kann geschlussfolgert werden, dass ca. 6% aller Adoleszenter für die Mehrzahl aller Gewalttaten in den westlichen Gesellschaften verantwortlich sind (Fonagy 2006, S. 496; Farrington et al. 1986). Dabei sind schwere Gewalttaten von Adoleszenten eher die Ausnahme, es handelt sich um Bereiche mittlerer Kriminalität wie Körperverletzung und Raub, die

---

3 Auch die psychoanalytische Forschung hat auf die Leichtigkeit des Rollenwechsels von Täter und Opfer hingewiesen (Streek-Fischer 1992). Vgl. auch Kernbergs Konzept der Täter-Opfer-Doppelidentifizierung aufgrund einer Identifizierung mit der Beziehung zu einem traumatisierenden frühen Objekt (Kernberg 1992).

wenig vorgeplant sind und impulsiv begangen werden (Brunner/Dölling 2002, S. 27; Wolfgang et al. 1987, S. 41ff.). Loeber und Stouthamer-Loeber (1987) kommen in ihrer Metaanalyse zu dem Ergebnis, dass frühkindliche aggressive Verhaltensauffälligkeiten, die Schwere der Tat eines Jugendlichen sowie familiäre Deprivationen die besten Prädiktoren für eine fortdauernde Delinquenzbelastung im Erwachsenenalter seien (ebd., S. 370f.). Gleichzeitig ergibt sich eine erstaunliche Ähnlichkeit der Prävalenzrate für gewalttätiges Verhalten in verschiedenen Lebensabschnitten (von der Vorschulzeit bis ins Erwachsenenalter) von jeweils 4 bis 9%, die Moffitt (1993, S. 678) unter der Berücksichtigung von Längsschnittuntersuchungen derselben Gruppe zuschreibt (vgl. Kohlberg/ Ricks/Snarey 1984; Robins/Ratcliff 1979). Moffitt (1993) unterscheidet daher im Rahmen ihrer Taxonomie antisozialen Verhaltens zwischen auf die Adoleszenz begrenzte jugendtypische Delinquenz (»Adolescence-Limited«) und den ganzen Lebenslauf begleitende Straffälligkeit im Sinne lebenslanger krimineller Karrieren (»Life-Course-Persistent«), die sich sowohl hinsichtlich des zeitlichen Auftretens als auch der Schwere der Delikte unterscheiden. Im Unterschied zu ihren Peers mit einer lebenslangen kriminellen Karriere können Jugendliche mit jugendtypischer Delinquenz ihr kriminelles Verhalten situationsspezifisch und instrumentell einsetzen, wenn sie sich davon einen Gewinn versprechen (ebd., S. 686). Abbildung 4.1 auf der nächsten Seite zeigt die hypothetische Verteilung der Kriminalitätsbelastung einer Kohorte über den Verlauf des Lebens, wobei die Kurve dem tatsächlichen Zusammenhang zwischen Kriminalität und Alter entspricht.

Neben den Erkenntnissen über eine Kontinuität im Lebenslauf hinsichtlich aggressiven Verhaltens gibt es auch Hinweise auf substanzielle Diskontinuitäten, die zeigen, dass die meisten Kinder mit antisozialem Verhalten kein derartiges Verhalten als Erwachsene zeigen (Gove 1985; Robins/Regier 1991), und umgekehrt viele erwachsene Kriminelle keine Geschichte kindlicher aggressiver Verhaltensprobleme aufweisen (McCord 1980).

Den in der zweiten Hälfte des letzten Jahrhunderts zu verzeichnenden generellen Anstieg der Jugendkriminalität in den westlichen Gesellschaften (vgl. für den deutschsprachigen Raum Pfeiffer/Wetzels 2001; Meier/Rössner/ Schöch 2003) erklärt Moffitt (1993) mit dem Auseinanderklaffen zwischen der immer früher einsetzenden körperlichen Reife und den verlängerten Ausbildungszeiten, welches einen Zwischenraum von fünf bis zehn Jahren schafft, in dem Adoleszente trotz ihrer biologischen Reife nicht an den erwachsenen Pflichten, Rechten und Verantwortlichkeiten teilhaben (»maturity gap«). In

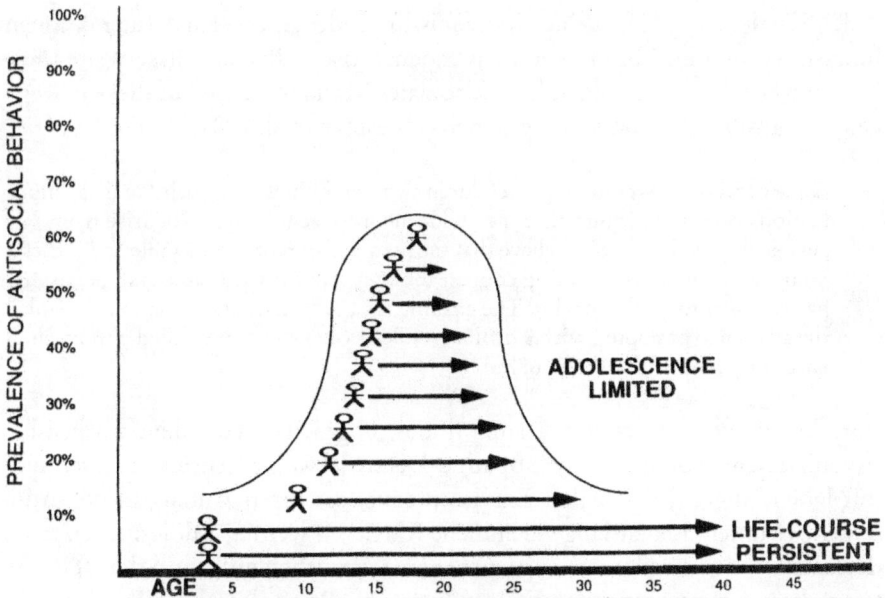

Abbildung 4.1: Die Taxonomie antisozialen Verhaltens im Lebensverlauf (Moffitt 1993, S. 677) (mit freundlicher Genehmigung von T. E. Moffitt)

einer Nachfolgeuntersuchung der neuseeländischen Dunedin-Studie wurden Probanden, die zuvor in ihrer Kindheit und Adoleszenz untersucht wurden, im Alter von 26 Jahren erneut hinsichtlich antisozialer Verhaltensweisen und psychologischer Auffälligkeiten eingeschätzt (Moffitt et al. 2002). Dabei zeigte sich, dass zuvor als jugendtypisch Delinquente Diagnostizierte zwar normale Intelligenzergebnisse erzielten und ihnen ein soziales Potenzial zugesprochen werden konnte, sie jedoch weiter kriminell und psychiatrisch auffällig waren, was die Autoren auf die Wirkung des »beginnenden Erwachsenseins« zurückführen, welches ein Konfliktpotenzial wie die Adoleszenz habe (Arnett 2000). Wenn wahres Erwachsenensein erst ab einem Alter von 25 beginnt, so kann davon ausgegangen werden, dass sich die adoleszente Kriminalitätsbelastung zukünftig ins junge Erwachsenalter hin ausdehnen wird.

In ihrem Entwicklungsmodell spricht sich Moffitt (1993) für ein Zusammenwirken von anlagebedingten (vorrangig neuropsychologische Defizite) und mangelhaften elterlichen Ressourcen für das Entstehen einer lebenslangen krimi-

115

nellen Karriere aus, die zu einer Kette misslingender Eltern-Kind-Interaktionen führen, was ich im Hinblick auf psychoanalytische Erkenntnisse weiter ausführen werde. Schwerwiegendes antisoziales Verhalten wird auf diesem Wege generationsübergreifend weitergegeben (Huesman et al. 1984)[4]:

> [T]he perverse compounding of children's vulnerabilities with their families' imperfections does not require that the child's neuropsychological risk arise from any genetic disposition. [...] I believe that the juxtaposition of a vulnerable and difficult infant with an adverse rearing context initiates risk for the life-course-persistent-pattern of antisocial behavior. The ensuing process is a transactional one in which the challenge of coping with a difficult child evokes a chain of failed parent-child encounters (Moffitt 1993, S. 682).

Für den deutschsprachigen Raum findet, abgesehen von dem forensisch-psychiatrisch geprägten Psychopathie-Diskurs, wenig Auseinandersetzung mit lebenslangen kriminellen Karrieren statt, die ihren Anfang in der Adoleszenz nehmen. Lebenslange kriminelle Karrieren werden Adoleszenten trotz der empirischen Ergebnisse abgesprochen, vermutlich aufgrund der Befürchtung, diese Gruppe zu stigmatisieren bzw. auf alle adoleszenten Straftäter zu verallgemeinern (Stelly/Thomas 2006). Stattdessen wird der Begriff des Mehrfach- oder Intensivtäters für diese Gruppe verwendet, was jedoch irreführend ist, da es zumindest in der polizeilichen Registrierung ausreicht, zehn Anzeigen zu erhalten, sodass Bagatelletäter dann als Intensivtäter eingestuft werden[5]. Gleichzeitig wird die Gefährdung für eine lebenslange Auffälligkeit aufgrund mangelhafter Ressourcen des Individuums negiert, die es ihm erschweren, den Anschluss an die nicht-kriminelle Erwachsenenwelt zu finden. Es entspricht einem Wunschdenken, dass antisoziale Persönlichkeitsmerkmale sich bei schwerwiegend Ich-geschädigten Personen im Erwachsenenalter einfach auswachsen[6], sondern diese Individuen brauchen eine gezielte und intensive therapeutische Hilfe. Während Kinder mit Steuerungsproblemen von ihren Gleichaltrigen häufig ausgegrenzt werden, sind Jugendliche mit einem Potenzial für eine

---

4 Zur transgenerationalen Weitergabe von Traumata vgl. Reinke (1998).
5 So werden je nach Definition 5–10% der Jugendlichen Straftäter als Intensivtäter eingestuft (vgl. Matt 2005, der auf die Bedeutsamkeit einer lebenslauftheoretischen Perspektive hingewiesen hat).
6 Hapur und Hare (1991) konnten ein Fortbestehen antisozialer Persönlichkeitsmerkmale in männlichen Populationen bis in das Alter von 69 Jahren nachweisen. Gewalt gegen Fremde kann im weiteren Lebensverlauf durch häusliche Gewalt ergänzt oder abgelöst werden, sodass sie stärker im Dunkelfeld verschwindet (Farrington/West 1990; Gottfredson/Hirschi 1990).

lebenslange kriminelle Karriere in der Adoleszenz Teil des ubiquitären Delinquenzverhaltens und werden somit erst im Erwachsenenleben aufgrund ihrer fortdauernden Delinquenz wieder psychopathologisch auffällig (Moffitt 1993, S. 687). Hierbei können wichtige Zeitpunkte von korrigierenden Interventionen jedoch ungenutzt verstreichen, wenn potenziell lebenslang Auffälligen eine nur vorübergehende Delinquenzbelastung zugesprochen wird. So kommen auch Brunner und Dölling zu dem folgenden Fazit, aus dem sie die besondere Bedeutung jugendrichterlicher Entscheidungen ableiten.

> Nach diesen Befunden lässt sich Jugendkriminalität überwiegend aus den Schwierigkeiten der konfliktreichen Reifungs- und Sozialisierungsvorgänge herleiten und bleibt dann zumeist episodenhaft, kann aber auch nach der Qualität der Taten und der Persönlichkeitsstruktur der Täter bereits Symptom für ernste Gefährdung sein (vgl. Hamacher Kriminalistik 1982, S. 388, zitiert nach Brunner/Dölling 2002, S. 4).

Aus diesen Befunden wird die Bedeutsamkeit einer sorgfältigen individuellen Differentialdiagnostik deutlich, die m. E. auf einer entwicklungspsychopathologischen Perspektive basieren muss, die die psychodynamischen Zusammenhänge und Gründe für antisoziales Verhalten vor dem Hintergrund eines Strukturmodells der Persönlichkeit untersucht. Daher werde ich im Folgenden die psychoanalytisch-klinische Theorie des dissozialen Syndroms vor dem Hintergrund differenzialdiagnostischer Erwägungen in der Adoleszenz darstellen.

4.3 Die Genese des dissozialen Syndroms aus psychoanalytischer Sicht und vor dem Hintergrund der Mentalisierungstheorie

In diesem Unterkapitel werde ich die Phänomenologie, Symptomatik und Verhaltensbesonderheiten bei schwerwiegendem antisozialen Verhalten in der Adoleszenz vor dem Hintergrund psychoanalytischer Erkenntnisse über das dissoziale Syndrom[7] und der Mentalisierungstheorie diskutieren. Die Diagnose einer Dissozialen bzw. Antisozialen Persönlichkeitsstörung kann aufgrund in-

---

7 Einen ausführlichen Einblick in die psychoanalytische Theorie des dissozialen Syndroms gibt Reinke (1997), einen Überblick über psychoanalytische Ansätze für die Behandlung von Delinquenten gibt Böllinger (1979).

ternationaler Übereinkunft erst ab einem Alter von 18 Jahren gestellt werden. Vor dem Hintergrund der erwähnten Diskontinuitäten im Lebenslauf hinsichtlich des antisozialen Verhaltens, der Wechselwirkung zwischen Risiko- und Schutzfaktoren sowie der besonderen Bedingungen in der Adoleszenz, die bekanntlich enorme psychische Umwandlungsprozesse bewirkt, die temporär das Ich und Über-Ich schwächen können (Blos 1973), aber auch als »zweite Chance« im Sinne einer »Verflüssigung psychischer Strukturen« aufzufassen sind (Eissler 1958), kann ich Kernbergs Forderung nach einer Diagnosenstellung bereits im Kindesalter nicht unterstützen (Kernberg 2006, S. 281; vgl. auch P. Kernberg et al. 2001). Gleichwohl erachte ich Kernbergs differenzialdiagnostische Kategorien größtenteils als hilfreiche Hinweise für die Beurteilung des Schweregrades psychopathologischer Entwicklung, damit Hinweise auf eine beginnende Persönlichkeitsstörung ernstgenommen werden können.

4.3.1 Eingeschränkte Ich-Fähigkeiten als Grundlage antisozialen Verhaltens – Phänomenologische Ebene

Da nicht jedes antisoziale Verhalten in der Adoleszenz auf eine mögliche spätere Antisoziale bzw. Dissoziale Persönlichkeitsstörung verweist, werde ich im Folgenden die Phänomenologie unter Rekurs auf Kernberg (2006, bezogen auf Jugendliche) und Reicher (1973, bezogen auf erwachsene dissoziale Patienten) eingrenzen. In der Symptomatik wirken antisoziale Persönlichkeiten oberflächlich sozial angepasst, zeigen aber einen auffälligen Mangel an Angst-, Scham- und Trauergefühlen. In Bezug auf ihre Taten empfinden sie keine Reue- oder Schuldgefühle. Aufgrund einer gestörten Entwicklung des Zeitbewusstseins haben sie nur eine eingeschränkte Zeitperspektive, die das Erleben auf das »Hier und Jetzt« beschränkt. So ist es ihnen weder möglich, selbst geringe Frustrationen zu ertragen, noch auf eine sofortige Bedürfnisbefriedigung zu verzichten. Antisoziale Persönlichkeiten führen instabile, widersprüchliche und wechselhafte zwischenmenschliche Beziehungen und sind von einem tiefen Misstrauen anderen gegenüber erfüllt, was sich auch auf eine Unfähigkeit auswirkt, sich zu verlieben. Auch scheinen sie nicht aus den eigenen Fehlern zu lernen bzw. von helfenden Beziehungen zu profitieren, da »das Leben ein immerwährender Kampf ist – unter Wölfen, zwischen Wölfen und Schafen oder unter vielen Wölfen im Schafspelz« (Kernberg 2006, S. 283).

Eine Dissoziale bzw. Antisoziale Persönlichkeitsstörung verstehe ich mit Kernberg als eine besondere Ausprägung der malignen Form der Narzisstischen

Persönlichkeitsstörung, die mit einer spezifischen Über-Ich-Problematik einhergeht (Kernberg 1992, 2006). Ich schließe mich allerdings nicht Kernbergs pessimistischer Auffassung an, der für antisoziale Persönlichkeiten ein gänzlich fehlendes Über-Ich behauptet, sondern sehe die Phänomene der Furcht- und Gewissenlosigkeit als Prozesse der Abwehr unerträglicher Vernichtungsängste, die von archaischen und verfolgenden (und somit fragmentarischen) Über-Ich-Vorläufern ausgehen (Goudsmit 1974)[8]. Als zentral für das klinische Bild der antisozialen bzw. dissozialen Persönlichkeit betrachte ich daher unter Rekurs auf Reinke (1997) – neben einer Störung der Objektbeziehungen – die geschädigte Ich-Entwicklung, die letztlich zu einem Versagen der sozialen Anpassung führt. Genauer gesagt ist ein fast vollständiges Fehlen der integrativen und synthetischen Ich-Funktionen festzustellen, während kognitiv-analytische Fähigkeiten gut ausgeprägt sein können. Reinke (1996, S. 80) schlägt für die diskrepante Ich-Entwicklung bei dissozialen Patienten den Begriff der »Mosaikpersönlichkeit« vor. Das Fehlen der integrativen und synthetisierenden Ich-Funktionen hat zur Folge, dass »Impulse, Wünsche, Haltungen, Neigungen etc. chaotisches Stückwerk bleiben, ohne sich zu einer einheitlichen Person mit Verantwortungsgefühl sich selbst und der Umwelt gegenüber zusammenzuschließen« (A. Freud 1965b, S. 2287).

4.3.2 Die Genese des dissozialen Syndroms

Ich werde im Folgenden die Genese des dissozialen Syndroms zunächst aus psychoanalytischer Sicht erläutern und im nächsten Unterkapitel die Ergänzungen des Mentalisierungsansatzes dazu einflechten. Wie erläutert, sehe ich mit Reinke (1997) die Entwicklung der Ich-Funktionen im Rahmen der frühen Objektbeziehungen als zentral für die Psychopathologie des dissozialen Syndroms an.

Die Entwicklung der Ich-Funktionen wird durch eine angemessene Vermittlung zwischen Versagung und Befriedigung der kindlichen Trieb- und Autonomiebedürfnisse bestimmt, die Lorenzer (1972) als »Einigungsprozesse« zwischen bemutternder Person und Kind bezeichnet. Bei Patienten mit einem dissozialen Syndrom wird davon ausgegangen, dass diese Einigungsprozesse besonders in der Phase der Ablösungs- und Individuationsprozesse zwischen dem 9. und 24. Lebensmonat (Mahler 1968, 1972, 1975) in einem Klima affektiver

---

8 Kernberg (1968, 1992, 2006) verbleibt trotz seines strukturellen Ansatzes somit bei einer phänomenologisch-verhaltensbezogenen Diagnose.

4 Einsicht vor dem Hintergrund gewalttätigen Verhaltens in der Adoleszenz

und sozialer Vernachlässigung systematisch gescheitert sind (Reinke 1979, 1997). Befriedigende Erfahrungen mit den bemutternden Personen sind für das Kind entweder unregelmäßig erfolgt oder wurden abgebrochen, weshalb kein Urvertrauen im Sinne Ericksons (1966) entstehen kann. So wird auch die mangelnde Fähigkeit verständlich, Befriedigung aufzuschieben, da Unlustsituationen nicht vor dem Hintergrund befriedigender Erfahrungen relativiert werden können. Das Kind erlebt die affektive oder soziale Vernachlässigung aufgrund seiner Abhängigkeit von den primären Objekten als psychische und physische Bedrohung und beantwortet es mit einer erhöhten Wachsamkeit (Hypervigilanz), um eine Wiederholung der beschädigenden Objekterfahrung zu vermeiden. Später reagiert das Kind alloplastisch, d. h. es setzt alles in Bewegung, um wieder zu einer Befriedigungssituation zu kommen. Die alloplastische »Lösung« der gescheiterten Einigungssituation wird zur durchgängigen, an der Außenwelt angreifenden Konfliktverarbeitung bei dissozialen Persönlichkeiten, im Gegensatz zur autoplastischen – an der Innenwelt angreifenden – Konfliktverarbeitung, die für die neurotische Entwicklung typisch ist (Reinke 1997). Kernberg (1975) weist darauf hin, dass das chronische Agieren der dissozialen Persönlichkeit somit nicht als Triebdurchbruch, sondern als Abwehr aufzufassen ist, die sich jedoch als untauglicher Versuch einer Konfliktlösung erweist, bei der Fantasie, Denken und Handeln verschwimmen (Reicher 1976). Eine alloplastische Konfliktverarbeitung ist nicht mit antisozialem Verhalten gleichzusetzen. Nur bei bestimmten sozialen, die frühen Beziehungen umgebenden Konstellationen führt sie in die Delinquenz (Reinke 1977, 1979; vgl. auch Bernfeld 1929 zum sozialen Ort psychopathologischer Erscheinungen).

Das Kind erreicht Befriedigung vermutlich am erfolgreichsten über eine maximale Anpassung an seine Bezugspersonen, weshalb es ein Gespür für die Realität der Bezugsperson entwickelt (Schmiedeberg 1949, S. 187). Diese Wahrnehmungsausrichtung basiert laut Horn (1974 unter Rekurs auf Spitz) auf der coenästhetischen Wahrnehmung des Kleinkindes und sichert dessen Überleben. Gleichzeitig wird jedoch die Entwicklung der diakritischen Wahrnehmung gehemmt, die stärker im Sekundärprozesshaften verankert und auf die äußere Realität orientiert ist (Reinke 1979). Streeck-Fischer fasst diese Anpassungsnotwendigkeit an eine existenziell bedrohliche Situation unter dem Begriff der sozialen Mimikry zusammen, die mit einer Unfähigkeit zur Identifikation verbunden ist, auf der das mangelnde Vermögen in Beziehungen zu lernen begründet liegt (Streeck-Fischer 2006, S. 52f.). Shengold (1995) führt aus, dass dies zu einer Schwächung der Symbolisierungsfähigkeit führt, und hat diese Symbolisierungsschwäche Traumatisierter als Seelenblindheit beschrieben. Menschen mit einer Antisozialen bzw. Dissozialen Persönlichkeitsstörung sind jedoch andererseits hochsensibel für mentale Zustände ihres Gegenübers. Hierbei handelt es sich aber um nicht-bewusste Fähigkeiten der Mentalisierung, d. h. sie sind zwar nicht »geistesblind«, aber auch »nicht geistesbewusst« (Fonagy et al. 2002, S. 370).

In einer aktiv vernachlässigenden und somit traumatisierenden primären Beziehung regrediert das Kind in seinen Selbstrepräsentanzen auf die Position des grandiosen Selbst, indem es sich die guten Anteile des Objekts und des Selbst zuschreibt, um sich vor den unerträglichen Gefühlen der Wertlosigkeit zu schützen (Kernberg 1975; Kohut 1966). Es handelt sich hierbei um eine pathologische Verschmelzung von idealen Selbst- und Objektvorstellungen mit den realen Selbstvorstellungen, die die Ich-Grenzen nicht bedroht, aber mit einer Entwertung und Zerstörung der Objektvorstellungen und der realen Objekte einhergeht (Kernberg 1985). In der Folge kann sich das grandiose Selbst als autark fantasieren, während das Gegenüber als schwach, verachtenswert und wertlos erlebt wird. Die Färbung der Objektbeziehungen ergibt sich aufgrund der Triebfixierungen auf der frühen analsadistischen Entwicklungsstufe (Reinke 1997, S. 50 unter Rekurs auf Abraham 1924), d. h. Objekte werden geliebt, solange sie die Bedürfnisse befriedigen, und gehasst, wenn sie sich als frustrierend erweisen[9]. Aufgrund der Psychodynamik des dissozialen Syndroms sind andere Menschen nur als bedürfnisbefriedigende Objekte existent. Die dissoziale Persönlichkeit kann keine Anerkennung der wertvollen und unabhängigen Existenz des anderen entwickeln, weil sie in der Anerkennung des Gegenübers die eigene Vernichtung riskiert (Reinke 1997, S. 51). So führt das in der Kindheit das Überleben sichernde Anpassungsmuster auch später dazu, Konstellationen herzustellen, in denen vom Objekt das Nötigste abgepresst werden kann, ohne dass die dissoziale Persönlichkeit in eine affektiv bedrohliche Nähe und Abhängigkeit gerät. Erneute Enttäuschungen der Objekte führen nicht zu Trauer, sondern zu Verachtung; Personen werden wie Gegenstände weggeworfen, wenn sie nicht mehr nützlich sind (Reicher 1973). Die Wut gegen ein versagendes Objekt wird diesem projektiv zugeschrieben, sodass sie als Vernichtungsabsicht eines dann gefährlichen Objekts erlebt wird, was wiederum unerträgliche Vernichtungsängste auslöst. Die Realität wird durch die unbewussten Vernichtungsängste

---

9 Der Einbezug der Entwicklungslinie des Triebes stellt eine Erweiterung der Auffassung von einer narzisstischen Regression bzw. Fixierung dar.

verzerrt, was zu einem dichotomen Weltbild von Ausbeutern und Ausgebeu-teten führt (Reinke 1977). Frustrationen werden als ein von außen kommender Angriff erlebt, der die narzisstische Vollkommenheit in Frage stellt, und lösen ebenfalls Vernichtungsängste aus, die durch Handeln abgewehrt werden müssen (Agieren). Über das Handeln können unerträgliche Gefühle vermieden wer-den (Reinke 1997), was im nächsten Unterkapitel noch eingehender erläutert wird.

Die narzisstische Abwehr verbunden mit der analsadistischen Triebfixie-rung führt dazu, dass Ambivalenzkonflikte nicht integriert werden können und keine ödipalen Beziehungsmodi erreicht werden, d. h. unter anderem, dass antisoziale Persönlichkeiten ein Über-Ich von archaischer Strenge auf-weisen (Kernberg 1968, 1996, 2006), das nicht durch Distanzierungs- und Differenzierungsprozesse des Ichs im Rahmen der normalen adoleszen-ten Entwicklung depersonalisiert und durch kulturelle Normorientierung modifiziert wird (Streek-Fischer 1994). Die vernichtend-verfolgenden Re-aktionen des archaischen Über-Ichs werden ebenfalls mithilfe primitiver Abwehrmechanismen wie Spaltung, Projektion, Verleugnung und projekti-ver Identifizierung bewältigt. So erweist sich die äußerliche Norm- und Gewissenlosigkeit bei genauerer Analyse als Abwehrreaktion des Ichs ge-genüber dem Wirken eines sadistischen Über-Ichs (Goudsmit 1974, S. 89f.), die beobachtbare Furchtlosigkeit entpuppt sich kausalgenetisch als ein Zuviel an Angst, die dadurch einen überwältigenden und vernichtenden Charakter annimmt und daher abgewehrt werden muss (Reinke 1997). Das dissozia-le Syndrom stellt eine Prädisposition zu Gewalttätigkeit dar. Die situativen Bedingungen eines Gewaltausbruches werden im nächsten Abschnitt erläu-tert.

4.3.3 Gewalttätigkeit als Folge eines inkohärenten Selbst aus Sicht der Mentalisierungstheorie

Mit ihrer Auffassung, Gewalttätigkeit als Schutz eines inkohärenten Selbst zu betrachten, stellen sich Fonagy et al. mit Reinke (1997) gegen Annahmen, die Gewalttaten als Akte des Wahnsinns primitiver Impulse unter Ausschaltung der reiferen Ich-Funktionen begreifen. Fonagy et al. (2004) beschreiben für dissoziale Patienten – ausgehend von ihrer theoretischen Perspektive auf die mentalen Repräsentanzen – eine Entwicklung, die mit einer vollständigen Mentalisierungshemmung einhergeht, was ich als hilfreiches, ergänzendes Konzept zu den bisher ausgeführten psychodynamischen Erkenntnissen betrachte[10].

Es ist gefährlich für das in der Entwicklung befindliche Selbst, den mentalen Zustand eines misshandelnden anderen anzuerkennen, da dieser Gefühle von Hass oder mörderischer Lust enthält. Das Kind müsste sich bei bewusster Wahrnehmung solcher Gefühle bei den Eltern als wertlos und hassenswert empfinden und gleichzeitig seinen Bindungspersonen eine permanente Gefährlichkeit zuschreiben (Fonagy et al. 2002., S. 355). Die Hemmung der Mentalisierung ist deshalb als ein adaptiver Bewältigungsversuch anzusehen, mit dessen Hilfe das Kind sich verweigern kann, über die misshandelnde Bindungsperson nachzudenken (Fonagy/Leigh et al. 1996). Es hat sich in Studien mit Gewaltverbrechern gezeigt, dass auch das Mitansehen von Misshandlungen in affektiven Bindungskontexten die Entwicklung der Mentalisierungsfähigkeit entscheidend stört (Fonagy 2006, S. 526).

Das Kind, dem ständig Traumatisierungen drohen, muss die äußere Welt und die von ihr ausgehenden Gefahren so konzentriert überwachen (Hypervigilanz), dass die Etablierung der Vorstellung eines eigenen inneren psychischen Raumes unterbleibt.[11]

> Das missbrauchte oder traumatisierte Kind, das sich der mentalen Welt entzieht oder in sie verstrickt ist, erwirbt niemals eine angemessene Kontrolle über die repräsentationale Welt der inneren Arbeitsmodelle. Häufig entwickeln sich Beziehungsmodelle, die keine Hilfe darstellen; die innere Welt des Kindes und Erwachsenen wird vom negativen Affekt beherrscht. Gefangen in einem Teufelskreis aus paranoider Angst und exzessiven Abwehrmanövern, verstrickt sich das Individuum unentwirrbar in eine innere Welt, die von gefährlichen, bösen, gedanken- und seelenlosen Objekten beherrscht wird. Es hat sich von ebenjenem Prozess abgekoppelt, der es aus seinem Dilemma befreien könnte – von der Fähigkeit, darüber nachzudenken, weshalb Menschen bestimmte Dinge tun und was in ihnen vorgeht (Fonagy et al. 2002, S. 479).

Wie oben abgeleitet, ist der Erfahrungsschatz einer dissozialen Person mit gehemmter Mentalisierungsfähigkeit in Bezug auf psychische Phänomene undifferenziert bzw. dem Bewusstsein nicht zugänglich. Gleichzeitig sind die Objektrepräsentanzen durch Feindseligkeit geprägt, was durch die projektive

---

10 Das Mentalisierungskonzept wurde bereits in Kapitel 3 ausführlich eingeführt.
11 Vgl. zum Verhältnis von Symbolisierungsfähigkeit und dem Winnicottschen Übergangsraum Ogden (1985).

Abwehr als eine starke, von außen kommende Bedrohung wahrgenommen werden kann. Fehlattribuierungen im Sinne einer unterstellten Feindseligkeit des anderen („hostility-attribution-bias") sind bereits bei Kindern festzustellen: Aggressive Kinder tendieren zu Fehlattribuierungen von mentalen Befindlichkeiten in sozialen Situationen (Dodge 1991), vermeidend-gebundene Kinder attribuieren Feindseligkeit in ambivalenten sozialen Situationen (Suess 1987 zitiert nach Fonagy et al. 1997, S. 244). Adoleszente mit antisozialen Tendenzen zeigen im Vergleich zu normalen Jugendlichen eine reduzierte Responsivität auf Angst- und Traueraffekte (Blair/Coles 2001), antisoziale Kinder brauchen eindeutigere Signale, um mimische Affekte zu erkennen (Blair et al. 2001).

Ein aktuell ausgelöstes Schamgefühl wird bei dissozialen Persönlichkeiten aufgrund der fehlenden integrativen Ich-Funktionen und der mangelnden Mentalisierung zu einer existenziellen, weil Ich-destruktiven Bedrohung (Gilligan 1997), die sofort externalisiert werden muss, weil das Subjekt durch sein Verbleiben im nicht-mentalisierenden Denkmodus nicht mit der Realität spielen kann (Fonagy/Target 1996). Es existiert kein psychischer Spielraum (Winnicott 1967) im Zuge dessen sich die Zuschreibungen und Überzeugungen bei näherer Prüfung als unwahr erweisen könnten: Wenn unbewusste wie auch bewusste Gefühle und Vorstellungen als Äquivalente der äußeren Realität erlebt werden, wird die Fähigkeit des Individuums gehemmt, die Unmittelbarkeit seines Erlebens zu suspendieren und den psychischen Raum zu schaffen, in dem es »mit der Realität spielen« könnte (Fonagy et al. 2004, S. 375). Ich-destruktive Scham kann so unabsichtlich bereits durch einen »falschen Blick« des Gegenübers ausgelöst werden (vgl. Taubner/Frühwein 2004). Eine aktuelle Demütigung kann gleichsam als Repräsentation des Opfers im Inneren des dissozialen Individuums aufgefasst werden, die in dessen Inneren nicht ertragen werden kann und deshalb über die Gewalttat erneut externalisiert werden muss (vgl. auch Kernbergs Konzept der Täter-Opfer-Doppelidentifikation 1992). Die Panik in den Augen des Opfers hat dann eine beruhigende Funktion, da sie die unerträglichen Vernichtungsängste wieder im Gegenüber verankert. Lempp (1977) hat die durch ihre Taten stattfindende Bekämpfung bedrohlicher Selbstanteile bei jugendlichen Mördern beschrieben.

Emotionale Erregungszustände durch eine vermeintliche äußere Bedrohung überfordern die Selbstkontrolle der antisozialen bzw. dissozialen Persönlichkeit, u. a. weil die Mentalisierungsfähigkeit als wesentlicher Faktor der Affektregulierung nicht ausreichend zur Verfügung steht. Da keine inneren mentalen Repräsentanzen eine Verringerung der Spannung herbeiführen können, wird der eigene Körper als Behälter und Kontrollmöglichkeit dieser psychischen Erlebnisse genutzt. Gewalt steht als Handlungsentwurf zur Verfügung, d. h. als eine Möglichkeit die als feindselig erlebten Gedanken beim Gegenüber anzugreifen. Das Individuum greift damit auf seine Kindheitserfahrungen zurück, nur dass jetzt der andere gezwungen (bedroht, geschlagen, verletzt) oder verführt wird, um zu einem Verhalten bewegt zu werden (Glasser 1998). Die gewaltsame Antwort auf die erlebte Bedrohung fällt bei schwacher Mentalisierungsfähigkeit sehr schnell, da die Impulskontrolle ebenfalls nur schwach ausgeprägt ist. In der sozialen Interaktion wird dem Gegenüber jenseits der projizierten Feindseligkeit kein eigener intentionaler Standpunkt zugesprochen, weshalb ein Miteinander-Sprechen zum Zweck der Veränderung eines Zustandes nicht sinnvoll erscheinen kann (Fonagy 2006, S. 501).

Emrich (2001) beschreibt diesen Zusammenhang aus neurowissenschaftlicher Sicht im Rahmen seiner These zur Emotions-Kognitions-Koppelung: Bei einer Schädigung durch traumatische Erlebnisse sind kontext- und situationsangemessene Bewertungen abgeschwächt bis zerstört, da sie durch das negativ geprägte Emotionsgedächtnis auf »negative Bewertungen« festgelegt werden. Das Individuum hat unter diesen Bedingungen einen Teil seiner Wahlfreiheit hinsichtlich situationsangemessener Entscheidungen verloren, weil das »innere Wirklichkeitsmodell« eingeschränkt ist.

Durch die Mentalisierungshemmung werden dem Gegenüber generell keine innerpsychischen Befindlichkeiten zugeschrieben. Dies bewirkt das Auflösen von Hemmschwellen, da das rein intellektuelle Wissen um die Folgen des Handelns keine emotionale Überzeugungskraft hat (Blair 1995; vgl. das Ich-Integrationsprofil von Reinke 1996). Eine Unfähigkeit, ausreichend zu mentalisieren, verändert auch die normale negative emotionale Reaktion, die sich einstellt, wenn sich das Gegenüber schlecht fühlt. Besonders stark ist normalerweise die eigene emotionale Reaktion, wenn man selbst der Auslöser für eine Unlustreaktion oder Verzweifelung des anderen ist. Fonagy et al. (1997) sind der Auffassung, dass diese negative emotionale Reaktion auf die Verzweifelung eines Gegenübers die Grundlage für moralisches Verhalten darstellt. Die Hemmung, andere zu verletzen, basiert vermutlich auf dieser Fähigkeit, sich die mentalen Befindlichkeiten eines potenziellen Opfers vorstellen zu können, weil diese Vorstellung der innerpsychischen Befindlichkeiten eines Opfers schmerzhaft ist (ebd., S. 255). Empirische Studien konnten die These bestätigen, dass bestimmte Delinquente nicht über die Fähigkeit verfügen, die Verzweifelung eines Opfers zu mentalisieren (Blair 1992). Insbesondere Gewalttäter erhalten auf der »Reflexiven Kompetenz Skala« (RKS) signifikant niedrigere Wertungen im Vergleich zu nicht-gewalttätigen Straftätern (Fonagy et al. 1997) und ebenfalls signifikant niedrigere Wertungen als Personen mit Persönlichkeitsstörungen ohne Gewalttätigkeit (Levinson/Fonagy 2004). Die innerpsychische Befindlichkeit eines Gegenübers zu sehen, bedeutet zwar nicht im Umkehrschluss, auch das eigene Verhalten immer darauf einzustellen, macht es jedoch wahrscheinlicher, dass nicht gewalttätig gehandelt wird. Das folgende Unterkapitel beleuchtet die besonderen differenzialdiagnostischen Kriterien für die Beurteilung gewalttätigen Handelns in der Adoleszenz.

4.4 Differenzialdiagnostische Kriterien für gewalttätiges Verhalten in der Adoleszenz

In der Adoleszenz müssen die Bindungsqualitäten und frühkindlichen Formen der Objektbeziehungen zwischen Eltern und Kind auf soziale Institutionen und Erwachsene, die diese repräsentieren, übertragen und verändert werden. Innerhalb dieser außerfamiliären kulturellen Einrichtungen können Adoleszente progressive Entwicklungen durchlaufen, die der psychischen Weiterentwicklung dienen (Erdheim 1982, S. 277). Eine Bindungsunfähigkeit kann jedoch dazu führen, dass kaum Anbindungen an soziale Institutionen stattfinden, die die Selbstkontrolle und psychische Weiterentwicklung unterstützen könnten (Fonagy et al. 1997, S. 241).

Die Notwendigkeit der Überarbeitung der inneren Repräsentanzen von Beziehungen, die regressiv frühkindliche Konflikte reaktivieren, macht jeden Adoleszenten für eine Zeit anfällig für antisoziales Verhalten (Streeck-Fischer 1994). Insbesondere Phasen des Übergangs erscheinen konflikthaft, wenn die alten Bindungen gelöst wurden, die neuen Bindungsmuster jedoch noch nicht etabliert sind, was Seiffge-Krenke (2004) als »Bindungsloch« bezeichnet. Besonders schwierig ist die Bewältigung des Übergangs von kindlichen zu erwachsenen Bindungen für diejenigen, die aufgrund von Bindungsstörungen und frühen missbräuchlichen Übergriffen über keine sicheren inneren Arbeitsmodelle verfügen. Ein solcher Mangel in der Kindheit macht sich in oppositionellem, aggressivem oder vermeidendem Verhalten bemerkbar. Durch die äußere Kontrolle der das Kind umgebenden Erwachsenen wird das innere Vakuum an eigener Verantwortungsübernahme im Sinne von Moral, Empathie, Besorgnis und Rücksichtnahme jedoch nicht sichtbar. Erst wenn die elterliche

Kontrolle in der Adoleszenz schwindet, wird die Unfähigkeit zur Verantwortungsübernahme des Individuums deutlich (Fonagy/Target 2004). Durch die adoleszenten Separationsstrebungen entsteht eine größere Getrenntheit von den primären Liebesobjekten. Hierbei gerät insbesondere derjenige Jugendliche unter Druck, der unerträgliche Selbstanteile und Gefühle nicht über seine ausgereifte Mentalisierungsfähigkeit integrieren kann, sondern projektiv abwehren muss. Reinke (1999) hat in diesem Zusammenhang auf das Verschwinden des väterlichen Prinzips im Sinne einer spannungsvollen Rivalität zwischen Kindern und Bezugspersonen als eine weitere Ursache des Mangels an Konfliktfähigkeiten aufmerksam gemacht. In der Adoleszenz kommt es nicht nur zu einer Reaktivierung infantiler Konflikte, sondern es werden in dieser Entwicklungsphase traumatische Belastungen aus der Kindheit handelnd in Szene gesetzt (Streeck-Fischer 2006). Insbesondere in der Adoleszenz kann Delinquenz daher vor dem Hintergrund traumatisierender früher Bindungen als pathologischer Anpassungsversuch an die soziale Umwelt verstanden werden.

Friedlander (1949) weist daraufhin, dass die verschiedenen Zeitpunkte des Auftretens antisozialen Verhaltens die Schwere der dahinterliegenden Pathologie aufzeigen. Tritt ein antisoziales Verhalten erstmals in der Pubertät auf, so verweist dies eher auf adoleszente Konflikte als auf eine Pathologie (ebd., S. 209). Ein auffälliger Jugendlicher kann diverse Symptome von Angst, Depression bis hin zu Aufsässigkeit und Wutausbrüchen aufweisen, die differenzialdiagnostisch als eine beginnende Persönlichkeitsstörung oder aber eine Anpassungsreaktion auf die Veränderungen der Adoleszenz eingestuft werden können, die in Folge der Wucht verschiedener körperlicher und psychischer Wachstumsschübe auftreten können und auch in der normalen Entwicklung von primitiven Abwehrmechanismen begleitet werden (Kernberg 1985, 2006). Es gilt somit, bei der Diagnostik sowohl die adoleszenzspezifische Dynamik als auch das strukturelle Niveau des Jugendlichen zu betrachten. Westen et al. (2003) und Streek-Fischer (2006) verweisen zu diesem Zwecke auf diagnostische Instrumente, die nicht erwachsenenspezifische Krankheitskonzepte überstülpen (vgl. die erwähnte Kritik an Kernberg), sondern stattdessen den Entwicklungsmöglichkeiten von Kindern und Jugendlichen eher gerecht werden wie die »Shedler-Westen Assessment Procedure 200 für Adoleszente« (SWAP200-A) sowie die »Operationalisierte Psychodynamische Diagnostik für Kinder und Jugendliche« (OPD-KJ).

Hinsichtlich der Einschätzung adoleszenter Delinquenz hat Klüwer (1974) festgestellt, dass es »im Grunde keinen einheitlichen nosologischen Typus der

Verwahrlosung [...], so wenig wie es einen einheitlichen Typus von Bauch-
schmerzen gibt« (Klüwer 1974, S. 286). Er unterscheidet vier verschiedene
Typen adoleszenter »Verwahrlosung«, für die er unterschiedliche Interven-
tionsformen vorschlägt. Ich habe seine Typologie in der folgenden Tabelle
zusammengefasst, wobei ich Typ 1 als jugendtypische Delinquenz verstehe.

Typ	Interventionsformen
1 *Sozialisation in einer Subgruppe* Normal entwickelte Adoleszente, die sich an die Normen ihrer Subgruppe anpassen, welche zu den Normen der Großgruppe im Widerspruch stehen können.	Soziale und/oder pädagogische Maßnahmen mit dem Ziel der Anerkennung der übergeord-neten Bedeutung der Normen der Großgruppe.
2 *Die »Haltlosen«* Adoleszente mit schwerer Störung der Objektbeziehungen und einer gestörten kognitiven Entwicklung wie Zeitbewusst-sein und Reflexive Kompetenz. Die Delikte entstehen situationsbezogen, sind mit einem hohen Risikoverhalten (Fremd- und Selbstverletzung) verbunden und werden von keinem bewussten Schuldgefühl begleitet.	Behandlung in einem sozio-therapeutischen Setting, die in ein Milieu eingebunden ist. Ziel ist ein lang dauernder (Nach-)Entwicklungsprozess in Bezug auf Urvertrauen, Anerkennung und Bindungsfähigkeit. Ohne eine Behandlung besteht die Gefahr einer Verschlechterung zu Typ 4.
3 *Die neurotischen Dissozialen* Jugendliche mit einer Störung der Triebent-wicklung, die mit schweren unbewussten Schuldgefühlen in Bezug auf die Trieb-wünsche verbunden ist, welche zu einer Konfliktvermeidung und Ich-Einschrän-kung führen. Der psychische Konflikt wird vermieden durch antisoziales Agieren im gesellschaftlichen Raum, was zur Minderung der quälenden Schuldgefühle beiträgt.	Behandlung im Rahmen einer analytischen Psychotherapie
4 *Das Dissoziale Syndrom* Schwerste Belastung durch existenzielle Vernachlässigung und Gewalterleben seit der frühen Kindheit. Die Jugendlichen zeichnen sich durch Affektdurchbrüche aus. Die Taten sind *persönlichkeitsfremd* und werden höchstens sekundär in einen rational nachvollziehbaren Kontext eingebunden. Die Umwelt wird als gefährlich, bedrohlich, ausbeutend erlebt.	Behandlung im Rahmen einer Traumatherapie im sozio-therapeutisch strukturierten und geschützten Setting

Tabelle 4.1: Die Typologie jugendlicher »Verwahrlosung« nach Klüwer (1974)

Die Typenbildung nach Klüwer stellt die differenzierteste psychoanalytische Betrachtung adoleszenter Delinquenz dar und es ist daher sehr verwunderlich, wie wenig dieser Ansatz in der vorliegenden Literatur rezipiert und beforscht wurde bzw. wie wenig praktische Ansätze an seine Vorschläge anknüpfen. Ich möchte ergänzend zu Klüwers Typologie auf Kernbergs Unterscheidung zwischen Identitätskrise und Identitätsdiffusion als hilfreiches Konstrukt verweisen. Er differenziert zwischen einer Identitätskrise als normaler Erscheinung in der Adoleszenz (Erickson 1966) und einer Identitätsdiffusion als »das Fehlen sowohl eines Selbstkonzepts als auch des Konzepts bedeutsamer Anderer« (Kernberg 2006, S. 272). Die Identitätsdiffusion zeichnet sich dadurch aus, dass die Adoleszenten kein kohärentes Bild von sich vermitteln können und dies aufgrund des Fehlens selbstreflexiver Fähigkeiten nicht bemerken. Sie wurzelt in einer misslungenen Lösung der Individuations-Separationsphase (Mahler et al. 1975), wird aber häufig erst in der Adoleszenz sichtbar, wenn die schützenden Funktionen der Kindheitsumgebung nachlassen, sofern es diese je gab. Je ausgeprägter die Unreife des Über-Ichs, desto stärker kann sich bei einer Identitätsdiffusion antisoziales Verhalten manifestieren, was allerdings von Befolgungen etwaiger Subgruppennormen zu differenzieren ist (Kernberg 2006), worauf Klüwer (1974) in seiner Typenbildung der Dissozialität Jugendlicher ebenfalls hingewiesen hat. Fonagy et al. sind der Auffassung, dass der für die Adoleszenz charakteristische Anstieg psychopathologischer Erscheinungen auch mit dem Schicksal der Mentalisierung zusammenhängt, und weisen dieser eine Schlüsselfunktion für die integrativen Anforderungen in der Adoleszenz zu (Target/Fonagy 1996, S. 476), was sich mit Kernbergs Auffassungen zu den selbstreflexiven Fähigkeiten deckt. Für die Autoren stellen adoleszente Zusammenbrüche keine Folge des »normalen« inneren Aufruhrs in dieser Lebensphase dar, sondern sind als Folge früherer Entwicklungsstörungen zu verstehen, die bislang verborgen blieben. Affektive Störungen in der Adoleszenz werden als »unzulängliche Konsolidierung der Symbolisierungsfähigkeit« verstanden (Fonagy et al. 2004, S. 321). Daher betrachte ich die Ausprägung und Qualität der Reflexiven Kompetenz als ein weiteres differenzialdiagnostisches Kriterium, das Rückschlüsse auf die mögliche Schwere einer hinter dem antisozialen Verhalten stehenden Psychopathologie erlaubt.

4.5 Zusammenfassung und Schlussfolgerungen für die Praxis des Täter-Opfer-Ausgleichs und das Konzept der Einsicht

Es konnte dargestellt werden, dass antisoziales Verhalten in der Adoleszenz ein normales und ubiquitäres Phänomen darstellt. Gewalttätiges Verhalten ist jedoch zumeist Ausdruck eines beschädigten bzw. gescheiterten Entwicklungsprozesses und kann auf eine beginnende schwerwiegende Ich-Störung im Sinne des beschriebenen dissozialen Syndroms verweisen. Bei dieser Personengruppe ist aufgrund des Fehlens integrativer Ich-Funktionen, welches mit einer Mentalisierungshemmung einhergeht, von einer Störung der Einsichtsfähigkeit auszugehen, da Gefühle wie Trauer, Schuld und Angst aufgrund ihres überwältigenden Charakters abgewehrt werden müssen. Hinsichtlich möglicher Einsichtsprozesse ist bei einem Fehlen integrativer Ich-Funktionen zwar eine intellektuelle Wahrnehmung möglich, jedoch keine Einsicht im Sinne einer Anerkennung der eigenen gesamten inneren Realität im Kontext bedeutsamer anderer, worauf bereits Friedlander (1949) hingewiesen hat.

Die scheinbare Paradoxie, die im Alltagsverständnis und im bürgerlichen Rechtsverständnis darüber erscheint, dass nur bestraft werden soll, wer prinzipiell einsichtig sein kann, und die prinzipiell Uneinsichtigen straffrei ausgehen, erweist sich bei näherer Betrachtung im Einklang mit psychoanalytischen Erkenntnissen und den Ergebnissen der klinischen Bindungsforschung. Wer das Unrecht seiner Tat erlebt, empfindet ein Schuldgefühl und erfährt eine strafende Reaktion günstigstenfalls als entlastend. In jedem Falle begreift er sie jedoch als folgerichtige Konsequenz aus der Warte seines Normensystems und Erlebens. Eine im Sinne des geschilderten dissozialen Syndroms einsichtsunfähige Person empfindet kein Schuldgefühl und erlebt eine Bestrafung aufgrund ihrer mangelnden objektlibidinösen Besetzung als verfolgend und desintegrierend (Reinke 1997 unter Rekurs auf Schmiedeberg 1931), was eine weitere Entfernung vom gesellschaftlichen Normensystem zur Folge haben kann. Formale Sanktionen wie Inhaftierungen verfehlen unter diesen Umständen auch ihre gewünschte präventive Wirkung, da aufgrund der gestörten Objektbeziehungen der Verlust sozialer Bezüge nicht befürchtet wird. Darüber hinaus schwächt die spezifische Struktur des Gefängnisses die Mentalisierungsfähigkeit weiter und unterstützt paranoide sowie spaltende Konstruktionen der Realität, was die Gefahr zukünftiger Gewalttaten weiter erhöht (Fonagy et al. 1997; Levinson/

Fonagy 2004). Dies ist besonders gravierend, da stationäre Sanktionen wie Jugendstrafe vorrangig für diese bereits massiv vorgeschädigte Klientel vorbehalten wird (Albrecht 2000, S. 53). Stattdessen ist bei schwer ich-geschädigten Personen eine integrierende Hilfe und Nachreifung vonnöten, die Einsicht mit dem Ziel anstrebt, dem Betroffenen ein Aussprechen-Können statt eines Handeln-Müssens zu ermöglichen (Reinke 1979). Einsicht bedeutet dann, eine sinnvolle und bewusste Verbindung zu den unerträglichen Gefühlen im Rahmen einer korrigierenden Objektbeziehung herzustellen. Immerhin findet im Rahmen einer außergerichtlichen Schlichtung in einem dialogischen Rahmen der Versuch einer Aufarbeitung der Tat statt. Es ist zu bezweifeln, dass die Maßnahme Täter-Opfer-Ausgleich bei den schwer ich-gestörten Adoleszenten (Typ 2 und Typ 4 nach Klüwer 1974) hinreichend ist, um eine Nachentwicklung leisten zu können. Für diese Jugendlichen müssen speziellere Institutionen geschaffen werden, die neben einer Entwicklungsförderung einen ausreichenden Fremd- und Selbstschutz ermöglichen. Dahingegen erscheint die Maßnahme für jugendtypische Delinquenz (Typ 1) und auch für Delinquenz aus unbewussten Schuldgefühlen heraus (Typ 3) durchaus geeignet. Somit wird einerseits die Notwendigkeit einer Differenzierung der adoleszenten Beschuldigten für die Durchführung eines Täter-Opfer-Ausgleichs deutlich. Andererseits konnte die Bedeutsamkeit einer Mentalisierungsförderung im Täter-Opfer-Ausgleich herausgearbeitet werden. Beide Aspekte leiten die Kernfragestellungen des empirischen Teils dieser Arbeit (vgl. Teil II).

Teil II

Empirischer Teil

5 Die Förderung von Einsicht – Planung und Durchführung der Vorher-Nachher-Studie

Im Folgenden wird die Studie zur Erfassung der Wirksamkeit des Täter-Opfer-Ausgleichs hinsichtlich des Entstehens von Einsicht bei adoleszenten Gewalt-tätern in der Planung und Durchführung beschrieben. Neben der Konzeption, dem Design und der konkreten Durchführung werden die ausgewählten Metho-den beschrieben und begründet sowie die übergeordnete Fragestellung anhand von forschungsleitenden Annahmen konkretisiert. Die Forschungsmethoden orientieren sich an dem Stand der Psychotherapieforschung (Lambert 2004) und Bindungsforschung (Strauß/Buchheim/Kächele 2002).

Die Studie lässt sich sowohl in die Ergebnis- als auch Prozessforschung ein-ordnen, da einerseits durch das Prä-Post-Design ergebnisorientiert untersucht wird, andererseits durch die zusätzlichen qualitativen Auswertungsmethoden prozessuale und interaktionelle Aspekte ebenfalls Berücksichtigung finden[1].

5.1 Fragestellungen und Forschungsannahmen

Ein zentraler Aspekt hinsichtlich der Wirkung des Täter-Opfer-Ausgleichs rankt um die Frage der möglichen Effekte, die diese Maßnahme haben könnte. Ich habe in Kapitel 1 hergeleitet, dass das Gewinnen von Einsicht beim Beschul-digten sowohl als Ziel des Täter-Opfer-Ausgleichs als auch als Grundlage für zukünftiges Legalverhalten betrachtet wird, und komme auf dieser Grundlage zu meiner übergeordneten Fragestellung für diese Studie:

Ist der Täter-Opfer-Ausgleich als Chance zur Unterstützung von Einsicht bei Jugendlichen und jungen Erwachsenen, die eine Gewalttat verübt haben, aufzufassen und wie kann die Maßnahme im Sinne der Förderung der Einsichts-entstehung noch verbessert werden?

---

1 Die Auswertung von Verbatim-Transkripten von drei Schlichtungen, die im Rahmen der Studie erhoben wurden, wird an anderer Stelle erfolgen.

Da bislang kaum Forschung zu diesem Thema stattgefunden hat[2], wird im Rahmen der Studie auf eine in der Psychotherapieforschung anerkannte Methode, die Messung der Reflexiven Kompetenz, zurückgegriffen, welche sich als brauchbares Instrument zur Erfassung therapeutischer Veränderung erwiesen hat (vgl. Buchheim et al. 2006). Fonagy et al. (1998) haben die Reflexive-Kompetenz-Skala entwickelt, die beschreibt, inwieweit eine Person psychische Befindlichkeiten bei sich selbst und bei anderen erkennen und beschreiben kann, um menschliches Verhalten sinnvoll zu erklären. Wie in Kapitel 3 eingeführt, wird die Reflexive Kompetenz als Konzept angesehen, welches die Mentalisierungsfähigkeit einer Person für die psychologisch-sozialwissenschaftliche Forschung zu operationalisieren hilft und somit in Bezug zum Gewinnen von Einsicht gesetzt werden kann. Fonagy und Target (2002) stellen heraus, dass eine mangelnde oder verminderte Fähigkeit, das eigene Verhalten und das von anderen als absichtsvoll einzustufen, mit Gewaltverhalten einhergehen kann. Dieses Phänomen wird von den Autoren damit erklärt, dass psychische Zustände aufgrund einer mangelnden Fähigkeit zur mentalen Repräsentation körperlich »ausgetragen« werden und darüber hinaus die verminderte gedankliche Repräsentation des anderen die Aggressionshemmung reduziere. Auf der Grundlage dieser Annahmen kann gefolgert werden, dass eine abwesende oder niedrige Reflexive Kompetenz sowohl die Prognose von adoleszenten Gewalttätern in Bezug auf zukünftig gewaltloses Verhalten verschlechtern kann, als auch die Entwicklung von Einsicht im Rahmen eines Täter-Opfer-Ausgleichs minimiert. Darüber hinaus kann eine Erhebung die Frage klären, welche Ausprägung von Reflexiver Kompetenz bei der Untersuchungsgruppe vorhanden ist, und welchen Einfluss die strafrechtliche Mediation im Sinne einer verändernden Wirkung auf die Mentalisierungsfähigkeiten und die Einsichtsentwicklung nimmt. Unter der übergeordneten Fragestellung ergeben sich für die Studie vier an der Operationalisierung orientierte Fragenkomplexe, die für die Planung und Durchführung der Studie praxis- und erkenntnisleitend sind. Im Folgenden werden verschiedene Annahmen zu den Fragekomplexen entwickelt, die auf dem Stand der referierten Forschung basieren. Im Ergebnisteil werden diese Annahmen diskutiert und auf die übergeordnete Fragestellung bezogen.

---

2 Als Ausnahmeerscheinung möchte ich an dieser Stelle jedoch auf Meßmer (1993, 1996) verweisen, der auf die Bearbeitungsmöglichkeit der von Beschuldigten eingesetzten Neutralisierungstechniken hingewiesen hat, deren Veränderung aber nicht systematisch an einer größeren Stichprobe untersuchte (vgl. Kapitel 1).

Welches Niveau an Reflexiver Kompetenz lässt sich bei Jugendlichen und jungen Erwachsenen ermitteln, die aufgrund einer begangenen Gewalttat an einem Täter-Opfer-Ausgleich teilnehmen? Handelt es sich bei diesen hinsichtlich dieses Merkmals um eine homogene oder heterogene Gruppe? Bestehen Zusammenhänge zwischen der Reflexiven Kompetenz und anderen psychometrischen bzw. soziodemografischen Befunden?

Annahme 1

Heranwachsende Straftäter, die in Gewaltdelikte verwickelt sind, erreichen nur vergleichsweise niedrige Werte auf der elfstufigen Reflexive-Kompetenz-Skala (niedrige, abwesende, negative Reflexive Kompetenz).

Annahme 2

In der Untersuchungsgruppe ist der Anteil an unsicherer und desorganisierter Bindung höher als in nicht-klinischen Untersuchungsgruppen. Unsichere bzw. desorganisierte Bindung steht in einem bedeutsamen Zusammenhang mit dem Niveau an Reflexiver Kompetenz.

Annahme 3

Die untersuchte Gruppe stellt keine homogene Gruppe bezüglich der soziodemografischen und psychometrischen Befunde dar, da sich verschiedene Typen adoleszenter Straftäter in dieser Altersgruppe mischen (ubiquitäre Grenzübertretungen vs. lebenslange Auffälligkeit im Rahmen einer Persönlichkeitsstörung). In der Untersuchungsgruppe ist eine Hochrisikogruppe enthalten, die sich durch eine niedrige Reflexive Kompetenz, einen unsicheren bzw. desorganisierten Bindungsstatus, traumatische Belastungen in der Kindheit und einen niedrigen Bildungsstand auszeichnet.

Ist die Reflexive Kompetenz ein geeigneter Faktor, um Veränderungen durch den Täter-Opfer-Ausgleich zu beschreiben, und welche verändernden Effekte zeigen sich in der ausgewählten Untersuchungsgruppe insbesondere bezüglich der verübten Straftat und der Haltung gegenüber dem Opfer?

Annahme 4

Durch den Täter-Opfer-Ausgleich verändert sich die Reflexive Kompetenz der Probanden positiv. Es ist insbesondere eine Steigerung reflexiver Fähigkeiten in Bezug auf die Straftat und die Einfühlung in das Opfer zu verzeichnen.

Annahme 5

Je intensiver der Täter-Opfer-Ausgleich im Sinne der Anzahl der Gespräche ist, desto mehr Veränderungen bzgl. der Reflexiven Kompetenz treten auf.

In welchem Zusammenhang stehen Reflexive Kompetenz, Erfolg des Täter-Opfer-Ausgleichs und die Legalbewährung der untersuchten Probanden?

Annahme 6

Eine hohe Reflexive Kompetenz zu Beginn der Schlichtung macht einen erfolgreichen Verlauf des Täter-Opfer-Ausgleichs wahrscheinlich.

Annahme 7

Die Legalbewährung ist wahrscheinlicher bei den Probanden mit mittlerer bis höherer Reflexiver Kompetenz (≥ 4) als bei den Probanden mit abweisender bis niedriger Reflexiver Kompetenz (≤ 3).

Inwieweit wird die Einsicht der Probanden in ihr Gewaltverhalten durch die Ausprägung von Mentalisierungsfähigkeiten gestützt?

Annahme 8

Bei der qualitativen Auswertung zeigt sich, dass Probanden mit einer durchschnittlichen bis hohen Reflexiven Kompetenz ein höheres Niveau an Einsicht hinsichtlich ihrer Tat erreichen als Probanden mit einer niedrigen oder abwesenden Reflexiven Kompetenz.

5.2 Konzeption der Studie

Es handelt sich bei der Studie um ein Prä-Post-Design mit hoher ökologischer Validität, da die Untersuchung weder einen Einfluss auf die Auswahl der Probanden noch auf die Durchführung des Täter-Opfer-Ausgleichs genommen hat, sondern zu einem definierten Erhebungszeitraum eine vollständige Erhebung der in Frage kommenden Population darstellt. Aufgrund der geringen Untersuchungsgruppengröße (N=19) handelt es sich um eine explorative Pilotstudie, die insbesondere dem Ziel dient, ein valides und reliables Forschungsdesign mithilfe eines modifizierten Bindungsinterviews (AAI) für die Erforschung des Täter-Opfer-Ausgleichs, erste Hypothesen für die Wirksamkeit sowie Vorschläge zur Verbesserung der Maßnahme zu entwickeln. Darüber hinaus will die Untersuchung einen Beitrag zu der Frage leisten, ob die Reflexive Kompetenz bei adoleszenten Gewalttätern zwischen passagerer und chronischer Delinquenz zu unterscheiden hilft. Die geplante Kontrollgruppe, die der Untersuchungsgruppe bis auf den Faktor der Teilnahme an einer strafrechtlichen Mediation gleichen sollte, konnte nicht untersucht werden, da keine Probanden zur Verfügung standen[3]. Aus diesem Grund muss auf den Vergleich mit einer Kontrollgruppe verzichtet werden, weshalb für die statistische Auswertung die Intensität der Maßnahme als moderierende Variable eingeführt und die Gruppe anhand ihrer Reflexiven Kompetenz in zwei Gruppen unterteilt wird.

5.2.1 Rahmentheorien und Definition der Population

Die Studie ist vor dem Hintergrund ausgewählter Rahmentheorien konzipiert und ausgewertet worden, die ich im Theorieteil dieser Arbeit bereits erläutert habe. Den Kern bildet die psychoanalytische Objektbeziehungstheorie sowie deren Ergänzungen durch den Mentalisierungsansatz, vor deren Hintergrund ich Einsicht für das Feld des Täter-Opfer-Ausgleichs als Zuwachs an Wahrhaftigkeit und Verantwortlichkeit für die eigene innere Realität und in Anerkennung der

---

3 Es wurden verschiedene Wege der Kontaktaufnahme mit möglichen Teilnehmern der Kontrollgruppe versucht. Einerseits erklärte sich die Jugendgerichtshilfe Bremen bereit, entsprechende Personen gezielt anzusprechen, andererseits wurden Zielpersonen durch einen Brief, der über das Amtsgericht Bremen verschickt wurde, um Teilnahme gebeten. Über diese Wege konnte kein einziger Kontakt zu einem möglichen Kontrollgruppenmitglied hergestellt werden. Es scheint, dass die Adoleszenten, die sich nicht für einen außergerichtlichen Ausgleich im Rahmen eines Täter-Opfer-Ausgleichs entscheiden, auch für andere freiwillige Angebote schwer zu erreichen sind. Es liegt die Vermutung nahe, dass auch institutionelle Widerstände eine Rolle spielten.

inneren Realität des Gegenübers hinsichtlich einer Tat und ihrer Folgen definiert habe (vgl. Kapitel 3).

Die Praxis des Täter-Opfer-Ausgleichs in Deutschland hat gezeigt, dass die Schlichtung von Gewaltstraftaten (insbesondere Körperverletzung) einen Schwerpunkt darstellt. Die bundesweite Statistik des Täter-Opfer-Ausgleichs dokumentiert, dass Gewaltstraftaten (Körperverletzung und Raubtaten) in einem 10-jährigen Erhebungszeitraum zwischen ca. 50% und 70% der behandelten Delikte ausmachen (vgl. Kerner/Hartmann 2005, S. 31f.). Um von einer homogenen Untersuchungsgruppe ausgehen zu können, sollen daher in der Studie Beschuldigte, die reine Vermögensdelikte begangen haben, nicht berücksichtigt werden.

Die Maßnahme ist insbesondere im Bereich des Jugendrechts etabliert, da die ersten Projekte in diesem Feld bereits in den 80er Jahren in Deutschland begannen und erst in der Mitte der 90er Jahre – auch im Zuge der Gesetzesnovellierungen – ebenfalls Schlichtungsfälle aus dem Erwachsenenstrafrecht behandelt wurden. Der Anteil der 14 bis 20-jährigen Beschuldigten schwankte in den letzten Jahren zwischen 45% und 60% (vgl. Kerner/Hartmann 2005, S. 48). Internationale Studien zur Kriminalitätsentwicklung in der Adoleszenz kommen übereinstimmend zu dem Ergebnis, dass insbesondere im Bereich der in dieser Studie interessierenden Gewaltdelikte im individuellen Lebenslauf ein Höhepunkt der Deliktanzahl für das Alter von 17 Jahren festzustellen ist. Danach sinken die Raten für Gewaltstraftaten kontinuierlich, Moffitt (1993, S. 675) konstatiert:»in den frühen 20ern sinkt die Zahl der aktiven Gewalttäter über 50% und im Alter von 28 Jahren nehmen fast 85% der früheren Delinquenten Abstand von Gewaltstraftaten« [Übersetzung ST]. Dieses Phänomen lässt sich auch auf der Ebene der rechtskräftigen Verurteilungen wiederfinden. Im Jahre 2003 haben bundesweit die im juristischen Sinne Heranwachsenden (18 bis 20-jährig) ein Drittel mehr Verurteilungen erfahren als die im juristischen Sinne Jugendlichen (14- bis 17-jährig). Im Bundesland Bremen gab es 2003 sogar fast doppelt so viele rechtskräftige Verurteilungen bei den Heranwachsenden im Vergleich zu den Jugendlichen (vgl. die Angaben des Statistischen Bundesamtes). Auf der Grundlage dieser Erkenntnisse erscheint die Auswahl von Gewalttätern ab dem 17. Lebensjahr als höchst geeignet für die vorliegende Studie, da diese Gruppe aufgrund ihres Lebensalters einerseits sehr anfällig für Delinquenz erscheint, sodass in einer naturalistischen Untersuchungsgruppe sowohl passagere als auch chronifizierte Delinquenz aufzufinden sein sollten. Andererseits kann die Interpretation der Rückfallhäufigkeit zu einer Differenzierung beider

Gruppen beitragen, da aufgrund des Altersfaktors von einer schwindenden Delinquenz in Bezug auf diejenige Gruppe der Straftäter auszugehen ist, deren Delinquenz sich auf die Zeit der Adoleszenz beschränkt.

Entsprechend der Kriminalitätsbelastung nehmen erheblich mehr männliche als weibliche Beschuldigte an einem Täter-Opfer-Ausgleich teil. Der Anteil der Jungen und Männer liegt konstant bei über 80% (vgl. Kerner/Hartmann 2005, S. 41). Daher wird sich die Untersuchung auf männliche Heranwachsende beschränken. Das Gros der Teilnehmer ist darüber hinaus erstmals strafrechtlich auffällig, der Anteil der Ersttäter schwankt bei den Jugendlichen und Heranwachsenden um die 70% (ebd., S. 56). Eine Nichtberücksichtigung der Mehrfachtäter würde aber die chronifizierte Kriminalität ausschließen, weshalb in Bezug auf dieses Kriterium keine Auswahl getroffen wird.

5.2.2   Das Setting der Studie

Als kooperierende Schlichtungsstelle konnte der Täter-Opfer-Ausgleich Bremen e. V. gewonnen werden. Der Täter-Opfer-Ausgleich Bremen e. V. besteht in unterschiedlichen Trägerschaften seit 1990 und gehört somit zu den ältesten Schlichtungsstellen Deutschlands. Die Bremer Einrichtung ist eine sogenannte spezialisiert arbeitende Schlichtungsstelle, die bei einem freien Träger angesiedelt ist und seit Jahren durch ein vergleichsweise hohes Fallaufkommen gekennzeichnet ist. Die Mitarbeiter haben die berufliche Weiterbildung zum Konfliktberater im Feld der strafrechtlichen Mediation absolviert und verfügen über mehrjährige Schlichtungserfahrungen. Darüber hinaus hat sich der Täter-Opfer-Ausgleich Bremen e. V. den TOA-Standards verpflichtet und sich an der Ausarbeitung des Gütesiegels beteiligt, welches zur Qualitätsicherung von der Bundesarbeitsgemeinschaft Täter-Opfer-Ausgleich e. V. (BAG) vergeben wird. Somit erfüllt die Schlichtungsstelle die Qualitätsansprüche, die an das Verfahren aktuell gerichtet werden, und eignet sich, um die Wirksamkeit der Maßnahme zu untersuchen.

Die Schlichtungsstelle unterscheidet sich allerdings auch von vielen anderen bundesdeutschen Projekten, da sie mit einem explizit psychologisch/psychoanalytischen Konzept auftritt (ausführlich in Kapitel 1). Der Täter-Opfer-Ausgleich Bremen e. V. expliziert in seiner Konzeption die psychische Integration der Tat beim Beschuldigten und beim Opfer als Ziel der Ausgleichsgespräche. Einerseits eignet sich die Schlichtungsstelle daher besonders für die Untersuchung der Entstehung von Einsicht, andererseits können verallgemeinernde Schlüsse auf andere Einrichtungen nur unter Vorbehalt gezogen werden, sofern diese kein psychologisch/psychoanalytisches Konzept aufweisen.

Insgesamt haben sieben verschiedene ausgebildete Konfliktberater an der Studie mitgewirkt und den Kontakt zu den Probanden ermöglicht. Der zeitliche Abstand zwischen beiden Untersuchungszeitpunkten ergibt sich aus der voraussichtlichen Dauer des Täter-Opfer-Ausgleichs und der justiziellen Erledigung des Verfahrens. Die durchschnittliche Bearbeitungsdauer variiert beim Täter-Opfer-Ausgleich Bremen e. V. deliktabhängig zwischen drei und fünf Monaten (vgl. *TOA Bremen-Jahresbericht* 2004). Da eine darüber hinausgehende gerichtliche Bearbeitung ebenfalls zu berücksichtigen ist, wurde ein zeitlicher Abstand zwischen Erst- und Zweituntersuchung von einem Jahr angesetzt. Der Einfluss entwicklungsbedingter Veränderung bzw. krisenhafter Lebensereignisse lässt sich im Rahmen dieser Studie nicht kontrollieren.

5.2.3 Forschungsdesign

Auf der Grundlage der geschilderten Referenztheorien wird im Rahmen der Studie zur Untersuchung der Förderung von Einsicht durch den Täter-Opfer-Ausgleich mithilfe des Erwachsenen-Bindungs-Interviews (EBI bzw. AAI)[4] die Reflexive Kompetenz von adoleszenten Beschuldigten zu Beginn und nach der Beendigung eines Täter-Opfer-Ausgleichs untersucht. Aufgrund der Fragestellungen der Studie soll das AAI in einer (bezüglich meines Untersuchungsgegenstandes) modifizierten Fassung (vgl. Anlagen) zum Einsatz kommen, welche eine Einschätzung der Reflexiven Kompetenz auch in Bezug auf die von den Probanden begangene Straftat erlaubt. Im Rahmen der Voruntersuchung wird darüber hinaus die Kurzversion des Inventars zur Erfassung Interpersonaler Probleme (IIP) eingesetzt. Das modifizierte AAI wird beim zweiten Untersuchungstermin nach Beendigung des Täter-Opfer-Ausgleichs und des anhängigen juristischen Verfahrens ab einem Jahr nach der Erstuntersuchung erneut durchgeführt und gibt dann Aufschluss über die Stabilität bzw. Veränderung der Reflexiven Kompetenz zwischen den beiden definierten Zeitpunkten. Weiterhin wird die Zufriedenheit des Probanden mithilfe des modifizierten HAQ (Helping-Alliance-Questionnaire, vgl. Anlagen) erhoben sowie die Bindungsklassifikation über ein projektives Erwachsenen-Bindungs-

---

4 Das EBI stellt eine wortgetreue deutsche Übersetzung des Adult Attachment Interviews (AAI) dar. Die Bezeichnung »EBI« hat sich in der deutschsprachigen Literatur nicht durchgesetzt, sodass ich im Folgenden auch vom AAI sprechen werde, wenn ich die deutsche Fassung meine.

protokoll, das »Adult Attachment Projective« (AAP). Ergänzend soll darüber hinaus zwei Jahre nach der Erstuntersuchung Einblick in den Erziehungs- und Bundeszentralregisterauszug der untersuchten Probanden genommen werden. Die Register enthalten im Gegensatz zum polizeilichen Führungszeugnis alle Straftaten, die staatsanwaltschaftlich verfolgt worden sind. Diese Ergebnisse erlauben eine Einschätzung der von den Probanden bislang verübten Straftaten und geben Hinweise auf mögliche Rückfälle nach dem Täter-Opfer-Ausgleich. Natürlich handelt es sich hierbei nur um die Straftaten, die im sogenannten Hellfeld verübt worden sind, weshalb kein Rückschluss auf tatsächlich begangene Straftaten im Bereich des Dunkelfeldes gezogen werden kann. Einen Überblick der Studie gibt die folgende Übersicht.

Prä-Untersuchung	TOA	Post-Untersuchung	Rückfall-untersuchung
Durchführung des IIP und des modifizierten AAI	Teilnahme des Probanden am TOA sowie justizieller Abschluss des Strafverfahrens	Durchführung des Zufriedenheitsfragebogens, des AAP und des modifizierten AAI ein Jahr nach der Ersterhebung	Einsichtnahme in das Erziehungsregister der Probanden 2 Jahre nach der Erstuntersuchung

Tabelle 5.1: Studiendesign

Die Auswertung findet auf der Grundlage einer statistischen Analyse der Einzelwerte und deren Wechselwirkungen statt. Die statistische Bewertung wird durch eine qualitative Auswertung von Auszügen der AAIs ergänzt, welche die inhaltliche Veränderung der Einstellung der Probanden zu der Straftat und den persönlichen Folgen sowie den Folgen für das Opfer untersucht. Auf eine Sekundäranalyse der zugehörigen Akten des Täter-Opfer-Ausgleichs Bremen e. V. wird verzichtet, da diese eher unsystematisch subjektive Eindrücke widerspiegeln, die für die Fallführung entscheidend sind, sich jedoch nicht sinnvoll zu den hier verwendeten Methoden bzw. gewonnenen Daten in Beziehung setzen lassen.

5.3 Durchführung der Studie

Im Rahmen der vorliegenden Studie sollen zur Beantwortung der Fragestellung Beschuldigte untersucht werden, die sich im gerichtlichen Vorverfahren befinden und an einem Täter-Opfer-Ausgleich teilnehmen. Dabei soll die zu untersuchende Population nicht die Gesamtheit aller Beschuldigten bilden, die in Deutschland an einer strafrechtlichen Mediation teilnehmen, sondern orientiert sich an der oben beschriebenen Populationsdefinition, die einen »typischen« Täter-Opfer-Ausgleich umfasst. Unter Berücksichtigung der genannten Argumente soll die Untersuchungsgruppe die folgenden Kriterien erfüllen:

- Der Proband ist männlich und ist zum Interviewzeitpunkt mindestens 17 Jahre, bei der Begehung der Straftat jedoch höchstens 20 Jahre alt.
- Der Proband wird einer Straftat bezichtigt, die zu den Gewaltstraftaten im Bereich mittlerer bis schwerer Kriminalität gezählt wird, (Körperverletzungs- oder Raubtaten) und ist einverstanden, im Rahmen eines Täter-Opfer-Ausgleichs eine außergerichtliche Einigung mit dem Opfer der Straftat anzustreben.
- Der betreuende Mediator hat die Grundqualifizierung zum Konfliktberater im Feld der strafrechtlichen Mediation erworben und verfügt über eine mindestens einjährige Schlichterpraxis.

Da es mir nicht möglich ist, alle Beschuldigten zwischen 17 und 21 Jahren zu erfassen, die in Deutschland aufgrund einer Gewalttat an einem Täter-Opfer-Ausgleich teilnehmen, wird für die Untersuchungsgruppe auf eine natürliche Gruppe zurückgegriffen. Diese Klumpenstichprobe (vgl. Bortz 2003, 2006) besteht aus den Klienten der Schlichtungsstelle des Täter-Opfer-Ausgleichs Bremen e. V., die in einem definierten Erhebungszeitraum von vier Monaten einen Täter-Opfer-Ausgleich beginnen und sich zur Teilnahme bereit erklären. Dabei findet eine vollständige Untersuchung der definierten Population statt. Die kooperierende Einrichtung stellt den Kontakt zu allen Klienten her, die die oben genannten Kriterien erfüllen und in dem definierten Erhebungszeitraum ihre Institution aufsuchen. Die Auswahl der Probanden erfolgt nach Aktenlage, die Bitte um Teilnahme im telefonischen Kontakt. Damit soll einer beeinflussenden Vorauswahl der Institution entgegen gewirkt werden, die einen verzerrenden Einfluss auf die Ergebnisse haben könnte. Weitere Verzerrungen könnten sich ergeben, wenn sich Probanden weigern, an der Untersuchung teilzunehmen, da dies die Beschaffenheit der Klumpenstichprobe verändern und Verallgemeinerungen der Stichprobe erschweren würde.

Vor dem ersten persönlichen Gespräch findet die Voruntersuchung statt. Bei der Voruntersuchung wird von den Probanden das Einverständnis für die Kontaktaufnahme zur Nachuntersuchung sowie die Einsichtnahme in die Erziehungs- und Bundeszentralregister erfragt. Die Post-Untersuchung erfolgt ebenfalls nach vorheriger telefonischer Kontaktaufnahme. Die Probanden erhalten eine Aufwandsentschädigung für jeden Termin in Höhe von € 10,—. Die Interviews und der Bindungstest werden jeweils komplett mittels eines Mini-Disk-Rekorders aufgezeichnet und später nach den Regeln der Ulmer Textbank (Mergenthaler 1992) transkribiert.

5.4 Forschungsinstrumente

5.4.1 Das modifizierte Erwachsenen-Bindungs-Interview

Die amerikanische Originalfassung des Erwachsenen-Bindungs-Interviews (AAI) wurde in den 1980er Jahren von Carol George und anderen unter dem Namen Adult-Attachment-Interview (AAI) entwickelt (George et al. 1984, 1985, 1996). Die Auswertungsskalen des AAI entstanden in der Arbeitsgruppe um Mary Main (Main/Goldwyn 1996). Bei dem AAI handelt es sich um das etablierteste Forschungsinstrument zur Erfassung der Bindungsrepräsentation von Jugendlichen und Erwachsenen (Dahlbender et al. 2004). Es basiert auf Bowlbys Konzeptualisierungen des mentalen Arbeitmodells auf der Basis internalisierter Bindungserfahrungen (Bowlby 1969). Seine klinische Anwendung umfasst Diagnostik, Behandlung und Evaluation in Therapie, Forensik und Sozialarbeit. Das Interview ist halbstrukturiert und besteht aus 20 Fragen, die die Repräsentanzen früher Bindungserfahrungen in den Blick nehmen und sich unterschiedlichen Befragungsmodellen zuordnen lassen (vgl. Steele/Steele 2001). In der Abfolge der Fragen werden zunächst allgemeine Bindungserfahrungen mit den primären Bezugspersonen erfragt, hinsichtlich derer davon ausgegangen wird, dass sie jeder in der Kindheit erfahren hat. Danach folgen Fragen zu möglicherweise konfliktbehafteten bzw. schmerzhaften Erfahrungen im Sinne von Bedrohung, Zurückweisung und traumatischen Erlebnissen sowie Tod und Verlust, die nicht notwendigerweise alle Personen in ihrer Kindheit erlebt haben. Die Interviewten werden weiterhin gebeten, die Veränderungen in der Beziehung über die Kindheit hinaus und den Einfluss auf ihre eigene Person zu reflektieren sowie Gründe für das Verhalten der Eltern ihnen gegenüber zu benennen. Den Abschluss bilden Fragen über die eigenen Kinder der Befragten. Der Frage-Leitfaden ist im Gegensatz zu strukturierten Interviews flexibel zu verwenden. Er beinhaltet Anregungen für vertiefende Nachfragen, die sich an der Gesprächssituation und dem jeweiligen Interviewpartner orientieren. Darüber hinaus sind die Fragen dazu konzipiert, »das Unbewusste des Gesprächspartners zu überraschen« (George et al. 1996), mit dem Ziel, den Widerstand der Interviewten gegen im Interview angesprochene Konfliktbereiche der Biografie zu verringern. Die Besonderheit des AAI liegt darin, dass sich in den Narrativen die aktuelle *Repräsentanz* der Kindheitserfahrungen des Probanden widerspiegelt und dass diese nicht als objektiver Bericht tatsächlicher biografischer Ereignisse aufgefasst werden. Folglich wird bei der klassischen Auswertung der Verbatimprotokolle nicht der Inhalt, sondern die Art der Erzählung anhand der Grice'schen Konversationsmaxime Qualität, Quantität, Relevanz sowie Art und Weise (Grice 1975) untersucht. Somit werden Phänomene wie Idealisierungen und Dissoziationen vergangener Erfahrungen ausdrücklich berücksichtigt und einer systematischen Erforschung zugänglich (van IJzendoorn/Bakermans-Kranenburg 1997).

Nach dem bisherigen Stand der Forschung wird das AAI als befriedigend reliabel bei einer durchschnittlichen Inter-Rater-Reliabilität von 80% eingestuft. Interviewereffekte können im Hinblick auf die Auswertung des AAI unter der Voraussetzung einer Interviewerschulung und Nutzung des Leitfadens von George et al. als eher unbedeutend eingestuft werden. Die Untersuchung der diskriminativen Validität zeigte, dass in Bezug auf die Bindungsklassifikationen keine Zusammenhänge zu allgemeinen Intelligenz- und Persönlichkeitsmaßen oder zu Temperament und Orientierung an der sozialen Erwünschtheit bestehen. Auch die autobiografische Erinnerungsfähigkeit und die sprachliche Organisation der Bindungserfahrungen haben sich als unabhängig erwiesen. Die hohe Konstruktvalidität wurde mittels der Übereinstimmung zwischen elterlichem und kindlichem Bindungsmodell überprüft (van IJzendoorn 1995; Fonagy et al. 1991). Eine Übersicht über die psychometrischen Eigenschaften des AAI vermitteln Hofmann (2001) sowie Buchheim und Strauß (2002). Neben der klassischen Auswertungsmethode existieren drei weitere, von denen für die vorliegende Studie die Auswertung nach der Reflexiven-Kompetenz-Skala erfolgen wird (Fonagy et al. 1995, dt. Reinke 2000), welche im folgenden Abschnitt ausführlich dargestellt werden wird.

In Bezug auf die Fragestellungen der Studie wurde eine Modifizierung des Frage-Leitfadens des AAI vorgenommen (vgl. Anhang). Im Hinblick auf das Alter der Probanden (17 bis 20 Jahre) wurden die Fragen, die die eigene Elternschaft betreffen, aus dem Leitfaden entfernt, da vermutlich keine Eltern an der Studie teilnehmen würden. Gleichzeitig wurden drei Fragen hinzugefügt, die eine Schilderung der Straftat, die Frage nach dem Verhalten des Opfers während der verübten Straftat und die Erfahrungen des Beschuldigten beim Täter-Opfer-Ausgleich thematisieren, um Veränderungen in diesem Bereich erheben zu können. Darüber hinaus wurden neben den Repräsentanzen der primären Elternfiguren die Repräsentanzen einer aktuell wichtigen Bezugsperson erfragt, um zu überprüfen, ob sich die Reflexive Kompetenz zwischen Bezugsperson und Eltern unterscheidet. Aufgrund der Lebensphase in der mittleren Adoleszenz konnte von einer besonderen Konfliktlage zu den Eltern ausgegangen werden (vgl. Kapitel 4). Mit den Fragen zu einer im aktuellen psychischen Erleben positiv erlebten bedeutsamen Person war die Vorstellung verbunden, dass die Probanden das Potential ihrer Reflexiven Kompetenz besser entfalten können. Diese Ergänzung ersetzte die Frage nach anderen Erwachsenen, die in der Kindheit eine Rolle spielten. Um das Interview zu verkürzen, wurde die Anzahl der Adjektive, die die Beziehung zu den Eltern beschreiben sollen, von fünf auf drei reduziert. Zur besseren Verständlichkeit wurde in den Fragen 3 und 4 der Begriff »Adjektiv« zur Beschreibung der Beziehung zu den Eltern durch den Begriff »Eigenschaftswort« ersetzt. Die Frage nach der aktuellen Beziehung zu den Eltern wurde aufgrund des Lebensalters der Probanden mit der Frage nach der Veränderung der Beziehung zu den Eltern zusammengefasst.

5.4.2 Die Reflexive-Kompetenz-Skala

Die Reflexive-Kompetenz-Skala (RKS) wurde von Fonagy und anderen entwickelt (Fonagy et al. 1998, dt. Reinke 2000) und stellt eine Operationalisierung des Konzeptes der Mentalisierung dar (vgl. Kapitel 3). Die Operationalisierung basiert auf der Literatur der Entwicklung metakognitiven Wissens (Flavell/Green/Flavell 1986) und der Entwicklungen der »Theory of Mind«-Forschung (Baron-Cohen/Tager-Flusberg/Cohen 1993). Die Autoren stützten sich mit ihrer Operationalisierung insbesondere auf die Kohärenzbeschreibungen der klassischen AAI-Auswertung, die die Qualität des Narrativs und das innere Arbeitsmodell von Bindung generalisieren soll. Die Kohärenz basiere auf der Angemessenheit des reflexiven Prozesses (Fonagy et al. 1994, S. 241). Auf der Grundlage des Manuals der RKS können AAIs im Hinblick auf die Mentalisierungsfähigkeiten der Interviewten untersucht und in eine elfstufige Skala der Reflexiven Kompetenz eingeordnet werden. Die RKS beginnt bei −1 (negative Reflexive Kompetenz) und endet bei der Stufe 9 (außergewöhnliche Reflexive Kompetenz). Die Autoren unterteilen die gesamte Skala in zwei große Bereiche an der Grenze zwischen einer Wertung von 3 oder 5: niedrige bis negative vs. durchschnittliche bis hohe Reflexive Kompetenz (vgl. Abbildung 5.1). Eine Auswertung nach den Richtlinien der RKS erfordert ein Ratertraining mit Reliabilitätstest, welches die Autorin beim »Anna Freud Center« in London absolviert hat. Die eigene Interrater-Reliabilität liegt bei $r = 0{,}80$ (Spearman). Die Verwendung der RKS für die vorliegende Studie ist bereits hinlänglich begründet worden.

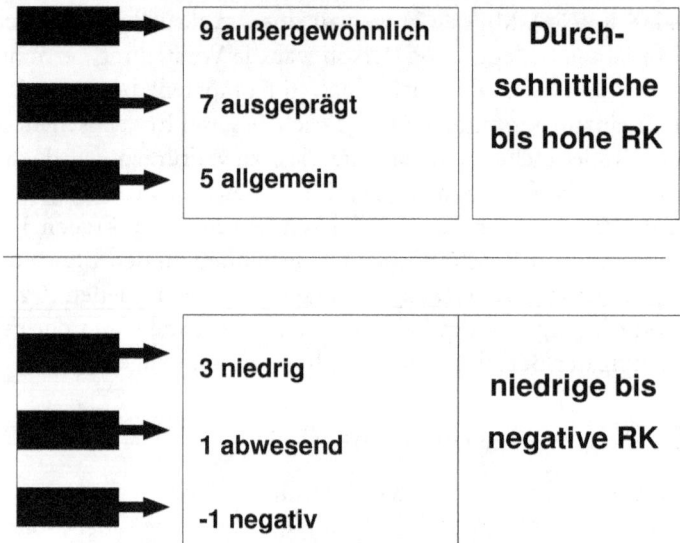

9 außergewöhnlich

7 ausgeprägt

5 allgemein

Durch-schnittliche bis hohe RK

3 niedrig

1 abwesend

-1 negativ

niedrige bis negative RK

Abbildung 5.1: Die Reflexive-Kompetenz-Skala (RKS)

EINZELWERTUNGEN

Fonagy et al. (1998) unterscheiden die jeweiligen Fragekomplexe im Hinblick darauf, ob sie es dem Probanden *ermöglichen* oder ihn dazu *verpflichten*, seine Reflexive Kompetenz zu demonstrieren (Möglichkeits- bzw. Pflichtfrage). Für die vorliegende Studie wurden die Pflichtfragen gemäß dem Manual der RKS übernommen (Nähe, Zurückweisung, Beeinflussung der Persönlichkeit, Rückschläge, Tod und Verlust, Veränderungen), wobei die Frage nach dem Opfer als neue Pflichtfrage hinzugenommen wurde (Frage 21, s. o.). Die Einzelwertungen werden für jede Frage des AAI getrennt vergeben und in ein

Auswertungsschema eingetragen. Sie entsprechen in ihrem Aufbau der Skala für die Gesamtwertung, d. h. dass Einzelwertungen von –1 bis 9 vergeben werden können. Für die ungeraden Ziffern liegen genaue Richtlinien der Bewertung vor. Die geraden Ziffern sind zu vergeben, wenn Textpassagen nicht eindeutig einer Bewertung zuzuführen, sondern zwischen zwei Kategorien anzusiedeln sind. Ausführliche Beispiele für Einzelwertungen sind aus der vorliegenden Studie unter 6.6.3 aufgeführt.

WERTUNGEN 4–9

Damit eine Textpassage in den Bereich der durchschnittlichen bis hohen Wertung gelangen kann, müssen darin qualitative Kategorien enthalten sein, die entweder

- A – das Wissen um die Art innerpsychischer Befindlichkeiten dokumentieren,
- B – das ausdrückliche Bemühen aufweisen, die einem Verhalten zugrunde liegenden psychischen Prozesse herauszuarbeiten,
- C – den Entwicklungsaspekt von mentalen Prozessen anerkennen oder
- D – Bezug nehmen auf innerpsychische Befindlichkeiten des Interviewers.

Die Wertung wird auf der Grundlage der Anzahl und Qualität der in einer Textpassage enthaltenen Kategorien vergeben. Einen Überblick der verschiedenen Kategorien vermittelt die Kategorientabelle im Anhang. Die Qualität einer Textpassage wird im Hinblick auf ihre Elaboriertheit, Originalität, Komplexität und Perspektivenverschränkung bewertet. Insbesondere wird die Demonstration von Reflexiver Kompetenz bei schmerzhaften oder gar traumatischen Gefühlen in der Höhe der Wertung gewürdigt.

WERTUNGEN 0–3

Eine Wertung im unteren Bereich der Skala wird nur für eine Antwort auf eine Pflichtfrage vergeben, wenn diese menschliches Verhalten nicht-mentalistisch erklärt (Wertung 1) bzw. mentale Begriffe zwar benennt, diese jedoch nicht nachvollziehbar in ein Beispiel einbettet, sodass das Geschilderte auf der Stufe eines Klischees oder einer pseudoanalytischen Erklärung verharrt (Wertung 3). Letztere zeichnet sich auch insbesondere durch ihre exzessive Länge aus, die den Leser jedoch eher verwirrt, als dass sie die inneren Vorgänge verdeutlicht. Nicht-mentalistische oder verleugnende Erklärungen sind z. B. soziologische, physikalische oder generalisierende Antworten. Beschreibungen, die Wunsch und Realität verwischen, die Möglichkeit des Gedankenlesens behaupten oder das Selbst ständig als anderen (insbesondere den Eltern) gegenüber überlegen behaupten, erfahren ebenfalls eine Wertung von 1.

WERTUNG −1

Die Bewertung mit einer negativen Reflexiven Kompetenz (−1) stellt einen Sonderfall der Kodierung dar, der selbst in klinischen Populationen unterrepräsentiert ist. Fonagy et al. (1998) differenzieren im Bereich der negativen Reflexiven Kompetenz zwischen einer verweigernden Ausprägung, die sich insbesondere durch feindselige Äußerungen auszeichnet, und einer nicht-integrierten oder bizarren Reflexiven Kompetenz. Daudert sieht diese Kodierungsstufe nur bei psychotischen Patientengruppen gegeben und hat sie daher in ihrer Übersetzung des Manuals unberücksichtigt gelassen (vgl. Daudert 2001). In der vorliegenden Studie wurde das Manual in seiner ursprünglichen Form benutzt, um sich die gesamte Vielfalt der Bewertungen zu erhalten. Meines Erachtens ist die negative Reflexive Kompetenz ein wichtiges diagnostisches Kriterium besonders für die klinische Beurteilung von gewalttätigen Adoleszenten.

GESAMTWERTUNGEN

Die Gesamtwürdigung des AAI entspricht keinesfalls dem arithmetischen Mittel der einzelnen Kodierungen. In der Bestimmung des Gesamtwertes werden vielmehr besonders die Höchstwerte an demonstrierter Reflexiver Kompetenz im gesamten Interview berücksichtigt, die die mentalistischen Fähigkeiten des Probanden widerspiegeln. Negative Wertungen wiederum verschlechtern die Gesamtwertung. Gleichzeitig wird der Gesamteindruck der mentalen Verarbeitung und Repräsentation des Interviews einer klinisch-qualitativen Überprüfung unterzogen. Untergruppen der einzelnen Wertkategorien ermöglichen sowohl die Beschreibung des vorherrschenden mentalen Stils als auch die möglicherweise uneinheitliche Verwendung von Reflexiver Kompetenz in Bezug auf unterschiedliche Themenkomplexe im Sinne einer Fragmentierung. Im Anhang sind die möglichen Gesamtwertungen (−1 bis 9, jeweils nur die ungeraden Ziffern) samt ihrer Untergruppen im Überblick aufgeführt. Das Manual ermöglicht analog zu den Einzelwertungen in Ausnahmefällen auch die Verwendung einer Zwischenwertung (die geraden Ziffern) für die Gesamtwertung, wenn sich das Ergebnis zwischen zwei Ergebnisklassen befindet.

5.4.3 Das Adult-Attachment-Projective

Das »Adult-Attachment-Projective« (AAP) wurde ebenfalls von Carol George und Mitarbeitern entwickelt (George et al. 1997, 1999) und stellt im Vergleich zum AAI ein ebenfalls konstruktvalides und reliables, jedoch wesentlich kürzeres Verfahren zur Feststellung der Bindungsrepräsentation dar, da die Durchführung nur etwa 20 Minuten dauert und das Transkript zumeist ca. vier Seiten lang ist (das AAI dauert ca. 1,5 bis 2 Stunden und wird in Form eines 20–30 Seiten langen Transkripts dokumentiert). Das AAP ist ein projektiver Test, bestehend aus acht Bildtafeln, die den Probanden in festgelegter Reihenfolge nacheinander vorgelegt werden. Auf den Tafeln ist jeweils eine Umrisszeichnung abgebildet, die absichtlich uneindeutig ist, sodass weder Ethnie noch die Geschlechtszugehörigkeit (mit wenigen Ausnahmen) der abgebildeten Personen zu erkennen sind, die sonst das Ergebnis verzerren könnten. Die Durchführung des Tests ist eher an das halbstrukturierte Verfahren des AAI angelehnt als an klassische projektive Tests wie den Thematischen Apperzeptionstest (TAT). Allerdings müssen Reihenfolge und Wortlaut der Nachfragen streng eingehalten werden. Der Proband wird gebeten, sich zu jedem Bild eine Geschichte auszudenken: Was auf dem Bild geschieht, was zu dieser Szene geführt hat, was die dargestellten Personen denken oder fühlen sowie was als Nächstes passieren wird. Dabei entsprechen die Tafeln drei grundlegenden Dimensionen, die für die Bindungstheorie bedeutsam sind (vgl. George/West 2001). Das Bindungssystem wird systematisch aktiviert als Reaktion auf eine Situation, die die körperliche oder emotionale Sicherheit einer Person beeinträchtigt, indem z. B. Verlust-, Krankheits- und Trennungssituationen durch die Bildtafeln angesprochen werden. Die Verfügbarkeit von Bindung wird dadurch thematisiert, dass abwechselnd dyadische und monadische Personenkonstellationen auf den Bildern angeboten werden. Da Bindung für das gesamte Lebensalter wirksam ist, werden unterschiedliche Lebensstufen in die Tafeln integriert. Nach einem »Aufwärmbild«, das zwei spielende Kinder zeigt und von dem keine Aktivierung des Bindungssystems angenommen wird, folgen die Bilder:

- Fenster – ein Mädchen schaut aus einem Fenster,
- Abreise – ein Mann und eine Frau stehen einander gegenüber, zwei Koffer stehen neben ihnen,
- Bank – eine jugendliche Person sitzt allein auf einer Bank und hat mit den Armen die Knie umschlungen,

➤ Bett – eine Frau und ein Kind sitzen sich an den Enden eines Bettes gegenüber, wobei das Kind die Arme in Richtung der Frau ausstreckt,

➤ Krankenwagen – ein Kind und eine ältere Frau beobachten durch ein Fenster eine Person auf einer Trage, die von zwei Sanitätern in einen Krankenwagen geschoben wird,

➤ Friedhof – ein Mann steht vor einem Grabstein,

➤ Ecke – ein Kind steht in einer Ecke und hebt die Hände.

In verschiedenen Validierungsstudien wurde die hohe Übereinstimmung der Ergebnisse zwischen dem AAI und dem AAP belegt (vgl. George/West 2001; Buchheim et al. 2004). Auf der Grundlage eines spezifischen Auswertungssystems[5] werden die transkribierten Geschichten insgesamt nach drei verschiedenen Markierungssystemen untersucht: Inhaltsmarker, Marker von Abwehrprozessen und Diskursmarker. Eine Gesamtwürdigung aller Geschichten einer Versuchsperson führt zu einer Zuordnung zu entweder einer sicher-autonomen Bindungsrepräsentation (F) oder einem der drei als unsicher klassifizierten Bindungsgruppen, bei denen zwischen bindungsdistanziert (Ds), bindungsverstrickt (E) und unverarbeitetem Trauma a (U) unterschieden wird. Die Kategorie des unverarbeiteten Traumas entspricht der Kategorie der desorganisierten Bindung bei der Klassifikation von Kleinkindern in der Fremden Situation (Ainsworth 1985). Die Kategorisierung der verschiedenen Bindungsgruppen im AAP leitet sich insbesondere über die in den AAP-Geschichten deutlich werdenden Abwehrprozesse ab, die bei der Aktivierung des Bindungssystems hervorgerufen werden. Abwehr wird jedoch nicht im psychoanalytischen Sinne verstanden, sondern als Ableitung von Bowlbys Theorie der Abwehr (Bowlby 1980). Eine Kurzdefinition findet sich bei George und West (2001, S. 304): »Eine defensive Abwehrreaktion ist der dauernde Ausschluss von bestimmten Details, die als Information oder Signal wichtig wären, die aber als *noise* behandelt werden, weil frühere Erfahrungen zu Belastung oder Schmerz führten, wenn diese Information voll verarbeitet wurde.«

Während sich in den Geschichten einer sicher-autonom gebundenen Person Hinweise auf die Verbundenheit zu anderen Personen, gute Bewältigungsmöglichkeiten von Stresssituationen des Bindungssystems im Sinne von Handlung oder Selbstreflexion (Inhaltsmarker) und folglich kaum Abwehrpro-

---

5 Bei der Ausarbeitung orientierten sich die Autoren an den Klassifikationssystemen des AAI von Main und Goldwyn (1985, 1991, 1994), der Attachment Doll Play Procedure von Solomon et al. (1995) sowie an dem Caregiving Interview von George und Solomon (1996).

zesse auffinden lassen, können die unsicheren Bindungsgruppen durch die *Art* der Abwehr differenziert werden. So zeichnen sich die Geschichten von bindungsdistanzierten Versuchspersonen insbesondere durch den Abwehrvorgang der Deaktivierung (»deactivation«) aus, welcher die Bedeutsamkeit von Bindung mindert oder abwertet. Die kognitive Abtrennung (»cognitive disconnection«) beschreibt einen Vorgang, bei dem Bindungsinformation in gegensätzliche Bilder oder Handlungsabläufe aufgespalten wird, z. B. die Person ist traurig und glücklich. Dieser Abwehrvorgang wird dem bindungsverstrickten Bindungsstatus zugeschrieben. Die Bindungsklassifikation eines unverarbeiteten Traumas ist nur über das Auffinden von sogenannten isolierten Systemen (»segregated systems«) zu leisten, die als Folge einer Traumatisierung einen vollständigen Ausschluss schmerzhafter bindungsrelevanter Information aus dem Bewusstsein bedeuten.

> Defensive exclusion in its most complete and active form encodes trauma-related attachment memories and emotions in a separate representational model that is kept, as completely as possible, inaccessible to consciousness. Segregated systems, therefore, keep attachment-related information from being integrated into the thoughts and feelings that predominantly influence the individual. Although unconscious and deactivated, Bowlby emphasizes that segregated systems are, in and of themselves, organized representational systems that can, when activated, frame and execute plans. Upon activation, however, behavior, feeling, and thougt are likely to appear chaotic and disorganized (George/West/Pettem 1999, S. 320).

Bei Personen mit dem Status eines ungelösten Traumas ist das Bindungssystem fast gänzlich stillgelegt und birgt in der Folge die Gefahr eines psychischen Zusammenbruchs durch ein Versagen der Abwehrprozesse (Bowlby 1980). Hinweise auf gefährliche Ereignisse in den Geschichten werden als isolierte Systeme markiert. Eine Geschichte wird als ein unverarbeitetes bzw. ungelöstes Trauma transportierend kodiert, wenn keine Aspekte des Schutzes bzw. der Rettung der bedrohten Person aufzufinden sind (vgl. George et al. 1999). Wird die Person hingegen durch eine Wendung der Geschichte aufgefangen, so wird diese als verarbeitetes oder gelöstes Trauma kodiert.

In der Post-Untersuchung wird das AAP zur Erhebung der Bindungsrepräsentation eingesetzt, da aus Zeit- und Kostengründen das AAI nicht nach dem klassischen Kodierungssystem ausgewertet werden kann und zudem der Fokus der Studie auf der Mentalisierungsfähigkeit bzw. dem Gewinnen von Einsicht liegt.

5.4.4 Das Inventar zur Erfassung Interpersonaler Probleme

Das Inventar zur Erfassung Interpersonaler Probleme in der deutschen Version (IIP-D) von Horowitz, Strauß und Kordy (2000, S. 10f.) ist ein Fragebogen, der zur Diagnostik und Messung interpersonaler Probleme eingesetzt wird und dessen Anwendungsschwerpunkt in der Status- und Prozessdiagnostik für die Psychotherapie in Klinik und Forschung liegt. Schneider-Düker (1992) begründet die Relevanz des IIP in diesem Feld damit, dass ein Ziel aller therapeutischer Richtungen die Veränderung ungünstiger Interaktionsmuster sei. Den theoretischen Hintergrund der Konstruktion des IIP bildet der interpersonale Ansatz wie er von Sullivan (1953) und Kiesler (1983) vertreten wird, die den zwischenmenschlichen Beziehungen einen entscheidenden persönlichkeitsbildenden Faktor zuschreiben. Leary (1957) entwickelte das Circumplex-Modell interpersonalen Verhaltens, welches menschliches Verhalten in einem zweidimensionalen semantischen Raum anordnet zwischen den Dimensionen Zuneigung (Extreme: feindseliges vs. freundliches Verhalten) und Dominanz (Extreme: dominierendes vs. unterwürfiges Verhalten). Er unterteilt sein Modell in Oktanten und behauptet, »dass rigides, auf einen Oktanten beschränktes Verhalten die Basis für eine Fehlanpassung sei« (zitiert nach Horowitz/Strauß/Kordy 2000, S. 7). In den letzten Jahrzehnten wurde die Relevanz dieses Modells durch faktorenanalytische Studien erhärtet (Becker/Krug 1964; Conte/Pluchnik 1981; Wiggins 1979 zitiert nach Horowitz/Strauß/Kordy 2000). Wesentlich für das IIP ist ebenfalls das zweite Postulat der interpersonalen Theorie, welches die gegenseitige Beeinflussung interagierender Personen beschreibt. Bei nicht-konflikthaften Interaktionen ähneln sich die Verhaltensweisen der Interaktionspartner auf der Dimension der Zuneigung, während auf der Dimension der Dominanz eher reziproke Reaktionen vorherrschen, d. h. dass auf ein dominant-freundliches Verhalten nach diesem Modell mit einem unterwürfig-freundlichen geantwortet würde. Komplementäre Reaktionen (z. B. dominant-feindselig auf dominant-freundlich) bewirke eine Spannung zwischen den Interaktionspartnern, »zu deren Reduktion die Interaktionspartner letztlich gezwungen sind, sich der Situation anzupassen, ihr Verhalten zu ändern oder [...] ›das Feld zu räumen‹« (Horowitz/Strauß/Kordy 2000, S. 8). Die vorliegende Version des IIP-D wurde an einer repräsentativen Stichprobe geeicht (vgl. Brähler et al. 1999) und besteht aus acht Circumplex-Skalen, die in der Kurzversion aus 64 Items bestehen und auf einer fünfstufigen Likert-Skala beantwortet werden. Die Skalen sind mit Buchstabenkombinationen benannt, die auf die Bezeichnung der Oktanten des Circumplex-Modells nach Kiesler (1983) zurückgehen und werden im Folgenden in ihren Extremausprägungen erläutert (vgl. Horowitz/Strauß/ Kordy 2000, S. 16ff.).

- (PA) zu autokratisch/dominant: können andere nicht akzeptieren, wollen andere zu sehr kontrollieren oder betonen ihre Unabhängigkeit
- (BC) zu streitsüchtig/konkurrierend: sind misstrauisch und missgünstig anderen gegenüber, streiten zu viel und sind zu viel auf Rache aus
- (DE) zu abweisend/kalt: können keine Nähe herstellen oder Zuneigung empfinden, Schwierigkeiten, langfristige Verpflichtungen gegenüber anderen Personen einzugehen, halten andere zu sehr auf Distanz und sind unversöhnlich nach empfundenem Ärger
- (FG) zu introvertiert/sozial vermeidend: können schlecht Kontakte knüpfen und auf andere zugehen, beschreiben Schwierigkeiten, ihre Gefühle zu zeigen
- (HI) zu selbstunsicher/unterwürfig: haben Probleme, eigene Wünsche und Bedürfnisse zu behaupten und durchzusetzen, sehen sich wenig selbstbewusst
- (JK) zu ausnutzbar/nachgiebig: können sich nicht von anderen abgrenzen, sind gutgläubig, können nicht mit anderen streiten
- (LM) zu fürsorglich/freundlich: vernachlässigen eigene Wünsche zugunsten anderer, sind zu großzügig oder lassen sich zu leicht durch die Not anderer berühren
- (NO) zu expressiv/aufdringlich: können nichts für sich behalten, öffnen sich zu sehr, legen zuviel Wert auf die Beachtung durch andere, spielen zu oft den »Clown«, fühlen sich zu sehr für andere verantwortlich und können nicht allein sein

In der vorliegenden Studie wird das IIP-D nur bei der Prä-Untersuchung und somit nicht zur Prozessdiagnostik eingesetzt. Die Ergebnisse sollen einen Beitrag zur Frage liefern, wie hoch die Probanden das Ausmaß ihrer interpersonalen Probleme einschätzen und darüber hinaus zur Differenzierung innerhalb der Untersuchungsgruppe beitragen.

5.4.5 Der modifizierte Zufriedenheitsfragebogen nach dem Vorbild des Helping Alliance Questionnaire

Der in der Zweituntersuchung eingesetzte Fragebogen zur Erfassung der Zufriedenheit der Probanden mit der Schlichtung ist eine modifizierte Fassung des »Helping Alliance Questionnaire« (HAQ) von Alexander und Luborsky (1986), welcher in der deutschen Fassung von Bassler et al. (1995) vorgelegt wurde. Der Fragebogen besteht aus zwölf Items, welche in einfachen Aussagen die Einstellung des Probanden zum Schlichter, dem Verlauf und Ausgang der Schlichtung sowie die Einschätzung auf die eigenen Konfliktfähigkeiten als Ergebnis der Schlichtung (vgl. Anhang) beschreiben. Die ersten elf Aussagen werden anhand einer sechsstufigen Likert-Skala ohne neutralen Mittelpunkt (»forced-choice«) bewertet. Die zwölfte Aussage beschreibt eine globale Einschätzung der Veränderung der Konfliktfähigkeiten nach dem Täter-Opfer-Ausgleich auf einem Zahlenstrahl von 1 (sehr viel verschlechtert) über 5 (unverändert) bis 9 (sehr viel verbessert). Die Arbeitsgruppe um Luborsky legte der Konstruktion des Fragebogens zwei verschiedene theoretische Typen des Arbeitsbündnisses zugrunde: Einerseits wird die Einschätzung der generellen Hilfestellung des Therapeuten erhoben, andererseits wird die Zusammenarbeit mit dem Therapeuten in Bezug auf das Erreichen der Ziele der Behandlung beleuchtet. Während Luborsky et al. (1996) einen Gesamt-Skalenwert aus den ersten elf Items bildet, konnten Bassler et al. (1995) für den deutschsprachigen Raum eine zweifaktorielle Auswertung anhand ihrer faktorenanalytischen Untersuchungen als reliabel und valide begründen, die sich aber von den theoretisch formulierten Dimensionen des HAQ unterscheidet. Die Auswertung des HAQ in der vorliegenden Studie folgt den Vorschlägen von Bassler et al. (1995) und nimmt zwei Faktoren an, die zwei Subskalen voneinander trennen: Die Beziehungszufriedenheit und die Erfolgszufriedenheit: »Bei der inhaltlichen Bewertung der zusammengefaßten Fragen des HAQ scheint der erste Faktor wesentlich die Beziehung zum Therapeuten zu beschreiben, der zweite die patientenseitige Zufriedenheit mit dem Erfolg der Psychotherapie« (ebd., S. 26). Jene Subskalen sind allerdings aufgrund hoher Interkorrelation nicht unabhängig voneinander (ebd., S. 29). Im Gegensatz zu den in der Täter-Opfer-Ausgleichs-Forschung üblichen Ergebnisfragebögen wird mithilfe des HAQ nicht die Zufriedenheit mit der Einigung als solcher gemessen (z. B. die Höhe des Schmerzensgeldes oder die Auswirkung auf die justizielle Erledigung). Im Mittelpunkt des modifizierten HAQ steht vielmehr die Beurteilung der Probanden, wie sich die Mediation auf *innere* Veränderungsprozesse ausgewirkt hat, und es wird insbesondere die Zufriedenheit mit der Beziehung zum Schlichter erhoben. Die Betonung der Beziehungszufriedenheit basiert auf der Annahme, dass eine wirksame Veränderung der Innenwelt einer anderen Person nur im Rahmen einer gelingenden Beziehung geschehen kann. Der Schlichter wird in diesem Sinne nicht als eine neutrale Settingvariable betrachtet, sondern ist mit seiner Persönlichkeit in den Prozess der Schlichtung involviert. Insgesamt zielt der Fragebogen folglich auf die vom Probanden erlebte beziehungstherapeutische Qualität der Schlichtung ab.

Im Folgenden werde ich die Ergebnisse der hier beschriebenen Methoden deskriptiv darstellen (Kapitel 6) und darauf folgend statistisch (Kapitel 7) sowie qualitativ (Kapitel 8) auswerten. Eine zusammenfassende Würdigung der Ergebnisse erfolgt im abschließenden 9. Kapitel.

6 Ausgangsmerkmale der Untersuchungsgruppe – eine deskriptive Analyse

6.1 Soziodemografische Merkmale und Delikte

Insgesamt begannen 21 Personen in dem Erhebungszeitraum vom 01. 01. 04 bis zum 31. 03. 04, die der oben beschriebenen Population entsprechen (vgl. Kapitel 5), eine Schlichtung in der Schlichtungsstelle des Täter-Opfer-Ausgleich Bremen e. V. und wurden von den dortigen Mitarbeitern um Teilnahme an der Studie gebeten. Im ganzen Jahr 2004 wurden beim Täter-Opfer-Ausgleich Bremen e. V. im Nachhinein 114 heranwachsende Beschuldigte gezählt, von denen 74 in eine Gewaltstraftat verwickelt waren. Somit entspricht die Untersuchungsgruppe aus dem ersten Quartal des Jahres 2004 in etwa einem Viertel der Ganzjahrespopulation 2004. Auf dem Wege der persönlichen Ansprache konnten 19 Probanden für die Voruntersuchung gewonnen werden, von denen 18 Personen ebenfalls an der Nachuntersuchung teilnahmen. Zwei der 21 angesprochenen Probanden verweigerten die Teilnahme ohne Angabe von Gründen. Der geringe Studienabbruch (»Drop-Out«) von nur einer Person sowie die hohe Teilnahmebereitschaft von 90% entspricht nicht den Erwartungen für diese Gruppe. Bezüglich der Voruntersuchung war nicht auszuschließen, dass die Probanden sich von der Studie fälschlicherweise eine weitere Verbesserung ihrer Stellung im Strafverfahren versprachen. Diese Annahme trifft jedoch nicht für die Teilnahme an der Post-Untersuchung zu, weil zu diesem Zeitpunkt das anhängige Verfahren bereits gerichtlich erledigt war. Durchweg machten die Probanden bei den Untersuchungen deutlich, dass sie der Untersuchung gerne »behilflich« seien. Diese geschilderte Motivation legt die Interpretation nahe, dass sie sich über die wissenschaftliche Aufmerksamkeit freuten und diese als neutrale gerichtsunabhängige Instanz wahrnahmen.

Die 19 Teilnehmer entsprachen sämtlich den Auswahlkriterien und wurden von der Staatsanwaltschaft Bremen der Beteiligung an einer gewalttätigen Straftat beschuldigt. Das Strafverfahren war bei allen Probanden anhängig, keiner der Probanden befand sich zum ersten Untersuchungszeitpunkt in Untersuchungshaft. Die Beteiligung an einer Gewaltstraftat umfasste die Delikte (einfache und gefährliche) Körperverletzung und (einfacher und schwerer) Raub (vgl. Tabelle 6.1 auf der nächsten Seite) und entspricht somit den Delikten der mittleren bis schweren Kriminalität, für die sich die Maßnahme eignet und die auch den Schwerpunkt der im Täter-Opfer-Ausgleich behandelten Delikte bilden (s. o.). Die jüngsten Teilnehmer waren bei der Erstuntersuchung 17 Jahre alt, die ältesten Teilnehmer hatten bereits das 21. Lebensjahr erreicht (vgl. Tabelle 6.1 auf der nächsten Seite). Bei der Zweituntersuchung lag die Altersspanne zwischen 18 und 22 Jahren. Alle Probanden wurden in Bezug auf das anhängige Strafverfahren unter das Jugendstrafrecht gestellt.

Insgesamt stammt knapp ein Drittel der Probanden aus Deutschland, während zwei Drittel einen Migrationshintergrund aufweisen. Aus datenschutzrechtlichen Gründen wird die Herkunft der Probanden nur im Überblick dargestellt und nicht zu qualitativen Daten in Verbindung gebracht. Der Anteil der Beschuldigten nichtdeutscher Herkunft liegt beim Täter-Opfer-Ausgleich Bremen bei 39%, die Quote ist bei den heranwachsenden Gewaltstraftätern mit 45% allerdings auch höher, erreicht jedoch nicht die Werte der vorliegenden Untersuchungsgruppe (vgl. TOA Jahresstatistik 2004). Im bundesweiten Vergleich befindet sich der Anteil nichtdeutscher Beschuldigter bei 31,4% im Jahr 2003, hier wird aber nicht nach Alter oder Delikten differenziert (vgl. Kerner/Hartmann 2005). Laut polizeilicher Kriminalstatistik lag der Anteil der nichtdeutschen tatverdächtigen Heranwachsenden bei 21,5% (vgl. PKS 2003), sodass der Migrantenanteil sowohl beim Täter-Opfer-Ausgleich Bremen, bundesweit und insbesondere in der vorliegenden Untersuchungsgruppe als sehr hoch zu bewerten ist, da sie – wie erläutert – im Vergleich zur PKS überrepräsentiert sind. Es ist festzustellen, dass offensichtlich besonders nichtdeutsche Beschuldigte der Maßnahme zugeführt werden bzw. sich für sie entscheiden. Dieser Trend setzte sich bezüglich der Teilnahmebereitschaft an der Studie fort.

Der bis zum Zeitpunkt der Erstuntersuchung erreichte Bildungsstand der Untersuchungteilnehmer zeigt, dass nur jeweils eine Person keinen Schulabschluss, einen Sonderschulabschluss bzw. sein Abitur erreicht hat. Das Gros der Untersuchungteilnehmer befindet sich bei den unteren bis mittleren Bildungsabschlüssen: Einen Realschulabschluss bzw. einen fachgymnasialen Abschluss hatten jeweils etwas mehr als ein Viertel der Teilnehmer erreicht, knapp ein Drittel wiesen einen Hauptschulabschluss auf.

	Anzahl	Häufigkeit (%)
Alter (Prä-Untersuchung, N=19)		
17 Jahre	4	21
18 Jahre	3	15,8
19 Jahre	5	26,3
20 Jahre	4	21
21 Jahre	3	15,8
Alter (Post-Untersuchung, N=18)		
18 Jahre	1	5,6
19 Jahre	6	33,3
20 Jahre	4	22,2
21 Jahre	4	22,2
22 Jahre	3	16,7
Schulabschluss		
Kein Abschluss	1	5,3
Sonderschule	1	5,3
Hauptschule	5	26,3
Realschule	6	31,6
Fachgymnasium	5	26,3
Gymnasium	1	5,3
Herkunftsnationalität		
Deutsch	6	31,6
Türkisch	3	15,8
Iranisch	2	10,5
Marokkanisch	2	10,5
Moldawisch	1	5,3
Russisch	1	5,3
Libanesisch	1	5,3
Polnisch	1	5,3
Rumänisch	1	5,3
Syrisch	1	5,3
Delikt		
Körperverletzung	8	42,1
Gefährliche Körperverletzung	3	15,8
Raub	6	31,6
Schwerer Raub	2	10,5

Tabelle 6.1: Soziodemografische Daten und Delikte der Untersuchungsgruppe

6.2 Belastende Lebensereignisse

In den letzten zwei Jahrzehnten konnte in Studien darauf hingewiesen werden, dass belastende Lebensereignisse bei Kindern im Sinne eines »stressful life-events« zu lebenslangen Fehlanpassungen führen können. In einem Überblick über den Forschungsstand streichen Fonagy et al. (1994) folgende Ereignisse als besonders gefährdend für Kinder hervor: Scheidung der Eltern, Fremdplatzierung, Kindesmisshandlung, familiäre Armut, Naturkatastrophen und Krieg (vgl. Kapitel 4 zu den Risikofaktoren, die in die Delinquenz führen können).

Im Folgenden soll eine Darstellung der »stressful life-events« erfolgen, von denen die Untersuchungsgruppe in der Kindheit betroffen war und die möglicherweise traumatisierende Auswirkungen auf die Teilnehmer der Studie hatten. Unter Trauma verstehe ich mit Bürgin und Rost (1997) die Folge einer Erfahrung, die ein Individuum überfordert, seine Erlebnisse zu regulieren und zu organisieren, was zu einem Zustand der Hilflosigkeit führt. Die traumatisierende Erfahrung kann dabei durch eine übermäßige Reizzufuhr im Sinne eines Realtraumas (z. B. sexueller Missbrauch) gekennzeichnet sein, aber auch durch ein Zuwenig an Unterstützung im Sinne einer schweren Vernachlässigung. Kernberg (1999) weist zurecht daraufhin, dass zwischen den Folgen schwerer Traumatisierungen durch Krieg, Unfälle, Vergewaltigung, Folter, etc. und den Folgen chronischer Aggression der primären Bezugspersonen unterschieden werden sollte, da Erstere zu dem Krankheitsbild der Posttraumatischen Belastungsstörung führen können, während Letztere die Ätiologie der Persönlichkeitsstörungen mitbegründen. Darüber hinaus wird im Bereich der Klinischen Bindungsforschung mit dem Begriff des »Unresolved Trauma« gearbeitet, welcher sich zunächst nur auf das Bindungssystem beschränkt, aber hoch mit Realtraumata korreliert, sodass eine Bindungsrepräsentation des »Unresolved Trauma« auf ein die gesamte Psyche schädigendes Trauma verweist. An dieser Stelle soll jedoch darauf hingewiesen werden, dass schwerste Belastungen sowohl des Bindungssystems als auch der gesamten Psyche nach den Erkenntnissen der Resilienz-Forschung nicht generell zu einer Traumatisierung führen, da intra- sowie extrapsychische Schutzfaktoren ein Individuum widerstandsfähig machen und so vor einer traumatischen Überlastung schützen können. Wie bereits oben erwähnt, wird die Reflexive Kompetenz hierbei als ein Schutzfaktor betrachtet, der die transgenerationale Weitergabe von Traumata einschränken oder begrenzen kann (Fonagy et al. 1994). Aus den Transkripten der AAI können also nur »stressful life-events« herausgearbeitet werden, die potenziell traumatische Belastungen darstellen.

Bei der Auswertung der Transkripte hinsichtlich belastender Lebensereignisse fällt auf, dass die Probanden häufig bestimmte kritische Kindheitserlebnisse nicht als belastend für sich einschätzten und ihnen auch keine Bedeutung für ihre Entwicklung und heutige Persönlichkeit beimaßen. Dies entspricht einer

Tendenz der Untersuchten, eigene negative Erlebnisse in ihrer Bedeutung zu minimieren und z. B. Gewalt durch die Eltern als eine notwendige Begrenzung der eigenen Person zu beschreiben. Anders stellt sich der Umgang mit Belastungen bezüglich des Bindungssystems dar, da viele Probanden den Verlust wichtiger Personen und die Trennung der Eltern als persönlich belastend hervorkehren. Die folgende Aufstellung (vgl. Tabelle 6.2) entspricht den Darstellungen der Untersuchungsteilnehmer in den beiden AAI über »stressful life-events«. Die Angaben der Probanden können natürlich unvollständig sein, eine diesbezügliche Überprüfung durch externe Quellen war im Rahmen der Studie nicht möglich.

Belastende Lebensereignisse ("stressful life-events")	Anzahl	Häufigkeit (%)
Zeuge von körperlicher Gewalt in der Familie	5	26,3
Erlebnis von körperlicher Gewalt	8	42,1
Psychische Erkrankung eines Elternteils	7	36,8
Tod oder Verlust eines Elternteils	3	15,7
Tod oder Verlust eines nahen Verwandten	3	15,7
Scheidung/Trennung der Eltern	7	36,8
Migration (1. und 2. Generation)	13	68,4
belastet	17	90
unbelastet	2	10

Tabelle 6.2: Belastende Lebensereignisse der Untersuchungsgruppe

Die von den Probanden beschriebenen »stressful life-events« berühren sowohl die Bereiche des Erlebens chronischer Aggression bzw. Vernachlässigung als auch Belastungen des Bindungssystems, d. h. dass die Gruppe zusätzlich zu ihrer Delinquenzbelastung eine Risikogruppe hinsichtlich der Entwicklung desorganisierter Bindungsrepräsentationen sowie möglicherweise für die Entwicklung von Persönlichkeitsstörungen darstellt. Bei der Auswertung ergaben sich kaum Hinweise auf schwere Traumatisierungen im Sinne eines Posttraumatischen Belastungssyndroms als Folge von Folter oder Vergewaltigung, lediglich ein Proband stammt aus einem Kriegsgebiet, aus dem die Familie in seiner Kleinkindzeit floh. Insgesamt ist die Untersuchungsgruppe in Bezug auf andere belastende Lebenserfahrungen vor dem zwölften Lebensjahr jedoch hoch belastet: Bei 90% werden größtenteils mehrfache »stressful life-events« durch die Auswertung der AAI-Transkripte deutlich, bei lediglich 10% lassen sich keine belastenden Lebensereignisse auffinden. Tabelle 6.2 auf der vorherigen Seite zeigt die Belastungen der Untersuchungsgruppe im Überblick, wobei Mehrfachbelastungen möglich waren.

Mehr als die Hälfte der Probanden (10) schildern Gewalterfahrungen vor dem zwölften Lebensjahr in ihren nächsten Bezügen, die entweder an ihnen selbst verübt wurden oder zwischen den Eltern stattfanden. Auffällig hoch ist weiterhin, dass sieben Probanden von einer psychischen Erkrankung eines Elternteils berichten, vorrangig handelt es sich dabei um Alkoholsucht und Kriminalität bei den Vätern, aber auch depressive Erkrankungen beider Elternteile, die mit psychiatrischen Behandlungen verbunden waren. Ein Elternteil eines Probanden hatte sich in dessen früher Jugend suizidiert.

Mögliche Belastungen des Bindungssystems aufgrund von Trennungs- und Verlusterfahrungen betreffen knapp 80% der Untersuchungsgruppe. Migrationsbelastungen betreffen 13 Probanden (68,4%). Die Mehrzahl dieser Probanden (9 von 13) gehört der ersten Generation an und hat folglich im Kleinkindalter eine Migration miterlebt. Migration wird aufgrund des damit einhergehenden Verlustes von Bindungsbezügen sowohl der Eltern als auch der Kinder als hoch belastend für das Bindungssystem eingestuft wurde. Darüber hinaus ist sie bezüglich der Untersuchungsgruppe mit ökonomischen Belastungen und Armut in den Familien verbunden. Sechs Probanden haben zudem einen nahen Verwandten verloren, über ein Drittel sind Scheidungskinder.

6.3 Ausgangsmerkmale der Reflexiven Kompetenz

6.3.1 Gesamtwertungen

Der Durchschnitt der Gesamtwertungen der Untersuchungsgruppe liegt bei einer Ausprägung von 3,32 auf der Reflexiven-Kompetenz-Skala und entspricht somit einer niedrigen oder fraglichen Reflexiven Kompetenz. In einer nicht-klinischen Population erwarten Fonagy et al. (1998), dass die Mehrzahl der Untersuchten eine allgemeine Reflexive Kompetenz aufweisen (Wertung 5). Allerdings fällt auf, dass die Untersuchungsgruppe in zwei Untergruppen entlang des Medians bei dem Wert 3 eingeteilt werden kann. Bei dieser Betrachtung sind etwas mehr als die Hälfte der Teilnehmer der niedrigen bis abwesenden Reflexiven Kompetenz zuzuordnen (52,6%, Mittelwert = 1,9). Ein Teilnehmer dieser Untergruppe wurde mit einer negativen bizarren Reflexiven Kompetenz kodiert. Eine zweite Untergruppe erreicht mittlere bis hohe Werte zwischen 4 und 6 Wertungspunkten (47,4%, Mittelwert = 4,9) und entspricht damit den Erwartungen an eine nicht-klinische Population. Kein Teilnehmer der Untersuchungsgruppe erreicht jedoch die volle oder außergewöhnliche Reflexive Kompetenz. Schon bei der rein deskriptiven Betrachtung wird deutlich, dass die Untersuchungsgruppe keineswegs homogen in Bezug auf die Verteilung der Reflexiven Kompetenz ist.

Reflexive Kompetenz (Erstuntersuchung)	Anzahl	Häufigkeit (%)
Negative (-1)	1	5,3
Abwesende (0 – 1)	2	10,5
Fragliche oder niedrige (2 – 3)	7	36,8
Deutliche oder allgemeine (4 – 5)	7	36,8
Hohe (6 – 7)	2	10,5
Volle oder außergewöhnliche (8 – 9)	0	0

Tabelle 6.3: Die Reflexive Kompetenz der Untersuchungsgruppe vor dem Täter-Opfer-Ausgleich

6.3.2 Hinweise auf Fragmentierung der Reflexiven Kompetenz

Die Gesamtwertung ergibt sich ausgehend von den Höchstwerten, die ein Proband im Interview gezeigt hat, da diese seine reflexiven Möglichkeiten beschreiben. Mentalisierung ist in den theoretischen Bezugsrahmen der »Theorie der dynamischen Fertigkeiten« einzuordnen (»dynamic skills theory« Fischer/Farrar 1987; Fischer/Kenny/Pipp 1990), d. h. Mentalisierung wird als ein Kontrollsystem in der Organisation des Selbst betrachtet, welches nicht einen Teil der Persönlichkeit darstellt, sondern eine Eigenschaft der Gesamtheit aus Person und Situation. Daher steht sie dem Individuum in unterschiedlichen Kontexten und Affektzuständen differierend zur Verfügung. Unter dem Blickwinkel der Theorie der dynamischen Fertigkeiten gehen Fonagy et al. davon aus, dass die Mentalisierungsfähigkeit in ihrer frühen Entwicklung aufgaben- und kontextspezifisch gespalten ist, was bei gesunder Entwicklung eine Integration erfahren würde, die im Falle einer frühen Traumatisierung jedoch ausbleibt, sodass von einer bestehen bleibenden Fragmentierung des dynamischen Systems der Mentalisierungsfähigkeiten auszugehen ist.

In diesem Fall ist die Unausgewogenheit insofern eine »Entwicklungsleistung«, als das Individuum eine Koordination herstellen muss, um aktiv die Trennung von Kontexten aufrechtzuerhalten, die normalerweise nach Integration streben würden. [...] Daher wäre es zweifellos eine unzulässige Vereinfachung, von einem Defizit oder vom Fehlen einer Fähigkeit zu sprechen. Messungen globaler Fähigkeiten werden zwischen ihnen und anderen Gruppen keine Unterschiede aufweisen (Fonagy et al. 2002, S. 70f.).

Das AAI gestaltet eine Interviewsituation, in der Gefühle zu den frühen Bindungspersonen aktiviert werden, was durchaus eine kontextspezifische unterschiedliche Ausprägung der Reflexiven Kompetenz innerhalb eines Interviews bewirken kann. Dem tragen die Autoren Rechnung, indem das Manual für die Reflexive-Kompetenz-Skala neben den Gesamtwertungen zwischen −1 und 9 Wertungspunkten für bestimmte Bereiche auch Unterwertungen vorsieht, die das Niveau stärker qualitativ-klinisch erfassen. Für die Niveaus 3 und 5 existiert eine Zusatzbewertung, die auf eine inkonsistente Verwendung und somit auf die Fragmentierung der Reflexiven Kompetenz verweist, die in einen Zusammenhang mit einem ungelösten Trauma gestellt werden kann. In der vorliegenden Untersuchung fiel auf, dass die Interviews generell in zwei Gruppen einzuteilen waren: Einerseits gab es homogene Transkripte, die mit Ausnahme von wenigen Einzelwertungen bezüglich der Pflichtfragen jeweils ein Niveau der Reflexiven Kompetenz widerspiegelten, während eine andere Gruppe zwei bis drei verschiedene Niveaus jeweils gleichermaßen besetzte und folglich auch als inkonsistent bzw. fragmentiert gewertet wurde. Leider sieht das Manual für die Zwischenwertungen von 2, 4 oder 6 Gesamtwertungspunkten keine Prüfung der Fragmentierung vor. Ich schlage daher vor, das Manual um diese Prüfung für die Wertungsbereiche zwischen 2 und 6 der Gesamtwertung zu ergänzen, weil diese Zusatzauswertung wertvolle Hinweise auf ein ungelöstes Trauma und das situationsspezifische Einbrechen der Mentalisierungsfunktion geben kann, was durch eine relativ hohe Gesamtwertung verschleiert wird. Ich habe die Fragmentierung der Reflexiven Kompetenz folgendermaßen operationalisiert: Verteilen sich mehr als 80% der Einzelwertungen der Pflichtfragen gleichermaßen auf zwei oder mehr Niveaus, so kann dies als ein Hinweis auf Fragmentierung der RK gewertet werden. Die Überprüfung der Untersuchungsgruppe ergibt für 10 der 19 Transkripte (53%) Hinweise auf eine Fragmentierung der Reflexiven Kompetenz, wobei 8 sich auf den Niveaus zwischen abwesender, fraglich/niedriger sowie deutlicher bewegen; 2 Interviews weisen Einzelwertungen in den

Pflichtfragen auf, die sich gleichermaßen auf niedrige/fragliche, deutliche sowie hohe Reflexive Kompetenz verteilen.

6.3.3 Auswertungsbeispiele

Um die Art der Auswertung transparenter zu gestalten, werde ich im Folgenden Beispiele für verschiedene Wertungen darstellen, die zu der Frage 13 (Rückschläge) des AAI von den Probanden gegeben worden sind. Die Antworten zu den Wertungen −1 und 0 sind allerdings aus anderen Fragekomplexen entnommen, weil für die Frage nach den Rückschlägen im Rahmen dieser Untersuchung keine Wertung niedriger als 1 vergeben wurde. Die Reihenfolge von der niedrigsten zur höchsten Wertung macht die unterschiedliche Qualität in der Verwendung bzw. Nicht-Verwendung von mentalen Befindlichkeiten zur Erklärung von Verhalten sehr plausibel. Die Antworten stammen bis auf die ersten beiden negativ-reflexiven Antworten jeweils aus unterschiedlichen Interviews. Die Darstellung dient der Dokumentation der Kodierung und wird daher an dieser Stelle nicht inhaltlich kommentiert oder ausgewertet. Bei Zwischenwertungen habe ich zur besseren Verständlichkeit die jeweilige Kodierung begründet. Bei den Wertungen ab Stufe 5 werden die vergebenen Kategorien und die Gesamtwürdigung der Antwort ebenfalls erläutert. Die zur besseren Verständlichkeit eingesetzten Namen sind selbstverständlich anonymisiert.

−1 NEGATIVE REFLEXIVE KOMPETENZ

Feindselig

I: Dann sagen Sie mir doch mal drei Worte, die die Beziehung zu Michael beschreiben.

B: Gute?

I: Es müssen keine guten Worte sein, es können auch böse Worte sein.

B: Äh, wie meinen Sie jetzt mit drei Stück?

I: Drei Wie-Worte, wie die Beziehung ist. So ähnlich wie Sie das mit Ihrer Mutter und Ihrem Vater gemacht haben, da haben Sie streng gesagt, normal, gut und so.

B: Ja, er ist, er ist nicht meine Vater, meine Mutter, ich kann zu ihm sagen was ich will.

I: Richtig. Da können Sie ein bisschen offener reden vielleicht.

B: *Ja, ach ne, kann ich auch sagen, was ich möchte.*

I: Das hätten Sie vorher auch sagen können, weil Ihre Eltern werden das nicht hören, was Sie hier gesagt haben.

B: Meine Eltern werden das nicht hören, ne?

I: Nein.

B: *Ich hab ich keinen Bock drauf. Immer das gleiche. Was soll ich denn sagen, ey. – zu Michael – keine Ahnung.*

Bizarr

B: Weil ich, ich werde niemals erwischt, ich kann das schon jetzt so sagen. Ich werde nur; wo ich, wo ich klein war, wo ich zehn Jahre alt war, haben die mich erwischt, da war ich, da war ich dumm. Aber wenn ich immer, immer höre »Polizei«, dann haue ich immer ab, weil dann gucke ich nicht nach hinten, ich gucke niemals nach hinten, ich gucke immer nach vorne, immer nach vorne, ich gucke, *wie ein Computer ist mein Kopf. So, ich kenne mich gut aus in Stadtteil 1, Stadtteil 2, Stadtteil 3, überall kenne ich mich gut aus, Hauptbahnhof, ich weiß überall gute Verstecke so, nicht so Gebüsch oder so was so, aber ich habe immer so gute Verstecke und so. Und meine Kopf weiß das auch so*, weil wenn ich laufe, dann weiß ich auch wohin und und wo ich laufe, wo die Polizei nicht kommt und so.

Unintegriert

I: Und als Nächstes is' dann ja Ihre Großmutter verstorben. Können Sie da mal erzählen, wie die Umstände dieses Todes waren?

B: Ähm – da war ich ja schon 'n büschen älter, 15 Jahre, da ist mein, da, da is' sie, sie war bei meiner Tante, glaub ich, dass das meine Tante war. Ja, ich glaub meine Tante und sie wollte da übernachten, war auch etwas 'ne kräftigere Person, und sie is' denn im Sessel eingeschlafen, und dann is' sie halt so verstorben.

I: Und war das denn unerwartet?

B: – Ähm – sie war kräftig, ich, also kräftig gebaut. Ich denke wohl mal dass, Fettleibigkeit Venen verstopft – keine Ahnung. S- sie, also so wie ich das glaub ich noch mitgekriegt haben soll oder so, sie soll einfach so eingeschlafen sein oder so. Also sie soll jetzt nich' am Tage, und denn so umgekippt sein. Is' ja auch voll selten der Fall wenn eine Person einfach so umkippt.

I: Ich meine, ob das irgendwie die Familie überrascht hat oder ob man ge- schon damit gerechnet hat, dass sie bald verst-, also sterben würde?

B: Nee. Das gl-, nee das glau-, nein. Hmhm. Also, also da war sie ja noch ganz fit.

I: Also war es doch überraschend?

B: Ja, aber sie war nur 'n büschen kräftiger gebaut.

I: Hm, hmhm. Und wie war das dann für Sie? Wie ha'm Sie da reagiert, als Sie das gehört haben?

B: – – *Ich denke wohl mal, ich war traurig, aber ich weiß es nicht.*

I: – – Da können Sie sich nich' dran erinnern?

B: *Hmhm. Ich weiß nur dass sie verstorben is' und: – ja.*

I: Können Sie sich denn an die Beerdigung erinnern?

B: – *Nein, das, an der Beerdigung, gute Frage. – – Nein, kann ich nicht.*

I: Aber Sie waren ja wahrscheinlich da.

B: *Ich denke wohl mal auch.*

I: Oder an die Trauerfeier?

B: – – – – Weiß ich nich', *da frag ich mal meine Mutter mal zuhause. Wenn ich zuhause bin. Weil das will ich mal wissen, ob ich jetzt da bin oder.*

0 ABWESENDE REFLEXIVE KOMPETENZ

I: – – Ha'm Sie denn das Gefühl, dass so, wie Sie heute als Erwachsener sind, dass das beeinflusst wurde durch das, was Sie in Ihrer Kindheit erlebt haben?

B: – So wie ich jetzt so bin? – Mh. – – Ich mein nur von den Eltern lernt man ja normalerweise.

I: Hm Hmhm. – Wie is' das bei Ihnen gewesen?

B: – – – – *Schwierige Frage. – – – – Ich denke wohl mal – – schon. Weil sonst war da ja keine andere Person, die mir das vielleicht beibringen könnte! – Denk ich, ich würd' mal sagen, die Eltern. – – Würd ich sagen.*

I: Und wie hat Sie das beeinflusst? So, wie Sie heute sind.

B: – – *Wie meinen Sie das beeinflusst? Wie...*

I: Sie ha'm ja gesagt, die El-, Sie hätten was gelernt von den Eltern und...

B: Ja, aber, nein nein, aber ...

I: Hatte das 'n Einfluss auf, wie Sie heute sind?

B: – – *Also zuerst mal, da war ja keine andere Person mehr, die mir das ja auch, ja beibringen könnte, also muss es ja meine Eltern gewesen sein oder so. Aber beeinflusst, mh, ich würd mal sagen, joa.*

I: Und wie?

B: – – *Wie* – – – – *Weiß nich'.*

Hier wurde eine Wertung zwischen –1 und 1 gegeben, weil der Proband einerseits sehr konkretistisch argumentiert (1), andererseits die Frage kaum versteht, was auch ein Hinweis für die Ablehnung von Reflexiver Kompetenz und die Existenz mentaler Befindlichkeiten sein könnte (–1).

1   ABWESENDE REFLEXIVE KOMPETENZ

Verleugnende Erklärungen

I: Gibt's irgendwas an Ihrer Kindheit, wo Sie sagen würden, das sind, is' 'n Rückschlag gewesen? – Also es hätte Sie in Ihrer Entwicklung behindert, oder hat die verlangsamt oder sogar zurückgeworfen?

B: – – Hmhm. – – Eigentlich – – – – – – ich weiß nich' so, also ich mein wo ich klein war, ne? Wo ich Kind k-, nee, eigentlich ging alles gut, ne?

2   FRAGLICHE REFLEXIVE KOMPETENZ

Zwischen selbsterhöhender und pseudoanalytischer Erklärung

I: Würden Sie sagen, ähm, dass es bestimmte Erlebnisse gibt in Ihrer Kindheit, die Sie zurückgeworfen haben in Ihrer Entwicklung? So die man als Rückschlage einschätzen könnte?

B: *Nee! Alle ha'm mich weiter vorgeworfen, wie's nur sein konnten. Als ich mit 14 gekifft habe, das (lacht) hat mich zurückgeschlagen, sonst wär' ich jetzt Arzt. (lacht)*

I: Das sind Rückschlage gewesen?

B: Ja.

I: Aber ich mein früher, also zwischen fünf und zwölf, da ha'm Sie ja noch nich' gekifft.

B: Nee, alles ja nur Vorwürfe, wie ich ja gesagt hab, also...
I: Was?
B: Alles nur vor-, nach vorne! Das hat mich nach vorne geworfen.
I: Also etwas, was Sie beflügelt hat.
B: – Nein, ich, ich rieche, da gibt's 'n Wort. Doch, doch Wort! Für diesen... na, nach vorne geworfen. Das hat meine Entwicklung gefördert.
I: Entwicklungsförderung. Hm hmhm.
B: *Genau, es hat eher meine Entwicklung gefördert, denn eben halt es is' gut wenn man Scheiße gebaut hat, ein Mittel findet um das Kind zu bestrafen und wenn es in dem Sinne bei mir die Schläge sein müssen, wo ich sagen muss, dass es eigentlich letztendlich nich' gereicht hat, denn ich hab immer wieder mal doch wieder Scheiße gebaut, aber (Klopfen) eigentlich hat es ganz schön gut geholfen.*

3 NIEDRIGE REFLEXIVE KOMPETENZ

Benennen von mentalen Befindlichkeiten

I: Also etwas, was Sie in Ihrer Entwicklung behindert hat, zurückgeworfen hat.
B: – Also, bei uns war eigentlich immer, das Ding is' halt, das war mein Papa. Dass er halt weg war ansonsten, nich'. Und dann, als ich hier war, dass es halt dann meine Mama ist.
I: Können Sie das beschreiben, inwieweit Sie das behindert haben könnte?
B: – Ich wusste, dass halt meine Mama halt immer, also als ich hier war, ich wusste, dass halt meine Mama kommt. Nach ein Jahr, zwei Jahren. Ich wusste das. Und nachdem zwei Jahre vorbei, drei, vier Jahre vorbei, da kam sie dann ja endlich. *Also mich hat's immer, ich wollt, dass die Mama kommt. Meine Gedanken waren immer halt immer bei ihr.* – Also halt jetzt, da war ich schon 14.
I: Hm hmhm. – – Und was wäre anders gewesen, wenn, wenn Ihre Mutter hier gleich ge- von Anfang an gewesen wäre?
B: Wo hier? Das wäre schön natürlich. Das wäre schön. *Dann bräucht' ich auf, bräucht ich am Anfang keine halt, keine mehr, keine Angst oder so zu haben als ich hier mit Papa. – O- hatt ich auch kein schlechtes, so das Gefühl oder so. Ja.*

Hyperaktive Formulierungen

I: – Gibt es besondere Aspekte an Ihren Kindheitserlebnissen, durch die Sie sich irgendwie zurückgeworfen fühlen, jetzt im Nachhinein?

B: Zurückgeworfen fühlen?

I: Wo Sie sagen würden, ah, es wär besser, das wär' nich' passiert.

B: Ja, auf jeden Fall. Viele Sachen.

I: Was denn zum Beispiel?

B: Zum Beispiel, das mit dieser, das mit den F-, mit meiner Freundin. *So hätt ich, hätt ich die Finger von der gelassen so, ich glaube nich', dass ich in diesen Drogensumpf reingekommen wär. Ich weiß nich', vielleicht früher oder später so, ka- ma-, kann man, kann man nich' wissen. Ich will auch nich' die Schuld ihr, an ihr geben so. Das is' auch verkehrt so, ich bin auch nich' so'n Typ der Schuld a-, bei andern sucht, eher... ich such die Schuld eher bei mir so. Aber ich weiß nich' so, es gibt's echt viele Sachen. Ich könnte mich echt komplett, ey, wär ich so geblieben, wie ich davor schon war, dann würde es echt, da würde echt 'ne Zukunft blühen auf mich so, aber – jetzt so... ich hab echt viele Sachen gemacht, wo ich das echt bereue so, auf jeden Fall bereue, sehr! Vieles bereue. – Und ich bereu's auch oft, dass ich auf die voll geschissen hab, auf meine Freundin so, voll! Geschissen hab jetzt so, ich häng noch bisschen so an der so, deswegen aber – sie hat mich komplett vergessen, ne?*

5   ALLGEMEINE REFLEXIVE KOMPETENZ

I: Gibt es denn besondere Aspekte in Ihrer Kindheit und Jugend von denen Sie sagen, das ist ein Rückschlag gewesen, das hat mich in meiner Entwicklung gehemmt oder zurückgeworfen.

B: Ja, klar gibt es Sachen, die mich im Leben zurückgeworfen haben, so wo ich von der Schule geflogen bin oder sowas, also das sind so Sachen die ich heute auch ganz anders sehe, wo ich denke: »Was hast du denn da gemacht« und die haben mich natürlich zurückgeworfen, ganz klar. Das ganze Wiederholen und dann noch mal die Klasse wiederholen, ja, das sind so Sachen, die mich zurückgeworfen haben.

I: Gibt's noch mehr Beispiele dafür?

B: Ich hab damals ne zeitlang gekifft, vielleicht das, das damit auch was zu tun gehabt. Keine Lust mehr auf irgendwas zu haben und schleifen zu lassen. Ja, das fiel alles so in diese Zeit Pubertät und Eltern trennen.

I: Können Sie sich das denn erklären?

B: *Also das wäre ja jetzt leicht, wenn ich sagen würde, das war wegen meinen Eltern, wegen der Trennung, ne, das wäre ja ne Ausrede. Aber ich weiß nicht, ich kann's nicht erklären, vielleicht falscher Freundeskreis, falsche Leute, ich wollte mich profilieren, ich wollte, weiß nicht. Ich wollte vielleicht den Stress, der da zu Hause war, so halt ausgleichen, indem ich draußen da auf Macker spiele, aber im Endeffekt hat es mich alles nur zurückgeworfen.*

Die Textstelle wird mit der Kategorie A3 gewertet, da der Proband deutlich macht, dass er sein Verhalten in einem Zusammenhang mit mentalen Befindlichkeiten sieht und reflektiert, dass die Einsicht in diese mentalen Befindlichkeiten limitiert ist.

6 DEUTLICHE REFLEXIVE KOMPETENZ

I: Gibt's denn besondere Aspekte in deinen Kindheitserlebnissen, wo du sagen würdest, das is' 'n Rückschlag gewesen? Das hat dich zurückgeworfen in der Entwicklung?

B: Also ich hab äh, viele Freu-, Freunde eigentlich gesehen, die abgestürzt sind, das war 'n Rückschlag auf jeden Fall und äh, ja also so mit Bruder das waren echt solche Zeiten, wo, wo Polizisten bei uns nonstop dann da waren und das, und das wollte ich gar nich' sehen und so eigentlich als Jugendlicher und – war auch nich' so prickelnd so, dass so'n Polizist dann einfach kommt und sagt als kleiner Junge: Zeig mal deine Taschen, zeig mal dies! Zeig mal das! Und das war ja nich' nur einmal, sondern dauernd so.

I: Wie alt warst du da?

B: War ich sieben, acht.

I: Hm hmhm.

B: Und diese aufwärts und, und war zum Beispiel, äh, 'n, eine Sache, wo ich mich richtig dran erinnern kann und das vergess ich auch nich', das erzähl ich bis heute noch Freunden so, ahm, wollt ich mein' Cousin, mein Bruder und so, die waren da alle, wollt ich die begrüßen gehen als kleiner Junge, ich mit mei'm Ball in der Hand so, und auf einmal tauchten aus den Gebüschen nich' solche normalen Polizisten, sondern solche Einsatzkommandos und alles mögliche, und dann hieß es so hinlegen auf'n Boden! Und ich guck mir das nur noch so an und dann kam so'n Riesenpolizist mit so'n, s- ja so diesen Masken und so: Hinlegen! Und diese kleine Hand so: Äh, ich auch? Ja, du auch. Und dann leg ich mich hin und *knuddel noch meinen Ball so fest so, richtig vor; ja okay das war so Angst, sodass ich den Ball richtig festgehalten (lacht). Das is' zum Beispiel so was, nee, muss nich' sein. Muss echt nich' sein, aber, aber so'n richtiger Rückschlag war das für mich nich'.*

I: Ich wollt fragen, wie hat sich das denn auf dich ausgewirkt?

B: Ach, das war für mich gar nich' das, dann, ich hab das sofort dann vergessen. Ich hab äh, ja, so richtigen Rückschlag, das war mit den, mit den Brüdern eigentlich und mit den Freunden das war echt, Re- Riesenrückschlag, und wo ich auch diese Kopplung von meinen Freunden hatte, wo ich gesagt habe: Ey, wisst ihr was, zieht euer! Leben durch ich zieh mein! Leben durch und, und der Rückschlag war eigentlich nachher, ein Erfolgsschlag, dass ich dann, 'n bisschen die Treppe hochgegangen bin, anstatt weiter runterzufallen wie die. – Und das war eigentlich mein, ja, Rückschlag hatt ich nich' so, Rü- mh... Ja, w- wo ein Freund von mir an 'ner Überdosis gestorben ist, das war, das war dann richtiger Rückschlag, da war ich 16, 17 und, und dann sieht man wie, wie, wie diese Entwicklung stattgefunden hat so! So, so... und dann is' er nachher gestorben. – War auch von mei'm Bruder die sch- äh, vielen Freunde und so, die waren ja nachher auch, weil ich ja als kleiner Junge immer dabei war und so, die hab ja nachher dann auch alle kennengelernt und sehr! viele davon sind gestorben und Knast und, raus rein, bis heute noch abhängig und... das is' dann das Traurigste an der ganzen Sache is', man kennt einen, is' äh, ja, nich' als F-, kann ich nich' als Freund bezeichnen, aber als Kumpel.

I: Hm hmhm.

B: *Und sieht ihn, der is' perfekt, optimal und diese Entwicklung, die er durchführt, dass man sich irgendwie ekelt ihm die Hand zu geben. Und w-, das is'... allein das schmerzt ein', dass, dass man so was sehen muss, dass einer sich so entwickelt hat, dass man s-, ihn gar nich' mal die Hand geben will, weil man sich ekelt davor und so. Und das war echt, das sind so Sachen, die man eigentlich, die man nich' so haben muss so in einer Erziehung oder in einer normalen Entwicklung von ei'm Menschen.*

Für diesen Abschnitt wird zweimal die Kategorie B 1 vergeben, da der Interviewte eine korrekte Zuschreibung von mentalen Befindlichkeiten vornimmt und es durch die lebendigen Beispiele nachvollziehbar verankert. Für eine höhere Wertung hätte eine stärkere Elaborierung stattfinden müssen, z. B. bzgl. der Gefühle, dass er sich diskrepant von Freunden und Brüdern entwickelt hat.

7 HOHE REFLEXIVE KOMPETENZ

I: Hm hmhm.- Haben Sie denn das Gefühl, dass diese, also es sind ja sehr, traurige Erlebnisse, die Sie da so schildern, also vor allem, die Sie mit Ihrem Vater hatten, dass die Sie, äh, behindert haben in Ihrer Entwicklung? Oder irgendwie zurückgeworfen haben?

B: *– Es hat mich immer traurig gemacht. – Also zum Beispiel, wenn ich nach draußen gegangen bin, hab ich öfters gesehen, dass Geschwister oder sowas – die Väter mit ihren Kinder draußen spielen und mein Vater irgendwie zu Hause sitzt und sein Bier genießt, dass ich nie diese Zuneigung von ihm hatte, dass er einfach was mit mir unternimmt oder irgendwie einfach so ein freundliches Gespräch mit mir hatte. – Und was ich von ihm nicht gekriegt hab, hab ich dann von meiner Schwester und meiner Mutter geholt, diese Zuneigung oder diese Liebe oder auch diese Gespräche. –*

I: – – Also glauben Sie, dass Sie in Ihrer Entwicklung geschädigt wurden.

B: Geschädigt nicht, ich hab dadurch vieles erfahren und vieles gelernt. *– Aber geschädigt auch auf eine Art und Weise. So seelisch, und das jetzt mit Drogen so gekommen ist, dafür mach' ich ihn auch zum Teil verantwortlich. Das habe ich ihm auch so gesagt, ins Gesicht.*

I: Hm hmhm. – Haben Sie denn verstanden, warum Ihre Mutter bei Ihrem Vater geblieben ist?

B: Habe ich nie verstanden und verstehe ich immer noch nicht. Haben oft mit ihr geredet, dass man da jetzt was machen muss, dass kann nicht so weiter, sie hat auch oft gesagt, sie macht jetzt was, sie wird jetzt was machen, aber drei Tage später ist wieder alles in Ordnung, wird das zur Seite geschoben, bis das dann das nächste Mal kracht.

I: Wie erklären Sie sich das denn?

B: – – *Mitleid, von meiner Mutter aus.*

I: Für Ihren Vater?

B: Ja.

I: Mitleid weshalb?

B: *Dass sie genau weiß, wenn er jetzt wieder alleine ist, dann wird er sich halt wieder kaputt saufen oder – weiß nicht, er kommt dann nicht zurecht. Denk' ich, dass meine Mutter das so denkt, aber ich weiß es nicht, ob das so ist.*

Für diesen Abschnitt wird die Kategorie B 1 für die korrekte Zuschreibung mentaler Befindlichkeiten vergeben sowie die Kategorie A 1 für das Wissen um die Verborgenheit von mentalen Befindlichkeiten. Der Interviewte deutet darüber hinaus einen Entwicklungsaspekt an. Ein weiterer Grund für die Hohe Wertung ist, dass die Aussage sehr schmerzhafte Gefühle würdigt.

6.4 Bindungsrepräsentationen

Die Bindungsrepräsentationen der Teilnehmer der Untersuchungsgruppe wurden erst während der Zweituntersuchung über das AAP (s. o.) erhoben[1]. Innere Arbeitsmodelle von Bindung, die die Grundlage der Bindungsklassifikation darstellen, operieren außerhalb des Bewusstseins, sind veränderungsresistent und zeitlebens relativ stabil (Crittenden 1990; Collins/Read 1994). Daher gehe ich nicht davon aus, dass die Maßnahme sich verändernd auf die Bindungsrepräsentation auswirkt, und werde die Ergebnisse als Ausgangsmerkmale der Untersuchungsgruppe betrachten.

Das AAP differenziert – wie in der Klinischen Bindungsforschung bei Erwachsenen üblich – zwischen sicher-autonom (F), bindungsdistanziert (Ds), bindungsverstrickt (E) und unverarbeitetem Trauma (U) (nach Main/Goldwyn 1996 in der Übersetzung von Strauß/Buchheim/Kächele 2002). Metaanalysen konn-

---

1 Ich möchte an dieser Stelle Dr. Anna Buchheim für die Kodierung der AAP-Transkripte danken.

ten zeigen, dass die Häufigkeitsverteilungen von Bindungsqualitäten kultur- und stichprobenabhängig variieren (vgl. van IJzendoorn/Sagi 1999). Van IJzendoorn et al. (1992) legen die folgende Häufigkeitsverteilung für nicht-klinische Stichproben in Bezug auf Kinder vor.

- 55% sicher (entspricht sicher-autonom)
- 23% vermeidend (entspricht bindungsdistanziert)
- 8% ambivalent (entspricht bindungsverstrickt)
- 15% desorganisiert (entspricht dem ungelösten Trauma)

Die vorliegende Untersuchungsgruppe stellt aufgrund ihrer Deliktbelastung eine Risikogruppe dar, deren Verteilung der Bindungsqualitäten erwartungsgemäß analog zu den klinischen Stichproben einen höheren Anteil der unsicheren Bindungsqualitäten aufweist. Verschiedene Studien (vgl. Becker-Stoll 2002) verweisen in Bezug auf das Jugendalter auf einen Zusammenhang zwischen Bindungsdistanzierung und Verhaltensauffälligkeiten wie z. B. Delinquenz (vgl. Allen et al. 1996; Levinson/Fonagy 2004).

In der vorliegenden Studie kann nur ein Proband mit der Bindungsrepräsentation sicher-autonom klassifiziert werden. Auch die Qualität bindungsverstrickt wird nur einmal vergeben. Als bindungsdistanziert werden die AAP-Protokolle von knapp einem Viertel (22,3%) der Untersuchten eingeschätzt. Die größte Gruppe stellt die Bindungsqualität »ungelöstes Trauma« dar, der zwei Drittel der Probanden zugeordnet werden (vgl. Tabelle 6.4). Bei den Einzelwertungen fällt zudem ein hoher Anteil an Abwehrmarkern auf, der auf isolierte Systeme im Sinne Bowlbys mit gelöstem Trauma verweist.

Bindungsrepräsentation	Anzahl	Häufigkeit (%)
sicher-autonom	1	5,5
bindungsdistanziert	4	22,3
bindungsverstrickt	1	5,5
ungelöstes Trauma	12	66,7

Tabelle 6.4: Bindungsrepräsentationen der Untersuchungsgruppe

Bei der Kreuztabellierung der Ergebnisse von Bindungsqualitäten mit der Herkunft bzw. dem Migrationshintergrund der Probanden wurde ein signifikanter Zusammenhang beider Werte deutlich (Spearmans Rangkorrelation: $r = 0,61$, $p = 0,008$). Lediglich zwei Probanden *mit* einem Migrationshintergrund wurden nicht mit einem »ungelösten Trauma« kategorisiert. Umgekehrt erhielt nur zwei Probanden *ohne* Migrationshintergrund die Bewertung »ungelöstes Trauma« hinsichtlich ihrer Bindungsqualität (vgl. Abbildung 6.1).

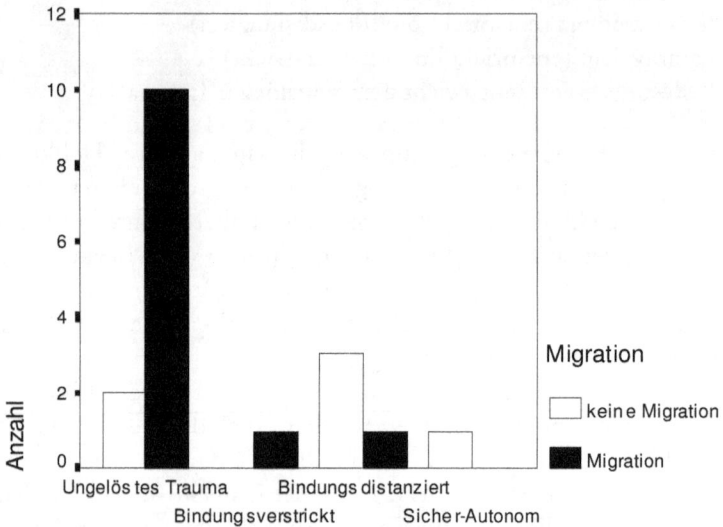

Abbildung 6.1: Bindungsrepräsentation im Verhältnis zum Migrationshintergrund der Untersuchungsgruppe

Im Folgenden werde ich zur besseren Transparenz der Auswertungskriterien für die Bindungsklassifikationen verschiedene Beispiele aus den AAP-Transkripten der Untersuchungsgruppe vorstellen. Dazu habe ich verschiedene Geschichten zur letzten Tafel des AAP ausgewählt (»Ecke«, vgl. Abbildung 6.2 auf der nächsten Seite), die dazu geeignet ist, bei den Probanden Erlebnisse von Missbrauch oder Misshandlung zu aktivieren. Die ausgewählten Geschichten verdeutlichen jeweils die drei verschiedenen Abwehrmarker, nach denen die Bindungsrepräsentation kodiert wird: Deaktivierung, kognitive Abtrennung und isolierte Systeme (ungelöst und gelöst). In Ermangelung einer Auswahl an Darstellungen, die aufgrund ihrer Inhaltsmarker auf einen sicher-autonomen Bindungsstatus verweisen (z. B. Reflexion oder sichere innere Basis), muss auf die Darstellung dieser Erzählungsbesonderheiten leider verzichtet werden. Es sei nochmals darauf hingewiesen, dass nur die Gesamtwürdigung aller Geschichten zu den acht Bildtafeln des AAP zu der Vergabe einer Bindungsklassifikation führen.

Abbildung 6.2: Die 8. Bildtafel des AAP – »Ecke«

Beispiel 1 – Deaktivierung

Die Bedeutsamkeit von Bindung wird gemindert oder abgewertet.

Oh, das's ein Junge, der im Unterricht zuviel geredet hat. In der Türkei. 'n Türke is' das ja, der hat zuviel, wie nennt man das? Humbug? Gemacht im Unterricht, der Lehrer hat ihn als Strafe in die Ecke gestellt, er soll da die ganze Stunde bleiben. Und nix sagen. *Und, der Lehrer meinte ja: Komm wieder. Und er war zu stur, meinte: Nein, ich will nich'. Darum diese Haltung: Nein, ich bleib jetzt hier. Nach dem Motto: Sie können mich nich' noch mehr bestrafen.* [Ja, was denkt oder fühlt er?] Er denkt und fü-, er fühlt sich

179

verarscht von Lehrer. Erst muss er da stehen, oder *er fühlt sich glücklich. Weil er kein' Unterricht mitmachen muss. Kann ja sein.* Oder er is' sauer, weil//(die Lehrerin) ihn da hingestellt hat. Weil noch andere im Unterricht geredet haben. Und nur er! muss da stehen. – Wer weiß, vielleicht hat er Mordgedanken oder so. – Kann sein. Zukunft, er bringt die Lehrerin doch nich' um und wird reich. Weil – er... Oddset spielt, na ja, Fußballwette und er manipuliert die Schiedsrichter. Mit Kroatien macht er Verbindung mit der Wettmafia, is' Zukunft.

BEISPIEL 2 – KOGNITIVE ABTRENNUNG

Bindungsinformationen werden in gegensätzliche Bilder aufgespalten.

a) – – – Das is' ein Junge in einer Ecke und – keine Ahnung, er schämt sich vielleicht, oder nee – – – der hat sich mit jemandem gestritten und – – der ei-, der andere Junge will sich entschuldigen und er blockt ab und sagt: Nee, ich will nich', lass mich in Ruhe. [Hm hmhm. Was is' vorher passiert?] *Na ja, der hat sich mit dem Jungen gestritten und der andere Junge hat vielleicht Schuld gehabt und er will nich' akzeptieren, dass der andere Junge sich jetzt entschuldigen möchte.* [Und wie fühlt er oder was denkt er sich?] Welcher? [Die Person auf dem Bild.] – Er denkt: Lasst mich alle in Ruhe. – [Und was passiert da, als Nächstes?] Als Nächstes ... Nichts. Er sagt einfach zu dem Jungen: Nee, ich nehm deine Entschuldigung nich' an.

b) Ja – das sieht mir so aus wie eine *Hinrichtung.* [Eine Hinrichtung?] Ja. [Und wie ist es dazu gekommen? Was ist vorher passiert?] *Kann ein Selbstmord gewesen sein oder vielleicht – nee, ne staatliche Hinrichtung von irgend nem Land*, kann ja auch sein, man weiß es nicht. [Hmhm, was denkt oder fühlt die Person auf dem Bild?] *Ja, die hat glaube ich keine Lust mehr, nä, weil der ihm die Luft abdrückt.* Was soll ich noch zu dem Bild sagen, das sieht halt aus wie eine Hin- Hinrichtung. [Was wird als Nächstes geschehen?] Keine Ahnung, fällt mir echt nicht ein, vielleicht wird er hingerichtet oder vielleicht auch nicht, keinen Schimmer.

BEISPIEL 3 – ISOLIERTE SYSTEME/GELÖSTE TRAUMA

Der Protagonist befindet sich in einer gefährlichen/bedrohlichen Situation, aus der es aber einen Ausweg gibt.

– – Ja, da steht 'n Junge glaub ich so, er steht in der Ecke und hat richtig Angst, weiß nich'. Ich denk mal entweder, ja, ich denk mal von Mitschülern in der Schule, kann aber auch von seinen Eltern sein, und vielleicht wird er richtig gehänselt in der Schule, vielleicht auch geschlagen von Mitschülern, *und hat davor Angst. Oder halt wird halt von den Eltern bedroht beziehungsweise geschlagen, und er is' halt, ja is' ziemlich, er hat jetzt ziemlich große Angst, der Junge.* – [Was hat zu dieser Szene geführt?] Wenn das jetzt in der Schule is', dann, dann ähm, ja, ha'm wohl seine Mitschülern ihn nicht für gut genug befunden, beziehungsweise für cool genug, wenn es jetzt zuhause is', hat er vielleicht irgendwas Dummes angestellt und, ähm, hat jetzt Angst vor der Strafe. [Hm hmhm. Und was wird als Nächstes passieren?] Mh ... *– – Ich denk mal, wenn's in der Schule is', wird, werden vielleicht die, äh, Mitschüler noch weiter auf ihn zugehen aber dann auch 'n Lehrer kommen der die Situation schlichtet, und wenn's zuhause ist, dann denk ich auch, dass da die Eltern die Situation schon schlichten werden, dass der nich' ganz soviel Angst haben brauch, der hat vielleicht nur 'n bisschen Angst vor seinen Eltern, aber da wird schon nichts passieren.*

BEISPIEL 4 – ISOLIERTE SYSTEME/UNGELÖSTE TRAUMA

Der Protagonist befindet sich in einer gefährlichen/bedrohlichen Situation, aus der es keinen Ausweg gibt.

Der ist in der Ecke – – Ich würde sagen, der wird hier belästigt, also geohrfeigt oder so was, weil der guckt gerade so, macht so, also auf jeden Fall bedrohen ihn irgendwelche Leute, würde ich sagen. Und er hat Angst halt so, ist ja in der Ecke, will das nicht, kann sich ja nicht wehren, also sieht hilflos aus, sehr hilflos. Das ist echt das Zeichen von hilflos. Und weiß halt nicht weiter ne. [Und was, was ist vorher geschehen?] Vorher? Also ich glaube nicht, dass er irgendjemand einen Grund gegeben hat, dass er ihn jetzt zurückhaut so, das glaube ich nicht, ich glaube das ist ein Harmloser und die anderen

Leute ärgern ihn, weil er harmlos ist, und deswegen steht er auch in der Ecke und macht so: »Hört auf, ich will nicht«, weil sonst würde er wohl auch eher irgendwie so machen: »Was wollt ihr« oder so, aber macht er nicht. *Ist ein ganz Harmloser und wird bestimmt nur gehänselt, weil er ein ganz Harmloser ist, und ärgern ihn bestimmt die ganzen anderen Kinder, weil die wissen er lässt sich das gefallen und nur »Hört auf, hört auf, hört auf«, aber wehrt sich nicht, deswegen ärgern sie ihn immer mehr und ja, der kann sich halt nicht selber helfen so. Weiß nicht wie er mit der Situation umgehen soll*, deswegen versucht er, na ja, ich weiß nicht wie ich's sagen soll, betteln? Versucht er zu betteln – und sagen »Ja, hört auf«, also der Junge will auf jeden Preis nicht geschlagen werden, würde ich sagen. Weil betteln ist ja schon, wissen Sie, das ist ja schon, ja..., also der will auf jeden Preis nicht gehauen und nicht geschlagen werden. Aber nein, das kann man so nicht sagen, sonst würde er sich ja wehren. – Ich weiß es nicht. Also *der hat Angst auf jeden Fall, ne, und der wird auch keine Lösung finden, der wird bestimmt jeden Tag gehänselt* von irgendwelchen Kindern, die meinen, sie können schwächere Kinder ärgern, und das ist einer von den Schwächeren dann. [Was glauben Sie denn, was als Nächstes passieren wird?] Ja, die würden ihn ärgern. Der ist ja in der Ecke, das ist echt nicht gut in der Ecke. Und da würden bestimmt ein paar Leute so einfach aus Jux und Dollerei so ein bisschen draufgehen, so ein bisschen ohrfeigen, ich weiß ja nicht, ist ein kleines Kind, der ist so, keine Ahnung so acht, neun, zehn. Ärgern ihn halt, vielleicht 'n bisschen Schwitzkasten so, weiß nicht. Also auf jeden Fall wird er da belästigt, ziemlich, und will das auf jeden Fall nicht. *Aber sonst, er kann sich auch nicht helfen, kann sich auch selber nicht wehren, ja, hilflos einfach. Der kann nichts machen.*

6.5 Interpersonale Probleme

Im Rahmen der Erstuntersuchung wurde den Probanden die Kurzversion des IIP-D (Horowitz et al. 2000) vorgelegt. Im Folgenden werde ich die Ergebnisse der gesamten Untersuchungsgruppe darstellen und beziehe mich auf die Stanine der ipsatierten Skalenrohwerte, die »die relative Position einer Person zu einer Referenzpopulation« bestimmen (Horowitz et al. 2000, S. 24). Für das IIP-D liegt als Referenzpopulation eine repräsentative Stichprobe für die Bevölkerung der BRD vor (vgl. Brähler et al. 1999). Bei der Würdigung der einzelnen Skalenwerte fällt auf, dass sich die Mittelwerte der Untersuchungsgruppe nur im Bereich der »unauffälligen« Werte zwischen 4 bis 6 bewegen.

Skala		Mittelwerte (Stanine)	Standard- abweichung
(PA)	zu autokratisch	4,7	1,5
(BC)	zu streitsüchtig	5,2	2,2
(DE)	zu abweisend	5,1	2,5
(FG)	zu introvertiert	4,9	1,5
(HI)	zu unterwürfig	3,9	2,0
(JK)	zu ausnutzbar	4,7	1,9
(LM)	zu fürsorglich	6,1	1,7
(NO)	zu expressiv	5,2	2,0
IIPges		8,7	3,4

Tabelle 6.5: Mittelwerte des IIP der Untersuchungsgruppe

Der IIP-Gesamtwert (IIPges) der Untersuchungsgruppe kann als allgemeiner Leidensfaktor bzw. Klagefaktor gewertet werden, welcher das Ausmaß an wahrgenommenem interpersonalem Leid erfasst (vgl. Eckert/Strauß 1993). Die Untersuchungsgruppe heranwachsender Straftäter erreicht im Rahmen der vorliegenden Studie einen Wert für den IIPges von 8,7. Verglichen mit einer Studie für spezifische klinische Populationen von Wuchner et al. (1993) zeigt dieses Ergebnis, dass die Untersuchungsgruppe ausgesprochen wenig über interpersonale Probleme klagt (vgl. Tabelle 6.6).

	Psychosen	Persönlichkeits- störungen	Neurosen	Psychosomatische Erkrankungen	Beschuldigte (N=19)
IIPges	14,56 (4,3)	16,08 (4,3)	14,3 (4,3)	11,2 (4,1)	8,7 (3,4)

Tabelle 6.6: Vergleich der IIP-Gesamtwerte (Standardabweichungen) von Wuchner et al. (1993) und der vorliegenden Studie

7 Statistische Analyse der Vorher-Nachher-Untersuchung

In diesem Kapitel werden zunächst die Ergebnisse des Täter-Opfer-Ausgleichs, die Zufriedenheit der Probanden, die Veränderung der Reflexiven Kompetenz sowie die Rückfälligkeit der Probanden referiert. Die in den Unterkapiteln dargestellte statistische Analyse bezieht sich auf die verschiedenen Wechselwirkungen der erhobenen Daten hinsichtlich des Niveaus an Reflexiver Kompetenz, der Intensität des Täter-Opfer-Ausgleichs, der Bindungsklassifikationen sowie des Ausmaßes interpersonaler Probleme anhand des IIP-D. Weil es sich um eine vergleichsweise kleine Untersuchungsgruppe handelt, werden vorrangig nicht-parametrische Testverfahren benutzt, da die Daten nicht normalverteilt sind (vgl. Bortz 2003 für kleine Stichproben). In Ausnahmefällen werden bei intervallskalierten Daten auch parametrische Verfahren eingesetzt, deren Ergebnisse jedoch nur unter Vorbehalt interpretiert werden können. Eine Interpretation und Diskussion im Hinblick auf die Forschungsannahmen erfolgt in Kapitel 9.

7.1 Schlichtungserfolg

In diesem Abschnitt wird der Erfolg des Täter-Opfer-Ausgleichs in Bezug auf die Schlichtungen der Untersuchungsgruppe dargestellt. Die Grundlage für die Auswertung bildet die Fallabschluss-Statistik des Täter-Opfer-Ausgleichs Bremen e. V., in der sowohl der Schlichtungsaufwand (Anzahl der Gespräche, Dauer des Verfahrens) als auch das Schlichtungsergebnis dokumentiert werden. Zum Zeitpunkt der Post-Untersuchung waren die Schlichtungsbemühungen, an denen die Probanden der Untersuchungsgruppe beteiligt waren, bis auf eine Ausnahme abgeschlossen. Bei dieser Ausnahme handelte es sich um eine Schlichtung mit Schmerzensgeldzahlung, die sich aufgrund niedrigerer Raten in die Länge zog, aber aufgrund der Verbindlichkeit der bisher geleisteten Zahlungen in die Auswertung einbezogen wurde, als sei der Fall bereits erfolgreich abgeschlossen. Im Gegensatz zur Einschätzung der Bremer Fallabschluss-Statistik, die zwischen »erfolgreich«, »teilweise erfolgreich« und »gescheitert« differenziert, wird für die vorliegende Studie eine binäre Kodierung von »erfolgreich« bzw. »gescheitert« gewählt. Als erfolgreich gilt eine Schlichtung dann, wenn es zu einer einvernehmlichen Einigung zwischen dem Beschuldigten und dem Geschädigten gekommen ist, deren Inhalt von beiden Seiten eingehalten wurde (z. B. eine Schmerzensgeldzahlung). Deutlich wird bei dieser Betrachtungsweise, dass der Erfolg an dieser Stelle als rein äußerer und formaler Faktor angesehen wird und nicht im Sinne einer innerlichen Veränderung der Beteiligten wie eine Verbesserung der Reflexiven Kompetenz, auf die diese Arbeit ansonsten fokussiert.

Insgesamt wird der Abschluss der Schlichtungsbemühungen bei acht Probanden der Untersuchungsgruppe nach den beschriebenen Kriterien als erfolgreich gewertet (42%), während bei elf Teilnehmern der Untersuchungsgruppe der Täter-Opfer-Ausgleich scheiterte (58%) (vgl. Tabelle 7.1). Diese Schlichtungsquote entspricht nicht der allgemeinen Schlichtungsbilanz des Täter-Opfer-Ausgleichs

TOA-Ausgang	Anzahl	Häufigkeit (%)
Erfolgreich	8	42
- davon mit gemeinsamem Gespräch	5	62,5
- davon mit einer erfolgten materiellen Wiedergutmachung	6	75
Gescheitert	11	58
- davon mit gemeinsamem Gespräch	1	9
Gründe für das Scheitern:		
- Keine Einigung trotz Teilnahme des Opfers	7	63,6
- Keine Bereitschaft des Opfers zur Teilnahme am TOA	4	36,4

Tabelle 7.1: Ausgang der TOA-Fälle der Untersuchungsgruppe

Bremen, die eine Quote von 86% an erfolgreichen und teilweise-erfolgreichen Fällen umfasst (vgl. Jahresstatistik des TOA Bremen 2004). Im bundesweiten Vergleich wird deutlich, dass insbesondere bei den Raubdelikten, die in dieser Studie 42% der Delikte ausmachen, starke Schwankungen der Erfolgsquoten bestehen (zwischen 69,4% in 2001 und 92,3% in 2002, vgl. Hartmann/ Kerner 2005). Darüber hinaus handelt es sich bei der Untersuchungsgruppe möglicherweise um eine Hochrisikogruppe, was ebenfalls zu der niedrigeren

Schlichtungsquote beitragen kann. Darüber hinaus erfüllt die Untersuchungsgruppe größtenteils die Risikomerkmale, die Schreckling (1989) für das Scheitern von Schlichtungen herausgefunden hat (vgl. Kapitel 1).

Bei knapp zwei Dritteln der erfolgreichen Fälle kam es zu einer persönlichen Begegnung zwischen dem Beschuldigten und dem Geschädigten. Bei drei Vierteln der erfolgreichen Schlichtungen wurde eine materielle Entschädigung in Form eines Schmerzensgeldes bzw. Schadensersatzes geleistet. Nur ein Drittel der nicht-erfolgreichen Schlichtungen ist in der mangelnden Bereitschaft zu einer Schlichtung seitens der Geschädigten begründet (4 der 11 gescheiterten Fälle). Bei den restlichen knapp zwei Dritteln der gescheiterten Schlichtungsversuche misslingt die Einigung zwischen den Beteiligten aufgrund unterschiedlicher Vorstellungen über die Art der Einigung und die Wiedergutmachung.

Zusammenfassend kann festgestellt werden, dass in der Mehrzahl der Fälle trotz der z. T. schweren Delikte seitens der Geschädigten der Versuch einer gütlichen, außergerichtlichen Regelung unternommen wird (79%). Bei dieser formal-äußerlichen Betrachtung wird die spezifische Motivation der Beteiligten, die zum Gelingen oder Scheitern beiträgt, jedoch nicht ersichtlich. In der vorliegenden Studie wurden Opferdaten, die relevant zum Erfolg einer Schlichtung beitragen, nicht erhoben. Einzige Ausnahme ist die Anzahl der mit dem Opfer geführten Einzelgespräche. Trotzdem soll im Folgenden versucht werden, über die von den Probanden/Beschuldigten erhobenen Daten einen Zusammenhang zum Erfolg herzustellen, der zukünftig zu einer besseren Prognose beitragen kann.

7.1.1 Schlichtungserfolg und Gesprächsanzahl

Die Anzahl der mit den Probanden geführten Einzelgespräche schwankt bei der Untersuchungsgruppe zwischen zwei und zehn. Damit unterscheidet sich der Täter-Opfer-Ausgleich Bremen e. V. von vielen anderen deutschen Schlichtungsstellen, die nur ein bis zwei Einzelgespräche mit dem Beschuldigten durchführen. Bei vier der gescheiterten Fälle der vorliegenden Studie wurden mit dem Beschuldigten nur zwei Gespräche geführt, diese Fälle entsprechen denjenigen, bei denen das Opfer sich gegen die Teilnahme an einem Täter-Opfer-Ausgleich entschieden hat. Bei den restlichen sieben gescheiterten Fällen wird die einvernehmliche Regelung trotz Teilnahme des Opfers und drei bis zehn Gesprächen mit den Beschuldigten nicht erreicht. Die erfolgreichen Fälle verteilen sich recht gleichmäßig auf die Gesprächsanzahl, sodass in der Untersuchungsgruppe von keinem einfachen Zusammenhang zwischen dem Erfolg und der Anzahl der Einzelgespräche mit den Beschuldigten ausgegangen werden kann (vgl. Abbildung 7.1).

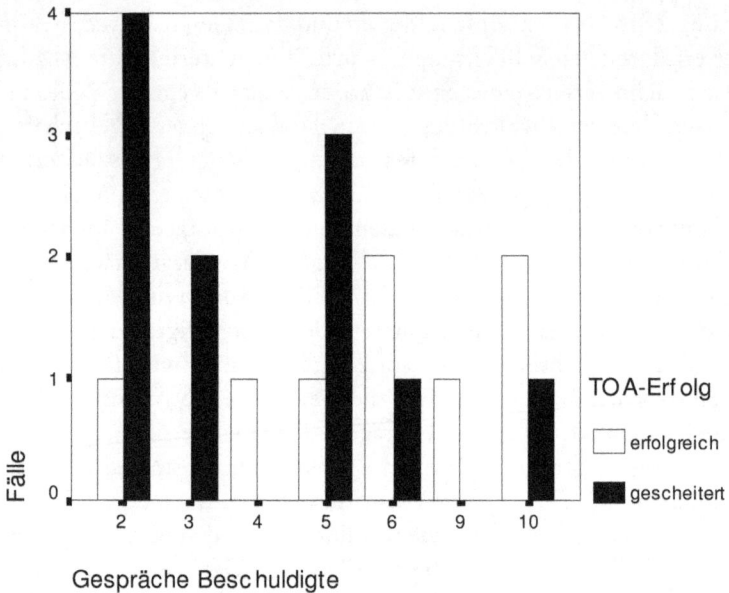

Abbildung 7.1: Gesprächshäufigkeiten mit Beschuldigten im Verhältnis zum Schlichtungserfolg

Tatsächlich kann aber über die Häufigkeit der Gespräche, die mit dem Opfer geführt werden, ein klarer statistischer Zusammenhang zum Erfolg des Täter-Opfer-Ausgleichs gezogen werden. Eine Kreuztabellierung beider Werte zeigt eine signifikante Rangkorrelation nach Spearman ($r = 0{,}52$, $p = 0{,}024$). Abbildung 7.2 auf der nächsten Seite verdeutlicht die absoluten Werte. Je mehr Gespräche mit dem Opfer geführt werden, desto höher ist die Zahl der erfolgreichen Schlichtungen. Eine Ausnahme bildet hierbei ein Fall, bei dem nach fünf Gesprächen mit dem Opfer die Schlichtung nicht gelingt. Bei diesem Fall konnten sich der Beschuldigte und das Opfer in einem gemeinsamen Gespräch nicht einigen.

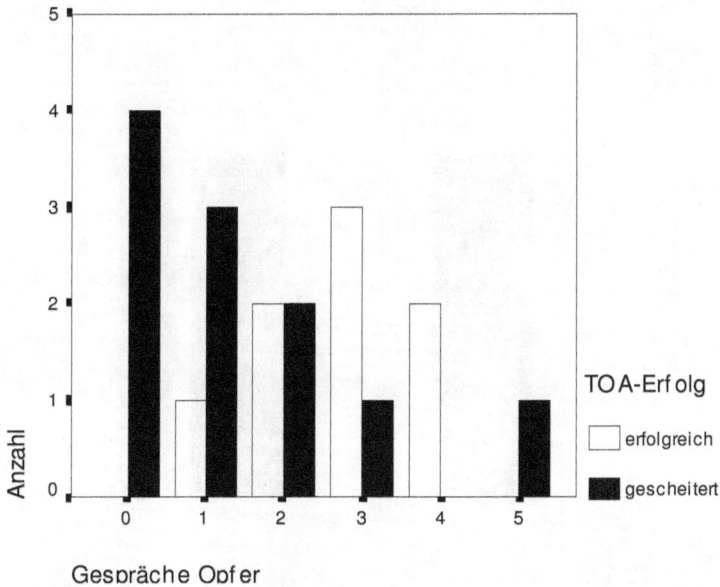

Abbildung 7.2: Gesprächshäufigkeiten mit dem Opfer im Verhältnis zum Schlichtungserfolg

7.1.2 Schlichtungserfolg und die Reflexive Kompetenz bei der Erstuntersuchung

Betrachtet man das Verhältnis zwischen dem Erfolg eines Täter-Opfer-Ausgleichs und der Reflexiven Kompetenz bei der Erstuntersuchung (Eingangs-RK) der Probanden, so wird deutlich, dass sich Schlichtungserfolg nicht aus der Eingangs-RK prognostizieren lässt. Abbildung 7.3 auf der nächsten Seite zeigt, dass sich die Gruppe der Nicht-Reflexiven gleichermaßen auf Erfolg und Scheitern verteilt. Die Gruppe der reflexiven Probanden schneidet nicht erwartungsgemäß ab, da in dieser Gruppe sechs gescheiterte Schlichtungen im Verhältnis zu drei erfolgreichen Abschlüssen stehen. Dieses Ergebnis wird auch nicht durch das Opferverhalten verfälscht, da sich die vier Fälle, in denen sich die geschädigte Person gleich zu Beginn gegen eine Teilnahme an einer strafrechtlichen Mediation entschied, gleichmäßig auf beide Gruppen verteilen.

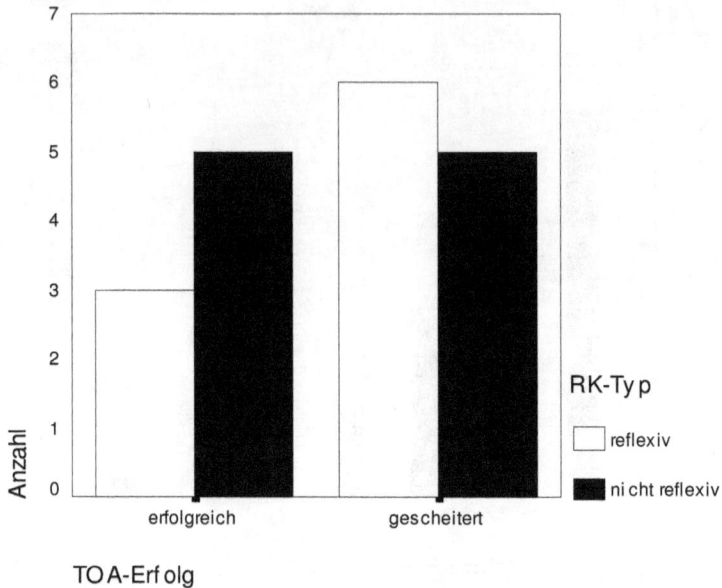

Abbildung 7.3: Schlichtungserfolg im Verhältnis zur Eingangs-RK

7.1.3 Schlichtungserfolg und das Ausmaß interpersonaler Probleme

Den deutlichsten Prognosefaktor weist das Ausmaß interpersonaler Probleme bezüglich des Schlichtungserfolgs auf. Werden die Ergebnisse des IIP-D auf das dem Test zugrunde liegende zweidimensionale Persönlichkeitsmodell projiziert (vgl. Horowitz et al. 1992), so ergibt sich der Schwerpunkt der interpersonalen Probleme auf den Dimensionen Dominanz vs. Unterwürfigkeit und Freundlichkeit vs. Feindseligkeit. Die Untersuchungsgruppe wurde über Medianhalbierung in vier Untergruppen geteilt, die die verschiedenen Schwerpunktvariationen des Persönlichkeitsmodells repräsentieren, in Klammern ist der Anteil an der Gesamtuntersuchungsgruppe angegeben:

➤ dominant-feindselig (16,7%)
➤ dominant-freundlich (33,3%)
➤ unterwürfig-feindselig (33,3%)
➤ unterwürfig-freundlich (16,7%)

190

Abbildung 7.4 zeigt den Zusammenhang zwischen der Gruppenzugehörigkeit und dem Schlichtungserfolg. Es zeigt sich, dass die Gruppenzugehörigkeit sich als ein ausschlaggebender Faktor für das Gelingen einer Schlichtung herausstellt (Rangkorrelation nach Spearman $r = 0,55$, $p = 0,018$), in dem Sinne, dass eher dominante Persönlichkeiten zu einem Misslingen des Täter-Opfer-Ausgleichs beitragen.

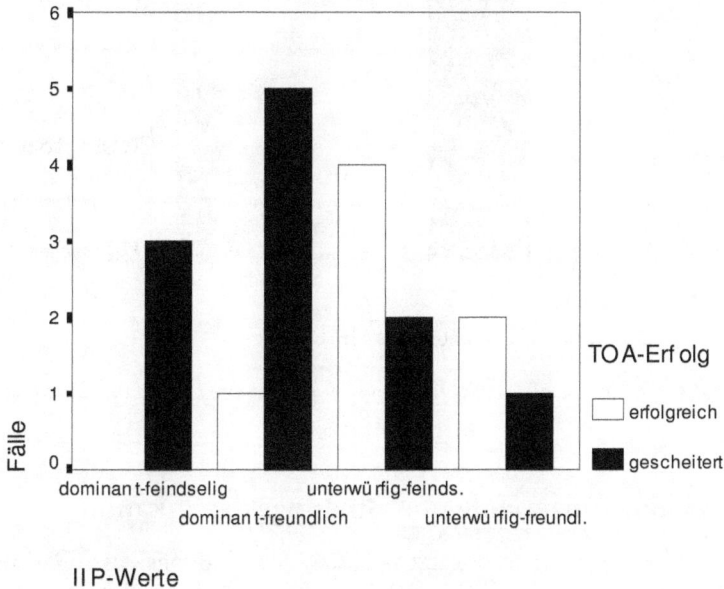

Abbildung 7.4: Der Schlichtungserfolg im Verhältnis zur Ausprägung des interpersonalen Verhaltens

Insgesamt scheitern acht der neun Fälle, bei denen der Beschuldigte den Schwerpunkt seiner interpersonalen Probleme im dominanten Bereich aufweist, während nur drei der neun Fälle scheitern, bei denen nach den Ergebnissen des IIP-D Unterwürfigkeit vorherrscht (vgl. Abbildung 7.5 auf der nächsten Seite). Die Dimension Freundlichkeit vs. Feindseligkeit hingegen erweist sich nicht als eindeutiger Faktor: Fünf der neun Fälle, in denen Feindseligkeit im interpersonalen Kontakt vorherrscht, scheitern; sechs der neun Fälle, die sich durch Freundlichkeit in der Persönlichkeit des Beschuldigten auszeichnen, scheitern.

191

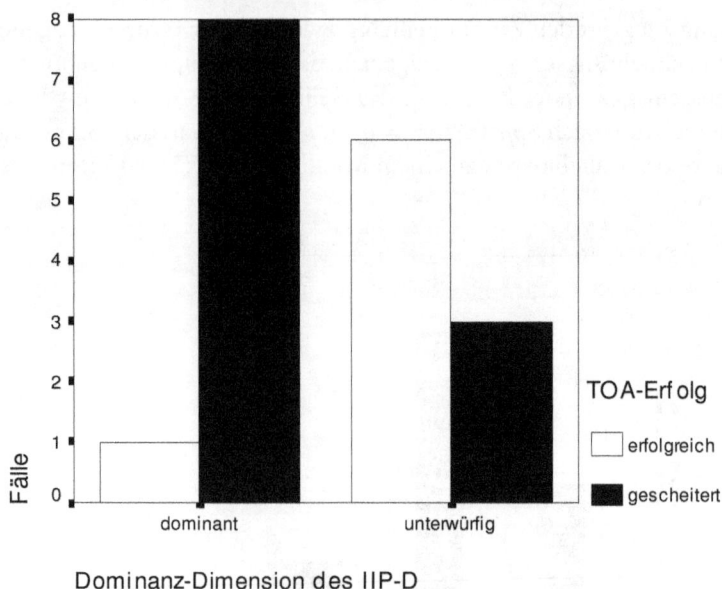

Abbildung 7.5: Verhältnis des Schlichtungserfolgs mit der Dominanz-Dimension des IIP-D

7.1.4 Schlichtungserfolg und Bindungsklassifikation

In einer deskriptiven Analyse zeigt sich, dass die Bindungsklassifikation Ungelöstes Trauma (U) in der Tendenz eher mit einem Scheitern des Täter-Opfer-Ausgleichs einhergeht, da in der Gruppe (U) acht Versuche scheitern, im Verhältnis zu vier erfolgreichen Schlichtungen (vgl. Abbildung 7.6 auf der nächsten Seite). Diese Beobachtung lässt sich aber nicht statistisch signifikant abbilden (Rangkorrelation), da die Untersuchungsgruppe zu wenig Variation in den Bindungsklassifikationen aufweist.

7.2 Zufriedenheit der Probanden mit dem Täter-Opfer-Ausgleich

Die deskriptive Auswertung des Zufriedenheitsfragebogens des modifizierten HAQ (Helping Alliance Questionnaire) zeigt, dass die Probanden der Un-

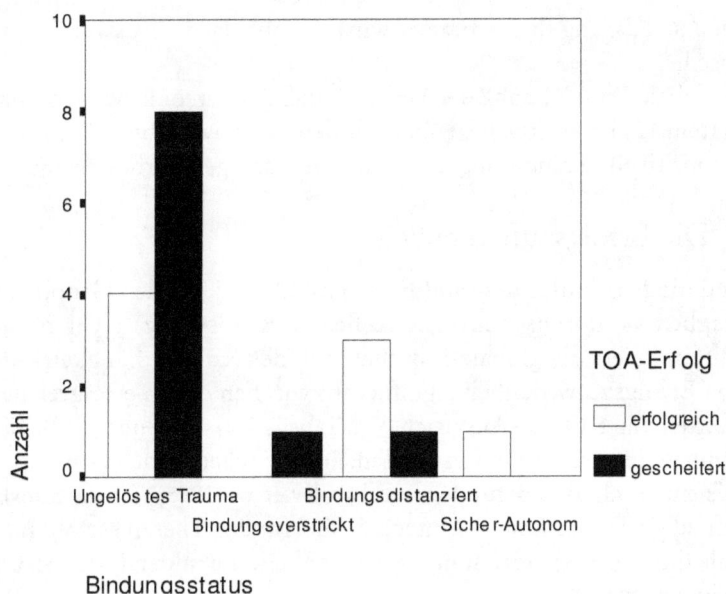

Abbildung 7.6: Der Schlichtungserfolg im Verhältnis zur Bindungsrepräsentation

tersuchungsgruppe insgesamt zufrieden mit ihrer Zusammenarbeit mit den Schlichtern des Täter-Opfer-Ausgleichs Bremen e. V. sind. Diese Zufriedenheit spiegelt sich in dem Gesamtmittelwert der elf Einzel-Items wider, der bei 4,7 Punkten liegt (Höchstwert 6). Etwas abweichend ist das Antwortverhalten bezüglich des Items 3 (Mittelwert bei 4,18) und des Items 10 (Mittelwert bei 3,94). Item 3 fragt nach dem Erreichen neuer *Einsichten* durch die Gespräche im Rahmen der strafrechtlichen Mediation, d. h. die Frage berührt möglicherweise eine veränderte Haltung bezüglich der Straftat. In Item 10 wird gefragt, ob der Schlichter aus Sicht des Untersuchten die Konflikte des Probanden ähnlich gesehen und beurteilt hat wie der Proband selbst. Das niedrigere Ergebnis bei diesen Fragen könnte bedeuten, dass die Probanden in der Tendenz bei sich eine andere Haltung und Meinung zu den im Täter-Opfer-Ausgleich behandelten Konflikten als bei den Schlichtern wahrgenommen haben sowie neue Erkenntnisse für sich selbst im Vergleich zu den anderen Aspekten ihrer Zufriedenheit stärker verneinen. Ob dieses Ergebnis jedoch ein Hinweis der Verneinung neuer Erkenntnisse der Probanden darstellt, kann an dieser Stelle nicht ermessen werden. Zur Klärung dieser Fragen wird die qualitative Auswertung weitere Hinweise liefern.

Die globale Einschätzung der Verbesserung der persönlichen Konfliktfähigkeiten (Item 12) ist positiv, liegt aber mit dem Mittelwert bei 7 Punkten in der unteren positiven Veränderung im Sinne einer mäßigen Verbesserung.

7.2.1 Die Erfolgszufriedenheit

Während die Ergebnisse des modifizierten HAQ die beiden Gruppen (abwesend-fraglich vs. durchschnittliche Reflexive Kompetenz) nicht trennen (u-Test), differenziert die globale Einschätzung der Konfliktfähigkeit sowie die Subskala Erfolgszufriedenheit signifikant zwischen einem erfolgreichen oder gescheiterten Täter-Opfer-Ausgleich (vgl. Tabelle 7.2). Die Subskala Beziehungszufriedenheit differenziert nur in der Tendenz zwischen beiden Gruppen. Dieses Ergebnis entspricht den Befunden von Bassler et al. (1995), die die Subskala Erfolgszufriedenheit als stärkeres Outcome-Maß für den Therapieerfolg angesehen haben als die Subskala Beziehungszufriedenheit, die in der Prozessforschung besser einzusetzen sei.

Skala	Erfolgreicher TOA (N=8) Mittelwert (s)		Gescheiterter TOA (N=9) Mittelwert (s)		u-Test Signifikanz (p)
Globale Einschätzung	7,63	(0,52)	6,44	(0,88)	< .01
Erfolgszufriedenheit	32,88	(3,83)	27,22	(4,21)	< .05
Beziehungszufriedenheit	30,38	(4,93)	27,00	(3,67)	n. s.

Tabelle 7.2: Zufriedenheit aufgeschlüsselt nach erfolgreichen und gescheiterten Schlichtungen

7.3 Reflexive Kompetenz

7.3.1 Reflexive Kompetenz und das Ausmaß Interpersonaler Probleme

Um zu überprüfen, ob das Inventar Interpersonaler Probleme (IIP-D) zwischen den beiden Untergruppen das Niveau an Reflexiver Kompetenz differenziert, wird die gesamte Untersuchungsgruppe wiederum mittels Medianhalbierung in eine nicht-reflexive und eine reflexive Gruppe eingeteilt und im Hinblick auf die acht Subskalen sowie des IIP-Gesamtwerts verglichen. Abbildung 7.7 zeigt die unterschiedliche Ausprägung beider Gruppen in den Dimensionen des Circumplex-Modells.

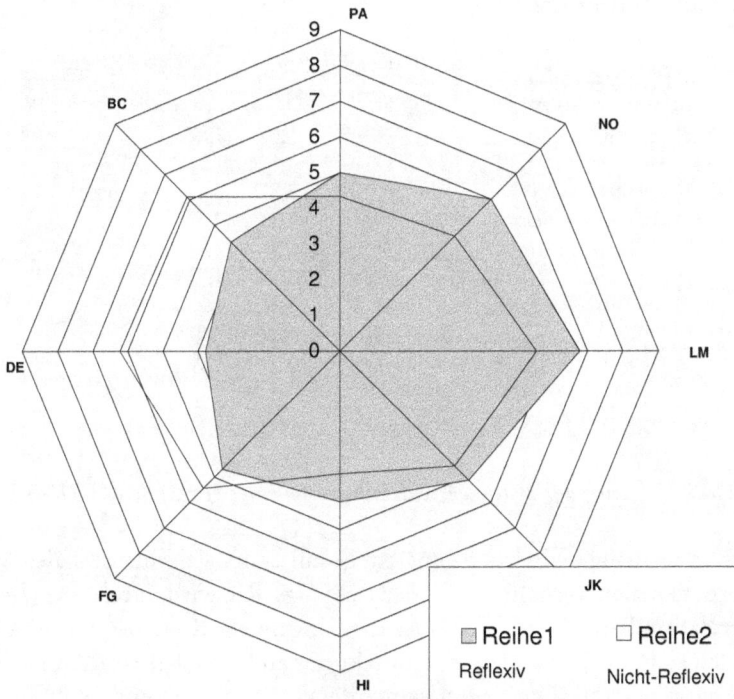

Abbildung 7.7: Die Circumplex-= Modelle der reflexiven und nicht-= reflexiven Gruppe (PA = zu autokratisch, BC = zu streitsüchtig, DE = zu abweisend, FG = zu introvertiert, HI = zu unterwürfig, JK = zu ausnutzbar, LM = zu fürsorglich, NO = zu expressiv)

Statistisch signifikant (u-Test) differenziert allerdings nur die Subskala (DE=zu abweisend) zwischen den beiden Gruppen (vgl. Tabelle 7.3). Danach schätzt sich die nicht-reflexive Gruppe signifikant als abweisender im Kontakt zu anderen ein. Dieses Ergebnis wird nochmals verdeutlicht bei der Projektion der ipsatierten Skalenwerte auf die Hauptachsen Dominanz und Zuneigung des zweidimensionalen Modells interpersonalen Verhaltens, die den Schwerpunkt der interpersonalen Schwierigkeiten repräsentiert (vgl. Horowitz et al. 1992). Während die Achse Dominanz nicht zwischen den Gruppen differenziert, existiert ein signifikanter Unterschied beider Gruppen hinsichtlich ihrer Selbstwahrnehmung von Zuneigung bzw. Feindseligkeit gegenüber anderen Personen (u-Test, vgl. Tabelle 7.3). Analog zur Subskala (DE) beschreibt sich die nicht-reflexive Gruppe als deutlich feindseliger im Kontakt (vgl. Abbildung 7.8 auf der nächsten Seite).

Skala	Nicht-Reflexiv (N=10) M (s)		Reflexiv (N=9) M (s)		u-Test Signifikanz (p)
(PA) zu autokratisch	4,4	(1,4)	5,0	(1,6)	n. s.
(BC) zu streitsüchtig	6,2	(2,1)	4,3	(1,9)	n. s.
(DE) zu abweisend	6,6	(1,8)	3,8	(2,4)	< .05
(FG) zu introvertiert	5,1	(0,9)	4,7	(2,3)	n. s.
(HI) zu unterwürfig	3,6	(1,6)	4,2	(2,3)	n. s.
(JK) zu ausnutzbar	4,2	(2,1)	5,1	(1,9)	n. s.
(LM) zu fürsorglich	5,4	(1,3)	6,8	(1,7)	n. s.
(NO) zu expressiv	4,4	(2,2)	6,0	(1,6)	n. s.
Dominanz	1,25 x E-2	(1,4)	7,0 x E-2	(2,0)	n. s.
Zuneigung	-0,9	(2,0)	1,4	(0,7)	< .05
IIPges	9,5	(3,1)	8,0	(3,6)	n. s.

Tabelle 7.3: Vergleich der Mittelwerte der Ergebnisse des IIP-D beider RK-Gruppen

Der Zusammenhang zwischen »Zuneigung« auf dem zweidimensionalen Modell des interpersonalen Verhaltens und der Eingangs-RK wird durch eine (gerichtete) Korrelation beschrieben: Je höher die Eingangs-RK ist, desto freundlicher empfinden sich die Probanden im Kontakt mit anderen (Korrelation nach Pearson = 0,54, $p = 0,05$). Die Veränderung der Reflexiven Kompetenz zwischen Erst- und Zweituntersuchung weist keine statistischen Zusammenhänge zu den Ergebnissen des IIP-D auf (Korrelation nach Spearman, t-Test).

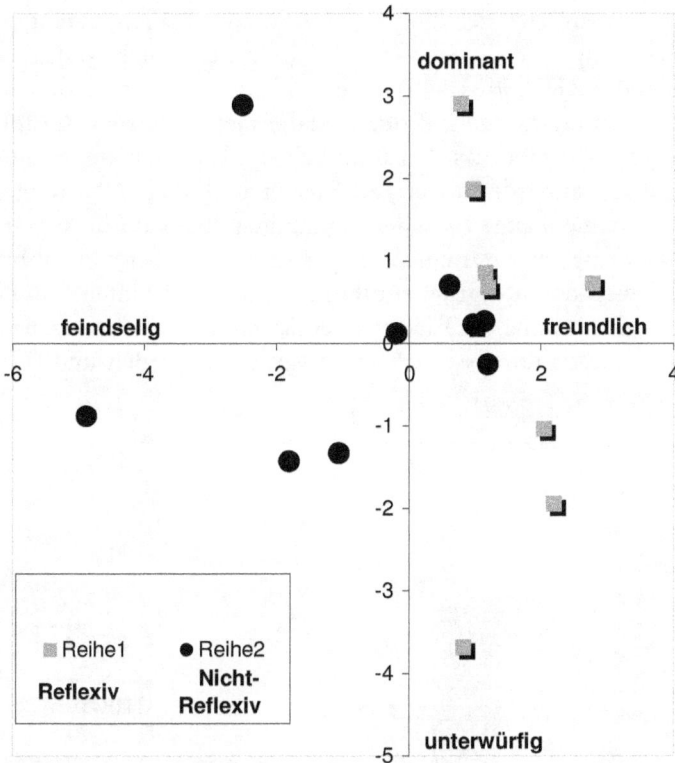

Abbildung 7.8: Projektion der Werte des Circumplex-Modell auf das zweidimensionale Persönlichkeitsmodell

7.3.2 Reflexive Kompetenz und Bindungsklassifikation

Im Folgenden wird der Zusammenhang zwischen sowohl der Eingangs-RK als auch der Veränderung der Reflexiven Kompetenz und dem Bindungsstatus in der Untersuchungsgruppe untersucht. Deutlich wird, dass der Bindungsstatus »ungelöstes Trauma« (U) als größte Gruppe (zwölf Probanden) mit fast allen vergebenen Wertungen einhergeht und auch auf denjenigen Probanden zutrifft, welcher die Höchstwertung von 6 auf der Reflexiven-Kompetenz-Skala (RKS) erhält. Die Klassifikation bindungsdistanziert (Ds) mit vier Probanden variiert ebenfalls zwischen 0 und 5 Wertungspunkten auf der RKS. Abbildung 7.9 auf der nächsten Seite vereinfacht zwischen den verschiedenen Wertungen, da die Gruppe erneut nach der Eingangs-RK in zwei Hälften geteilt wird: in eine reflexive Gruppe (4 bis 6 auf der RKS) und eine nicht-reflexive Gruppe (–1 bis 3 auf der RKS). Hierbei ist eine Tendenz beobachtbar, dass in der Bindungsklassifikation (U) mehr Probanden der nicht-reflexiven Gruppe sind (8 von 12 insgesamt), wobei das Verhältnis beider Gruppen in der Bindungsklassifikation (Ds=bindungsdistanziert) zugunsten der höheren Wertungen ausfällt (3 zu 1). Zusammenhänge zwischen Bindungsstatus und Eingangs-RK lassen sich im Rahmen einer Kontingenzanalyse statistisch aber nicht abbilden, was vermutlich auch darauf zurückzuführen ist, dass die Untersuchungsgruppe keine Normalverteilung der Bindungsrepräsentationen aufweist, da zwei Bindungstypen nur an jeweils eine Person vergeben wurden und (U) deutlich dominiert.

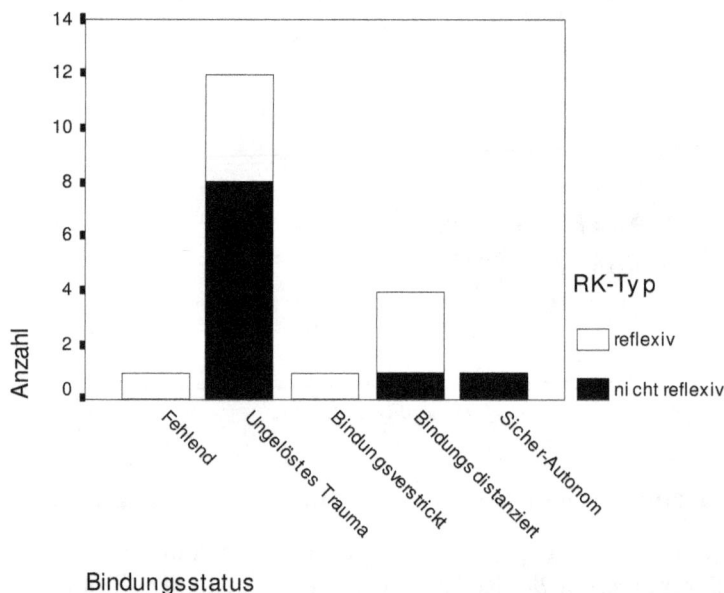

Abbildung 7.9: Der Bindungsstatus im Verhältnis zur Eingangs-RK

Die Veränderung der Reflexiven Kompetenz zwischen Erst- und Zweituntersuchung weist keinen Zusammenhang zum Bindungsstatus auf. Dieses Ergebnis gilt ebenso für die Einzelwertungen der Pflichtfragen des AAI. Ein deutlicher Zusammenhang wird jedoch zwischen der Fragmentierung der Reflexiven

Kompetenz und dem Bindungsstatus deutlich (Chi-Quadrat-Test $p = 0,029$, Goodman-und-Kruskal-Tau $p = 0,001$; Korrelation nach Spearman $= -0,694$ bei $p = 0,001$). Das Balkendiagramm zeigt (vgl. Abbildung 7.10), dass Fragmentierung konstruktgemäß auf ein »ungelöstes Trauma« verweist, während die nicht-fragmentierte Mentalisierungsfunktion mit organisierten Bindungsklassifikationen einhergeht.

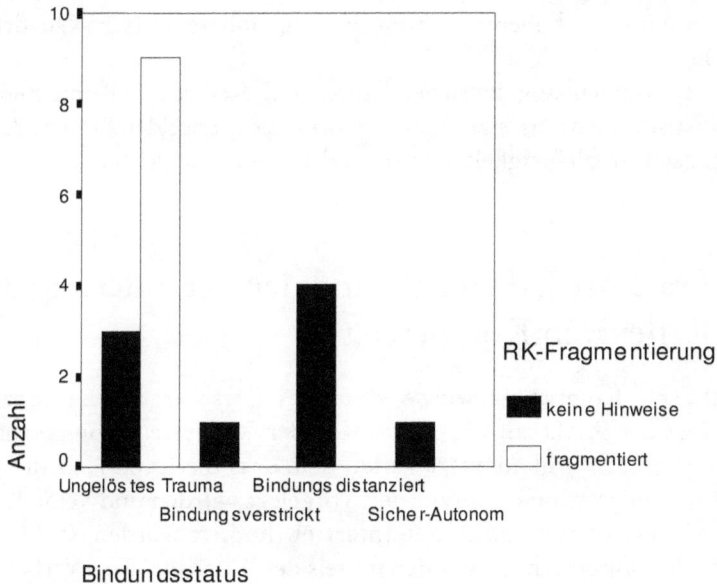

Abbildung 7.10: Bindungsstatus und Fragmentierung der Reflexiven Kompetenz

7.3.3 Reflexive Kompetenz und soziodemografische Merkmale der Untersuchungsgruppe

In diesem Unterkapitel soll die Reflexive Kompetenz im Zusammenhang mit den Variablen Alter und Schulbildung betrachtet werden. Die verschiedenen Delikte der Probanden, die zur Teilnahme am Täter-Opfer-Ausgleich führten, verteilen sich gleichermaßen auf die verschiedenen Niveaus.

In der Untersuchungsgruppe lagen sechs verschiedene Schulabschlüsse vor. Deutlich wird, dass die Schulabschlüsse ab der Realschule keine Gesamtwertungen unterhalb von drei Wertungspunkten auf der RKS erreichen. Bei den hohen Wertungen sind jedoch auch zwei Hauptschüler vertreten. Trotzdem lässt sich statistisch eine Korrelation zwischen Schulabschluss und Reflexiver Kompetenz feststellen. Da bereits Daudert (2001) auf den Zusammenhang zwischen Schulbildung und Mentalisierungsfähigkeiten hingewiesen hat, fand eine einseitige Signifikanztestung statt (Rangkorrelation = 0,391, $p = 0,049$). Auch eine Kontingenzanalyse zeigt, dass ein höherer Schulabschluss wahrscheinlich mit einer höheren Gesamtwertung einhergeht (Chi-Quadrat-Test, $p = 0,005$).

Der Zusammenhang zwischen Alter und Reflexiver Kompetenz lässt sich statistisch nicht als signifikante Korrelation abbilden, sodass keine altersspezifische Abhängigkeit der Mentalisierungsfähigkeiten nachzuweisen ist.

7.4 Prä-Post-Effekte anhand der Veränderung der Reflexiven Kompetenz

Die Reflexive Kompetenz wurde von zwei Forschergruppen anhand der Transkripte der AAIs auf der Grundlage der Reflexiven-Kompetenz-Skala (Fonagy et al. 1998) blind ausgewertet, d. h. dass die Interviews der jeweiligen Auswertungsgruppe anonymisiert vorgelegt wurden und keine Kenntnis vorlag, wie das korrespondierende Interview kodiert worden ist. Die Ergebnisse der Prä-Untersuchung wurden mittels des Wilcoxon-Test-Verfahrens für gepaarte Stichproben mit den Ergebnissen der Post-Untersuchung verglichen. Dabei wurden sowohl die Mittelwerte der Gesamtwertung als auch ausgewählte andere Pflichtfragen des AAI herangezogen. Letztere wurden gegenüber den Möglichkeitsfragen bevorzugt, da nur für sie ausreichend Kodierungen vorhanden sind (Möglichkeitsfragen werden bei abwesender oder fraglicher Reflexiver Kompetenz nicht kodiert). Hierbei zeigte sich sowohl für die Gesamtwertung als auch für die Einzelfragen, dass sich die Mittelwerte der Untersuchungsgruppe nach dem Täter-Opfer-Ausgleich nicht statistisch signifikant verändert haben (vgl. Tabelle 7.4 auf der nächsten Seite).

Die Gesamtwertungen beider Erhebungszeitpunkte korrelieren hoch miteinander (Spearmans Rangkorrelation $r = 0,68$, $p = 0,001$), was für die Re-Test-Qualitäten der Reflexive-Kompetenz-Skala sprechen könnte, jedoch nicht die erwarteten Effekte des Täter-Opfer-Ausgleichs bestätigt. Im Folgenden soll ge-

Reflexive Kompetenz-Wertung	Prä-Untersuchung (N=19) M (s)		Post-Untersuchung (N=18) M (s)		Signifikanz Wilcoxon (p)
Gesamtwertung	3,17	(1,92)	3,00	(1,61)	n. s.
Frage 5 (Nähe)	2,76	(1,39)	2,82	(1,13)	n. s.
Frage 10 (Zurückweisung)	2,44	(1,46)	2,33	(1,53)	n. s.
Frage 12 (Beeinflussung Leben heute)	2,22	(0,97)	2,67	(1,32)	n. s.
Frage 13 (Rückschläge)	1,94	(1,30)	2,50	(1,61)	n. s.
Frage 17 (Tod und Verlust)	2,88	(1,13)	2,38	(1,60)	n. s.
Frage 21 (Opferverhalten)	3,69	(1,35)	3,31	(1,30)	n. s.

Tabelle 7.4: Vergleich der Mittelwerte der Reflexiven Kompetenz in der Prä- und Postuntersuchung

nauer untersucht werden, ob sich tatsächlich eine fehlende Veränderung der Reflexiven Kompetenz bestätigen lässt, oder ob das Ergebnis durch den Einfluss ungenügender Differenzierung verfälscht wird, da rein deskriptiv Veränderungen in der Reflexiven Kompetenz beobachtbar sind, die sowohl eine Steigerung als auch eine Verschlechterung im Rahmen der Zweituntersuchung implizieren (vgl. Abbildung 7.11 auf der nächsten Seite, die nur die Fälle zeigt, bei denen eine Veränderung stattgefunden hat). Insgesamt haben sich sieben Probanden zwischen einem und zwei Gesamtwertungspunkten der Reflexiven-Kompetenz-Skala (RKS) verschlechtert, sechs Probanden haben sich jeweils um einen Wert verbessert, während fünf Probanden auf demselben Niveau verblieben sind. Bei Letzteren handelt es sich einerseits um die Extremwerte (−1,0 und 6) sowie zwei Wertungen auf dem Dreier-Niveau.

Auf der Grundlage einer Regressionsanalyse der Variable »Veränderung der Reflexiven Kompetenz« findet sich ein signifikanter Zusammenhang mit der Reflexiven Kompetenz bei der Prä-Untersuchung (im folgenden Eingangs-RK). Es zeigt sich, dass Klienten mit einer niedrigen Reflexiven Kompetenz zu Beginn sich nach dem Täter-Opfer-Ausgleich gesteigert haben, während Klienten mit einer höheren Reflexiven Kompetenz sich nach der Maßnahme verschlechtert haben. Das Signifikanzniveau liegt bei 0,034. Eine Varianzanalyse zeigt, dass 35% der Varianz bezüglich der Veränderung der Reflexiven Kompetenz über den Faktor Eingangs-RK erklärt werden ($p = 0,006$). Die Ergebnisse der parametrischen Testverfahren dürfen jedoch nur unter starken Vorbehalten interpretiert werden, da die Untersuchungsgruppe aufgrund ihrer geringen Größe

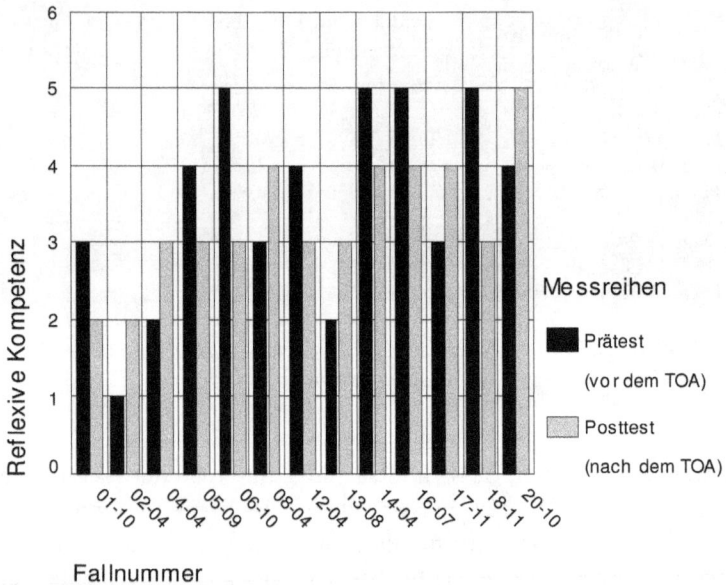

Abbildung 7.11: Einzelfälle, bei denen sich die Reflexive Kompetenz zwischen den Messzeitpunkten verändert hat

keine Normalverteilung aufweist. Da es jedoch in dieser explorativen Studie vorrangig um die Generierung von Hypothesen geht, scheint diese Berechnung durchaus zulässig.

Die Tendenz, dass die Klienten abhängig von ihrer Eingangs-RK unterschiedlich von der Maßnahme profitieren, zeigt sich auch, wenn die Gruppe in dem bereits eingeführten Split-half-Verfahren unterteilt wird, wobei die Gruppe 1 Werte von −1 bis 3 aufweist (nicht-reflexiv, $N = 10$) während die Gruppe 2 Werte von 4 bis 6 aufweist (reflexiv, $N = 9$). Abbildung 7.12 auf der nächsten Seite zeigt die Veränderung der Mittelwerte der Gesamtwertungen beider Gruppen im Vergleich von Prä- und Postuntersuchung. Die Mittelwerte der Veränderung der Reflexiven Kompetenz zwischen Erst- und Zweituntersuchung beider Gruppen unterscheiden sich bezüglich der Gesamtwertung signifikant (u-test, $p = 0,009$). Auch hinsichtlich der Reflexiven Kompetenz, die auf die Frage nach der Nähe zu den Eltern (Frage 5 des AAI) gezeigt wurde, steigert sich die nicht-reflexive Gruppe, während sich die reflexive Gruppe verschlechtert (u-test,

$p = 0{,}002$). Die Unterschiede der anderen Pflichtfragebereiche sind nicht statistisch signifikant (u-test, vgl. Tabelle 7.5). Auffällig ist, dass sich beide Gruppen bei der Frage 21, die zu einer Einfühlung in das Opfer auffordert, hinsichtlich ihrer Wertungen verschlechtern.

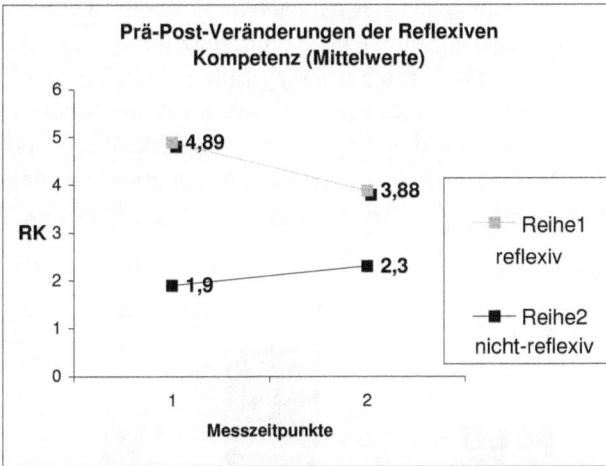

Abbildung 7.12: Die Veränderung der Reflexiven Kompetenz im Prä-Post-Vergleich (Gesamtwertung) in gemittelten absoluten Werten aufgeschlüsselt nach der Eingangs-RK

Veränderung der Reflexiven Kompetenz	Nicht-reflexive Gruppe (N=10) M (s)		Reflexive Gruppe (N=8) M (s)		Signifikanz u-test (p)
Gesamtwertung	0,40	(0,70)	-0,88	(0,99)	p < .01
Frage 5 (Nähe)	1,11	(1,36)	-1,13	(0,99)	p < .01
Frage 10 (Zurückweisung)	-0,10	(1,52)	-0,13	(1,46)	n. s.
Frage 12 (Beeinflussung Leben heute)	1,00	(1,41)	0,00	(1,00)	n. s.
Frage 13 (Rückschläge)	0,30	(0,95)	0,88	(2,10)	n. s.
Frage 17 (Tod und Verlust)	-0,40	(2,19)	-0,67	(1,15)	n. s.
Frage 21 (Opferverhalten)	-0,44	(0,88)	-0,29	(0,95)	n. s.

Tabelle 7.5: Prä-Post-Vergleich der reflexiven und der nicht-reflexiven Gruppe

7.4.1 Veränderungen der Reflexiven Kompetenz und der Schlichtungserfolg

Zwischen dem Schlichtungserfolg (erfolgreich vs. gescheitert) und der Veränderung der Gesamtwertung zwischen Erst- und Zweituntersuchung bestehen keine statistischen Zusammenhänge (u-Test). Die Abbildung 7.13 verdeutlicht erneut, dass die Veränderung der Reflexiven Kompetenz deutlich mit der Eingangs-RK zusammenhängt, das Schlichtungsergebnis jedoch keine Auswirkungen hat. Dass der Schlichtungserfolg keinen Einfluss auf die Reflexive Kompetenz zu haben scheint, passt zu den Ergebnissen von Pruitt et al. (1993), der für den Bereich der Mediation postuliert, dass Kurzzeiteffekte keinen Einfluss auf Langzeiteffekte haben.

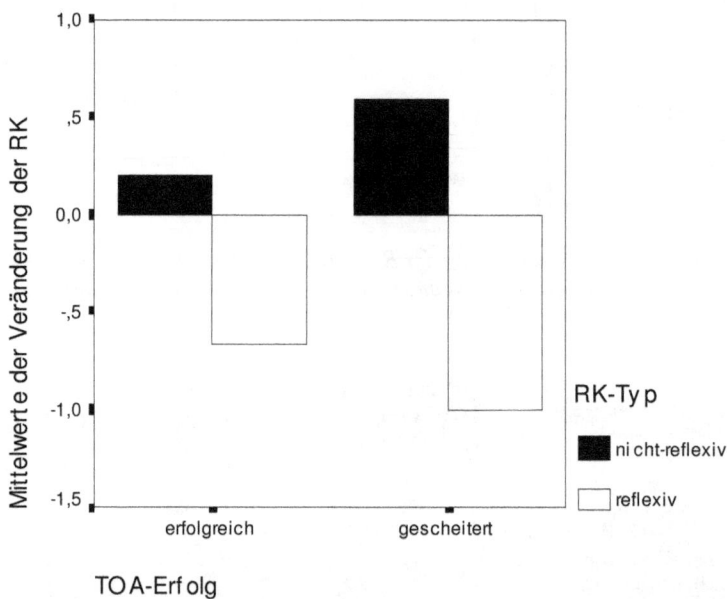

Abbildung 7.13: Die Veränderung der Reflexiven Kompetenz (Mittelwerte) im Verhältnis zum Schlichtungserfolg

7.4.2 Veränderungen der Reflexiven Kompetenz und die Gesprächsanzahl

Aufgrund der fehlenden Kontrollgruppe wird die Intensität als moderierende Variable eingeführt, die durch die Anzahl der mit dem Klienten stattgefundenen Gespräche definiert wird. Die Anzahl der stattgefundenen Gespräche variiert zwischen zwei und zehn Gesprächen. Im Mittel haben fünf Gespräche stattgefunden. Bezüglich der Veränderung der Reflexiven Kompetenz (Gesamtwertung, Mittelwerte) zeigt die Abbildung 7.14 eine positive Veränderung bei einer Intensität von zwei Gesprächen ($N = 4$) sowie bei 10 Gesprächen ($N = 3$). Gleichzeitig hat in der Untersuchungsgruppe bei einer Intensität zwischen drei und sechs Gesprächen bei den Reflexiven ($N = 6$) eine Verminderung stattgefunden, während die Gruppe der Nicht-Reflexiven ($N = 5$) im Mittel auf dem Eingangswert stagnierte. Darüber hinaus wird deutlich, dass mit Personen der reflexiven Gruppe nicht mehr als sechs Einzelgespräche geführt wurden (vgl. Abbildung 7.14).

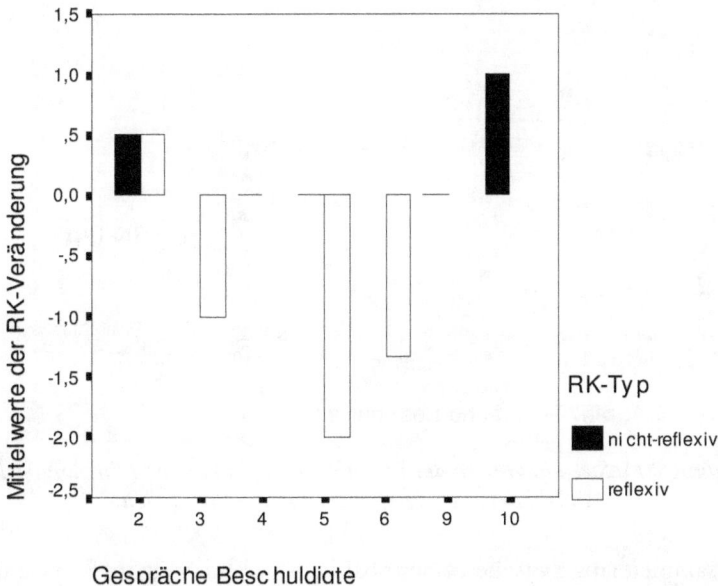

Abbildung 7.14: Die Anzahl an Einzelgesprächen im Verhältnis zur Veränderung der Reflexiven Kompetenz (Mittelwert) aufgeschlüsselt nach der Eingangs-RK

205

Bei genauerer Betrachtung zeigt sich, dass die Häufigkeit der Einzelgespräche mit den Beschuldigten im Täter-Opfer-Ausgleich signifikant negativ mit der Eingangs-RK korreliert (Spearmans Rangkorrelation = −0,482, p = 0,038). Je geringer also die Eingangs-RK ist, desto mehr Gespräche finden im Täter-Opfer-Ausgleich statt (vgl. Abbildung 7.15). Es liegt nahe anzunehmen, dass die Verbesserungen bei der Gruppe mit einer niedrigen Eingangs-RK in der Tendenz mit einer höheren Anzahl der Gespräche einhergehen. Gleichzeitig lassen sich die Verschlechterungen bei der Gruppe mit einer hohen Eingangs-RK mit einer geringen Anzahl an Einzelgesprächen verbinden. Eine genauere Beschreibung dieses Zusammenhanges wird in der qualitativen Auswertung erfolgen.

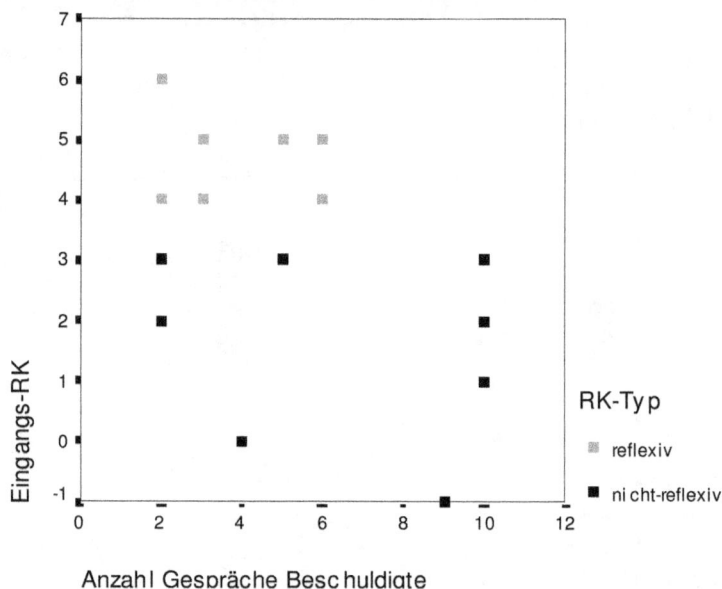

Abbildung 7.15: Streudiagramm des Zusammenhanges zwischen Eingangs-RK und Anzahl der Einzelgespräche mit den Probanden

Der Zusammenhang zwischen einer positiven Veränderung im Sinne einer Steigerung der reflexiven Möglichkeiten durch eine höhere Anzahl von Gesprächen lässt sich hinsichtlich der Fragen 10 (Zurückweisung) und 21 (Opferverhalten) nicht feststellen. Ganz im Gegenteil kommt es bei mehr als 6 Gesprächen

($N = 7$) bei den erwähnten Fragen zu einer signifikanten Verschlechterung der Einzelwerte im Vergleich zu den Ergebnissen mit weniger als 6 Einzelgesprächen ($N = 11$) (u-Test, $p < 0,05$). Der besonders interessante Fragenkomplex 21, mit dem die Reflexive Kompetenz bezüglich des Opfers erhoben wird, variiert ebenfalls mit der Anzahl der mit dem Opfer geführten Einzelgespräche. Hierbei wird die Wertung (Mittelwerte der Veränderung) auf die Frage 21 im Vergleich zur Erstuntersuchung umso schlechter, je mehr Gespräche mit dem Opfer geführt werden (Korrelation nach Pearson=-0,55, $p = 0,027$). Dieser Zusammenhang wird in Abbildung 7.16 verdeutlicht und lässt sich auch statistisch weiter erhärten, da sich die Mittelwerte der Veränderung im Hinblick auf Frage 21 und der Gesprächsanzahl mit dem Opfer signifikant unterscheiden (u-Test, $p = 0,007$ bei 0 bis 2 [$N = 11$] vs. 3 bis 5 Gesprächen [$N = 7$]). Dieser Zusammenhang besteht unabhängig von der Eingangs-RK, d. h. sowohl die Verbesserungen als auch die Verschlechterungen betreffen die reflexive wie die nicht-reflexive Gruppe gleichermaßen.

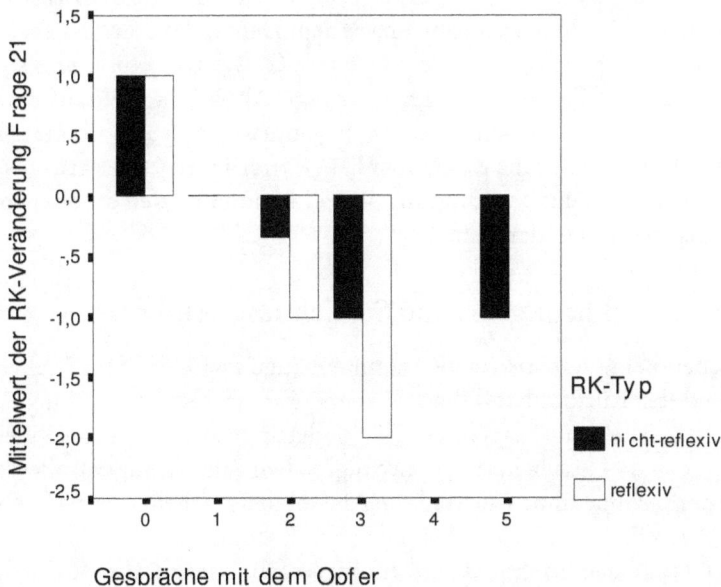

Abbildung 7.16: Veränderung der Reflexiven Kompetenz bzgl. des Opferverhaltens in Abhängigkeit von der Anzahl der Gespräche mit dem Opfer

207

7.5 Rückfallstatistik

Im Januar 2006 wurde über eine Abfrage des Bundeszentralregisters und des Erziehungsregisters der Rückfall der Probanden gemessen. Es wurde überprüft, ob die Probanden in einem Zeitraum von 2 bis 3 Jahren nach der verübten Straftat und dem Täter-Opfer-Ausgleich nochmals aufgrund eines Gewaltdelikts eingetragen wurden. Der Rückgriff auf Registereinträge bedeutet, dass eventuell noch anhängige Verfahren nicht berücksichtigt werden, da diese noch nicht eingetragen wurden. Der Zeitraum erscheint aber dennoch ausreichend, um aussagekräftige Aussagen über die Legalbewährung der Untersuchungsgruppe treffen zu können. Einschränkend muss jedoch hinzugefügt werden, dass sich mit diesen Zahlen keine Aussage über die tatsächlich verübte Kriminalität machen lässt (Dunkelfeld), sondern nur über die im Hellfeld stattgefundenen Taten, die staatsanwaltschaftlich verfolgt wurden.

Bei der Auswertung der Registereinträge wird deutlich, dass 13 Probanden sich legal bewähren (68,4%), d. h. dass sie keine neuen Einträge aufweisen. Sechs Probanden (31,6%) hingegen haben nach dem Delikt, das zum Gegenstand des Täter-Opfer-Ausgleichs wurde, eine weitere Gewalttat verübt, was somit als einschlägiger Rückfall zu bezeichnen ist (vgl. Abbildung 7.17 auf der nächsten Seite). Im Folgenden werde ich die Ergebnisse der Rückfalluntersuchung im Hinblick auf statistische Zusammenhänge zum Täter-Opfer-Ausgleich, zur Reflexiven Kompetenz, zur Bindungsklassifikation und den erhobenen soziodemografischen Daten darstellen.

7.5.1 Rückfallhäufigkeit und Schlichtungserfolg

Es bestehen keine statistischen Zusammenhänge zwischen dem Schlichtungserfolg und der Rückfallhäufigkeit (Fishers exakter Test). Abbildung 7.18 auf der nächsten Seite zeigt, dass in der Rückfallgruppe zwar doppelt so viele Fälle gescheitert sind (4 gescheiterte zu 2 erfolgreichen Schlichtungen), allerdings ist auch in der Gruppe ohne Rückfall die Anzahl der gescheiterten Fälle ebenfalls größer (7 gescheiterte zu 6 erfolgreichen Schlichtungen).

Der tatsächliche Effekt des Schlichtungsergebnisses auf die Rückfallausprägung lässt sich anhand der vorliegenden Daten aufgrund der fehlenden Kontrollgruppe nicht prüfen. Um Missverständnissen über die Effektivität des Täter-Opfer-Ausgleichs jedoch vorzubeugen, möchte ich an dieser Stelle auf die vergleichsweise niedrige Rückfallquote der Untersuchungsgruppe

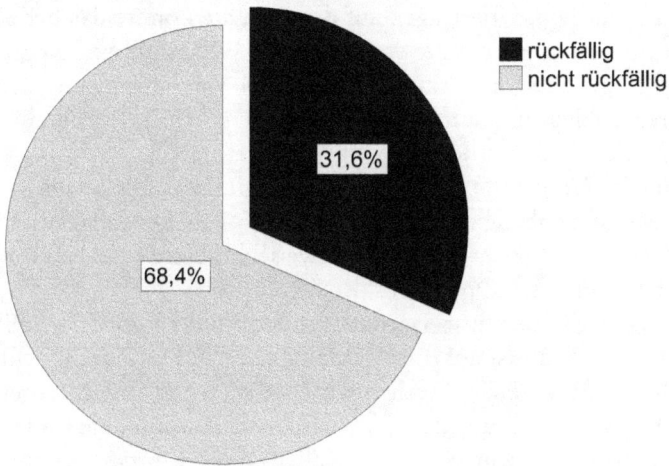

Abbildung 7.17: Rückfälligkeit und Legalbewährung der Untersuchungsgruppe 2–3 Jahre nach dem Täter-Opfer-Ausgleich

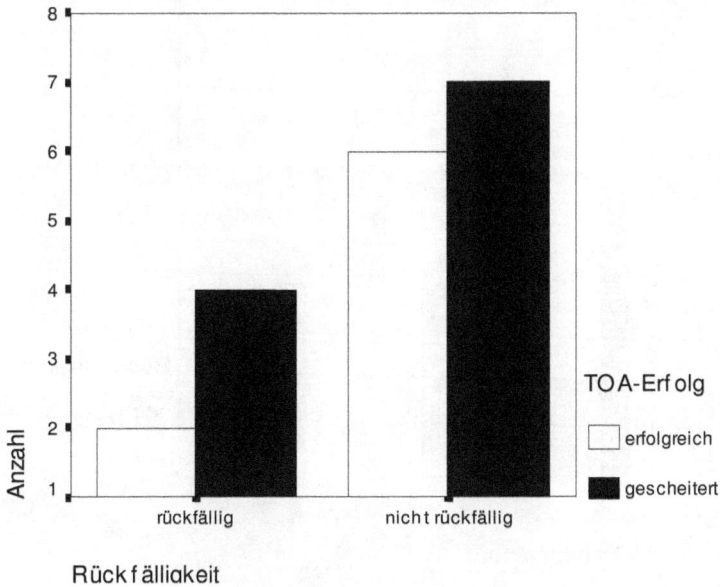

Abbildung 7.18: Schlichtungserfolg und Rückfallhäufigkeit

209

aufmerksam machen. Übertragen auf diese Studie könnte das bedeuten, dass der Schlichtungserfolg nicht der entscheidende Faktor für eine langfristige Veränderung im gewünschten Sinne ist und dass Veränderungen auch in einer gescheiteren Schlichtung auftreten können, was sich in Bezug auf einen Zuwachs an Reflexiver Kompetenz bereits andeutete (s. o.).

Die Anzahl der Gespräche mit dem Beschuldigten weist ebenfalls keinerlei statistischen Zusammenhang mit der Rückfälligkeit auf (Kendall-Tau). Probanden, die Einträge im Bundeszentralregister aufweisen, haben zwischen zwei und zehn Gesprächen beim Täter-Opfer-Ausgleich geführt.

Dahingegen gibt es Hinweise, dass die Anzahl der Gespräche mit dem Geschädigten einen Einfluss auf die Rückfälligkeit hat. Der Zusammenhang wird in Abbildung 7.19 gezeigt. Deutlich wird, dass bei den einschlägigen Rückfällen während der Schlichtung mit nur einer Ausnahme mit dem Opfer entweder gar nicht gesprochen wurde (in drei Fällen) oder nur zwei Gespräche stattfanden (zwei Fälle). Eine Kontingenzanalyse ist jedoch aufgrund der geringen Zellenhäufigkeit nicht signifikant (Kendall-Tau).

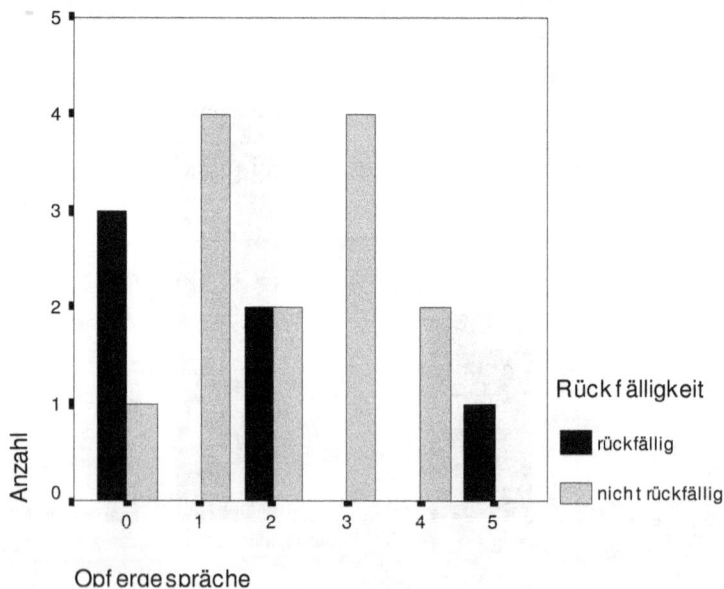

Abbildung 7.19: Opfergespräche und Rückfälligkeit der Beschuldigten

7.5.2 Rückfallhäufigkeit und Reflexive Kompetenz

Die Reflexive Kompetenz, die in der Postuntersuchung erhoben wurde, weist einen statistischen Zusammenhang zur Legalbewährung der Probanden auf (Chi-Quadrat-Test, Kendall-Tau = 0,003, Korrelation nach Spearman $r = 0,57$, $p = 0,014$). Die Variable Reflexive Kompetenz bei der Postuntersuchung differenziert signifikant zwischen der Rückfallgruppe und den Nicht-rückfällig-Gewordenen (u-Test, $p = 0,026$). Die Diskriminanzanalyse zeigt, dass der Rückfall in 83,3% der Fälle über die Reflexive Kompetenz der Zweituntersuchung prognostiziert werden kann ($p = 0,046$). Letzteres Ergebnis sollte jedoch aufgrund der kleinen Datenmenge wiederum nur unter Vorbehalt interpretiert werden. In Abbildung 7.20 wird der Zusammenhang zwischen der Postuntersu-

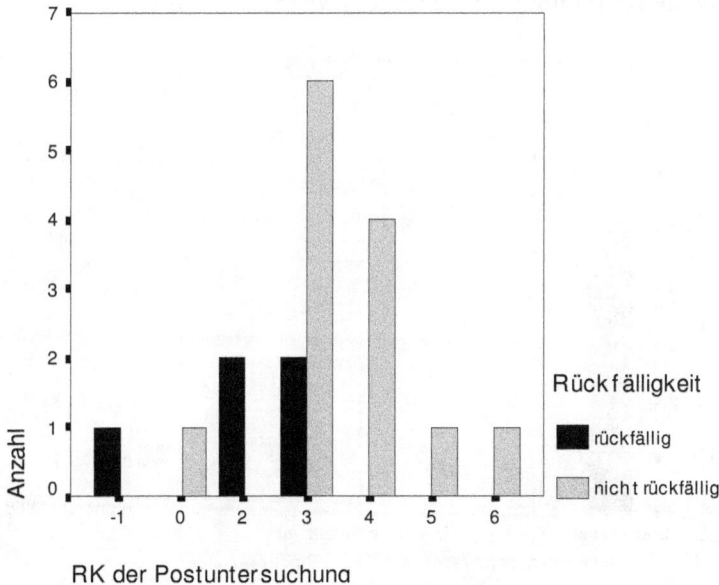

Abbildung 7.20: Rückfall und die Reflexive Kompetenz der Probanden bei der Zweituntersuchung

chung und dem Rückfall grafisch dargestellt. Hierbei wird sehr deutlich, dass nur Probanden rückfällig werden, deren Reflexive Kompetenz kleiner als 4 Wertungspunkte auf der Reflexiven-Kompetenz-Skala ist, wohingegen jedoch auch 6 Probanden mit einer Gesamtwertung von 3 nicht rückfällig werden. Dieser

Zusammenhang zwischen Reflexiver Kompetenz und dem Rückfall lässt sich statistisch für die Voruntersuchung nicht herstellen (u-Test, Kendall-Tau).

7.5.3 Rückfallhäufigkeit und Bindungsklassifikation

Die Bindungsklassifikation weist ebenfalls einen signifikanten Zusammenhang zum Rückfall auf, der sich über eine Kreuztabellierung darstellen lässt (Kendall-Tau, $p = 0,009$). Abbildung 7.21 stellt den Zusammenhang dar, dass nur Probanden rückfällig werden, für die ein »ungelöstes Trauma« in ihrer Bindungsklassifikation gefunden wurde ($N = 5$). Allerdings werden mehr Probanden nicht rückfällig, die ebenfalls ein ungelöstes Trauma aufweisen ($N = 7$). Auffällig ist jedoch, dass Probanden mit organisierten Bindungsmustern innerhalb des Erhebungszeitraumes nicht rückfällig werden.

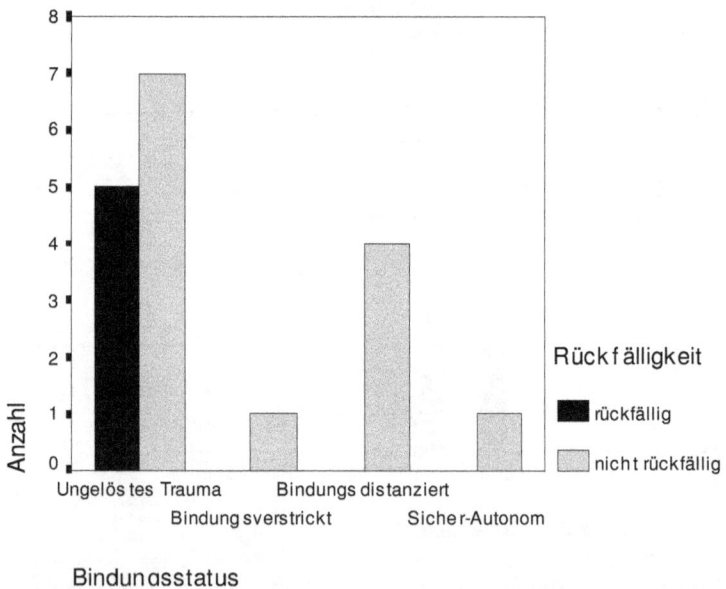

Abbildung 7.21: Bindungsstatus und Rückfälligkeit

7.5.4 Rückfall und Soziodemografische Daten

Statistische Zusammenhänge zwischen der Legalbewährung und den erhobenen soziodemografischen Daten ergeben sich in Bezug auf Migrationserfahrungen und im AAI berichtete traumatische Erfahrungen. Eine nichtdeutsche Herkunft als solche weist nur niedrige bis keine statistischen Zusammenhänge zur Rückfallhäufigkeit auf (Spearmans Rangkorrelation $= 0,46$, $p = 0,047$; Fishers exakter Test ist nicht signifikant). Es werden zwar nur Probanden rückfällig, die Migrationserfahrungen aufweisen ($N = 6$), gleichzeitig werden aber auch über die Hälfte der Probanden nichtdeutscher Herkunft nicht rückfällig ($N = 7$). Deutlicher und statistisch signifikant (Kendal-Tau, $p = 0,001$) wird der Zusammenhang zwischen Rückfälligkeit und nichtdeutscher Herkunft, wenn zwischen einer selbst erfahrenen Migration und einer Migration der Eltern unterschieden wird (an der Studie nahmen keine Probanden teil, die in der 3. Generation emigrierter Familien leben).

8 Qualitative Auswertung der Prä-Post-Veränderungen von Einsicht

Die folgende qualitativ inhaltsanalytische Auswertung ausgewählter Passagen aus den AAI-Transkripten verfolgt verschiedene Ziele. Einerseits bietet sie über die idiografische Falldarstellung die Möglichkeit eines vertiefenden Einzelverständnisses der Einsicht ermöglichenden Mentalisierungsprozesse im Rahmen eines Täter-Opfer-Ausgleichs. Andererseits stellt die Auswertungsmethode die Möglichkeit einer qualitativen Gegenkontrolle der Ergebnisse der statistischen Auswertung dar. Die im Zentrum stehende Analyse des subjektiven Erlebens der Probanden hinsichtlich der begangenen Straftat ermöglicht eine vergleichende Analyse der Vorher- und Nachherinterviews und folglich Aussagen darüber, inwieweit subjektive Einstellungen sich nach einem Täter-Opfer-Ausgleich qualitativ verändern. Ich werde demonstrieren, dass die Ergebnisse der qualitativen Auswertung die statistischen Ergebnisse sinnvoll unterstützen: Eine strafrechtliche Mediation unterstützt Einsichtsprozesse bei niedrig-reflexiven Probanden, während durchschnittlich-reflexive in ihrer Einsichtsentwicklung nach einem Täter-Opfer-Ausgleich gehemmt erscheinen. Dieses unerwartete und irritierende Ergebnis kann im Rahmen der qualitativen Auswertung in dem Sinne verstanden werden, dass durchschnittlich-reflexive Probanden im Rahmen eines Täter-Opfer-Ausgleichs stärker konflikthaft belastet werden und vermutlich durch eine Steigerung der Abwehr in ihren Einsichtsprozessen gehemmt werden. Zudem lässt sich die Annahme entwickeln und sowohl inhaltsanalytisch als auch über die Auswertung der Reflexiven Kompetenz begründen, dass sich jene Abwehr der durchschnittlich-reflexiven von der Abwehr der niedrig-reflexiven Probanden insofern qualitativ unterscheidet, als bei der ersten Gruppe sogenannte »reife« Abwehrmechanismen wie Rationalisierung vorherrschen, während die zweite Gruppe besonders durch Verleugnung auffällt. Insgesamt geben die Ergebnisse der qualitativen Auswertung Aufschluss darüber, dass die Messung der Reflexiven Kompetenz zur Differenzierung qualitativ unterschiedlicher Prozesse des Gewinnens von Einsicht beiträgt und somit ebenfalls zur Operationalisierung von Einsichtsprozessen.

8.1 Begründung der Methode und Erläuterung der Interpretationsschritte

Im Gegensatz zur statistischen Auswertung ist die folgende Analyse in den Bereich der qualitativen Sozialforschung einzuordnen, die sich als eine sinnverstehende Wissenschaft begreift und davon ausgeht, dass menschliche Interaktion nicht als eine Reiz-Reaktions-Abfolge zu verstehen ist, sondern einen Prozess darstellt, in dem Bedeutungen interpretativ erschlossen und ausgehandelt werden müssen (»Interpretatives Paradigma«, vgl. Mayring 1994, S. 30). Darüber hinaus beziehe ich mich auf die psychoanalytische Sozialforschung, die von einem Unbewussten ausgeht, welches sich der Reflexion der Individuen entzieht, aber dennoch handlungsleitend wirkt. Das wissenschaftliche Verstehen unterscheidet sich erkenntnislogisch nicht vom alltäglichen Verstehen. Die Forschenden verstehen Texte, die die hauptsächliche Grundlage der qualitativen Forschung darstellen, mit ihrer kommunikativen Kompetenz, wie sie auch im Alltag Anwendung findet. Da das wissenschaftliche Verstehen jedoch vom Handlungs- und Zeitdruck des alltäglichen Verstehens befreit ist, kann es systematischer vollzogen werden, indem die wissenschaftliche Interpretation nicht bei dem bloßen Verstehen bleibt, sondern das Verstanden-Geglaubte begrifflich-theoretisch expliziert (Lorenzer 1986, S. 63). Die begrifflich-theoretische Explikation sollte allerdings so eingebettet sein, dass die Interpretationsschritte ersichtlich, nachvollziehbar und somit kritisierbar werden (Leithäuser/Volmerg 1988).

Die Auswertung der AAI erfolgt auf der Grundlage der qualitativen Diagnostikforschung nach Frommer (1996), der die qualitative Inhaltsanalyse (Mayring 1983) für das Feld der Klinischen Forschung nutzbar macht, indem er sie mit der komparativen Kasuistik (Jüttemann 1990) verbindet. Es handelt sich hierbei um eine Methode, die im Gegensatz zu expandierenden Methoden z. B. der objektiven Hermeneutik (vgl. Oevermann et al. 1979) die Reduzierung im Sinne einer Fokussierung des zumeist umfangreichen Datenmaterials verfolgt (vgl. auch Steimer 2000). Die qualitative Analyse folgt verschiedenen Auswertungsschritten, die ich im Folgenden anhand eines Interview-Beispiels explizieren werde.

8.1.1 Festlegung des Materials vor dem Hintergrund der Fragestellung und Reflexion der Interviewsituation

Aufgrund der Fragestellung, die sich auf die Analyse des subjektiven Erlebens der Straftat mit einem Fokus auf die Einsichtsentwicklung des jeweiligen Probanden begrenzt, werden nicht die kompletten AAI-Transkripte für die Bearbeitung ausgewählt, sondern nur diejenigen Fragenkomplexe, die explizit die Tat, den Geschädigten und den Täter-Opfer-Ausgleich berühren. Es handelt sich hierbei um die Fragen 20 bis 23 des modifizierten AAI (vgl. Anhang), die gleichzeitig den Schluss des gesamten Interviews bilden und, bezüglich der letzten Frage, dem Probanden die Gelegenheit einer resümierenden Darstellung geben. Natürlich wäre es ebenfalls lohnenswert, die Biografien der Probanden zu untersuchen, insbesondere die Verarbeitung innerfamiliärer Gewalterfahrungen. Dies würde jedoch den Rahmen dieser Auswertung sprengen und muss daher an anderer Stelle erfolgen.

Es ist zu erwähnen, dass die Probanden auf die ausgewählten Fragen erheblich ausführlicher antworten als auf andere Fragen des Interviews. Es erscheint, dass sie sich in diesem Themengebiet »sicherer« fühlen als bei den Fragen zu den Kindheitserfahrungen. Dies führt zu meinen Überlegungen bezüglich der Interviewsituation. Die Teilnahme an der wissenschaftlichen Untersuchung findet im Kontext einer Gerichtsverhandlung statt. Obwohl sich der Eindruck erhärtete, dass die Forschungsgruppe von den Probanden als gerichtsunabhängige und neutrale Instanz wahrgenommen wurde, könnte es sein, dass die Äußerungen in der Prä-Untersuchung durch die Unsicherheit vor der zukünftigen Gerichtsverhandlung geprägt waren, sodass eventuell die eigene Meinung in Richtung der sozialen Erwünschtheit verfremdet wurde. Da die Post-Untersuchung nach Abschluss der justiziellen Abwicklung der Verfahren stattfand, könnte dort eine offenere Auseinandersetzung mit der Tat stattgefunden haben. Dies gilt es zu berücksichtigen, um nicht eine ehrlichere Auseinandersetzung mit einer Verschlechterung der Einsicht nach einem Täter-Opfer-Ausgleich zu verwechseln.

Das Material wird gemäß der Vorher-Nachher-Untersuchung in zwei Gruppen aufgeteilt, wobei derjenige Proband, der nicht an der Post-Untersuchung teilnahm, aus der ersten Gruppe herausgenommen wurde. Somit umfassen beide Gruppen insgesamt 36 Interviewausschnitte, die als Transkripte in Form der Ulmer Textbank Standards (Mergenthaler 1992) vorliegen.

8.1.2 Fokussierung des Materials

Die Zusammenfassung und Fokussierung der Texte erfolgt unter der Maßgabe, dass der textliche Kontext erhalten bleibt (Frommer 1996, S. 44). Im Einzelnen finden die folgenden Techniken Anwendung (vgl. Mayring 1983): *Auslassen* (Wiederholungen werden gestrichen), *Generalisation und Integration* (Aussagen, die in abstrakteren Gedanken enthalten sind, werden entfernt), *Konstruktion* (Aussagen, die verschiedene Aspekte eines gemeinsamen Themas beschreiben, werden zusammengefasst), *Selektion* (zentrale Aussagen werden originalgetreu übernommen) und *Bündelung* (Aussagen, die sich über den ganzen Text streuen, werden zusammengestellt). Das folgende Beispiel ist ein Auszug aus einem Interview der Voruntersuchung mit dem 21-jährigen Abdel[1]. Der Interviewtext befindet sich vollständig in der linken Spalte. Die Fokussierungen, die im Rahmen einer Gruppenüberprüfung abgesichert wurden, befinden sich in der rechten Spalte. In der Reduktion habe ich die laut Anklage zugewiesenen Rollen von Tätern und Opfern verwendet, damit die Zuschreibungen auch außerhalb des Kontextes eindeutig bleiben. Dies steht teilweise im Widerspruch zu den Auffassungen von Täter- und Opferschaft des Interviewten.

---

1 Die Namen und alle weiteren Details, die auf die beteiligten Personen und Orte verweisen, wurden selbstverständlich anonymisiert.

TEXTBEISPIEL ZUR REDUKTION DES DATENMATERIALS

Originaltext	Reduktion
I: – Dann kommen wir jetzt zur Straftat, ich würde Sie bitten mal kurz zu schildern, was Ihnen vorgeworfen wird.	
B: Das Problem is' jetzt, mir wird was vorgeworfen, was ich gar nich' gemacht hab. Das war so wir: Waren mit 'n paar Kumpels essen. Sind drei andere Schulkameraden gewesen, der eine geht aber nich' auf unsere Schule, aber sein Bruder geht auf unsere Schule, also 'n Freund also von.	Ich habe das nicht gemacht, was mir vorgeworfen wird.
I: das heißt das war jetzt irgendwie v-vor dem letzten Sommer noch oder?	
B: das war im April 2003 und auf einmal kam so 'n Brief, ich dachte ja, ich bin jetzt Zeuge oder so, bei dieser Sache, und dann bin ich jetzt Angeklagter und da steht drin, dass ich zugeschlagen haben soll und so, und ich weiß gar nich', weil ich hab sogar mit den, ei- Ank- also mit dem einen, der jetzt dem Beschuldigten, oder wie nennt man den überhaupt, also der, der das alles verursacht hat.	Als der Brief vom Gericht kam, dachte ich, dass ich Zeuge bin und nicht Angeklagter. Das Opfer ist der, der alles verursacht hat.
I: Der Sie angezeigt hat?	
B: Angezeigt, der mit dem ich geredet, der meint selber, dass ich nich' zugeschlagen hab...	Selbst das Opfer sagt, dass ich nicht zugeschlagen habe.
I: Können Sie die Situation noch mal kurz beschreiben?	
B: Ja, das war so dass... Wir sind vom Subway gekommen, das muss ich Ihnen aufzeichnen so, das das is' echt eine Sache für sich so, man kommt vom... hier is' so	

der Subway, und das is' so 'ne Straße in Stadtteil1, ich weiß nich', ob Sie Stadtteil1–Stadtteil1 kennen... Also auf jeden Fall hier kamen wir dann, und... äh, ein Freund von mir, auch 'n ganz guter Freund von mir is' das, d- is' auch 'ne Bezugsperson, wollte die Straßenseite wechseln mit mir, er is' vorgegangen. Ich bin hier, auf einmal rast so 'n BMW, richtig von... es war dunkel, von Einkaufscenter kam er, glaub ich, die Richtung her. ich zieh den so weg. Er... rast vorbei. Ich dreh mich zu dem Auto um und spuck hin, hinter das Auto. Wir gehen dann, also wir ha-, echt das war so 'ne Situation, dass er sich so erschreckt hat, dass wir zurückgegangen sind so, auf hierher, dann ging's hier weiter... auf einmal dreht der BMW um, dann dachte ich erst mal. Oho! Wer kann das denn sein so, BMW, dreht der um, wir sind gleich weitergegangen gerade, Weg weiter, auf einmal... der parkte hier bei der anderen Seite, und kommt, kamen zwei, waren das, also richtig rausgerannt: Wer hat mein Auto angespuckt, wer hat mein Auto angespuckt! So bleib mal locker, was denn los, bleib ma-... Wer hat mein Auto angespuckt! Und meint ich, ich war das. Hat der die ganze Zeit rumge-: Was spuckst du mein Auto an dies! das! und dann, ehrlich das ging so schnell, ich weiß nur noch, dass so'n anderer, Ferid* heißt der, hat den mit ein' Schlag getroffen, und der andere Mittäter hat den dann nachher getreten, und bei dieser

Wir wollten die Straßenseite wechseln, und dann rast ein Auto so an uns vorbei, dass ich meinen Freund wegziehen muss.

Ich habe dem Auto hinterher gespuckt. Mein Freund hat sich sehr erschrocken.

Das Auto wendete und kam uns hinterher.

Das Opfer kam auf uns zugerannt und fragte, wer sein Auto angespuckt hat und ich sagte ihm, dass ich es war.

Dann ging es so schnell, dass meine Mittäter das Opfer geschubst, geschlagen und getreten haben.

Auseinandersetzung...

I: Die beiden mit denen Sie unterwegs waren?

B: Ja, genau. Es kam so, dass er zuerst geschubst hat, der andere haut ihn, der andere tritt, der andere, das war so durcheinander, auf einmal lag er auf'm Boden, der jetzt dieser Fehmi* heißt, der glaub ich, der Junge, der lag dann auf'm Boden, und d- er sagt ja jetzt, er beschuldigt, dass man mit Schlagring zugeschlagen haben soll.

> Das Opfer lag am Boden.
>
> Er beschuldigt uns, dass einer mit einem Schlagring zugeschlagen hätte.

I. D- das war einer der beiden in dem Auto?

B: Genau genau. Und, ähm, er meint ja, er soll mit Schlagring zugeschlagen haben und so, das stimmt alles gar nicht das sind alles Vorwürfe, e- er lag dann da auf'm Boden. Ich, äh, ich hab das eigentlich so geschlichtet, so'n bisschen, hab ihn versucht hochzuheben, hab ihm gegen ein' Zaun angelehnt, hatte dann hier 'n, 'n bisschen Blut gehabt am Gesicht, ich hab ihn das sogar mit mein' eigenen Taschentuch weggemacht, und dann kam so'n Brief zuhause an, dass ich zugeschlagen haben soll noch.

> Die Vorwürfe des Opfers stimmen alle gar nicht. Ich habe versucht zu schlichten und ihn hochzuheben.
>
> Ich habe das Blut in seinem Gesicht sogar mit meinem eigenen Taschentuch weggemacht und dann steht in dem Brief, dass ich zugeschlagen haben soll.

I: Äh, kannten Sie den denn vorher den...

B: Ich kannte diesen Jungen gar nich', ich kannte ihn nich', ich, ich find das nur lächerlich, weil wie er sich dort, äh an- also ausgegeben hat, so: Wer hat mein Auto ange- dies! Und da fällt der wegen ein' Schlag und sagt, ja, das soll jetzt mit Schlagring, was weiß ich was passiert sein. Er lag zehn Tage im Krankenhaus wegen

> Ich kannte das Opfer gar nicht.
>
> Ich finde es lächerlich, weil er mit seinem Auto so angegeben hat, und dann ist er nach einem Schlag umgefallen.
>
> Er lag 10 Tage im

221

ein Schlag und ein Tritt und w-, und dann sagt er noch, ich soll zugeschlagen haben, er lag au'm Boden, wenn ich auch noch zugeschlagen hätte, w- was das. Dr- voll echt, voll komisch, lächerlich eigentlich. Ich hab ihm das auch ins Gesicht gesagt, ich so: Ich find das richtig lächerlich, was du da machst. A- o- ich meint zu ihn auch: Warum krieg ich denn jetzt so'n Brief als Anklage! Er meint: Nein! Ich hab der Polizei gesagt, es könnte sein, dass du noch zugeschlagen. Ich geh ihm so: Wie ich, es könnte sein, weil ich war doch genau vor dir, weil er hat mit mir gesprochen! Und kam auch, das war echt so durcheinander nachher so das war ein, tick tack, er lag da auf'm Boden und dann war die Sache auch eigentlich gegessen.

Krankenhaus wegen einem Schlag und einem Tritt.

Ich habe ihm nach der Anzeige ins Gesicht gesagt, dass ich sein Verhalten lächerlich finde. Das Opfer hat zu der Polizei gesagt, dass es sein könnte, dass ich ihn auch geschlagen habe. Die Tat war echt so durcheinander, tick tack er lag auf dem Boden und dann war die Sache gegessen.

I: Und wo- wo ha'm Sie denn den, äh, Fehmi* heißt der?

B: Fehmi* ja, der war da, da hab ich auch noch mit ihm geredet so: Bitte steig doch in dein Auto, was machst du denn hier für'n Aufstand, ich hab dein Auto hinterher gespuckt, hab ich dein Auto getroffen! Oder warum… ich weiß gar nich', was der Grund is', warum er jetzt rausgekommen is', ich weiß es echt nich'. Und wie! er auch rausgekommen is', so richtig: Ja, wer hat mein Auto angespuckt! Ich dachte erst mal, das wär so'n richtig älterer Mann oder so mit wer weiß, mit 'ner Knarre oder so, weil echt, ich hab mir Angst, ich hatte Angst gehabt, auf einmal kommt so einer und dann richtig so voll

Ich habe dem Opfer gesagt, er soll keinen Aufstand machen und in sein Auto zurückgehen, weil ich es bestimmt nicht einmal mit meiner Spucke getroffen habe.

Ich dachte, das Opfer ist ein älterer Mann, ich hatte Angst, dass er eine Knarre dabei hat. Das Opfer war voll laut und aggressiv.

laut, voll aggressiv so rüber und dann, äh, ich, ich hab ihn auch gefragt so: Warum kriege ich jetzt 'n Schreiben, obwohl ich dir das Blut weggewischt hab. Ich so: Ich hab dir das Blut aus'm Gesicht weggewischt und du zeigst mich an.

I: Wo ha'm Sie den denn wiedergetroffen?

B: Er, der, ich weiß, der arbeitet im Einkaufscenter, da hab ich ihn wiedergetroffen.

I: Achso, sind Sie zu ihm hingegangen?

B: Ja, ich bin da, wa- äh, Einkaufscenter vorbeigegangen und der arbeitet da bei Burger King, bei dieser... Ding und da hab ich ihn gesehen, bin ich hingegangen, hab gefragt ob er fünf Minuten Zeit hat, meint er ja, und dann meint ich: Was soll denn der Mist! und so. Er meint: Ja, mit dir hab ich kein Problem, aber mit den an-... Ich so: D- was is' denn für'n Problem, ich mein, das Problem hast du! doch gemacht, als du rausgekommen bist und den ganzen Streit angefangen hast. Ich mein, äh, was denn jetzt das Problem, ob er weiterfährt... Ich, ich, ich fahr durch Stadtteil1 abends, überfahr fast einen Jungen, und dann dreh ich um mit mein' BMW und sag: Ja ey, du hast mein Auto angespuckt, wo's... hätt ich's bloß getroffen, ich hab's nich' mal getroffen! und das versteh ich nich' und jetzt, zum Beispiel das is' so'ne Sache... mit meinem Vater hab ich auch darüber geredet. Ich so, der so: Was hast du gemacht! Ich s-: Ich hab nichts gemacht! Also ich, ich hab

Das Opfer hat das Problem verursacht, weil er den Streit angefangen hat.

Erst überfährt er fast einen Jungen und regt sich dann über das Autoanspucken auf.

Ich verstehe das Opfer nicht.

Mein Vater war vorwurfsvoll mir

ehrlich nich' zugeschlagen, und er beschuldigt mich jetzt zugeschlagen zu haben und...

I: Was glauben Sie, warum der das macht?

B: Ich, d- is' klar, er will, er hat sich so blamiert, dass er jetzt Schmerzensgeld haben will oder so. Das is' klipp und klar weil, äh ihn interessiert das nich', weil zehn Tage Krankenhaus, was weiß ich, was er da alles versucht. Und dann sagt er noch, das war ein Schlagring. Das war nie und nimmer ein Schlagring! Warum sollten wir mitten auf der Straße mit'n Schlagring rumlaufen und was weiß ich, d-drauf warten, dass wir Leu- äh Autos anspucken, damit die umdrehen, dass wir die hau'n oder.

I: Was denken denn Ihre beiden Freunde darüber?

B: Also der eine, der das is' sowieso jetzt verkehrt, äh, aufgeschrieben. Hier steht, dass Mittäter zugeschlagen haben soll, aber Mittäter hat getreten! Und Ferid hat geschlagen und, äh, ich... Er hat den ja von hier geschlagen, ich hab gesehen, das war kein Schlagring, ich hab es ja mit meinen eigenen Augen gesehen und... er is' so hingefallen, aber er is' dann mit'm Kopf auf'n Bordstein gefallen und war für 'ne kurze Zeit bewusstlos. Ich bin da hingegangen, hab ihn sogar hochgehoben und das! is' das Allerschlimmste, wenn man jetzt einen hilft! Man hilft ihm, ich wisch ihm mit meinem eigenen! Taschentuch, wo meine! Rotze drin is', sein Blut weg und

gegenüber.

Das Opfer hat sich so blamiert, dass er jetzt Schmerzensgeld haben will.

Schlag und Tritt sind bei der Anklage auch falsch zugeordnet.

Das Opfer ist mit dem Kopf auf den Bordstein gefallen und war kurze Zeit bewusstlos.
Das Schlimmste ist jemandem zu helfen und dann beschuldigt zu werden.

nachher beschuldigt er mich, dass ich ihn geschlagen hab. Und das is', is' irgendwie so voll, das macht mich sauer 'n bisschen, weil ich hab ihm das auch erzählt so: Ich find das lächerlich was du da machst, nur wegen Schmerzensgeld so was zu machen und, ich find das echt. Also ja, die ander-gegen dich hab ich nichts, aber die andern sollen dafür rächen für diese Narbe hier, also so Narbe halt, ich weiß gar nich', wer ihn das richtig zugefügt hat, weil wir ha'm ihn an den... Auto, ich hab ihn ja an diesen Zaun da gelassen, und... danach hat er noch weitergeflucht und sagt: Ihr werd' noch sehen, ihr werd' noch, das! erleben, ihr werd'... äh, ihr wisst nich', mit wem! ihr euch angelegt habt dies, das! Ah wei-, ich fand das nur noch lächerlich, ich so: Bitte geh zu deinem Auto und fahr weg! Hab ich, sind wir dann weggegangen und die standen immer noch an diesem Zaun. Und paar Tage später, weil ich hab 'ne Jugendinitiative gegründet in Stadtteil1, wir ha'm eine Räumlichkeit dort, da, da sollen paar Leute nach mir gefragt haben, die von ihm! gekommen sind und... keine Ahnung ehrlich so.

I: W-was glauben Sie, wär dann passiert, wenn Sie dagewesen wären?

B: Ich weiß es nich', also, das hat mir nur ein kleiner Junge gesagt, der in dieser Jugendinitiative war, und gerade auch der andere Ferid*, der geschlagen hat, ne? Der is' an den gleichen Abend, war der auf eine... nich' Disco, ich glaub, war da

---

Ich bin sauer, dass er mich mitangezeigt hat.

Das Opfer hat nichts gegen mich, will sich aber an den anderen rächen für die ihm zugefügte Narbe.

Nach den Schlägen hat das Opfer uns allen gedroht.

Nach der Tat wurde mein Mittäter gejagt und ist nur knapp dem Verdroschen-

irgendwie so'n Fest, da war das andere
Opfer, der mit dem äh, diesen Fehmi* war,
ich weiß nich' wie der hei- ich glaub
Waldemar* oder so und der hat dann den
mit seine ganzen Truppe durch ganz, durch
das ganze Rest gejagt oder wo der war.
Hätt er dieses Tax-, wär er nich' in dieses
Taxi eingestiegen, hätten sie ihn dort
verdroschen. Und… ich versteh aber
diesen Jungen echt nich' warum er zurück-
kommt und w- welchen, was er in sein'
Auto hatte, dass er wieder mit'n Auto
zurückdreht und so'n Terz macht, dass ich
s- hinter sein Auto hergespuckt hab. Sagen
wir mal, ich hätte meinen Freund nicht
weggezogen, was wär dann passiert!

I: Wie alt is' der denn eigentlich, der Fehmi*?

B: Der is' so alt wie wir, also so 21, 20, glaub
ich zumindest, und ich weiß auch nich',
woher er diesen BMW her hat mit 20, 21,
aber was mich nur aufregt is', warum er
mich da mit reinzieht. Und ich jetzt
sowieso vor meinen Eltern dann wieder
schlecht ausseh, dass ich einen
zugeschlagen hab und ich hab wie viel
Zeugen: eins, zwei, drei Zeugen sogar. Der
Waldemar* hat selber gesehen, dass ich
nich' zugeschlagen hab, und, und ich
versteh das jetzt nich', warum ich jetzt als
Angeklagter da bin.

I: Wie hat denn der Opfer reagiert, als Sie
danach zu ihm hingegangen sind? Also Sie
hatten ja gesagt…

B: Er war erst mal, äh, geschockt, dass ich
überhaupt ihn gefragt hab so, ob er fünf

Werden entkommen.

Das Opfer ist so alt wie
wir.

Mich regt auf, dass das
Opfer mich da mit
reinzieht und ich so vor
meinen Eltern wieder
schlecht aussehe.
Zeugen können meine
Version bestätigen.

Das Opfer war geschockt
als ich nach der Anzeige

Minuten Zeit hat, und dann auch, hab ich auch zum ihm gesagt: Ich find das nich' fair, was du da machst, ich mein du ziehst mich da in'n Dreck, meine Eltern denken von mir was weiß ich... Und er meinte ja, mit dir hab ich auch eigentlich kein Problem, und ich hab der Polizei auch nur gesagt es könnte sein, dass du zugeschlagen hast, aber es is' klar, der will nur Schmerzensgeld haben.

> Das Opfer will nur Schmerzensgeld haben.

I: Wie sind Sie denn da bei dem Gespräch aus'nander gegangen? Also ha'm Sie sich mehr gestritten oder...

B: Ich hab, ich hab... Nein, nein, nich' gestritt-, ich hab das, ich hab ganz normal mit den geredet? Ich hab ihn auch, was in's Gesicht gesagt. Ich sag: Ich find das lächerlich, was du machst.

I: Hm hmhm, und was hat er da gesagt?

B: Er meinte: Ja, das Gericht wird entscheiden. Ich so: Ja, das Gericht wird! auch entscheiden, ich mein du hast a- fast meinen Freund überfahren und dann willst du was weiß ich, wegen so'ne kleine Narbe heulst du hier einen ab und... Ja, da sagt er zu mir: Wegen dieser Narbe konnt ich nich' für mein Abitur lernen dies! und ich mein: Wem erzählst du das? Als ob ich voll für mein Abitur lernen konnte, wo ich meine Jungendinitiative gebaut hab. Ich mein, das is' auch, is' Schnackerei, soweit ich erfahren hab, weil der eine, ei- Angeklagte, kommt aus demselben Land wie Fehmi*, er weiß, dass seine Mutter von dem! im Krankenhaus arbeitet und durch

> Das Opfer hätte fast meinen Freund überfahren und heult wegen einer kleinen Narbe.
> Das Opfer behauptet wegen seiner Narbe konnte er nicht voll für das Abitur lernen.
> Ich konnte wegen meines sozialen Engagements auch nicht voll für das Abitur lernen.
> Die Mutter des Opfers arbeitet im Krankenhaus

mit ihm sprechen wollte.

Beziehungen ihn auch zehn Tage da drinne gelassen hat, dass er jetzt denkt wegen Scheffel und so, verstehen Sie wegen Schmerzensgeld, und… ich find das lächerlich, ehrlich, weil ich komm aus'm Auto m-m-muck auf, mach: Wer, wer hat mein Auto angespuckt dies! das, anstatt sein' Weg einfach weiterzufahren und die Sache, gar nichts passiert. *(und hat es mit ihren Beziehungen erreicht, dass das Opfer länger im Krankenhaus bleiben kann, um mehr Schmerzensgeld zu scheffeln. Wäre das Opfer weiter gefahren, wäre gar nichts passiert.)*

I: Also Sie können sich dann auch nich' erklären, warum der so reagiert hat?

B: Versteh ich nich', versteh ich echt nich'. Weil… stellen Sie sich vor, Sie fahren abends durch Stadtteil1 vorbei, da sind fünf Leut- oder wie viel waren… vier Leute an der Straße, und Sie überfahren fast einen und dann kommt einer und muckt so: Ey! Und spuckt hinter das Auto. Warum soll ich dann umdrehen. Fa- ich, fahr doch meinen Weg einfach weiter, und denn wo er gekommen is', ich bin echt gleich wieder auf die andere Straßenseite gewechselt, weil ich dachte, das is' irgendso'n, ich hab Scheiße gebaut, das is' irgendso'n Macker mit 'ner Knarre oder so. Irgendso einer und ich bin gleich wieder auf die Straßenseite weitergegangen und auf einmal kommt der, ich bin ja erst so gegangen normal, und dann kamen die ja zwei angerannt: Ey! Wer hat mein Auto angespuckt, wer hat mein Auto an-…

Dann ha'm wir uns umgedreht, und dann erst nach diesem Reden hab ich gemerkt: Ey, das is' ja nur so einer wie ich so und da kam aber, ich glaub der hat Ferid* hat der, *(Erst nach dem Reden merkte ich, dass das Opfer so einer war wie ich und kein Macker mit einer)* glaub ich, geschubst oder so. Und dann fing diese Ding, das waren echt zwei T-, also ein Tritt und ein Schlag, dann lag er schon auf'm Boden und für dies-, echt für so'n großes Maul und dann lag er sofort auf'm Boden und dann, ich hab, ich bin dann dazwischen gegangen.

Knarre.

Für so ein großes Maul, lag das Opfer schnell am Boden.

I: Hm hmhm. Was versprechen Sie sich denn jetzt vom Täter-Opfer-Ausgleich genau?

B: Also ich, ich weiß ganz gen-, das wird glaub ich nichts bringen, weil wir ha'm ja schon da diese, im April is' ja diese Verhandlung, aber ich glaub nich', dass die das bis dahin schaffen, weil hier is' schon... am 16. April is' die Verhandlung, und ich hab keine Ahnung ob die das da bis dahin hin schaffen. Also ich weiß nich', ich hab hier auch jetzt 'n neues Schreiben bekommen vom Amt für Soziale Dienste. Das is' ähm, das sind so Jugendrichter, die suchen dann auch so irgendwie Zusammenhänge des Tatvorwurfs. Gucken Sie zum Beispiel, was ich für Schreiben bekomme. Das is' so, als wär' ich so'n Krimineller oder was weiß ich so. – Sie werden beschuldigt! so und so, und das is' echt heftig.

Der TOA wird nichts bringen, weil die Schlichtung zeitlich nicht vor der Verhandlung geschafft werden kann.

Der Brief der Jugendgerichtshilfe gibt mir das Gefühl, als wäre ich so ein Krimineller.

I: Ja. Aber also angenommen Sie... Der, der Täter-Opfer-Ausgleich geht irgendwie über die Bühne und Sie sitzen dann eben mit dem Opfer zusammen, was, was glauben Sie denn, wie das dann ab-, wie das dann ablaufen wird?

B: Ich weiß es nich', weil dies-, der is' echt so

komisch, weil ich hab echt zweimal schon mit ihm geredet. Also einmal da im Einkaufscenter und einmal davor, das war glaub ich aber, das war irgendwie auch, wann war das so, Juni oder so müsste das sein, letzten Jahres Juni! Da hab ich ihn beim, äh, Imbiss1, das is' so'n Imbiss dahinten in der Straße2, getroffen, ha- hab ich auch mit ihm... al- also mit dem, ich hab ja normal mit ihm geredet so, und ich hab ihn immer gefragt, warum er das macht jetzt so mit, äh, warum er uns anzeigt und uns beschuldigt mit'n Schlagring zuzuhau'n und so. Er meint: Das war ein Schlagring, das war ein Schlagring! Ich so, ich hab ihn auf alles geschwört, was ich, was mir heilig ist: Das war kein Schlagring! Äh w- das geht sonst nich' dies nich', ich hab zwei Ärzte, die, die, die mich, die mir das gesagt haben und so! Das versteh ich auch nich'.

> Ich habe zweimal mit dem Opfer nach der Tat normal geredet.

> Ich habe dem Opfer geschworen, dass es kein Schlagring war.

I: Ahm, ja ich würd Sie noch gerne fragen, ob Sie irgendwas noch benennen können, was Sie durch Ihre Kindheitserfahrungen gelernt haben. Sie ha'm ja schon 'n bisschen die Szene mit Ihrer Schwester, beschrieben, wo das dann danach in der Schule besser lief – gibt es da noch irgendwas...

B: Das is' eigentlich, ich... bei mir is' so, mich bewundern meine Freunde eigentlich in Stadtteil1. Das is' so, dass ich echt von meinen Freunden so, s- ich, ich hab... viele haben nicht das Abitur dort so, das sind auch viele die, die ehrlich so Täter-Opfer-

> Meine Freunde im Stadtteil bewundern mich, weil ich Abitur habe und nicht so viel Mist baue.

Ausgleich machen und so. Die, die auch bisschen Mist gebaut haben und so, und bei de-, ich hab da echt 'n bisschen gelernt so auf… weil ich auch auf der Straße 'n bisschen aufgewachsen bin, hab ich eigentlich das gelernt, dass ich so v-viele Leute ke-, so mit Leuten klarkommen kann. Das hab ich echt so gelernt, das is' äh… egal welche Kultur die haben, egal welche Religion die haben, dass ich mich mit denen echt gut verstehen kann so.

> Ich bin auf der Straße aufgewachsen und habe gelernt, mit vielen Leuten klarzukommen.
> Ich habe gelernt, dass ich mich mit anderen gut verstehen kann, egal welche Kultur oder Religion die haben.

I: Hm hmhm. Ähm, gibt es auch etwas, von dem Sie sagen würden, das ha'm Sie durch den Vorfall, der Ihnen vorgeworfen wird, gelernt?

B: Also ich find, ich find, dass… nur was ich da lernen kann is', wie geizig! man sein kann. Also ich versteh das echt nich', dass man Leute einfach so beschuldigt, die Sachen nich' gemacht haben. Und i-, wo ich ihm das gesagt hab, werd ich denn aufgehoben und so und da hab ich gemerkt, wie er wegguckt… ja, es könnte sein, ich hab der Polizei gesagt, es könnte, es könnte… Ich mein, ich find das echt schmutzig von dir. Und er zieht ja echt, er zieht mich jetzt zum Beispiel in den Dreck mit da rein, und Sie sehen ja was ich für Schreiben bekomme. Sie werden beschuldigt dies! zu machen. das! zu machen, weiß ich nich' und ich ich hab jetzt das Problem sogar, ich hab ja kein Rechtschutzversicherung, das heißt ich müsste mir jetzt glaube ich 'n Anwalt so holen oder ich weiß gar nich', wie ich das

> Ich finde die Anzeige des Opfers schmutzig von ihm. Das Opfer zieht mich in den Dreck.

> Ich habe keine Rechtschutzversicherung, ich weiß nicht, ob ich mir einen Anwalt besorgen soll.

machen soll. Ich will ja auch diesen
Jugendrichter fragen, wie das ablaufen soll,
weil ich war noch nie in mein' Leben vor
Gericht oder so. Ich hab echt keine
Ahnung, wie ich das machen soll.

Ich war noch nie zuvor vor Gericht, ich weiß nicht, wie ich das machen soll.

I: Gut, dann hab ich Ihnen jetzt ganz viele
Fragen gestellt und äh, Sie ha'm sich Mühe
gegeben, die zu beantworten. Ha'm Sie
noch irgendwas, was Sie hinzu- hinzufügen
möchten, wo Sie sagen würden, das is' was
ganz Wichtiges, wonach ich Sie nich'
gefragt habe, was noch fehlt?

B: Eigentlich nich' so von… Es is' ja so
Beziehung zwischen Familie und so – läuft
eigen- das is' echt so. Ich bewunder' also
echt unsere Familie, dass wir so
zusammenhalten und so. Das is' echt so
das Coole bei uns und ich hoffe, dass das
auch so weiterhin bleibt.

Meine Familie hält zusammen und das ist das Coole bei uns.

I: Gut, dann sind wir fertig.
B: Das is' cool.

8.1.3 Einzelfallanalyse

In dem nächsten Bearbeitungsschritt wird der fokussierte Text weiter verdichtet, indem er in verallgemeinernde Einzelaussagen transformiert wird, die die fokussierten Inhalte prägnant zusammenfassen. Zunächst werden in iterativen Durchgängen durch das Material die Teile des fokussierten Textes zusammengeführt, die dasselbe Thema berühren. Ich habe zur Vereinfachung der Themensammlung Relevanzbereiche definiert, die sich aus dem Material entwickelten und das subjektive Erleben der Straftat und der Folgen strukturieren. Die Relevanzbereiche aus den Interviews der Beschuldigten sind:
1) die Gefühle und Gedanken, die während der Tat erlebt wurden,
2) die Reflexion der Konsequenzen und Folgen der Tat für Täter und Opfer,
3) die Wahrnehmung des Opfers während und nach der Tat,
4) die nachträgliche Bewertung der Tat.
5) Ein weiterer Relevanzbereich, der sich nicht unmittelbar auf die Tat bezieht, ergab sich ebenfalls aus dem Material und wurde unter die Überschrift »Selbstbild« gefasst.

Dabei werden so viele Einzelaussagen gebildet, bis der Text vollständig in ihnen enthalten ist. Die Einzelaussagen stellen eine thematische Gliederung dar, die sich noch stark auf die Relevanzsysteme des Probanden bezieht, d. h. es werden keine begrifflich-theoretischen Explikationen vorgenommen, wohl aber zusammenfassende abstrahierende Formulierungen. Diese weitere Fokussierung folgt der zentralen Fragestellung, die Einsichtsprozesse der Probanden zu dokumentieren. Zur Veranschaulichung werden in der folgenden Tabelle 8.1 auf der nächsten Seite aus jedem Relevanzbereich verallgemeinernde Einzelaussagen aus dem fokussierten Textbeispiel (s. o.) gezeigt. Die Einzelaussagen schließen an den fokussierten Text an und sind jeweils kursiv markiert.
Der Einzelfallanalyse des jeweiligen Interviews folgt die Verdichtung des subjektiven Erlebens der Straftat und ihrer Folgen in einen Kernsatz, der das zentrale Thema und Fazit des gesamten Interviewausschnittes umfassen soll. Der Kernsatz stellt jeweils ein Originalzitat aus dem Interview dar. Aus dem bisher gezeigten Textbeispiel habe ich folgenden Kernsatz ausgewählt:

»Das Schlimmste ist jemandem zu helfen und dann beschuldigt zu werden.«

1) *Eigene Beteiligung an der Tat (Gefühle, Gedanken)*
Das Opfer kam auf uns zu gerannt und fragte, wer sein Auto angespuckt hat und ich sagte ihm, dass ich es war. Dann ging es so schnell, dass meine Mittäter das Opfer geschubst, geschlagen und getreten haben. Die Tat war echt so durcheinander, tick tack, er lag auf dem Boden und dann war die Sache gegessen.
Die Tat ging so schnell und war so durcheinander.

2) *Konsequenzen der Tat (für Täter und Opfer)*
Mein Vater war vorwurfsvoll mir gegenüber. Ich sehe durch die Anzeige vor meinen Eltern wieder schlecht aus.
Ich stehe vor meinen Eltern schlecht da.

3) *Aussagen über das Opfer*
Er beschuldigt uns, dass einer mit einem Schlagring zugeschlagen hätte. Das stimmt alles gar nicht. Das Opfer hat zu der Polizei gesagt, dass es sein könnte, dass ich ihn auch geschlagen habe.
Das Opfer macht eine Falschaussage.

4) *Eigene Sicht auf die Tat (nachträgliche Bewertung, Schuldanteile)*
Ich habe das nicht gemacht, was mir vorgeworfen wird. Selbst das Opfer sagt, dass ich nicht zugeschlagen habe. Als der Brief vom Gericht kam, dachte ich, dass ich Zeuge bin und nicht Angeklagter. Schlag und Tritt sind bei der Anklage auch falsch zugeordnet. Die Vorwürfe des Opfers stimmen alle gar nicht.
In der Anklage werde ich zu Unrecht beschuldigt.

5) *Selbstbild*
Ich habe zweimal mit dem Opfer nach der Tat normal geredet. Der Brief der Jugendgerichtshilfe gibt mir das Gefühl, als wäre ich so ein Krimineller. Meine Freunde im Stadtteil bewundern mich, weil ich Abitur habe und nicht so viel Mist baue. Ich konnte wegen meines sozialen Engagements auch nicht voll für das Abitur lernen.
Ich bin kein Krimineller, sondern ein Vorbild für Freunde aus meinem Stadtteil.

Tabelle 8.1: Textbeispiel für die Transformation des gekürzten Materials in verallgemeinernde Einzelaussagen

8.1.4 Die Kategorienbildung

Erst über die Bildung von Kategorien aus den verallgemeinerten Einzelaussagen aus dem fokussierten Text ist eine fallübergreifende Vergleichsbetrachtung möglich. Eine Generalisierbarkeit der Ergebnisse ist auf der Grundlage der Datenbasis vertretbar, da es sich um homogenes Material handelt und die Untersuchungsgruppengröße gemäß den Vorgaben von 10 bis maximal 20 Einzelfällen eine theoretische Sättigung erreicht (Tress/Fischer 1991). Jüttemann (1990) schlägt die Bündelung der über die Einzelfallanalyse gefundenen Einzelaussagen in Komparationstabellen vor, d. h. Übereinstimmungen von mindestens zwei Personen werden zusammengefasst mit dem Ziel einer überindividuellen Typologie. Dieser Auswertungsschritt erfolgt nach dem Prinzip der Minimalinterpretation, damit die individuelle Aussage so originalgetreu wie möglich erhalten bleibt. Zu diesem Zweck erfolgt eine weitere Überarbeitung der bisher entwickelten Einzelaussagen zu übergeordneten Kategorien. Aufgrund des Pilotcharakters der Studie und des damit einhergehenden Mangels an bereits explizierten Kategorien zu dem subjektiven Erleben des kriminellen Verhaltens der Probanden wird in diesem Auswertungsschritt ein induktives Vorgehen gewählt im Sinne des »offenen Kodierens« (Strauss 1991). Der Auswertungsschritt erfolgt auf der Grundlage von Diskussionen innerhalb der Forschergruppe im Bremer Institut für Theoretische und Angewandte Psychoanalyse (BITAP) und wird an jeweils einer Beispielkategorie aus jedem der fünf Relevanzbereiche dargestellt. Jeweils kursiv hervorgehoben ist die Kategorie, die die Überschrift der darunter gefassten Einzelaussagen darstellt, die Zahl in Klammern dokumentiert die Häufigkeit der jeweiligen Kategorie (vgl. Tabelle 8.2 auf der nächsten Seite). Da die Einzelaussagen, die eine Kategorie konstituieren, gezählt werden und somit auch die Wertigkeit der Kategorie bestimmen, habe ich in die jeweilige Kategorie nur jeweils eine Einzelaussage eines jeweiligen Probanden aufgenommen. Folglich steht die Ziffer hinter der Kategorie auch für die Anzahl an Personen, die eine Einzelaussage zu diesem Thema tätigten. Konnten mehrere Einzelaussagen eines Probanden einer Kategorie zugeordnet werden, so führte dies in einem Rückwärtsschritt dazu, die Einzelaussagen im Sinne einer weiteren Verdichtung zu überarbeiten. Die Ergebnisse des fallübergreifenden Vergleichs werden ausführlich im nächsten Unterkapitel beschrieben.

8.2 Ergebnisse des fallübergreifenden Vergleichs

Entsprechend der in Abschnitt 8.1 auf Seite 216 eingeführten und an einem Beispiel durchgeführten qualitativen Auswertungsmethode wurden 36 Interview-Ausschnitte von 18 Probanden ausgewertet. Der fallübergreifende Vergleich der Komparationstabellen erfolgt zum einen als Gesamtgruppenvergleich in Bezug auf die Untersuchungszeitpunkte vor und nach dem Täter-Opfer-Ausgleich. Darüber hinaus werden wie schon in der statistischen Auswertung die beiden Gruppen (reflexive Gruppe vs. nicht-reflexive Gruppe) miteinander ver-

1) *Ich habe das Opfer geschont/mich ihm gegenüber positiv verhalten.* (8×)
   Ich habe dem Opfer keinen Schaden zugefügt. (4×)
   Ich habe dem Opfer einen Gefallen getan. (3×)
   Ich habe versucht, das Opfer zum Weggehen zu bewegen.
2) *Ich stehe vor meinen Eltern/meinem sozialen Umfeld schlecht da.* (5×)
   Ich stehe vor meinem sozialen Umfeld schlecht da.
   Ich stehe vor meinen Eltern schlecht da.
   Meine Eltern sind von mir enttäuscht.
   Meine Mutter war traurig über meine Tat.
   Meine Mutter macht sich Sorgen wegen der gerichtlichen Folgen.
3) *Das Opfer macht eine Falschaussage.* (8×)
   Das Opfer erzählt aus Gründen des Stolzes eine übertriebene Version der Tat.
   Das Opfer macht eine Falschaussage. (3×)
   Das Opfer war schon vorher verletzt. (2×)
   Das Opfer hat seine Verletzung nicht von mir bekommen.
   Vielleicht macht das Opfer eine Falschaussage.
4) *Ich finde die Anzeige lächerlich.* (7×)
   Ich bin verwundert über die Anzeige, weil ich dachte, die Sache sei bereits erledigt.
   Ich finde die Anzeige lächerlich. (3×)
   Ich habe mich um das Opfer gesorgt, bis ich von der Anzeige erfuhr.
   Ich lasse mir die Anzeige nicht gefallen.
   Ich ärgere mich, dass ich keine Anzeige gemacht habe.
5) *Ich habe ein ehrbares Selbstbild, bin kein Krimineller.* (5×)
   Ich bin kein Krimineller, sondern ein Vorbild für Freunde aus meinem Stadtteil.
   Ich will zuverlässig und immer für meine Freunde da sein.
   Ich bin kein Krimineller. (2×)
   Ich bin nicht auf Schlägereien aus.

Tabelle 8.2: Textbeispiele für die Bildung von Kategorien aus den verallgemeinernden Einzelaussagen

glichen, um die These zu belegen, dass die Reflexive Kompetenz qualitativ unterschiedliche Mentalisierungs- und somit Einsichtsprozesse bedingt. Die Qualität der Mentalisierungsprozesse hat m. E. auch zu den unterschiedlichen Fazits beigetragen, wie sie bei der Kernsatzauswertung deutlich werden. Für die Gruppeneinteilung wurde jeweils die Eingangs-RK zugrunde gelegt. Beide Gruppen bestehen aus jeweils neun Probanden, wobei die identische Gruppengröße sich nicht aus einer Vorgabe, sondern entsprechend der Verteilung der Probanden ergeben hat.

Bevor die Komparationstabellen beschrieben werden, sollen die Einzelfälle über die Kernsätze »lebendig« werden und die generellen Tendenzen der Einsichtsentwicklung aufzeigen. Die Kernsätze sollen an dieser Stelle einerseits verdeutlichen, wie heterogen sich die Gruppe in dem subjektiven Erleben der Straftaten darstellt. Andererseits dokumentieren sie eindrücklich, dass sich die Vermutung nicht bestätigt, die Probanden würden sich in ihren Antworten nur an der sozialen Erwünschtheit orientieren. Einen Überblick über sämtliche Einzelfälle zeigt Tabelle 8.3 auf der nächsten Seite, die mit erfundenen Namen versehen worden ist. Die Tabelle verbindet das Alter der Probanden bei der Erstuntersuchung, das Delikt, die Eingangs-RK mit den in der qualitativen Auswertung gefundenen Kernsätzen. Die drei heller unterlegten Fälle werden unter Abschnitt 8.3 auf Seite 259 in einer idiografischen Aufarbeitung detaillierter dargestellt.

8.2.1 Die Auswertung der Kernsätze

Die Kernsätze spiegeln in verdichteter Form das Fazit der Probanden hinsichtlich ihres subjektiven Erlebens der Straftat wider. Ich beginne zunächst mit den Kernsätzen der Vorher-Untersuchung. Sowohl bei den Körperverletzungsstraftaten als auch bei den Raubtaten erklären sich einige der Probanden vor dem Täter-Opfer-Ausgleich im Kern als unschuldig (z. B. Simon: »Ich habe überhaupt nichts damit zu tun.« und Bülent: »Ich verstehe nicht, warum ich mitangezeigt wurde.«). Die anderen Kernsätze trennen zwischen den verschiedenen Delikten. Hinsichtlich der Körperverletzungen bezeichnen einige Beschuldigte das Opfer als für die Tat verantwortlich (z. B. Mirko: »Ich habe mich gewehrt, weil ich mich nicht einfach so niedermachen lassen will.«). Andere in dieser Gruppe verdeutlichen im Rahmen der Vorher-Untersuchung hingegen ein rudimentäres Bewusstsein für ein Fehlverhalten (z. B. Jochen: »Ich habe eingesehen, dass ich vorher vielleicht mehr nachdenken und nicht so überreagieren sollte.«). Nur bei den Raubtaten, für die Opfer kaum verantwortlich gemacht werden können, gibt es vor dem Täter-Opfer-Ausgleich Hinweise auf Reue und Bedauern (z. B. Mohamed: »Ich will so etwas nie wieder machen, lieber gehe ich arbeiten.«). Gleichzeitig verdeutlichen andere Beschuldigte, denen Raubtaten zur Last gelegt werden, dass sie für ihr Handeln kein Unrechtsbewusstsein haben, sondern rechtfertigen ihre finanziellen Motive, die sie über das individuelle Leid eines Opfers stellen (z. B. Ümit: »Es war dumm, die Tat bei mir in der Gegend zu machen, aber ich brauchte ganz schnell Geld.«).

Name*	Alter Prä	Delikt	Eingangs-RK	Kernaussage über die Tat vor dem TOA	Kernaussage über die Tat nach dem TOA
Andrej	17	Raub	3 C (niedrig, uneinheitlich)	»Das Opfer dachte, es wäre ein Gangster und ihm könnte nichts passieren.«	»Durch den TOA habe ich gesehen, dass das Opfer kein Spasti sondern mir ähnlich ist.«
Mohamed	19	Schw. Raub	2 (verleugnend)	»Ich will so etwas nie wieder machen, lieber gehe ich arbeiten.«	»Ich schäme mich, dass ich so einem netten Menschen so etwas angetan habe.«
Jaro	20	Raub	4 (durchschnittlich mit Tendenzen zum Klischee)	»Mein Gehirn war aufgrund der Drogen nicht mehr funktionstüchtig.«	»Ich finde es nicht schlimm, dass das Opfer kein Treffen wollte, weil es mir die Tat nicht hätte verzeihen können.«
Bülent	18	Raub	4 (durchschnittlich mit Tendenzen zum Klischee)	»Ich verstehe nicht, warum ich mit-angezeigt wurde.«	»Ich habe die Bewährungsstrafe bekommen, weil ich das angeblich nicht eingesehen habe.«
Ümit	17	Raub	5 A (durchschnittlich)	»Es war dumm, die Tat bei mir in der Gegend zu machen, aber ich brauchte ganz schnell Geld.«	»In der ersten Zeit war der TOA erniedrigend, weil ich mich wie ein Krimineller fühlte, aber ich habe dabei gelernt, dass man für die Scheiße auch gerade stehen muss.«
Sami	17	Raub	-1 (bizarr, feindselig)	»Ich werde niemals erwischt, ich habe so gute Verstecke, wo die Polizei nicht hinkommt.«	»Bei dem nächsten Scheißebauen mache ich eine Therapie und geh nicht in den Knast.«

Tabelle 8.3: Kernaussagen aus der qualitativen Auswertung der Prä-Post-Interviews zur Tat. (KV = Körperverletzung, Gef. KV = Gefährliche Körperverletzung)
*Die Namen wurden verändert

Name*	Alter Prä	Delikt	Eingangs-RK	Kernaussage über die Tat vor dem TOA	Kernaussage über die Tat nach dem TOA
Serkan	19	Schw. Raub	3 A (niedrig, naiv)	»Man muss Scheiße bauen, nur irgendwann übertreibt man es, es wird immer größer und plötzlich hast du einen Banküberfall hinter dir.«	»Ich finde es schade, dass ich den Banküberfall nicht geschafft habe, ganz ehrlich.«
Boris	19	Schw. Raub	3 C (niedrig, uneinheitlich)	»Ich wollte niemanden verletzen.«	»Ich habe mich zu sehr geschämt, um das Opfer zu besuchen.«
Simon	18	KV	4 (durchschnittl. mit verleugnenden Passagen)	»Ich habe überhaupt nichts damit zu tun.«	»Ich kann ja auch nicht sagen, dass wir nichts gemacht haben, das ist ja auch nicht wahr.«
Jochen	18	KV	2 (zwischen Verleugnung und Klischee)	»Ich habe eingesehen, dass ich vorher vielleicht mehr nachdenken und nicht so überreagieren sollte.«	»Ich glaube, ich würde meinem Freund wieder helfen, egal in welcher Situation.«
Mirko	20	Gef. KV	5 A (durchschnittlich)	»Ich habe mich gewehrt, weil ich mich nicht einfach so niedermachen lassen will.«	»Das Opfer hatte die Chance auf eine friedliche Regelung, weil er aber vor Gericht wollte, habe ich Schmerzensgeld abgelehnt.«
Thomas	17	KV	5 A (durchschnittlich)	»Ich denke, dass ich damit klar komme, das nie wieder zu machen.«	»Mir tut es nicht mehr so leid, weil das Opfer die Situation ausgenutzt hat und bei seiner Meinung geblieben ist.«

*Tabelle 8.3: Kernaussagen aus der qualitativen Auswertung der Prä-Post-Interviews zur Tat. (KV = Körperverletzung, Gef. KV = Gefährliche Körperverletzung) (Fortsetzung) *Die Namen wurden verändert*

Bereits der Vergleich der Kernsätze der Vorher- und Nachheruntersuchung verdeutlicht bei einem Teil der Probanden eine Veränderung des subjektiven Erlebens der Straftat nach einem Täter-Opfer-Ausgleich, während andere auf ihren Positionen verharren bzw. sogar Negativentwicklungen deutlich werden. Im juristischen Kontext wurde bei allen Beschuldigten in der Hauptverhandlung eine Täterschaft im Sinne der Anklageschrift festgestellt. Trotzdem wird die Täterschaft bei einigen weiter bestritten (z. B. Bülent, Hubert, Abdel und Saied: »Ich denke für mich, dass ich keine Straftat begangen habe.«), während Simon entgegen der Vorher-Untersuchung nunmehr Täteranteile einräumt: »Ich kann ja auch nicht sagen, dass wir nichts gemacht haben, das ist ja auch nicht wahr.« Andrej und Martin schildern im Kern eine Annäherung an das Opfer, über das sie sich in der Vorher-Untersuchung eher erzürnten (Andrej: »Durch den Täter-Opfer-Ausgleich habe ich gesehen, dass das Opfer kein Spasti, sondern mir ähnlich ist.«). Jaro, Mirko und Thomas erklären, dass keine Einigung zustande kam, weil das Opfer dies vereitelte. Mirko und Thomas sind deshalb verärgert über das Opfer, während Jaro eher erleichtert ist, das Opfer nicht getroffen zu haben: »Ich finde es nicht schlimm, dass das Opfer kein Treffen wollte, weil es mir die Tat nicht hätte verzeihen können.« Mohamed und Boris äußerten bereits vor der Schlichtung ein deutliches Bedauern für ihre Taten und können nach dem Täter-Opfer-Ausgleich über ihre Schamgefühle gegenüber den Opfern sprechen. Ferid hat vorher den Fokus seiner Betrachtung auf ein Fehlverhalten des Opfers gelegt und kommt nach der strafrechtlichen Mediation stärker dazu eigene Anteile zu sehen, wenn er berichtet, Angst vor den Folgen überflutender eigener Aggression zu haben. Dem gegenüber stehen die Äußerungen von Sami, Jochen, Hamdin und Serkan, die eine Wiederholung der Taten offen in Erwägung ziehen (z. B. Serkan: »Ich finde es schade, dass ich den Banküberfall nicht geschafft habe, ganz ehrlich.«). Bereits bei der Betrachtung der Kernsätze gibt es also neben Hinweisen für Einsichtsprozesse ebenfalls Anzeichen für eine Verhärtung im Sinne einer Verteidigung der eigenen Position bis hin zu offenen Äußerungen, die Straftaten wiederholen zu wollen. Insbesondere die Aussagen zu weiteren Straftaten werte ich als ein Hinweis für die Offenheit, mit der sich die Probanden in den Interviews äußerten.

8.2.2 Einsichtsentwicklung vor und nach dem Täter-Opfer-Ausgleich der gesamten Gruppe

Die folgenden Tabellen zeigen Ausschnitte aus den Komparationstabellen der gesamten Gruppe vor und nach dem Täter-Opfer-Ausgleich, aus denen ich deskriptiv und interpretativ, d. h. vor dem Hintergrund meiner Referenztheorien, Aussagen über die Einsichtsentwicklung der Probanden herleiten werde. Die kompletten Komparationstabellen befinden sich im Anhang dieser Arbeit. Ich werde dabei die jeweiligen Relevanzbereiche getrennt bearbeiten. Die Auswahl relevanten Materials gründet sich darin, ob und welche Mentalisierungsprozesse und Einsichtsgewinne zwischen den beiden Untersuchungszeitpunkten deutlich werden. Ich verstehe Einsicht im Sinne meiner Definition von Einsicht (vgl. Kapitel 3) als Resultat aktiver Mentalisierung, d. h. das eigene und das Verhalten anderer als absichtsvoll und basierend auf psychischen Befindlichkeiten zu verstehen, was als Zurücktreten von Abwehrvorgängen interpretiert und verstanden werden kann. Außerdem werden die Ergebnisse vor dem Hintergrund der im 4. Kapitel referierten Kriminalitätstheorien diskutiert. In meiner Darstellung werde ich deskriptive Analysen und Interpretationen voneinander trennen.

Die Mehrzahl der Probanden beschreibt die Straftat zu beiden Erhebungszeitpunkten subjektiv als ein Erlebnis, das unkontrolliert und ungeplant geschieht, als etwas das ihnen geschieht, ohne dass sie einen steuernden Einfluss auf das Geschehen nehmen können, was die theoretischen Überlegungen zu überflutender Gewalttätigkeit stützt. Somit erleben die Befragten die Straftat als nicht vollständig absichtsvoll. Auch dass nur knapp ein Drittel der Probanden in beiden Interviews eigene Angstgefühle während der Straftat schildert, steht im Einklang mit der Tendenz zur phänomenologischen Furchtlosigkeit. Überraschend erscheint, dass sowohl vor als auch nach dem Täter-Opfer-Ausgleich von acht Probanden die eigene Rolle dem Geschädigten gegenüber als schonend eingestuft wird. Dieselbe Anzahl von Personen äußert ebenfalls stabil über beide Erhebungszeitpunkte, dass sie zumindest die Absicht hatten, das Opfer zu schonen. Fünf der Probanden betonen vorher, dass die Tat im Kontext einer Hilfeleistung gegenüber einem Freund zu sehen ist, was nach dem Täter-Opfer-Ausgleich jedoch mit nur noch zwei Nennungen in den Hintergrund gerät. Dies kann als ein Hinweis für ein gestiegenes Bewusstsein der Eigenverantwortung für die Tat betrachtet werden. Eine Entwicklung zwischen beiden Zeitpunkten hinsichtlich gestiegener Verantwortlichkeit für das Tatgeschehen

Vorher (N=18)	Nachher (N=18)
1) Die Tat war wie im Traum (Rauschzustände, Kontrollverluste, Ungesteuertheit). (12x)	1) Die Tat war wie im Traum (Rauschzustände, Kontrollverluste, Ungesteuertheit). (11x)
2) Ich habe das Opfer geschont/ mich ihm gegenüber positiv verhalten. (8x)	2) Ich habe das Opfer geschont/ mich ihm gegenüber positiv verhalten. (8x)
3) Ich habe mich über die Bedürfnisse/Gefühle des Opfers hinweggesetzt. (7x)	3) Ich habe mich über die Bedürfnisse/Gefühle des Opfers hinweggesetzt. (13x)
4) Ich wollte das Opfer schonen (nicht verletzen, nicht ängstigen). (7x)	4) Ich wollte das Opfer schonen (nicht verletzen, nicht ängstigen). (6x)
6) Ich hatte Angst. (5x)	6) Ich hatte Angst. (4x)
7) Ich wollte mit der Tat einer nahe stehenden Person helfen. (5x)	7) Ich wollte mit der Tat einer nahe stehenden Person helfen. (2x)
8) Ich habe mich durch das Opfer bedroht gefühlt und musste mich schützen. (5x)	8) Ich habe mich durch das Opfer bedroht gefühlt und musste mich schützen. (1x)
	11) Ich fühlte mich durch das Opfer beleidigt und provoziert. (3x)

Tabelle 8.4: Eigene Beteiligung an der Tat (Gefühle, Gedanken) im Prä-Post-Vergleich

ist auch bei der Einschätzung zu verzeichnen, sich über die Bedürfnisse des Geschädigten hinweggesetzt zu haben (Kategorie 3). In dieser Kategorie werden Aussagen zusammengefasst, welche die gewalttätige Durchsetzung eigener Interessen auf Kosten des Opfers betreffen. Während vor dem Täter-Opfer-Ausgleich nur sieben Interviewte über diesen Punkt sprechen, ist das Eingestehen einer gewalttätigen Durchsetzung gegen die Interessen und Bedürfnisse des Opfers die häufigste Nennung ($N = 13$) in der Zweituntersuchung in diesem Relevanzbereich. Einen weiteren Hinweis auf eine eventuelle Steigerung der (inneren) Wahrnehmungsprozesse im Sinne der eigenen Rolle und der Wahrnehmung des Gegenübers zeigt sich in Kategorie 8. Während bei der Erstuntersuchung noch fünf Probanden angeben, sich mit der Tat vor der Bedrohlichkeit des Opfers schützen zu müssen, sinkt dies auf eine einzige Nennung in der Zweituntersuchung. Unter psychoanalytischen Gesichtspunkten verweist diese Entwicklung auf eine Abnahme von projektiven Mechanismen, d. h. die eigene Aggressivität wird durch die Bearbeitung im Täter-Opfer-Ausgleich nicht länger im Opfer verankert. Weitere Hinweise dazu ergibt die Kategorie 11, die sich erst in der Zweituntersuchung aus dem Material ableiten ließ und zusammenfasst, der Täter habe sich provoziert und bedroht *gefühlt*. Zumindest drei der Probanden differenzieren an dieser Stelle zwischen ihrer Situationseinschätzung (subjektive Wirklichkeit) und der Situation selbst (Realität).

Vorher (N=18)	Nachher (N=18)
1) Ich habe mir keine Gedanken über die Folgen gemacht (Opfer, Gericht). (10x)	1) Ich habe mir keine Gedanken über die Folgen gemacht (Opfer, Gericht). (2x)
2) Ich habe Sorgen wegen der gerichtlichen Folgen. (8x)	2) Ich habe Sorgen wegen der gerichtlichen Folgen. (2x)
3) Ich stehe vor meinen Eltern/ meinem sozialen Umfeld schlecht da. (5x)	3) Ich stehe vor meinen Eltern/ meinem sozialen Umfeld schlecht da. (3x)
4) Das Opfer leidet unter den Folgen. (3x)	4) Das Opfer leidet unter den Folgen. (3x)
5) Eine körperliche Vergeltung wurde angedroht/wurde vollzogen. (4x)	5) Eine körperliche Vergeltung wurde angedroht/wurde vollzogen. (1x)
8) Die Tat hat keine gravierenden Folgen für mich. (2x)	8) Die Tat hat keine gravierenden Folgen für mich. (11x)

Tabelle 8.5: Konsequenzen der Tat (für Täter und Opfer) im Prä-Post-Vergleich

In der Hauptnennung dieses Relevanzbereiches wird deutlich, dass mehr als die Hälfte der Probanden angeben, sich vor und während der Tat keine Gedanken über die möglichen Folgen gemacht zu haben. Vor der Schlichtung schildern lediglich fünf Probanden, danach drei Befragte Ängste vor einer sozialen Sanktion in ihrem familiären und freundschaftlichen Umfeld in der Folge der Straftat, was auf eine schwache soziale Bindung der Gruppe verweist. Die Sorge vor einer gerichtlichen Sanktion beschäftigt knapp die Hälfte der Täter vor dem Täter-Opfer-Ausgleich. Hierbei ist auffällig, dass die häufigste Nennung in diesem Relevanzbereich nach Abschluss der Schlichtung und des anhängigen Verfahrens ist, dass die Probanden subjektiv den Eindruck haben, die Straftat hätte für sie insgesamt keine gravierenden Folgen gehabt. Vor diesem Hintergrund ist es vermutlich zu verstehen, dass bei der Zweituntersuchung nicht mehr beklagt wird, man hätte sich vor der Tat mehr Gedanken über die Folgen machen müssen. In den Interviews ist diese Aussage teilweise mit einer Erleichterung verbunden, da eine härtere Bestrafung erwartet wurde, teilweise erscheint es im Kontext aber auch als eine Bagatellisierung der Konsequenzen. Zudem thematisieren nur sehr wenige der Probanden innere Konsequenzen, in dem Sinne: »Wie hat das Erlebnis mich verändert?« Insgesamt sind die Probanden sowohl vor als auch nach dem Täter-Opfer-Ausgleich mehr mit den äußerlichen Folgen für sich selbst beschäftigt als mit den Folgen der Straftat für die Geschädigten. Nur drei Probanden sprechen an, dass das Opfer unter den Folgen der Tat leiden würde, während vier ausdrücken, dass sie selbst unter Rache oder Vergeltung für die Tat haben leiden müssen. So entsteht das Bild, das die befragten Täter in den Vordergrund stellen, sie müssten mehr unter den Folgen der Straftat leiden als die Opfer, was auf eine Verkehrung von Täter- und Opferrolle verweist.

Die Hälfte der Befragten schreibt dem Opfer vor und nach dem Täter-Opfer-Ausgleich erhebliche Täteranteile zu, knapp die Hälfte bezichtigt ebenfalls zu beiden Zeitpunkten das Opfer einer Falschaussage und knapp ein Drittel glaubt, die Anzeige diene dem Opfer als Möglichkeit der Vergeltung, was als weiterer Hinweis zu der Umkehrung von Täter- und Opferrolle betrachtet werden kann. Insgesamt zeigen die Befragten nur wenig Einfühlungsvermögen für den Geschädigten, nur knapp ein Drittel schreibt dem Opfer vor und nach Schlichtung Angstgefühle während der Tat zu. Leichte Tendenzen hinsichtlich einer verstärkten Empathie für das Opfer und einer Abnahme projektiver Mechanismen verdeutlichen die Kategorien 3, 5 und 8. Nach dem Täter-Opfer-Ausgleich beschreiben acht Befragte die Vorstellung, das Opfer habe während der Tat gelitten (vor der Mediation haben sechs Probanden dies geäußert), womit eine leichte Steigerung der Empathie für das Opfer durch die Tataufarbeitung dokumentiert wird. Während vorher sechs Täter dem Opfer unterstellten, entwertende Gedanken über die Befragten zu haben, sank diese Nennung nach dem Täter-Opfer-Ausgleich auf zwei. In ähnlicher Weise reduziert sich die Annahme der Probanden, das Opfer habe sich stärker als die Täter gefühlt und habe deshalb in die Schranken verwiesen werden müssen. Vorher sind fünf Pro-

Vorher (N=18)	Nachher (N=18)
1) Das Opfer hat sich wie ein Täter verhalten/hat mich angegriffen. (9x)	1) Das Opfer hat sich wie ein Täter verhalten/hat mich angegriffen. (9x)
2) Das Opfer macht eine Falschaussage. (8x)	2) Das Opfer macht eine Falschaussage. (7x)
3) Das Opfer hat sich während der Tat schlecht gefühlt. (6x)	3) Das Opfer hat sich während der Tat schlecht gefühlt. (8x)
5) Das Opfer hat entwertende Gefühle mir gegenüber. (6x)	5) Das Opfer hat entwertende Gefühle mir gegenüber. (2x)
6) Das Opfer hatte Angst. (5x)	6) Das Opfer hatte Angst. (5x)
7) Das Opfer will sich mit der Anzeige rächen/finanziell bereichern. (5x)	7) Das Opfer will sich mit der Anzeige rächen/finanziell bereichern. (4x)
8) Das Opfer ist stärker als ich/ dachte es sei stärker. (5x)	8) Das Opfer ist stärker als ich/ dachte es sei stärker. (2x)
11) Ich lehne das Opfer seit der Tat ab. (4x)	11) Ich lehne das Opfer seit der Tat ab. (5x)
	13) Opfer lehnt Schlichtung/ Entschuldigung/Versöhnung/Wiedergutmachung ab. (13x)
	14) Die Beziehung zum Opfer hat sich entspannt. (5x)

Tabelle 8.6: Aussagen über das Opfer im Prä-Post-Vergleich

banden dieser Auffassung, während nach der Schlichtung nur noch zwei diesen Umstand benennen. Im Gegensatz zu der tendenziellen Einsichtsentwicklung hinsichtlich der Gefühle des jeweiligen Opfers erscheint die reale Auseinandersetzung mit den Geschädigten in der subjektiven Auffassung vieler Probanden als gescheitert. So ist es als Negativentwicklung zu sehen, dass nach dem Täter-Opfer-Ausgleich mehr Probanden das Opfer grundsätzlich ablehnen als dies vor der Schlichtung der Fall ist (Kategorie 11). Das subjektive Gefühl, dass Schlichtungsbemühungen aufgrund des Unwillens der Geschädigten scheiterten, spiegelt sich darin wider, dass 13 Probanden angeben, Entschuldigungen bzw. Wiedergutmachungen seien vom Opfer abgelehnt worden. Aus Sicht von nur fünf Probanden hat sich nach dem Täter-Opfer-Ausgleich das Verhältnis zwischen Täter und Opfer entspannt. Die Zuschreibung der Hälfte der Täter, dass auch die Opfer Täter seien, steht allerdings auch in einem Widerspruch zu den geäußerten Schlichtungsbemühungen. Es kann unter der Berücksichtung des zuvor beschriebenen Relevanzbereiches (Konsequenzen der Tat) davon ausgegangen werden, dass Schlichtungsbemühungen der Probanden eher vor dem Hintergrund einer gerichtlichen Besserstellung als vor dem Hintergrund einer Einsicht in die Verantwortung für die Tat angeboten werden und daher fast folgerichtig von den Geschädigten abgelehnt wird.

Die nachträgliche Bewertung der Probanden offenbart zunächst, dass mehr als die Hälfte sowohl vor als auch nach dem Täter-Opfer-Ausgleich eine persönliche Schuld für die Tat ablehnt und diese eher beim Opfer verankert. Gleichzeitig empfindet dieselbe Anzahl von Probanden zu beiden Untersuchungszeitpunkten Scham, Ärger bzw. Reue über das eigene Verhalten. An der Aussage, dass die Tat sich nicht gelohnt habe, halten von neun Probanden bei der Erstuntersuchung nach dem Täter-Opfer-Ausgleich nur noch sechs Probanden fest. Das Ergebnis verdeutlicht, dass auch diejenigen, die bei sich ein Fehlverhalten erkennen, nicht die Verantwortung für die Tat im Sinne einer Schuldübernahme tragen. Aussagen über Wiedergutmachungsbemühungen werden wiederum flankiert von dem Wunsch einer gerichtlichen Besserstellung (Kategorien 4 und 5). Deutlich wird eine mögliche Spaltung innerhalb der Gruppe an dem Punkt, dass 7 der 18 Befragten eine Täterschaft gänzlich abstreiten. Eine andere Gruppe bestreitet zwar nicht die Täterschaft als solche, findet sich aber in den Aussagen der Opfer und der Anklageschrift als zu brutal dargestellt. Nach dem Täter-Opfer-Ausgleich kommt es zu einer leichten Reduzierung beider Einstellungen zur eigenen Täterschaft, was als einziger tendenzieller Hinweis auf eine Einsichtsentwicklung in diesem Relevanzbereich zu werten ist. Allerdings kommt es nach der Schlichtung zu einer verstärkten Schuldzuweisung gegenüber etwaigen Mittätern (Kategorie 10). Während elf Probanden erläutern, dass sie sich bei den Geschädigten entschuldigt haben, lehnen sechs der Probanden eine Versöhnung oder Wiedergutmachung ab. Von dem Druck des anhängigen Verfahrens befreit, kommen darüber hinaus vier der Befragten zu der Aussage, dass sie ihre Taten positiv bewerten und diese nicht bereuen. Eine Spaltung findet sich ebenfalls bei der nachträglichen Bewertung des Täter-Opfer-Ausgleichs, wenn zehn Probanden diesen als hilfreich schildern und zehn Probanden ihre Erfahrungen dort als negativ bewerten. Dieses Ergebnis

Vorher (N=18)	Nachher (N=18)
1) Ich trage keine Schuld, das Opfer bzw. keiner hat Schuld. (10x)	1) Ich trage keine Schuld, das Opfer bzw. keiner hat Schuld. (10x)
2) Ich bereue die Tat/ärgere/schäme mich. (9x)	2) Ich bereue die Tat/ärgere/schäme mich. (10x)
3) Die Tat war dumm/ hat sich nicht gelohnt. (9x)	3) Die Tat war dumm/hat sich nicht gelohnt. (6x)
4) Ich möchte mich beim Opfer entschuldigen/die Tat wiedergutmachen. (8x)	4) Ich habe mich beim Opfer entschuldigt/die Tat wiedergutgemacht. (11x)
5) Ich möchte vor dem Gericht gut dastehen. (8x)	5) Ich möchte vor dem Gericht gut dastehen. (3x)
6) Ich bin kein Täter in dieser Sache/ werde zu unrecht beschuldigt. (7x)	6) Ich bin kein Täter in dieser Sache/ werde zu unrecht beschuldigt. (5x)
8) Ich bin zwar Täter, aber nicht so brutal wie in der Anklage behauptet wird. (6x)	8) Ich bin zwar Täter, aber nicht so brutal wie in der Anklage behauptet wird. (5x)
10) Ich wurde durch die Mittäter/das Opfer in den Dreck gezogen. (3x)	10) Ich wurde durch die Mittäter/das Opfer in den Dreck gezogen. (6x)
	12) TOA positiv (10x)
	13) TOA negativ (10x)
	14) Ich lehne eine Wiedergutmachung/Versöhnung ab. (6x)
	15) Ich sehe meine Tat positiv, bereue sie nicht. (4x)

Tabelle 8.7: Eigene Sicht auf die Tat (nachträgliche Bewertung, Schuldaneile) im Prä-Post-Vergleich

mag zunächst aufgrund der Anzahl der Bewertungen in Bezug auf die Untersuchungsgruppengröße irritieren. Es erklärt sich darüber, dass zwei Probanden sich sowohl positiv als auch negativ über den Täter-Opfer-Ausgleich äußern.

Vorher (N=18)	Nachher (N=18)
1) Ich werde keine Straftaten mehr begehen. (10x)	1) Ich werde keine Straftaten mehr begehen. (3x)
3) Ich habe ein ehrbares Selbstbild, bin kein Krimineller. (5x)	3) Ich habe ein ehrbares Selbstbild, bin kein Krimineller. (5x)
4) Ich habe mich seit der Tat zum Positiven verändert. (4x)	4) Ich habe mich seit der Tat zum Positiven verändert. (7x)
5) Meine schlechte Lebenssituation/ familiäre Probleme trugen zu der Tat bei (Drogen, Arbeitslosigkeit, Elternkonflikte). (4x)	5) Meine schlechte Lebenssituation/ familiäre Probleme trugen zu der Tat bei (Drogen, Arbeitslosigkeit, Elternkonflikte). (6x)
8) Es kann sein, dass ich weitere Straftaten verüben werde. (3x)	8) Es kann sein, dass ich weitere Straftaten verüben werde. (6x)
9) Ich lasse mir nichts gefallen, habe keine Angst. (3x)	9) Ich lasse mir nichts gefallen, habe keine Angst. (6x)

Tabelle 8.8: Selbstbild im Prä-Post-Vergleich

Die Aussagehäufigkeit, zukünftig keine Straftaten zu begehen, sinkt nach dem Täter-Opfer-Ausgleich erheblich (von zehn auf drei Nennungen) und kann daher als Äußerung der sozialen Erwünschtheit vor der Gerichtsverhandlung gewertet werden. Stabil bleibt hingegen eine Gruppe von fünf Probanden, die sich selbst nicht als Kriminelle betrachten und auch zuvor die Täterschaft abgelehnt hatten. Während bei der Zweituntersuchung mehr Probanden eine positive Persönlichkeitsveränderung an sich feststellen als bei der Erstuntersuchung, steigt auch der Anteil an Probanden, die weitere Straftaten in Aussicht stellen (Kategorie 8) bzw. verdeutlichen, dass sie sich durch niemanden einschüchtern lassen wollen (Kategorie 9). Die Rolle der Eltern ist wie in den anderen Relevanzbereichen aus der subjektiven Sicht der Probanden als marginal einzustufen.

ZUSAMMENFASSUNG DER ERGEBNISSE

Nach dem Täter-Opfer-Ausgleich gibt es bei einigen Probanden die Tendenz, die eigene Täterschaft und die gewalttätige Durchsetzung eigener Interessen gegen die Bedürfnisse des Opfers anzunehmen, statt dies wie in der Erstuntersuchung zu verleugnen. Die strafrechtlich Mediation und die justizielle Abwicklung des Verfahrens bewirken folglich, dass einige der Täter besser zu ihren Taten stehen können bzw. die Verantwortung nicht länger von sich weisen. Auf der anderen Seite wird von vielen Probanden verdeutlicht, dass sie trotz der Tat das Opfer geschont hätten bzw. die Absicht dazu gehabt hätten, was angesichts der begangenen Gewalttaten für eine verzerrte Wahrnehmung der eigenen Rolle in der Situation der Straftat spricht. Gleichwohl scheinen projektive Verzerrungen, die sich auf die Gefährlichkeit der Opfer beziehen, nach dem Täter-Opfer-Ausgleich abzunehmen. Eine grundsätzliche Rollenverkehrung in der subjektiven Wahrnehmung der Täter bleibt jedoch weiter vorherrschend, d. h. sie nehmen sich aufgrund der juristischen Folgen als Opfer wahr, obwohl die gerichtlichen Sanktionen als nicht gravierend bagatellisiert werden. Das Opfer wird durch die Anzeige und teilweise durch die Schmerzensgeldforderungen als verfolgend, rächend und als Täter erlebt, obwohl ihm nach einem Täter-Opfer-Ausgleich mehr erfahrenes Leid und weniger Gefährlichkeit während der eigentlichen Tat zugesprochen wird. Trotzdem erfolgt bei der Mehrzahl der Probanden eine Schuldzuweisung an das Opfer im Sinne einer Rechtfertigung der Tat, während kein einziger Proband sich selbst die Verantwortung zuschreibt. Dass gleichzeitig Reue und Scham über das eigene Verhalten geäußert werden, lässt sich vielleicht über eine Spaltung der Gruppe erklären, was im nächsten Unterkapitel anhand der unterschiedlichen Ausprägungen von Reflexiver Kompetenz untersucht werden soll. Deutlich wird bereits in der Auswertung der gesamten Gruppe, dass ein Drittel der Probanden eine Täterschaft sowie eine kriminelle Identität gänzlich ablehnt. Ein weiteres Drittel sieht sich zwar als Täter, lehnt aber die Zuschreibung von Brutalität ab, während das letzte Drittel weitere Straftaten plant und die Tat teilweise im Nachhinein als positiv bewertet. Die letzte Gruppe muss als besonders gefährdet angesehen werden, über eine adoleszente Straffälligkeit hinaus kriminalitätsbelastet zu bleiben. Das Absinken der Häufigkeit bezüglich der Aussage, keine Straftaten mehr begehen zu wollen, unterstreicht die Annahme, dass die Aussage im Prä-Interview von Angst vor negativen gerichtlichen Konsequenzen getragen wurde und keineswegs auf Einsicht beruht.

8.2.3 Die Einsichtsentwicklung bei niedriger Reflexiver Kompetenz im Vergleich zu durchschnittlicher Reflexiver Kompetenz

In diesem Unterkapitel werde ich die Komparationstabellen nach der Reflexiven Kompetenz der Probanden in eine niedrig-reflexive Gruppe ($N = 9$) und in eine durchschnittlich-reflexive Gruppe ($N = 9$) aufteilen, weil ich davon ausgehe, dass die Ausprägung an Reflexiver Kompetenz die Qualität von Einsichtsprozessen beeinflusst. Jeweils für die Relevanzbereiche getrennt, werde ich auffällige Unterschiede beider Gruppen beschreiben und zusammenfassend interpretieren. Ich zeige wiederum nicht die kompletten Tabellen, sondern werde nur auf die Unterschiede eingehen bzw. auf Gemeinsamkeiten, wenn Unterschiede erwartbar gewesen wären. Die kompletten Tabellen befinden sich im Anhang.

Vorher (N=9)	Nachher (N=9)
3) Ich habe mich über die Bedürfnisse/Gefühle des Opfers hinweggesetzt. (6x)	3) Ich habe mich über die Bedürfnisse/Gefühle des Opfers hinweggesetzt. (6x)

Tabelle 8.9: Eigene Beteiligung an der Tat im Prä-Post-Vergleich der niedrig-reflexiven Probanden

Vorher (N=9)	Nachher (N=9)
3) Ich habe mich über die Bedürfnisse/Gefühle des Opfers hinweggesetzt. (1x)	3) Ich habe mich über die Bedürfnisse/Gefühle des Opfers hinweggesetzt. (7x)

Tabelle 8.10: Eigene Beteiligung an der Tat im Prä-Post-Vergleich der durchschnittlich-reflexiven Probanden

Beide Gruppen ähneln sich sehr in der Beschreibung ihrer Gefühle und Gedanken während der Tat. Der einzig gravierende Unterschied besteht in Bezug auf die Einschätzung der gewalttätigen Durchsetzung eigener Interessen (Kategorie 3). Während zwei Drittel der niedrig-reflexiven Gruppe sowohl vor als auch nach einer strafrechtlichen Mediation über diesen Punkt sprechen, findet bei der durchschnittlich-reflexiven Gruppe insofern eine Veränderung statt, als vorher nur eine Person seine Gewalttätigkeit gegen das Opfer anerkennt, während es nach dem Täter-Opfer-Ausgleich sieben Befragte beschreiben.

Vorher (N=9)	Nachher (N=9)
3) Ich stehe vor meinen Eltern/ meinem sozialen Umfeld schlecht da. (2x)	3) Ich stehe vor meinen Eltern/ meinem sozialen Umfeld schlecht da. (0x)
6) Ich habe keinen Kontakt mehr zu den Mittätern und lehne sie ab. (0x)	6) Ich habe keinen Kontakt mehr zu den Mittätern und lehne sie ab. (0x)

Tabelle 8.11: Konsequenzen der Tat im Prä-Post-Vergleich der niedrig-reflexiven Probanden

Vorher (N=9)	Nachher (N=9)
3) Ich stehe vor meinen Eltern/ meinem sozialen Umfeld schlecht da. (3x)	3) Ich stehe vor meinen Eltern/ meinem sozialen Umfeld schlecht da. (3x)
6) Ich habe keinen Kontakt mehr zu den Mittätern und lehne sie ab. (3x)	6) Ich habe keinen Kontakt mehr zu den Mittätern und lehne sie ab. (0x)

Tabelle 8.12: Konsequenzen der Tat im Prä-Post-Vergleich der durchschnittlich-reflexiven Probanden

Der Schaden für das persönliche Ansehen durch die Straftat erscheint der durchschnittlich-reflexiven Gruppe nach dem Täter-Opfer-Ausgleich bedeutsamer als der niedrig-reflexiven Gruppe (Kategorie 3). Nur die durchschnittlich-reflexive Gruppe erwähnt, dass der Kontakt zu den Mittätern nach der Tat abgebrochen wurde.[2] Ich interpretiere dies so, dass ein Kontaktabbruch den Besserungswillen der Befragten dokumentiert, indem sie dem »schlechten Einfluss« der Mittäter ausweichen. Beide Ergebnisse unterstützen die Thesen zur Auswirkung ausgeprägterer reflexiver Fähigkeiten, da sie sich stärker als die andere Gruppe vergegenwärtigen, wie Dritte (z. B. der Interviewer, Eltern und nicht-delinquen-

---

2 Dazu sollte angemerkt werden, dass alle hier behandelten Straftaten in Gruppenkontexten stattgefunden haben.

te Freunde) über ihre Straftat denken könnten. Die Rollenverkehrung zwischen Täter- und Opferschaft ist bei beiden Gruppen gleich.

Vorher (N=9)	Nachher (N=9)
1) Das Opfer hat sich wie ein Täter verhalten/hat mich angegriffen. (6x)	1) Das Opfer hat sich wie ein Täter verhalten/hat mich angegriffen. (5x)
3) Das Opfer hat sich während der Tat schlecht gefühlt. (1x)	3) Das Opfer hat sich während der Tat schlecht gefühlt. (4x)
5) Das Opfer hat entwertende Gefühle mir gegenüber. (4x)	5) Das Opfer hat entwertende Gefühle mir gegenüber. (1x)
6) Das Opfer hatte Angst. (2x)	6) Das Opfer hatte Angst. (4x)
11) Ich lehne das Opfer seit der Tat ab. (4x)	11) Ich lehne das Opfer seit der Tat ab. (2x)
	13) Opfer lehnt Schlichtung/ Entschuldigung/Versöhnung/ Wiedergutmachung ab. (5x)

Tabelle 8.13: Aussagen über das Opfer im Prä-Post-Vergleich der niedrig-reflexiven Probanden

In der Tendenz erlebt die durchschnittlich-reflexive Gruppe das Opfer während der Straftat weniger stark als Angreifer und schreibt diesem mehr Leidensgefühle zu. Diese stärkere Empathie gleicht sich nach dem Täter-Opfer-Ausgleich jedoch wieder aus, d. h. bei der niedrig-reflexiven Gruppe kommt es zu einem deutlichen Zuwachs, der auch mit einer Abnahme der Zuschreibung von entwertenden Gefühlen des Opfers gegenüber den Tätern verbunden ist (Kategorie 5). Sowohl bei der Angstzuschreibung als auch bei der Ablehnung des Opfers kommt es in beiden Gruppen in der Tendenz zu einer gegenläufigen Entwicklung. Die niedrig-reflexive Gruppe schreibt dem Opfer nach dem Täter-Opfer-Ausgleich vermehrt Angst während der Tat zu und ist dem Opfer gegenüber weniger ablehnend, während die durchschnittlich-reflexive Gruppe weniger Angst zuschreibt und das Opfer stärker ablehnt. Beide Gruppen beschreiben, dass Schlichtungsbemühungen vom Opfer abgelehnt wurden, die durchschnittlich-reflexive Gruppe schildert dies sogar mit acht Nennungen fast geschlossen.

Die Zurückweisung von Schuld bei gleichzeitiger Reue und Ärger über das eigene Verhalten betrifft beide Gruppen gleichermaßen, lediglich die niedrig-

Vorher (N=9)	Nachher (N=9)
1) Das Opfer hat sich wie ein Täter verhalten/hat mich angegriffen. (3x)	1) Das Opfer hat sich wie ein Täter verhalten/hat mich angegriffen. (4x)
3) Das Opfer hat sich während der Tat schlecht gefühlt. (5x)	3) Das Opfer hat sich während der Tat schlecht gefühlt. (4x)
5) Das Opfer hat entwertende Gefühle mir gegenüber. (2x)	5) Das Opfer hat entwertende Gefühle mir gegenüber. (1x)
6) Das Opfer hatte Angst. (3x)	6) Das Opfer hatte Angst. (1x)
11) Ich lehne das Opfer seit der Tat ab. (0x)	11) Ich lehne das Opfer seit der Tat ab. (3x)
	13) Opfer lehnt Schlichtung/ Entschuldigung/Versöhnung/ Wiedergutmachung ab. (8x)

Tabelle 8.14: Aussagen über das Opfer im Prä-Post-Vergleich der durchschnittlich-reflexiven Probanden

reflexive Gruppe bewertet die Tat doppelt so häufig als dumm, was sich nach der Schlichtung jedoch wieder angleicht. Die Gruppen unterscheiden sich allerdings im Eingeständnis einer generellen Täterschaft, was sich auch auf den Wiedergutmachungswillen und den Wunsch nach einer Besserstellung vor Gericht auswirkt. So behauptet mehr als die Hälfte der durchschnittlich-reflexiven Gruppe, kein Täter zu sein (im Vergleich zu zwei Nennungen der anderen Gruppe), nur drei Personen aus der Gruppe wollen sich entschuldigen und vor Gericht damit gut dastehen. Sechs Probanden empfinden die Anzeige als lächerlich im Vergleich zu nur einem Probanden aus der niedrig-reflexiven Gruppe. In letzterer Gruppe behaupten vier Probanden eine weniger brutale Täterschaft als es in Anklageschrift bzw. vom Opfer beschrieben wird, im Vergleich zu zwei Probanden der durchschnittlich-reflexiven Gruppe. Sehr auffällig ist die unterschiedliche Einschätzung der Erfahrungen im Täter-Opfer-Ausgleich. Die niedrig-reflexive Gruppe äußert sich mit acht positiven Resümees und nur drei negativen Resümees deutlich zufriedener als die durchschnittlich-reflexive Gruppe mit einem Verhältnis von zwei positiven und sieben negativen Äußerungen. Da es sich hierbei m. E. um einen zentralen Punkt handelt, werde ich zur Unterstützung meiner Argumentation die vollständigen Einzelaussa-

Vorher (N=9)	Nachher (N=9)
1) Ich trage keine Schuld, das Opfer bzw. keiner hat Schuld. (6x)	1) Ich trage keine Schuld, das Opfer bzw. keiner hat Schuld. (5x)
2) Ich bereue die Tat/ärgere/ schäme mich. (5x)	2) Ich bereue die Tat/ärgere/schäme mich. (4x)
3) Die Tat war dumm/hat sich nicht gelohnt. (6x)	3) Die Tat war dumm/hat sich nicht gelohnt. (3x)
4) Ich möchte mich beim Opfer entschuldigen/die Tat wiedergut-machen. (5x)	4) Ich habe mich beim Opfer entschuldigt/die Tat wiedergut-gemacht. (6x)
5) Ich möchte vor dem Gericht gut dastehen. (5x)	5) Ich möchte vor dem Gericht gut dastehen. (2x)
6) Ich bin kein Täter in dieser Sache/ werde zu unrecht beschuldigt. (2x)	6) Ich bin kein Täter in dieser Sache/ werde zu unrecht beschuldigt. (1x)
7) Ich finde die Anzeige lächerlich. (1x)	7) Ich finde die Anzeige lächerlich. (0x)
8) Ich bin zwar Täter, aber nicht so brutal wie in der Anklage behauptet wird. (4x)	8) Ich bin zwar Täter, aber nicht so brutal wie in der Anklage behauptet wird. (3x)
	12) TOA positiv (8x)
	13) TOA negativ (3x)

Tabelle 8.15: Eigene Sicht auf die Tat im Prä-Post-Vergleich der niedrig-reflexiven Probanden

gen zur Bewertung des Täter-Opfer-Ausgleichs in meiner Zusammenfassung aufführen (s. u.).

Beide Gruppen konstatieren gleichermaßen, bereits vor der Mediation in Straftaten verwickelt gewesen zu sein. Auch das Absinken des Versprechens, in Zukunft keine kriminellen Handlungen mehr zu verüben, betrifft beide. Die durchschnittlich-reflexive Gruppe konstatiert für sich eher ein ehrbares, nicht kriminelles Selbstbild, obwohl vorherige Straftaten ja durchaus eingestanden werden. Dabei suchen sie Begründungen für strafbare Handlungen im Gegensatz

Vorher (N=9)	Nachher (N=9)
1) Ich trage keine Schuld, das Opfer bzw. keiner hat Schuld. (5x)	1) Ich trage keine Schuld, das Opfer bzw. keiner hat Schuld. (5x)
2) Ich bereue die Tat/ärgere/schäme mich. (4x)	2) Ich bereue die Tat/ärgere/schäme mich. (6x)
3) Die Tat war dumm/hat sich nicht gelohnt. (3x)	3) Die Tat war dumm/hat sich nicht gelohnt. (3x)
4) Ich möchte mich beim Opfer entschuldigen/die Tat wiedergutmachen. (3x)	4) Ich habe mich beim Opfer entschuldigt/die Tat wiedergutgemacht. (5x)
5) Ich möchte vor dem Gericht gut dastehen. (3x)	5) Ich möchte vor dem Gericht gut dastehen. (1x)
6) Ich bin kein Täter in dieser Sache/ werde zu unrecht beschuldigt. (5x)	6) Ich bin kein Täter in dieser Sache/ werde zu unrecht beschuldigt. (4x)
7) Ich finde die Anzeige lächerlich. (6x)	7) Ich finde die Anzeige lächerlich. (2x)
8) Ich bin zwar Täter, aber nicht so brutal wie in der Anklage behauptet wird. (2x)	8) Ich bin zwar Täter, aber nicht so brutal wie in der Anklage behauptet wird. (2x)
	12) TOA positiv (2x)
	13) TOA negativ (7x)

Tabelle 8.16: Eigene Sicht auf die Tat im Prä-Post-Vergleich der durchschnittlich-reflexiven Probanden

zur anderen Gruppe schon vor dem Täter-Opfer-Ausgleich in aktuell schlechten Lebensbedingungen und behaupten nachher eher eine positive Selbstentwicklung. Es fällt auch auf, dass die niedrig-reflexive Gruppe von sich aus weniger Äußerungen zum Selbstbild tätigt.

ZUSAMMENFASSUNG DER ERGEBNISSE

Deutlich wird, dass die Auftrennung in zwei Gruppen nicht zu der Erhellung der Frage beiträgt, warum Reue und Schuldzurückweisung unvermittelt ne-

Vorher (N=9)	Nachher (N=9)
3) Ich habe ein ehrbares Selbstbild, bin kein Krimineller. (1x)	3) Ich habe ein ehrbares Selbstbild, bin kein Krimineller. (1x)
4) Ich habe mich seit der Tat zum Positiven verändert. (1x)	4) Ich habe mich seit der Tat zum Positiven verändert. (2x)
5) Meine schlechte Lebenssituation/ familiäre Probleme trugen zu der Tat bei (Drogen, Arbeitslosigkeit, Elternkonflikte). (0x)	5) Meine schlechte Lebenssituation/ familiäre Probleme trugen zu der Tat bei (Drogen, Arbeitslosigkeit, Elternkonflikte). (2x)

Tabelle 8.17: Selbstbild im Prä-Post-Vergleich der niedrig-reflexiven Probanden

Vorher (N=9)	Nachher (N=9)
3) Ich habe ein ehrbares Selbstbild, bin kein Krimineller. (4x)	3) Ich habe ein ehrbares Selbstbild, bin kein Krimineller. (4x)
4) Ich habe mich seit der Tat zum Positiven verändert. (3x)	4) Ich habe mich seit der Tat zum Positiven verändert. (5x)
5) Meine schlechte Lebenssituation/ familiäre Probleme trugen zu der Tat bei (Drogen, Arbeitslosigkeit, Elternkonflikte). (4x)	5) Meine schlechte Lebenssituation/ familiäre Probleme trugen zu der Tat bei (Drogen, Arbeitslosigkeit, Elternkonflikte). (4x)

Tabelle 8.18: Selbstbild im Prä-Post-Vergleich der durchschnittlich-reflexiven Probanden

beneinander stehen. Es bleibt festzuhalten, dass im subjektiven Eindruck der befragten Täter durchaus Reuegefühle und Ärger über das eigene Verhalten nach der Straftat empfunden werden, während gleichzeitig die Schuld und in diesem Sinne auch die Verantwortungsübernahme für die Tat größtenteils abgelehnt wird. Ich werde in meiner weiteren Zusammenfassung zunächst die niedrig-reflexive Gruppe und danach die durchschnittlich-reflexive Gruppe beschreiben und dabei Thesen formulieren, warum es in beiden Gruppen zu einer unterschiedlichen Entwicklung kommt. Hierbei spiegeln die Ergebnisse der qualitativen Auswertung die Ergebnisse der statistischen Gesamtauswertung wider, nämlich dass die niedrig-reflexive Gruppe hinsichtlich ihrer Einsichtsentwicklung von der Maßnahme profitiert, während das für die durchschnittlich-reflexive Gruppe nicht der Fall ist.

DIE NIEDRIG-REFLEXIVE GRUPPE

Die wenig differenzierten Selbstbildaussagen und das mangelnde Interesse daran, was andere über die Tat denken könnten, entspricht den Beschreibungen zu niedrig-reflexiven Fähigkeiten und trägt zur Konstruktvalidität des Konzeptes der Reflexiven Kompetenz bei. Für die niedrig-reflexive Gruppe ist jedoch hinsichtlich der Einsichtsentwicklung eine positive Bilanz im Sinne einer Einsichtsentwicklung durch den Einfluss des Täter-Opfer-Ausgleichs zu ziehen. Einerseits sinkt die projektive Zuschreibung von Gefährlichkeit des Opfers und andererseits wird die Empathie für das Leiden und die Angst der Geschädigten deutlich gestärkt, auch wenn ein hohes Ausmaß der eigenen Brutalität von knapp der Hälfte der Probanden bestritten wird. Hierbei ist nicht von einer Abschwächung oder Veränderung der Haltung durch den Faktor Zeit auszugehen, sondern von einem innerlich getragenen Prozess. Meines Erachtens ist diese Entwicklung vor dem Hintergrund einer positiven Beziehung zu den Schlichtern im Täter-Opfer-Ausgleich zu verstehen, was sich in den Einzelaussagen dieser Gruppe zeigt (vgl. Tabelle 8.19 auf der nächsten Seite). Der Täter-Opfer-Ausgleich basiert auf einer Übernahme von Verantwortung für die eigene Täterschaft. Da die niedrig-reflexive Gruppe keinen innerpsychischen Konflikt mit der Täterzuschreibung formuliert, was sich u. a. auch darin ausdrückt, dass sie ihre Gewalttätigkeit gegen das Opfer bereits vor dem Täter-Opfer-Ausgleich nicht verleugnen, profitieren sie mehr von dem Beziehungsangebot der Schlichter, erleben den Kontakt als gut und hilfreich.

DIE DURCHSCHNITTLICH-REFLEXIVE GRUPPE

Die Sorgen um ein soziales Stigma durch die Tat, die deutliche Empathie für die Leidensgefühle beim Opfer sowie die geringere projektive Zuschreibung von Gefährlichkeit des Opfers vor dem Täter-Opfer-Ausgleich verdeutlichen in der qualitativen Auswertung die höhere Ausprägung von Reflexiver Kompetenz in dieser Gruppe. Die Abnahme von Verleugnungen der eigenen gegen das Opfer gerichteten Gewalttätigkeit ist als einziger Verweis der Zunahme von Einsicht zu werten. Insgesamt bleibt die Einsicht eher unverändert bzw. verschlechtert sich, da z. B. den Opfern im Post-Interview weniger Angst zugeschrieben wird und die Opfer nicht nach der Tat, sondern erst nach dem

TOA positiv (8×)
Der TOA war nützlich, um die Gefühle der anderen Seite kennen zu lernen.
Im Gespräch beim TOA habe ich Mut fassen können.
Der TOA war gut und hilfreich (2×).
Die Schlichterin vom TOA hat die Einstellung eines anderen Verfahrens erreicht.
Der Schlichter hat sich für mein Befinden interessiert.
Die Schlichterin hat sich für mich positiv eingesetzt.
Ich konnte die Schwierigkeiten durch die Straftat erzählen.

TOA negativ (3×)
Beim Reden im TOA ging es nur um ein Schmerzensgeld für die Opfer.
Der Richter soll den Umgang mit der Tat bestimmen.
Ich fand das nicht gut, dass meine Mutter mit dem Opfer gesprochen hat.

Tabelle 8.19: Kategorien zur Bewertung des TOA bei der Post-Untersuchung der niedrig-reflexiven Gruppe

Täter-Opfer-Ausgleich abgelehnt werden. Besonders diese Gruppe gibt an, dass eigene Schlichtungsbemühungen aufgrund der Haltung der Geschädigten gescheitert seien. Dabei findet bei den Durchschnittlich-Reflexiven eine generelle Zurückweisung der Täterschaft statt, bzw. die Straftat wird als ein »Ausrutscher« vor dem Hintergrund schlechter Umfeldbedingungen beschrieben. Die Probanden dieser Gruppe betonen ausdrücklich, keine generell kriminellen Personen zu sein. Ich verstehe die Entwicklung dieser Gruppe vor dem Hintergrund eines innerpsychischen Konfliktes mit der Zuweisung der Täterrolle. Offensichtlich wehren sich die Probanden dieser Gruppe gegen die dichotome Einteilung in Täter und Opfer im Täter-Opfer-Ausgleich, was vermutlich die Ablehnung der Opfer erklärt, sich mit den Probanden zu einigen. Die beobachtbare Abnahme von Einsicht hinsichtlich der Straftat und ihrer Folgen hängt m. E. mit einer Zunahme von Abwehr im Sinne einer Verleugnung der Angstgefühle des Opfers und der Bagatellisierung der eigenen Täterschaft zusammen. Vor dem Hintergrund dieses innerpsychischen Konfliktes ist zu verstehen, dass die Probanden nicht von dem Beziehungsangebot im Täter-Opfer-Ausgleich profitieren und stattdessen nur so tun, als seien sie einsichtig, wozu ihre höhere Reflexive Kompetenz sie befähigt, und sich insgesamt sehr enttäuscht über das Verfahren äußern (vgl. Tabelle 8.20 auf der nächsten Seite).

Die qualitative Auswertung konnte zeigen, dass insbesondere niedrig-reflexive Probanden vom Schlichtungsangebot profitieren. Dies gilt jedoch nicht für

TOA positiv (3×)
Wenn ich vor Gericht bestraft worden wäre, dann wäre die Wut größer gewesen, durch den TOA ist die Sache ganz gut gelöst worden.
Ich habe gelernt, dass ich für die eigene Tat gerade stehen muss.

TOA negativ (7×)
Ich habe beim TOA nur das gesagt, was von mir gewünscht wurde.
Ich habe der Forderung des Opfers zugestimmt, um die Sache im TOA zu beenden.
Ich wollte die Sache schnell hinter mich bringen und habe deshalb einer Einigung im TOA zugestimmt, die ich nicht in Ordnung finde.
Es war sehr anstrengend für mich, sich mit der Tat im TOA auseinander zu setzen.
Ich dachte, dass wir uns im TOA einigen, weil wir die Sache ähnlich sehen.
Der Schlichter hielt uns für eine Gang.
Meine Schlichterin denkt, dass ich ein Dealer bin.

Tabelle 8.20: Kategorien zur Bewertung des TOA bei der Post-Untersuchung der durchschnittlich-reflexiven Gruppe

die Probanden mit einer abwesenden bzw. unintegrierten Reflexiven Kompetenz. In der klinischen Einzelauswertung wurde deutlich, dass die drei Probanden mit einer Wertung auf der Reflexiven-Kompetenz-Skala von 1, 0 oder −1 nicht von dem Schlichtungsangebot profitieren, da sie grundlegenden Wahrnehmungsverzerrungen unterliegen, die sich auch nach einen Täter-Opfer-Ausgleich als resistent erweisen. Dieser Zusammenhang ließ sich in der komparativen Kasuistik aufgrund der kleinen Untersuchungsgruppengröße nicht zeigen. Ich werde dem in meiner idiografischen Ausarbeitung Rechnung tragen. Für eine zukünftige Untersuchung sollte das Phänomen des nicht einsichtsfähigen Beschuldigten weiter berücksichtigt werden. Als nicht einsichtsfähig würden vor dem Hintergrund der Ergebnisse der kleinen Untersuchungsgruppe Probanden mit einer Reflexiven Kompetenz unter einem Wert von 2 auf der Reflexiven-Kompetenz-Skala aufgefasst.

8.3 Idiografische Falldarstellungen

Wie bereits zuvor hergeleitet wurde, ist es meine These, dass Probanden sehr unterschiedlich von einem Täter-Opfer-Ausgleich hinsichtlich der Entwicklung von Einsicht profitieren und dass vermittelt über das Konzept der Reflexiven Kompetenz unterschiedliche Gruppen diskriminiert werden können. Aufgrund der kleinen Untersuchungsgruppe, die vorrangig fragliche Reflexive Kompetenz (Ausprägung von 3) sowie durchschnittliche Reflexive Kompetenz (Ausprägung von 5 bis 6) enthielt, konnten zwei Gruppen im fallübergreifenden qualitativen Vergleich beschrieben werden. Ich werde in diesem Einzelfall-bezogenen Teil darüber hinaus eine dritte Gruppe mit abwesender bis unintegrierter Reflexiver Kompetenz (Wertung von −1 bis 1) beschreiben, die aufgrund ihrer starken Wahrnehmungsverzerrung nur unter stark formalisierten Bedingungen an einem Täter-Opfer-Ausgleich teilnehmen kann, was ich im Rahmen der idiografischen Falldarstellung begründen werde. Abwesende bzw. unintegrierte Reflexive Kompetenz war in der Untersuchungsgruppe nur dreimal vertreten, weshalb kein separater einzelfallübergreifender Vergleich im Rahmen der Komparationstabellen möglich war und die drei Probanden in die Gruppe der Niedrig-Reflexiven eingeordnet wurden. Über hochreflexive Probanden kann ich an dieser Stelle hinsichtlich ihrer Einsichtsentwicklung im Täter-Opfer-Ausgleich keine Aussagen treffen, da kein Hochreflexiver an der Studie teilgenommen hat (eine Ausprägung ab 7). In der idiografischen Falldarstellung, die den Abschluss der qualitativen Auswertung bildet, werde ich auf der Grundlage der AAI drei Fälle darstellen, die die Thesen des fallübergreifenden Vergleichs idealtypisch in sich vereinen. Es handelt sich bei allen drei Probanden um Migranten, die in ihrem Bindungsstatus ein ungelöstes Bindungstrauma aufweisen, was vermutlich mit der Migration und deren Folgen in Verbindung steht. Ich beginne mit Hamdin, der aufgrund einer abwesenden Reflexiven Kompetenz kein Einfühlungsvermögen und erweitertes Verständnis für die Motive und Gefühle im Kontext der Straftat entwickeln konnte. Danach gehe ich auf Andrej ein, der vor dem Hintergrund niedriger Reflexiver Kompetenz seine Haltung gegenüber dem Opfer revidieren kann und vom Schlichtungsprozess profitiert. Abschließend stelle ich Bülent vor, der mit durchschnittlicher Reflexiver Kompetenz ausgestattet die Täterrolle für sich ablehnt. Ich werde jeden Probanden zunächst kurz biografisch vorstellen, danach die Tat beschreiben und mit der Einsichtsentwicklung enden.

8.3.1 Hamdin (19 Jahre) als Beispiel für das Fehlen von Reflexiver Kompetenz

KURZBIOGRAFIE

Hamdin ist der erste Sohn einer arabischen Familie und hat noch 13 Geschwister. Die Familie flüchtete aus einer Kriegsregion nach Deutschland, als Hamdin ein Kleinkind war. Der junge Mann hat weder Erinnerungen an die Heimat noch an die Kriegserlebnisse und Fluchtbedingungen. Als erster Sohn schildert er sich als der ganze Stolz der Eltern, was einerseits zu einer bis heute andauernden Verwöhnung seitens der Eltern führt und andererseits von Hamdin als hohe Anforderung hinsichtlich seines eigenen Lebenserfolges erlebt wird. Diesem Druck sieht er sich nicht gewachsen. Er scheitert in der Schule und verlässt diese ohne einen Abschluss. Die Familie gleicht das Versagen des Sohnes aus, indem sein Vater ihm einen Aushilfsarbeitsplatz besorgt. Wenn Hamdin die Arbeit nicht schafft, greift der Vater – der ebenfalls dort tätig ist – ein, sodass weiterhin bestehende Arbeitsschwierigkeiten vertuscht werden können. Zu seiner Volljährigkeit wird Hamdin im Gegensatz zu den älteren Schwestern der Führerschein bezahlt, wodurch er als einziger der Familie Auto fahren und eine wichtige Rolle für die Familie einnehmen kann. Der jüngere Bruder ist für Hamdin die wichtigste Beziehung. Er bewundert und idealisiert den ein Jahr Jüngeren, weil dieser die Schule sehr gut meistert, und bestreitet jegliche Gefühle von Neid oder Eifersucht auf dessen Erfolg. Stattdessen betont er, dass er als größerer Bruder zwar ein schlechtes Vorbild sei, aber trotzdem für den Bruder eine große Verantwortung trage.

DIE TAT

Die Tat, durch die er zum Täter-Opfer-Ausgleich kommt, ist im Kontext der für Hamdin sehr bedeutsamen Beziehung zum Bruder zu sehen. Als dieser ihn am Tattag anruft und berichtet, dass es nach einem Fußballspiel zu Konflikten mit der gegnerischen Mannschaft gekommen sei und die Konfliktgegner zahlenmäßig überlegen seien, überlegt Hamdin nicht lange, alarmiert zwei Freunde und besorgt sich eine Gaswaffe, um den Bruder »dort rauszuholen«. In seinen Beschreibungen klingt es wie bei einem Kriegseinsatz. Als er am Ort des Geschehens eintrifft, identifiziert er ohne Rücksprache mit seinem Bruder die Kontrahenten in einem Auto sitzend. Er fordert die Gleichaltrigen auf, aus dem Auto herauszukommen. Als eines der Opfer sich daraufhin bückt, ist Hamdin sofort der fälschlichen Überzeugung, dass der junge Mann nach einer Waffe greifen will, und schlägt daraufhin mit seiner eigenen Waffe mehrfach auf dessen Kopf ein. Er beschreibt, dass seine Begleiter ihn haben festhalten wollen, dass er aber »schwarz gesehen« habe und kaum zu bremsen gewesen sei. Als die Freunde des Opfers ebenfalls einschreiten und Hamdin auffordern zu gehen, schießt er mit seiner Gaswaffe in die Opfergruppe hinein. Am Ende stellt sich heraus, dass das Opfer von Hamdin nicht zu der Gruppe gehörte, die sich mit Hamdins Bruder stritt. Tatsächlich handelte es sich bei dem Opfer um einen guten Bekannten von Hamdin, der ihm in der Vergangenheit mehrfach Gefallen getan hatte. Auch bei der Auswahl des Opfers handelte Hamdin also auf der Grundlage einer falschen Überzeugung.

Verlauf des Täter-Opfer-Ausgleichs und die Einsichtsentwicklung

In dem Erstinterview vor dem Täter-Opfer-Ausgleich wird deutlich, dass Hamdin zwar das Missverständnis benennt, dass der von ihm Geschlagene keinen Streit mit seinem Bruder hatte, er ihm aber trotzdem zeigen wollte, dass das Opfer den Bruder respektieren solle. Trotz seines kognitiven Wissens kann er sich emotional nicht von seiner falschen Überzeugung trennen, die die Grundlage seiner Handlung darstellte. Die Unfähigkeit, die eigene Sicht als repräsentational und nicht übereinstimmend mit Wahrnehmungen anderer zu erkennen, ist ein Merkmal abwesender Reflexiver Kompetenz. Hamdin formuliert daher drastisch, dass er das Opfer vor der Tat nett fand, und umso mehr enttäuscht sei, dass das Opfer »so eine Scheiße abzieht«. Er hätte von dem Opfer erwartet, dass dieses den Bruder ebenfalls verteidige, und unterstellt ihm, dass er zu den Gegnern gehalten habe nach dem Muster: Wer nicht für mich ist, ist gegen mich. Darüber hinaus entwickelt Hamdin die Vorstellung, dass das Opfer und seine Freunde sich mit ihren Handlungen als »große Macker« darstellen wollen, um ihm und seinem Bruder zu demonstrieren, dass sie auf deren Terrain nichts zu suchen haben. Damit projiziert er in die Opfer eine Vertreibungslogik, die auf das Familientrauma verweist. Er berichtet, dass er die Waffe nur zu seinem eigenen Schutz mitgenommen habe, und verdeutlicht damit, wie sehr er sich schon vor seinem Eintreffen bedroht gefühlt haben muss. Ohnmächtig machende und existenziell bedrohliche Angst wird über eine schnelle »Verteidigung« vermieden, weshalb er lieber zuschlägt als auf die vermeintliche Waffe des Opfers zu warten. Von dieser falschen Überzeugung kann er sich bereits vor dem Täter-Opfer-Ausgleich distanzieren und geht von der harmlosen Begründung für das Bücken aus, dass sich das Opfer z. B. die Schuhe habe zubinden wollen. In seinem globalen Urteil bedauert Hamdin die Tat und besonders die Schläge gegen das Opfer. Er wünscht sich im Nachhinein eine Lösung mit Worten. Daneben existiert eine Art fatalistisch zu nennender Haltung, dass zum jetzigen Zeitpunkt nichts an der Tat geändert werden könne. Vor diesem Hintergrund entwickelt er aus sich heraus keine Vorstellungen von Reparation oder Wiedergutmachung: »Passiert ist passiert.« Die vermutlich erheblichen körperlichen Schäden und psychischen Folgen bei dem Opfer bleiben vollkommen unerwähnt. Er kann kein spezifisches Mitgefühl für dieses Opfer empfinden, erwähnt jedoch, dass das Opfer-Sein an sich unerträglich sei. Die daraufhin geschilderten eigenen Opfererfahrungen sind jedoch eher ein Ausdruck seiner eigenen Omnipotenz-vorstellungen, da er sich nur chancenlos und ängstlich fühlte, weil er sich 60 Gegnern gegenüber sah. Gleichzeitig verweist auch dieses Narrativ mit einer erheblichen Anzahl gleichzeitig angreifender Gegner auf die enormen Gefühle des Bedroht-Seins, denen er über Größenvorstellungen auszuweichen versucht.

Hamdin spricht nach der Gerichtsverhandlung deutlicher darüber, dass er das Opfer während der Tat noch viel gravierender verletzen wollte, als er es tatsächlich getan habe. Er resümiert, er sei froh, dass er von seinen Absichten durch die anderen abgehalten worden sei. Ebenfalls deutlicher als vor dem Täter-Opfer-Ausgleich kann er formulieren, dass das Opfer und dessen Freunde sich aus seiner Sicht über ihn lustig gemacht hätten. Die Mediation scheint hier zu einer Affektdifferenzierung beigetragen zu haben, die jedoch aufgrund der wei-terbestehenden starken projektiven Verzerrungen nicht als Einsicht bezeichnet werden kann. Die Äußerung, die anderen hätten sich über ihn lustig gemacht, kann zu Gefühlen von Scham bei Hamdin geführt haben, die wie die Gefüh-le von Bedrohung und Angst um den Bruder ohne Mentalisierungsfähigkeiten ebenfalls als Angriff und existenzielle Bedrohung des Ichs erlebt werden können, die durch einen physischen Angriff bewältigt werden (vgl. Kapitel 4). Der junge Mann kann dem Opfer Angstgefühle während der Tat zugestehen, hat aber keine Möglichkeiten, sich Angst als eine langfristige Folge der Tat vorzustellen. Dieses Phänomen kann damit zusammenhängen, dass er eigene Angstgefühle in sich ver-leugnen muss, weil diese einen überwältigenden Charakter annehmen würden. Daher empfindet er die Konfrontation mit den weiterbestehenden Angstgefüh-len des Geschädigten als »Schwachsinn«. Er lehnt ebenfalls die Schuldzuweisung des Opfers ab, weil er den Schutz des Bruders in seinem Wertesystem als voll-kommen berechtigt empfindet und zwischen den »Angreifern« des Bruders und dem Opfer aufgrund seiner dichotomisierten Rollenzuweisung des »Für-mich oder Gegen-mich« nicht differenzieren kann. Daher erlebt er die über den

Schlichter vermittelten Forderungen nach Wiedergutmachung als eine erneute Drohung seitens des Opfers. Die dichotome, durch Projektionen verfälschte soziale Wahrnehmung und die Unfähigkeit zur Einsicht wird vor allem daran deutlich, dass Hamdin im Nachinterview sehr verärgert ist, dass das Opfer in dem gemeinsamen Gespräch »keine Reue« über den Konflikt mit dem Bruder gezeigt habe. Der bereits für das Vorgespräch beschriebene Mangel an Wiedergutmachungsimpulsen führt dazu, dass Hamdin ein Schmerzensgeld an die Opfer ablehnt, weil er trotz des Täter-Opfer-Ausgleichs vor Gericht müsse. Auch über die strafrechtliche Mediation äußert er verständnislos, dass dort »nur geredet« worden sei. Dem Gespräch kann er einerseits keinen Wert beimessen, andererseits schreibt er dem Bemühen des Schlichters zu, dass dieser nur im Dienste der Schmerzensgeldforderung des Opfers gehandelt habe. Folglich wird der Täter-Opfer-Ausgleich von Hamdin ebenso wie das Opfer als feindlich gesonnener Gegner wahrgenommen. Offen schildert er im zweiten Interview, dass sich die Tat während des gemeinsamen Schlichtungsgespräches mit dem Opfer fast wiederholt hätte, weil er so enorm wütend gewesen sei. Nur der Bruder habe ihn zurückhalten können.

Hamdin wird für die Tat zu einer Arreststrafe verurteilt und kommt später für mehrere Monate in Untersuchungshaft, als er des Drogenverkaufs überführt wird. Während seines Gefängnisaufenthalts kommt es zu einem ersten Bruch mit seiner Familie, als die Mutter aufgrund ihrer Enttäuschung den Kontakt zunächst verweigert. Für Hamdin sei dies die größte Strafe. Im Zweitinterview versichert er, dass er keine Straftaten mehr begehen wolle, um den Kontakt mit der Familie nicht zu riskieren. Gleichzeitig macht er jedoch deutlich, dass er zum Schutz seiner Familie die Tat jederzeit wiederholen würde. Vor dem Hintergrund seiner fehlenden Reflexiven Kompetenz und seiner stark verzerrenden Abwehrstruktur werden widersprüchliche Aussagen wiederum nicht als unvereinbar erkannt. Auch in dieser letzten Aussage wird evident, dass Hamdin auf der Grundlage eigener schwerer unverarbeiteter traumatischer Erfahrungen und einer abwesenden RK keinerlei Einsicht durch die Auseinandersetzung im Täter-Opfer-Ausgleich entwickeln konnte und die Konfrontation mit dem Opfer eher eine Gefährdung (im Sinne einer Retraumatisierung) des Geschädigten darstellte.

Meines Erachtens konnte an diesem Einzelfall herausgearbeitet werden, dass ein Beschuldigter mit Voraussetzungen wie Hamdin das Setting des Täter-Opfer-Ausgleichs und die Möglichkeiten eines Schlichters überfordert, da die soziale Realität aufgrund primitiver Abwehrmechanismen verzerrt wahrgenommen wird. Daher sollten junge Männer wie Hamdin nicht direkt mit ihrem Opfer konfrontiert werden, sondern eine therapeutische Intervention erfahren, die einerseits das Opfer schützt, die schwere Entwicklungspathologie behandelt und die Mentalisierungshemmung bearbeitet. Eine solche Bearbeitung erfordert einerseits mehr Zeit als im Rahmen einer Schlichtung zur Verfügung steht, eine spezialisierte Ausbildung und ein schützendes Setting (vgl. Reinke 1997).

8.3.2 Andrej (17 Jahre) als Beispiel für eine niedrige Reflexive Kompetenz

KURZBIOGRAFIE

Andrej wächst in einem sehr ländlich geprägten Dorf eines Balkanstaates auf. Vater und Mutter arbeiten seit seiner frühesten Kindheit monatelang in Deutschland, um der Familie ein besseres Leben zu ermöglichen, ohne jedoch einen dauerhaften Aufenthaltsstatus zu erlangen. Während dieser langen Trennungen verbleibt Andrej in seinem Heimatland bei seiner Großmutter im Kreise der Großfamilie. In den Interviews verneint er jedwede Form des Vermissens oder der Sehnsucht nach den abwesenden Eltern mit Rationalisierungen über die Notwendigkeit der Trennung. Als er zehn Jahre alt ist, trennt sich die Mutter vom Vater. Sie entwertet ihn als Alkoholiker und Kriminellen und heiratet dann einen deutschen Akademiker, der ihr und Andrej die permanente Einreise nach Deutschland ermöglicht. Die Kontakte zum leiblichen Vater werden für Andrej sporadisch, da jener nach Südeuropa auswandert. Zum Zeitpunkt der Tat eskalieren familiäre Konflikte. Andrej zeigt sich hasserfüllt gegen seinen Stiefvater, rebelliert gegen dessen Begrenzungsversuche und ist der Überzeugung, dass seine Mutter diesen Mann bald verlassen werde, weil sie ihn für den Aufenthalt nicht mehr brauche. Andrej vermutet, dass im Gegenzug sein Stiefvater lieber allein mit der Mutter wäre, fühlt sich entwertet und ohnmächtig-abhängig. Während er im Heimatland das Gymnasium besucht hatte, ist er zum Zeitpunkt der Tat auf der Realschule, was seinen eigenen Zielen und vor allem seinen Vorstellungen von den Wünschen der Eltern an ihn nicht Genüge leistet.

DIE TAT

Andrej fährt am Tattag mit einer Gruppe anderer Jugendlicher in eine Kleinstadt in der Nähe seines Wohnortes, die sich durch eine insgesamt wohlhabende Bevölkerung auszeichnet. An einer Bushaltestelle trifft er auf das Opfer und fragt den gleichaltrigen Jungen nach einer Zigarette. Der Junge behauptet daraufhin, keine Zigaretten zu haben, was Andrej ärgert, da er ihn zuvor rauchend gesehen hat. Er spricht ihn auf diese Diskrepanz an, woraufhin sich das Opfer entschuldigt und dann doch eine Zigarette überreicht. Zu diesem Zeitpunkt habe Andrej bereits das Mobiltelefon des anderen gesehen und in dieser kurzen Zeit sei auch spontan der Plan gereift, dem Geschädigten das Gerät wegzunehmen, indem er ihn bedrohend aufforderte, das Handy zu übergeben. Das Opfer habe keine Gegenwehr geleistet, sodass Andrej mit dem geraubten Mobiltelefon nach Hause gehen konnte.

DIE EINSICHTSENTWICKLUNG IM TÄTER-OPFER-AUSGLEICH

Der junge Mann ist im Interview wortkarg und verunsichert. Die Fragen des AAI sind ihm fremd und am Ende des Gespräches meldet er zurück, dass er in der Schule auf Fragen immer gut antworten könne, doch zu diesen Fragen sei ihm nichts eingefallen. Er verdeutlicht an dieser Stelle, dass es für ihn sehr ungewohnt ist, über die eigene Geschichte zu reflektieren, gleichzeitig zeigt sich seine basale Fähigkeit zum Mentalisieren, weil er sich Gedanken darüber macht, welches Bild er in der Interviewerin erzeugt hat. Insgesamt hat Andrej im ersten Interview kaum Ideen, warum er diese Tat verübt hat. Er stellt es so dar, als ob es für ihn einfach eine gute und zufällige Gelegenheit gewesen sei, an etwas Geld heranzukommen, da er das Mobiltelefon später habe verkaufen können. Deutlich wird dabei, dass er über Dealerkontakte verfügt und sich auch vor dieser Tat in einem kriminellen Milieu bewegte. Andrej berichtet, er habe sich während der Tat keine Gedanken über die möglichen Folgen für ihn gemacht und ist sehr überrascht, dass seine Handlung so starke Konsequenzen wie eine Gerichtsverhandlung hat. Er beurteilt die kriminelle Schwere seiner Raubtat als wesentlich geringer als die Strafjustiz. Sein Resümee der Tat ist, dass er eine »große Dummheit« begangen habe.

Für das Opfer kann er zunächst wenig Sympathie entwickeln. Er kenne den Jungen von früher und lehnt dessen Gruppenzugehörigkeit ab. Die Gruppe des Geschädigten seien »Skater«, die durch ihren Kleidungsstil (»breite Klamotten«) einen falschen Anschein erwecken wollten. Sie würden sich selbst als »Gangster« wahrnehmen, während alle anderen Jugendlichen jedoch über sie lachten. Insbesondere der Geschädigte laufe nach Andrejs Dafürhalten planlos durch die Gegend, als ob er nichts zu tun habe und unangreifbar sei. Es wird hierbei deutlich, dass Andrej das Opfer nicht als ein Individuum, sondern als Teil einer Gruppe wahrnimmt, von der er sich provoziert fühlt. Eigene Gefühle nichts

wert zu sein werden auf den Geschädigten projiziert, der in Andrejs Wahrnehmung verwöhnt ist und nicht wie er für seine Existenz kämpfen muss. Darüber
hinaus kann Andrej vermutlich den eigenen aktuellen Luxus nicht genießen, da
sein leiblicher Vater und auch der Großteil seiner Familie weiter sehr arm sind.
Ich gehe davon aus, dass er sich mit dem ausgestoßenen Teil der Familie identifiziert, der vorrangig durch den leiblichen Vater repräsentiert wird. Somit sieht
er sich als Fremder, der nicht dazugehört. Am Geschädigten könnte er einen
Teil seiner aktuellen Lebenssituation erkennen, was ihn mit Schuldgefühlen kon-
frontieren würde, weshalb er sich von diesem rigide abgrenzen muss. Andrej
unterstellt dem Opfer, es habe ihn als einen »schnorrenden Penner« wahrgenommen, als Andrej nach der Zigarette fragte. Durch seine Tat konnte er die eigenen
inneren Macht-Ohnmacht-Verhältnisse sowie Schuldkonflikte umkehren und
erlebte die Tat subjektiv fast als eine gerechte Strafe für die zur Schau getragene
Überlegenheit des Opfers. Die durch Projektionen getrübte Sicht auf das Opfer ist allerdings bereits vor dem Täter-Opfer-Ausgleich wesentlich flexibler als
bei Hamdin. Andrej kann sich trotz seiner Ablehnung in die Situation des Opfers hineinversetzen. Er reflektiert, dass der Junge sich schlecht gefühlt haben
muss, als er ihm das Mobiltelefon raubte. Je mehr er sich an die Individualität
des Geschädigten heranwagt, desto brüchiger werden seine verallgemeinernden
Zuschreibungen. Andrej stellt sich vor, dass er den Geschädigten vielleicht sogar
als »nett« empfinden wird. Selbstkritisch kommt er zu dem Schluss, dass der
Geschädigte ja auch das Recht habe, ihm eine Zigarette zu verweigern.

Im Nachinterview kann Andrej deutlich formulieren, wie er seine eigenen
Motive für die Tat nach dem Täter-Opfer-Ausgleich versteht. Einerseits reflektiert er die Gruppensituation, da er vor seiner eigenen Gruppe mit seiner Stärke
habe angeben wollen, und tatsächlich hätten deren Mitglieder ihn für die Tat
bewundert. Andererseits berichtet er davon, dass der Geschädigte drei Jahre
zuvor ihm gegenüber mit einem neuen Handy angegeben habe. Deshalb habe er
ihm aktuell das neue Mobiltelefon weggenommen. Es scheint so, als ob er eine
Ahnung von seinen inneren Beweggründen hat, diese jedoch aufgrund seiner
niedrigen Reflexiven Kompetenz sehr im äußeren Verhalten verhaftet bleiben.
Er beschreibt die erste Begegnung mit dem Geschädigten im Alter von 15 Jahren mit den Worten »als ich klein war« und verdeutlicht damit, dass er sich zu
diesem Zeitpunkt vermutlich dem anderen gegenüber klein gefühlt hat, weil
dieser über Ressourcen verfügte, die ihm selbst noch nicht zugänglich waren.
Zum Zeitpunkt der Tat hatte er dann eine körperliche Überlegenheit entwickelt,
die es ihm ermöglicht, sich der Dinge mit Gewalt zu bemächtigen, die ihm im

Sinne einer kompensatorischen Selbstversorgung als Ersatz für Wertschätzung und Geborgenheit dienen. Er kann nach der Gerichtsverhandlung auch deutlich beschreiben, wie sehr er sich über die Beute freute und dass es dem »Spasti« aus seiner damaligen Sicht recht geschehen sei. Seine Haltung habe sich aber durch die Auseinandersetzung mit dem konkreten Opfer verändert. Als der Junge ihm erzählt, dass die Anzeige von dessen Eltern ausgegangen sei, habe Andrej sich dadurch selbst in dem Jungen wiedererkannt. Durch das Deutlichwerden der Tatsache, dass auch der Geschädigte in der Abhängigkeit der Eltern stehe, kann sich Andrej mit ihm identifizieren, sodass er die Kosten für das Mobiltelefon ersetzt. Auch die Gruppe des Opfers wird als der eigenen Gruppe ähnlich erkannt. In dem Zweitinterview kann er die möglichen Gefühle des Opfers und dessen Angst vor ihm besser differenzieren. Auf dieser Grundlage formuliert Andrej Schamgefühle darüber, dass er den Geschädigten in diese Situation gebracht habe.

Trotz seiner niedrigen Reflexiven Kompetenz kann Andrej deutlich von der Mediation profitieren. Durch den realen Kontakt mit dem Geschädigten treten die projektiven Verzerrungen zugunsten einer Wahrnehmung zurück, die sich auf eine Identifikation mit dem Opfer und dessen Gruppe gründet. Deutlich werden auch die hinter der Tat stehenden Selbstwertkonflikte, die sicherlich nicht nur im Rahmen normaler krisenhafter Adoleszenzkonflikte gesehen werden können, sondern ebenfalls vor dem Hintergrund der traumatischen Trennungen von den Eltern. Trotz des erfolgreichen Täter-Opfer-Ausgleichs ist Andrej weiter gefährdet, Straftaten zu begehen, da seine Einsichten auf die unmittelbare Tat beschränkt bleiben und seine eigene Person nur marginal mit einbeziehen. Die Aufarbeitung dieser sich andeutenden inneren Konflikte auch im Sinne einer Nachreifung reflexiver Fähigkeiten übersteigt sicherlich den Rahmen einer strafrechtlichen Mediation. Hier könnte der Täter-Opfer-Ausgleich jedoch als Clearingstelle dienen und eine pädagogisch-therapeutische Maßnahme einleiten, z. B. eine familientherapeutische Intervention.

8.3.3 Bülent (18 Jahre) als Beispiel für eine durchschnittliche Reflexive Kompetenz

KURZBIOGRAFIE

Die letzte idiografische Darstellung bezieht sich auf einen jungen türkischen Mann, der in Deutschland geboren wurde. Bülent ist das jüngste Kind und einziger Sohn einer sozial integrierten Familie, in der beide Eltern berufstätig waren. Nicht nur über sein Geschlecht, sondern auch über eine kaum merkliche linksseitige Körperbehinderung hat Bülent eine Sonderstellung in der Familie. In beiden AAI beschreibt Bülent ein starkes eigenes Verwöhnt-Werden, das sowohl von den Eltern als auch von den Schwestern ausgehe. Konflikte in der Schule und auch sonstige Schwierigkeiten werden ihm oft abgenommen, materielle Wünsche werden größtenteils erfüllt. Die Eltern vermitteln ihm, dass sie selbst aufgrund der Migration wenig hatten und den Kindern im Gegenzug ein schönes Leben ermöglichen wollen. Der Tod des Vaters in Bülents beginnender Pubertät stellt eine starke Erschütterung seines psychischen Gleichgewichts dar, er leidet sehr unter dem Verlust und entwickelt in der Folge Schulprobleme, die sich aber so weit stabilisieren, dass er die gymnasiale Oberstufe erreicht. Weiterhin wird er verwöhnt, doch die finanzielle Situation der Familie hat sich verändert, sodass er weniger Geld zur Verfügung hat. Bülent findet vorübergehend Anschluss an eine delinquente Gruppe, in der er mit seinem Geld als »Bonze« Anerkennung findet. Die emotionalen Schwierigkeiten versucht er über den Konsum von Haschisch zu beruhigen.

DIE TAT

Bülent verbringt den Tag in einer Gruppe, die aufgrund eines verstärkten Haschischkonsums auf der Suche nach Geld ist, um sich einen weiteren Joint leisten zu können. Dabei entsteht langsam die Idee, eine Raubtat zu begehen, die zunächst als Spaß betrachtet wird, aber immer realistischere Formen und Planungen annimmt. Schließlich gehen die drei jungen Männer in ein Einkaufszentrum und beobachten eine alte Frau, die an der Kasse des Supermarktes offenbart, dass sie viel Geld dabei hat. Die drei verfolgen sie, wobei sich Bülent weiter abseits hält. Einer der beiden anderen reißt an dem Einkaufsbeutel, die alte Dame hält jedoch so stark dagegen, dass der Beutel reißt und mit einem lauten Klirren zu Boden fällt. Als der Dritte sich mit Tritten in den Rücken des Opfers einmischt, stürzt die Dame und bricht sich dabei ihr Handgelenk. Bülent und der erste aktive Mittäter rennen weg, während der Dritte der Dame vermeintlich seine Hilfe anbietet, um sich dann ihrer Geldbörse zu bemächtigen.

DIE EINSICHTSENTWICKLUNG IM TÄTER-OPFER-AUSGLEICH

Im Erstinterview behauptet Bülent, dass er von dem Raubplan der beiden anderen nichts gewusst habe und von der Tat selbst total überrascht worden sei. Er sei bekifft gewesen und hätte seinen eigenen Gedanken nachgehangen. Erst das Klirren des Einkaufsbeutels und der Sturz der Frau hätten ihn auf die Tat aufmerksam gemacht und er sei in Panik sofort weggerannt. Er bezeichnet seine Mittäter als »Idioten«, die er nach der Tat damit erpresst habe, dass er sie bei der Polizei anschwärzen würde, wenn er nicht seinen Anteil bekäme. So sei er in den Besitz eines kleinen Teils der Beute gekommen. Bülent schildert, dass er so leicht verdientes Geld einfach hätte nehmen *müssen*. Später habe er aber große Angst (»Paranoia«) entwickelt, habe nicht einschlafen können, weil er sich immer wieder fragte, warum er das Geld genommen habe. Nachdem gegen die drei vonseiten der Polizei ermittelt wurde, habe er den Kontakt zu den Mittätern abgebrochen. Er sei insbesondere enttäuscht, dass diese ihn belastet hätten (»Petzer«). Aus seiner Sicht hätten die Mittäter aus »Dummheit und Langeweile« gehandelt«, hätten ihn mit ihrer Tat in den »Dreck gezogen«. In Zukunft wolle er sich seine Freunde besser aussuchen. Bülent kann sich vorstellen, dass das Opfer sich »dreckig« gefühlt hat, versteht aber nicht, dass die Geschädigte ihn mitangezeigt habe, weil er doch weiter weg gestanden habe. »Ich bin irgendwie gar nicht der Täter«, bringt seine Sicht der Dinge auf den Punkt. Bülent bedauert sehr, dass er das »verdammte« Geld genommen habe. Es sei eine Entscheidung »von Bruchteilen von Sekunden« gewesen. Hätte er es abgelehnt, dann hätte er mit der ganzen Sache nichts zu tun gehabt. Fast beschwörend fügt er im Vorinterview hinzu, dass er heute anders handeln würde. Als Begründung für sein Handeln gibt er an, dass sein Vater ihn zu sehr verwöhnt habe, sodass er heute nicht mit Geld umgehen könne und daher die Versuchung zu groß gewesen sei.

Seine Beschreibungen sind insgesamt wesentlich differenzierter als die der beiden vorherigen Beispiele. Bülent bezieht sich in seinen Äußerungen meist auf Motive und Wünsche, die seinem Verhalten und dem Verhalten der anderen zugrunde liegen, was auf seine höhere Ausprägung an Reflexiver Kompetenz verweist. Allerdings bedeutet dies nicht, dass er die Verantwortung für sein Handeln übernehmen kann. Bülent schildert sich als missverstandenes Opfer, das fälschlich von der Geschädigten beschuldigt wird und von seinen Mittätern ohne sein Wissen und Wollen in diese Tat verwickelt wurde. Auch für die einzige selbstgetragene Entscheidung, einen Teil der Beute einzufordern, sucht er eine Verantwortung im Außen. Sein Vater habe ihn zu sehr verwöhnt, sodass er den Lockungen des Geldes nicht widerstehen konnte. In seinen Äußerungen werden sowohl seine Ängste vor negativen juristischen Konsequenzen deutlich als auch Schuld- und Schamgefühle gegenüber seiner Familie und dem Opfer, die er durch Rationalisierungen und externalisierende Schuldzuschreibungen abzuwehren versucht. Aus den Interviews der Mittäter wird sehr deutlich, dass

Bülent den Raubplan kannte und auch das Opfer mitbeobachtet hatte, was er im Nachhinein auch verbal verleugnen muss. Schon während der Tat scheint er in einen Konflikt zwischen aktiver Teilnahme bzw. Verweigerung der Tat zu stehen, der für ihn nicht lösbar ist, sodass er wie eingefroren am Rande der Tatszene verbleibt und erst wegläuft, als die Situation eskaliert. Hierbei ist er jedoch zu sehr Täter, als dass er auf die Idee gekommen wäre, der Geschädigten zu helfen.

Nach dem Täter-Opfer-Ausgleich kann Bülent beschreiben, dass dem Opfer durch die Tat Gewalt angetan wurde. Er differenziert aber weiter genau zwischen sich und den Mittätern. Die anderen hätten die Tat geplant und durchgeführt. Er selbst hätte aufgrund seiner eigenen finanziellen Ausstattung kein Motiv für die Tat gehabt und habe sich daher abseits gehalten. Die Probleme durch die Tat schiebt er weiterhin den Mittätern zu und der Tatsache, dass er sich nicht weit genug abseits gehalten habe, sodass das Opfer ihn gesehen habe. Seine eigenen Konflikte während und nach der Tat sind ihm weiter wenig bewusst. Bülent hat für die Tat eine Jugendstrafe auf Bewährung bekommen, obwohl er als Ersttäter vor Gericht stand. Er erläutert die vergleichsweise hohe Bestrafung damit, dass er angeblich nicht einsichtig sei. Tatsächlich habe er auch nur an der Schlichtung teilgenommen, um vor Gericht einen besseren Eindruck zu machen. Allerdings hatte er den Täter-Opfer-Ausgleich nach der Konfrontation mit der Sicht des Opfers zunächst abgebrochen. Die Geschädigte habe ihm leidgetan und er habe sich schlecht gefühlt, als er von den körperlichen Folgen und den starken Ängsten des Opfers hörte. Es scheint als habe der Täter-Opfer-Ausgleich seine innere Konflikthaftigkeit verstärkt, da er sich einerseits gegen die Täterzuschreibung wehrt und andererseits sich schuldig an der Gewalt gegen das Opfer fühlt. Bülent konnte die in ihm aufsteigenden unerträglichen Scham- und Schulgefühle nur durch Verleugnung bewältigen, die vermutlich auch zu dem Abbruch der Gespräche führten. Diese Abwehrprozesse wirken sich offensichtlich auch negativ auf seine ansonsten durchschnittlichen reflexiven Fähigkeiten aus, da er sich nicht mehr vorstellen kann, dass andere (z. B. das Opfer) seine Beteiligung an der Tat anders wahrnehmen, als er sich tatsächlich dabei fühlte. Bülent erlebt die Situationsinterpretationen anderer als feindselig gegen ihn gerichtet. Seine Gegenwehr gegen eine Verantwortungsübernahme eigener Tatanteile führt zu dem massiveren Erleben einer Täterzuschreibung seitens der am Verfahren beteiligten Professionellen. Der junge Türke fühlt sich vor diesem Hintergrund von den anderen Prozessbeteiligten unverstanden, wehrt sich gegen die Zuschreibung der Bewährungshilfe, er arbeite als Dealer, und will kein »kriminelles Arschloch« sein. Das Ergebnis der Gerichtsverhandlung ist für ihn unverständlich und ungerecht; tatsächlich haben die Mittäter eine Vorgeschichte von (zum Teil unentdeckten) Raubtaten und erhielten ähnliche Bestrafungen.

Meiner Auffassung nach eröffnet die Fallgeschichte von Bülent den Blick auf ein strukturelles Problem des Täter-Opfer-Ausgleichs im Feld der Straffälligenhilfe, da das Scheitern seiner Einsichtsentwicklung nicht nur vor seinen inneren Gegebenheiten und biografischen Hintergründen verstanden werden kann. Der junge Türke steht hier für eine Gruppe durchschnittlich reflexiver Probanden, die sich während einer strafrechtlichen Mediation an einseitigen Täter- und Opferrollenzuschreibungen reiben, statt dass eine Tataufarbeitung stattfinden kann. Dieses strukturelle Problem bezieht sich nicht nur auf das Setting des Täter-Opfer-Ausgleichs, sondern auf den gesamten justiziellen Rahmen. Jugendliche wie Bülent nehmen an einer Schlichtung teil, damit sie eine gerichtliche Besserstellung erwirken und scheinen in diesem Rahmen jedoch keine Möglichkeit zu finden, die eigenen Konflikte anzusprechen. Um seinen Selbstwert zu retten, zog sich Bülent immer weiter zurück, sodass eine Versöhnung mit dem Opfer und damit eine Verminderung seiner Schuldgefühle als auch eine Anerkennung seiner verminderten Schuld nicht erreicht werden konnten. Mir erscheint eine Aufarbeitung in diesen Fällen nur möglich, wenn Einzelgespräche stärker von dem anhängigen Verfahren abgekoppelt würden, sodass diese parteilicher mit den Jugendlichen geführt würden und eine direkte Auseinandersetzung mit dem konkreten Opfer erst das Ergebnis eines solchen Prozesses sein könnte. Die einseitige Täterzuschreibung, die dem Täter-Opfer-Ausgleichs-Verfahren inhärent ist, scheint der Einsichtsentwicklung bei diesen Probanden systematisch entgegen zu wirken.

9 Diskussion der Ergebnisse und Schlussfolgerungen

In diesem Kapitel werden zunächst die Ergebnisse der deskriptiven und statistischen Analyse (vgl. Kapitel 6 auf Seite 159 und Kapitel 7 auf Seite 185) sowie der qualitativen Auswertung (vgl. Kapitel 8 auf Seite 215) vor dem Hintergrund der Forschungsfragen und -annahmen (vgl. Kapitel 5 auf Seite 135) erarbeitet und diskutiert. Die Richtung der Interpretationen wird durch die Verknüpfung quantitativer und qualitativer Methoden gestützt, die im Sinne einer Methodentriangulierung das Zentrum meiner Untersuchung darstellt.

Die Veränderungen der Reflexiven Kompetenz zwischen den Untersuchungszeitpunkten gilt es hinsichtlich ihrer Verursachung zu diskutieren. Da es sich um eine naturalistische Studie handelt, sind weitere beeinflussende Faktoren (z. B. sonstige kritische Lebensereignisse) ausdrücklich Bestandteil der Forschungsrealität. In Unkenntnis der Faktoren, die die Reflexive Kompetenz systematisch beeinflussen, und altersabhängiger Veränderung können diese nicht systematisch erfasst werden. Aufgrund der Fokussierung der Erhebung auf die nachträgliche subjektive Bewertung der Tat und ihrer Folgen, gehe ich jedoch davon aus, mit meiner Untersuchung die Auswirkungen des Täter-Opfer-Ausgleichs auf die Einsichtsentwicklung in den Blick zu nehmen, da die ausführliche Bearbeitung subjektiver Gefühle und Einstellungen zur Tat nur im Rahmen der Schlichtung erfolgt. Die psychoanalytisch orientierte Methode des Täter-Opfer-Ausgleichs Bremen, die eine Exploration der Gefühle und Gedanken eines Konfliktes in das Zentrum ihrer Arbeit stellt, ist nach der Theorie der Mentalisierung dazu geeignet, die Reflexive Kompetenz von Probanden positiv zu beeinflussen. Levy und Mitarbeiter (2005) konnten für die Therapie von Borderline-Persönlichkeitsstörungen belegen, dass vorrangig aufdeckende, psychoanalytisch ausgerichtete Interventionen im Gegensatz zu stützenden oder verhaltenstherapeutischen Interventionen Mentalisierungsfähigkeiten verbessern. In der Diskussion wird das Ergebnis vertieft, dass die Probanden hinsichtlich ihrer Entwicklung von Einsicht unterschiedlich und nicht in der erwarteten Richtung von der Maßnahme profitieren. Es bestätigt sich darüber hinaus die Annahme, dass die Reflexive Kompetenz zur Differenzierung adoleszenter Gewalttäter beiträgt, insbesondere deshalb, weil ein Zusammenhang zwischen der Ausprägung von Reflexiver Kompetenz und der Rückfälligkeit in erneute Straftaten gezeigt werden kann.

9.1 Reflexive Kompetenz zur Differenzierung adoleszenter Delinquenter

Welches Niveau an Reflexiver Kompetenz lässt sich bei Jugendlichen und jungen Erwachsenen ermitteln, die aufgrund einer begangenen Gewalttat an einem Täter-Opfer-Ausgleich teilnehmen? Handelt es sich bei jenen hinsichtlich dieses Merkmals um eine homogene oder heterogene Gruppe? Bestehen Zusammenhänge zwischen der Reflexiven Kompetenz und anderen psychometrischen bzw. soziodemografischen Befunden?

Annahme 1

Heranwachsende Straftäter, die in Gewaltdelikte verwickelt sind, erreichen nur vergleichsweise niedrige Werte auf der elfstufigen Reflexive-Kompetenz-Skala (niedrige, abwesende, negative Reflexive Kompetenz).

Die Ausprägung der Reflexiven Kompetenz in der Untersuchungsgruppe entspricht den Erwartungen, wie sie in Annahme 1 formuliert worden sind, dass junge Erwachsene, die in eine Gewaltstraftat verwickelt sind, vergleichsweise niedrige Werte auf der Reflexiven-Kompetenz-Skala aufweisen. Während in nicht-klinischen Populationen ein Durchschnittswert von 5 Wertungspunkten erwartet wird (Fonagy et al. 1998), erreicht die Untersuchungsgruppe nur einen Mittelwert von 3,32.

Annahme 2

In der Untersuchungsgruppe ist der Anteil an unsicherer und desorganisierter Bindung höher als in nicht-klinischen Stichproben. Unsichere bzw. desorganisierte Bindung steht in einem bedeutsamen Zusammenhang zum Niveau an Reflexiver Kompetenz.

Insgesamt übertrifft das Ergebnis der Bindungsklassifikation den in Normalstichproben erwarteten Anteil an unsicherer und insbesondere desorganisierter

Bindung erheblich. In nicht-klinischen Populationen wird ein Anteil von 55% sicherer Bindung erwartet und lediglich 15% desorgansierter Bindung (van IJzendoorn et al. 1992). In der Untersuchungsgruppe kann nur ein Proband als sicher-gebunden klassifiziert werden, ein Proband als bindungsverstrickt, 22% als bindungsdistanziert, während zwei Drittel ein ungelöstes Bindungstrauma aufweisen. Damit entspricht das Ergebnis Untersuchungen aus forensisch-psychiatrischen Kontexten (van IJzendoorn et al. 1997) bzw. Gefängnispopulationen (Levinson 1996) und verdeutlicht, dass es sich um eine Hochrisikogruppe handelt. Statistisch konnte ein signifikanter Zusammenhang zwischen Migrationserfahrungen und der Bindungsrepräsentation des »ungelösten Traumas« gezeigt werden, durch die sich ebenfalls zwei Drittel der Untersuchungsgruppe hervortun. Auch hinsichtlich des Erlebens von chronisch aggressivem Verhalten bzw. Vernachlässigung ist die Untersuchungsgruppe hoch belastet: Bei 90% der Untersuchten werden größtenteils mehrfache »stressful life-events« in der Auswertung der AAI-Transkripte deutlich, bei lediglich 10% lassen sich keine potenziell traumatisch belastenden Lebensereignisse auffinden. Auffällig ist das hohe Maß an innerfamiliärer Gewalt, von dem in den Interviews berichtet wird.

Die Bindungsrepräsentation der Probanden trennt in der Untersuchungsgruppe entgegen der Annahme nicht die verschiedenen Niveaus an Reflexiver Kompetenz. Es gibt lediglich die Tendenz, dass die Klassifikation »ungelöstes Trauma« bei mehreren Probanden mit einem niedrigeren Niveau einhergeht, dies ist jedoch nicht statistisch signifikant, da auch hohe Wertungen in dieser Gruppe enthalten sind. Dahingegen stehen Fragmentierungen der Reflexiven Kompetenz, die sich bei der Hälfte der Gruppe zeigen lassen, in einem statistisch signifikanten Zusammenhang mit der Bindungsrepräsentation: Eine Fragmentierung verweist konstruktgemäß auf ein ungelöstes Bindungstrauma.

Annahme 3

Die untersuchte Gruppe stellt keine homogene Gruppe bezüglich der soziodemografischen und psychometrischen Befunde dar, da sich verschiedene Typen adoleszenter Straftäter in dieser Altersgruppe mischen (ubiquitäre Grenzübertretungen vs. lebenslange Auffälligkeit im Rahmen einer Persönlichkeitsstörung). In der Untersuchungsgruppe ist eine Hochrisikogruppe enthalten, die sich durch eine niedrige Reflexive Kompetenz, einen unsicheren bzw. desorganisierten Bindungsstatus, traumatische Belastungen in der Kindheit und einen niedrigen Bildungsstand auszeichnet.

Die niedrige Erfolgsquote der untersuchten Schlichtungen von 42% im Vergleich zu einer sonstigen Schlichtungsquote von 86% (TOA Jahresstatistik 2004) verweist darauf, dass die Probanden der Untersuchungsgruppe nicht den durchschnittlichen Teilnehmern entsprechen, und unterstützt die These, dass die ausgewählte Altersgruppe eine besonders belastete Hochrisikogruppe enthält, was die Chancen auf gütliche Einigungen vermutlich minimiert.

Anhand der soziodemografischen und psychometrischen Ergebnisse ist eine Zweiteilung der Gruppe im Sinne potenziell lebenslang-Auffälliger und adoleszenz-typischer Grenzüberschreitungen nicht möglich. Lediglich eine Person hat ihren Schulabschluss nicht erreicht, sodass an dieser Stelle vom Vorhandensein eines Mindestmaßes an gesellschaftlicher Integration ausgegangen werden kann, wobei höhere Bildungsabschlüsse jedoch unterrepräsentiert sind und der kritische Übergang zu einer beruflichen Ausbildung bei der Mehrzahl der Probanden aufgrund des Lebensalters noch nicht erreicht wurde. Die Ergebnisse der »stressful life-event«-Aufstellung sowie der Bindungsrepräsentation übertreffen die Erwartungen, die in Annahme 3 formuliert wurden, sodass die Schlussfolgerung nahe liegt, dass die Untersuchungsgruppe nicht eine hochbelastete Untergruppe enthält, sondern bzgl. belastender Lebensereignisse und desorganisierter Bindungsmuster *insgesamt* eine Hochrisikogruppe darstellt. Trotz der Belastungen klagen die Untersuchten jedoch im Vergleich zu psychisch Erkrankten wenig über interpersonale Probleme (Ergebnis des IIP), was sich auch in den AAI zeigt und stringent mit dem Konzept der für diese Gruppe typischen alloplastischen Abwehr unerträglicher mentaler Inhalte ist (Reinke 1997, vgl. Kapitel 4 auf Seite 107). Viele Probanden bewerten z. B. die erlebte innerfamiliärer Gewalt als eine notwendige Begrenzung ihrer Person. Gewalterfahrungen und deren Folgen werden somit als Notwendigkeit rationalisiert.

Bei einer genaueren Auswertung der Ergebnisse werden zwei Gruppen sichtbar: Eine Gruppe ist als durchschnittlich hinsichtlich ihrer reflexiven Fähigkeiten einzustufen, die andere zeichnet sich im Mittel durch eine niedrige Reflexive Kompetenz aus. Die statistische Verteilung zeigt keine Tendenz eines Zusammenhangs der Reflexiven Kompetenz mit dem Alter der Untersuchungsteilnehmer. Der Zusammenhang zwischen altersbedingten psychischen Reifeschritten in den kognitiven Fähigkeiten und der Reflexiven Kompetenz kann systematisch letztlich jedoch nur auf der Grundlage einer Längsschnittstudie in den Blick genommen werden.

Je höher die Reflexive Kompetenz in der Untersuchungsgruppe ist, desto freundlicher empfinden sich die Probanden im Kontakt mit anderen. In der Logik des interpersonalen Modells, das eine Komplementarität des Verhaltens auf der Zuneigungsdimension postuliert (»Wenn ich freundlich bin, ist der andere auch freundlich.« und vice versa sowie »Wenn ich unfreundlich bin, ist der andere auch unfreundlich.«), würde dieser Zusammenhang implizieren, dass die Probanden in der Untersuchungsgruppe, die eine niedrige bis abwesende Reflexive Kompetenz aufweisen, das Verhalten ihrer sozialen Umwelt als feindseliger erleben und deshalb feindseliger reagieren bzw. durch ihr eigenes feindseligeres Verhalten mehr Feindseligkeit im Gegenüber erzeugen als die Probanden mit einer durchschnittlichen bis hohen Reflexiven Kompetenz. Diese Schlussfolgerung entspricht auch den Grundannahmen des Mentalisierungskonzeptes, die davon ausgehen, dass bei fehlender Reflexiver Kompetenz das Verhalten des Gegenübers unerklärlich bleibt und folglich auch leichter missverstanden werden kann, was auf das dichotome, durch Spaltungen gekennzeichnete Weltbild bei dissozialen Persönlichkeitszügen verweist.

Insgesamt ist das Niveau an Reflexiver Kompetenz vor dem Hintergrund der Ergebnisse ein Maß, das innerhalb der kriminalitäts- und traumabelasteten Untersuchungsgruppe zwei Gruppen zu unterscheiden hilft. Die niedrig reflexive Gruppe zeichnet sich durch niedrigere Bildungsabschlüsse und mehr Feindseligkeit im interpersonalen Kontakt aus.

9.2 Reflexive Kompetenz als ein Messinstrument zur Wirksamkeitsmessung des Täter-Opfer-Ausgleichs

Ist die Reflexive Kompetenz ein geeigneter Faktor, um Veränderungen durch den Täter-Opfer-Ausgleich zu beschreiben, und welche verändernden Effekte zeigen sich in der ausgewählten Untersuchungsgruppe insbesondere bezüglich der verübten Straftat und gegenüber dem Opfer?

Annahme 4

Durch den Täter-Opfer-Ausgleich verändert sich die Reflexive Kompetenz der Probanden positiv. Es ist insbesondere eine Steigerung reflexiver Fähigkeiten in Bezug auf die Straftat und die Einfühlung in das Opfer zu verzeichnen.

Die Reflexive Kompetenz der gesamten Gruppe (Gesamt- und Einzelwertungen) verändert sich rein statistisch betrachtet zwischen Prä- und Postuntersuchung nicht. Bei einer genaueren Betrachtung zeigt sich, dass die Veränderungen im Sinne von Verschlechterung und Verbesserung sich gegenseitig aufheben. Tatsächlich verbessert sich ein Drittel der Probanden, ein Drittel verschlechtert sich und ein Drittel verbleibt unverändert, was die Notwendigkeit einer Differenzierung innerhalb der Tätergruppe verdeutlicht. Die tatsächlichen Veränderungen liegen zwischen einem und zwei Skalenwerten auf der Reflexiven-Kompetenz-Skala. Das Ergebnis bestätigt die Re-Test-Qualität und verdeutlicht, dass die Reflexive Kompetenz durch eine strafrechtliche Mediation – wenn überhaupt – nur leicht beeinflusst wird. Annahme 4 muss auf der Grundlage der statistischen Ergebnisse verworfen werden, da sich die Reflexive Kompetenz zwar bei einem Drittel der Probanden nach einem Täter-Opfer-Ausgleich positiv verändert, der Rest der Gruppe jedoch stagniert oder sich sogar verschlechtert. Insbesondere die Einfühlung in das Opfer, welche als Reflexive Kompetenz bzgl. des Opferverhaltens operationalisiert wurde, verschlechtert sich nach einem Täter-Opfer-Ausgleich. Der Schlichtungserfolg selbst, d. h. die Frage, ob eine Schlichtung einvernehmlich endet, hat keinen Einfluss auf die Veränderung der Reflexiven Kompetenz.

Die tatsächliche Veränderung wird durch die Reflexive Kompetenz der Eingangsuntersuchung statistisch signifikant erklärt. Nicht-reflexive Probanden haben sich bei der Zweituntersuchung verbessert, während sich die reflexive Gruppe verschlechtert. Es fällt auf, dass sich die Veränderungen besonders zwischen den Skalenwerten drei und vier zeigen, d. h. zwischen fraglicher und niedriger Reflexiver Kompetenz. Der Täter-Opfer-Ausgleich könnte also hier einen wichtigen Beitrag zur Förderung von Mentalisierungsprozessen leisten. Somit würde die Stärke der strafrechtlichen Mediation darin bestehen, bei Probanden, die sich mentaler Befindlichkeiten bedienen (Wertung 3), eine Verknüpfung zu den eigenen Erlebnissen herzustellen (Wertung 4). Eine Schwäche der Maßnahme zeigt sich darin, dass eindeutig Reflexive sich verschlechtern (z. B. von 5 auf 3). Das Ergebnis verweist auf einen Zusammenhang zwischen den Mentalisierungsfähigkeiten der Probanden und der Art der Aufarbeitung der Tat im Rahmen der Schlichtung. Dieser Zusammenhang wird unter Berücksichtigung aller Ergebnisse unter Punkt 9.5 diskutiert.

Annahme 5

Je intensiver der Täter-Opfer-Ausgleich im Sinne der Anzahl der Gespräche ist, desto mehr Veränderungen bzgl. der Reflexiven Kompetenz treten auf.

Erklärungskraft für Verbesserungen und Verschlechterungen besitzt die Intensität des Täter-Opfer-Ausgleichs, da sich die Reflexive Kompetenz abhängig von der Anzahl der Gespräche verändert, sodass sich die Annahme 5 teilweise bestätigt. Tatsächlich verbessern sich beide Gruppen bei zwei Gesprächen, d. h. wenn die Mediation aufgrund eines Ablehnens der Schlichtung seitens des Geschädigten scheitert. Hier zeigt sich vielleicht einerseits der positive Einfluss des AAI auf die Reflexive Kompetenz bzw. die positive Auswirkung einer Kurzintervention von Tätergesprächen ohne Opferkontakt. Die reflexive Gruppe verschlechtert sich bei einer Beteiligung des Opfers an der Schlichtung, wobei nie mehr als sechs Einzelgespräche mit den Beschuldigten geführt wurden. Die nicht-reflexive Gruppe stagniert im Mittel bei einer Intensität zwischen drei und neun Einzelgesprächen, während sich die ihr zugehörigen Probanden ab zehn Gesprächen verbessern. Die reflexive Gruppe weist bei einer mittleren Gesprächsanzahl eine deutliche Verschlechterung der Reflexiven Kompetenz auf gegenüber den Nicht-Reflexiven, was eventuell auf eine andere Qualität der Abwehr verweist. Aus diesen statistischen Ergebnissen leitet sich die vorläufige These ab, dass die Auseinandersetzung mit der Tat im Rahmen eines Täter-Opfer-Ausgleichs zunächst Abwehrprozesse verstärkt, die sich erst ab einer höheren Anzahl von Einzelgesprächen (ab neun Sitzungen) bearbeiten lassen und dann die Mentalisierungsfähigkeiten fördern.

Bei der Auswertung der Frage 21 des modifizierten AAI (Opfereinfühlung) zeigt sich allerdings, dass sich die Ergebnisse der Einzelauswertung bezüglich des Mentalisierens über das Opfer bei steigender Gesprächszahl verschlechtern. Dabei sinkt der Wert der Frage 21 trotz einer Verbesserung in der Gesamtwertung. Noch deutlicher wird das Bild, wenn der Zusammenhang des veränderten Mentalisierens über das Opfer im Zusammenhang mit der Anzahl der Opfereinzelgespräche betrachtet wird. Unabhängig von der allgemeinen Reflexiven Kompetenz verschlechtern sich die Werte hinsichtlich der Opferfrage zwischen Erst- und Zweituntersuchung signifikant, je mehr Einzelgespräche mit dem Opfer geführt werden. Es ist davon auszugehen, dass der Schlichter die Motive, Bedürfnisse und Meinungen des Opfers vor dem Hintergrund der Einzelgespräche mit dem Geschädigten darstellt und dass das Bild des Opfers im Verlauf mehrerer Gespräche auch in den Gesprächen mit dem Beschuldigten plastischer wird. Gleichzeitig verweist eine hohe Anzahl an Opfergesprächen auch auf einen langwierigen Schlichtungsprozess, der eventuell konflikthaft verläuft. Auf der Grundlage dieser statistischen Ergebnisse lässt sich vermuten, dass die Beschuldigten um so weniger das Verhalten des Opfers in mentalen Befindlichkeiten erklären, je konflikthafter die Einigung mit diesem verläuft und je plastischer die geschädigte Person mit eigenen Wünschen und Haltungen im Rahmen der Schlichtung auftritt. Dieses Zwischenergebnis bekräftigt die Annahme, dass die Verschlechterung der Werte mit Abwehrprozessen einhergeht, die einer Einsicht entgegenwirken.

9.3 Reflexive Kompetenz als Vorraussetzung eines erfolgreichen Täter-Opfer-Ausgleichs und die langfristigen Effekte im Sinne einer Legalbewährung

In welchem Zusammenhang stehen Reflexive Kompetenz, Schlichtungserfolg und die Legalbewährung der untersuchten Probanden?

Annahme 6

Eine hohe Reflexive Kompetenz zu Beginn der Schlichtung macht einen erfolgreichen Verlauf des Täter-Opfer-Ausgleichs wahrscheinlich.

Zwischen dem Schlichtungserfolg und der Veränderung der Reflexiven Kompetenz lässt sich kein Zusammenhang feststellen, ebenso wenig zwischen Schlichtungserfolg und Opfereinfühlung (Frage 21). Die Ergebnisse der statistischen Analyse verweisen darauf, dass eine gütliche Einigung nicht mit einer inneren Veränderung beim Beschuldigten einhergehen muss. Die vor der Durchführung eines Täter-Opfer-Ausgleichs gemessene Reflexive Kompetenz wirkt sich nicht auf den Erfolg der Schlichtung aus. Ganz im Gegenteil scheitern in der Untersuchungsgruppe im Verhältnis mehr Schlichtungsversuche in der reflexiven Gruppe als in der nicht-reflexiven. Daher muss die Annahme 6 verworfen werden.

Es gibt einen Hinweis auf einen Zusammenhang zwischen Bindungsrepräsentation und Schlichtungserfolg, da die Probanden mit ungelöstem Bindungstrauma eine Schlichtungsbilanz im Verhältnis von einem erfolgreichen zu zwei gescheiterten Fällen aufweisen. Dieser Zusammenhang lässt sich zwar statistisch aufgrund der geringen Größe der Untersuchungsgruppe nicht belegen, verweist jedoch auf eine vielversprechende Richtung weiterer Forschung mit größeren Untersuchungsgruppen.

Annahme 7

Die Legalbewährung ist wahrscheinlicher bei den Probanden mit mittlerer bis höherer ($\geqslant$ 4) als bei den Probanden mit abweisender bis niedriger Reflexiver Kompetenz ($\leqslant$ 3).

Die Rückfallmessung wurde analog zu den beiden bereits vorliegenden Rückfallstudien zum Täter-Opfer-Ausgleich (Keudel 2000; Busse 2001) im sogenannten Hellfeld der offiziell registrierten Kriminalität durchgeführt. Innerhalb der Untersuchungsgruppe bleiben dabei im Erhebungszeitraum von 2 bis 3 Jahren nach der Straftat 68,4% der Probanden unbelastet, während 31,6% einschlägig rückfällig sind, d. h. eine erneute Gewalttat verübt haben. Um Missverständnissen über die Effektivität des Täter-Opfer-Ausgleichs vorzubeugen, möchte ich an dieser Stelle auf die vergleichsweise niedrige Rückfallquote der Untersuchungsgruppe aufmerksam machen und die Notwendigkeit weiterer Differenzierungen.

Aus den statistischen Daten lässt sich kein Zusammenhang zwischen der Rückfälligkeit und dem Schlichtungserfolg herleiten, was die These stützt, dass unabhängig vom Ausgang der Schlichtung Einsichts- und Lernprozesse stattfinden können, was sich in Bezug auf die Veränderung der Reflexiven Kompetenz bereits andeutete (s. o.). Pruitt et al. (1993) haben auch für das Feld der Mediation darauf hingewiesen, dass Kurzzeiteffekte in keinem Zusammenhang zu Langzeiteffekten stehen müssen. Der tatsächliche Effekt der Schlichtung auf die Rückfallausprägung lässt sich anhand der vorliegenden Daten aufgrund der fehlenden Kontrollgruppe jedoch nicht prüfen.

Ein deutlicher statistischer Zusammenhang zeigt sich zwischen der Ausprägung der Reflexiven Kompetenz bei der Postuntersuchung und der Legalbewährung: Je höher die Ausprägung an Reflexiver Kompetenz ist, desto unwahrscheinlicher ist der Rückfall. Dieses Ergebnis unterstützt eindrucksvoll die Theorie des Zusammenhangs zwischen persistierender Gewalt und einer niedrigen Ausprägung von Reflexiver Kompetenz und bestätigt die Annahme 7. Darüber hinaus zeigen die Daten, dass nur Probanden rückfällig werden, die ein ungelöstes Trauma im Bindungsstatus aufweisen, über weitere Traumatisierungen im AAI berichten und – mit einer Ausnahme – im Kleinkindalter eine Migration durchlebt haben.

9.4 Reflexive Kompetenz und Einsicht

Inwieweit wird die Einsicht der Probanden in ihr Gewaltverhalten durch die Ausprägung von Reflexiver Kompetenz gestützt?

> *Annahme 8*
>
> Bei der qualitativen Auswertung zeigt sich, dass Probanden mit einer durchschnittlichen bis hohen Reflexiven Kompetenz ein höheres Niveau an Einsicht hinsichtlich ihrer Tat erreichen als Probanden mit einer niedrigen oder abwesenden Reflexiven Kompetenz.

Die folgenden Punkte stellen jeweils die Ergebnisse der qualitativen Auswertung ausgewählter Abschnitte der AAI dar (vgl. Kapitel 8 auf Seite 215). Die qualitative Auswertung bestätigt die statistische Auswertung insofern, als die Gruppe der Niedrig-Reflexiven deutlicher hinsichtlich ihrer Einsichtsentwicklung profitiert als die Durchschnittlich-Reflexiven, daher muss die Annahme 8 teilweise verworfen werden. Nur die Probanden mit abwesender oder unintegrierter Reflexiver Kompetenz eignen sich aufgrund ihrer Wahrnehmungsverzerrungen nicht zur Teilnahme an einem Täter-Opfer-Ausgleich.

Bei der niedrig-reflexiven Gruppe nehmen Projektionen hinsichtlich der Gefährlichkeit des Opfers ab und weichen realitätsangemesseneren Darstellungen. Es entwickelt sich mehr Empathie für das Leid der Opfer vor dem Hintergrund einer positiven Beziehung zum Schlichter, da diese Probanden die Täterzuschreibung annehmen. Daher ist der Kontakt zum Schlichter weniger konflikthaft und ermöglicht evtl. sogar korrigierende emotionale Beziehungserfahrungen z. B. das Erlebnis der Wirkmächtigkeit eigener Wiedergutmachungsimpulse.

Durchschnittlich-reflexive Probanden projizieren bereits vor einer Schlichtung weniger Gefährlichkeit auf das Opfer und sind darüber hinaus empathischer für die psychischen und körperlichen Folgen der Tat. Allerdings profitieren sie nicht von dem Beziehungsangebot im Täter-Opfer-Ausgleich, da sie die Zuschreibung einer Täterschaft ablehnen. Ihre metakognitiven Fähigkeiten befähigen sie, nur so zu tun, als seien sie einsichtig. Nach dem Täter-Opfer-Ausgleich zeigen sie aber tatsächlich weniger Empathie für das Opfer, teilweise sogar ablehnende Gefühle für die Geschädigten und äußern ihre Unzufriedenheit mit dem gesamten Schlichtungsprozess.

Beide Gruppen können nach dem Täter-Opfer-Ausgleich besser in dem Sinne zu ihren Taten stehen, als sie die gewalttätige Durchsetzung eigener Interessen nicht länger verschleiern müssen. Dieser Effekt erscheint jedoch eher vor dem Hintergrund der abgeschlossenen Gerichtsverhandlung plausibel, als dass es ein Effekt einer Einsichtsentwicklung wäre. Dies wird durch eine Täter-Opfer-Rollenumkehrung bei beiden Gruppen ebenfalls deutlich, da sich die Probanden als Opfer der Gerichtsbarkeit und Racheinteressen der Geschädigten wahrnehmen. Die geäußerte Reue für die Tat steht unvermittelt neben einer Schuldzurückweisung und mangelnder Verantwortungsübernahme. Diese widersprüchlichen Äußerungen verweisen auf Spaltungsprozesse, die der Abwehr unerwünschter mentaler Inhalte dienen und somit einer Einsicht entgegenwirken.

9.5 Schlussfolgerungen für die Praxis des Täter-Opfer-Ausgleichs und Ausblick auf zukünftige Forschung

Die Implikationen dieser Pilotstudie für die Praxis und Theorie des Täter-Opfer-Ausgleichs sowie daran angelehnter weiterführender Forschung werde ich unter drei Gesichtspunkten betrachten. Zunächst diskutiere ich die Ergebnisse, die sich auf das Konzept und die Konstruktvalidität der Reflexiven Kompetenz beziehen. Danach komme ich auf die Implikationen der Ergebnisse für die Durchführung einer strafrechtlichen Mediation zu sprechen, wobei ich methodische Verbesserungen für die Arbeit mit adoleszenten Gewaltstraftätern vorschlagen werde. Den Abschluss bilden Überlegungen über den Beitrag der Reflexiven Kompetenz zur Differenzierung adoleszenter Gewalttätigkeit und Interventionen im Sinne einer Förderung metakognitiver Fähigkeiten zur Prävention zukünftiger Straftaten.

9.5.1 Schlussfolgerungen für die Gütekriterien der Reflexiven-Kompetenz-Skala

Die statistische Auswertung im Prä-Post-Design verdeutlicht eine hohe Re-Testqualität (Spearmans Rangkorrelation $r = 0,68$, $p = 0,001$) der Reflexiven-Kompetenz-Skala, sodass sie sich für die Wirksamkeitsmessung von Interventionen eignet, die auf eine Erhöhung metakognitiver Fähigkeiten im Sinne einer verbesserten Selbst- und Fremdwahrnehmung auf der Grundlage der Zuschreibung innerpsychischer Befindlichkeiten abzielen. Einschränkungen der Validität sind jedoch bei der Konstruktschärfe zu bedenken. So korreliert z. B. die Schulbildung der Probanden signifikant mit den Niveaus an Reflexiver Kompetenz. Das heißt: Ein Gymnasiast aus der Untersuchungsgruppe erreicht wahrscheinlicher einen höheren Wert als ein Hauptschüler. Dieser Zusammenhang könnte auf eine Schwäche der RKS verweisen, da sich die Messung der Reflexiven Kompetenz als abhängig von kognitiven, genauer: verbalen Fähigkeiten erweisen könnte, über die insbesondere Menschen mit höheren Bildungsabschlüssen verfügen. Gleichzeitig haben zwei Hauptschüler der Untersuchungsgruppe eindrucksvoll gezeigt, dass ein hoher Grad an Mentalisierung auch mit einfachen Worten möglich ist. Vermutlich stellt ein hohes Niveau an Reflexiver Kompetenz zusammen mit einem überdurchschnittlichen IQ-Wert das Fundament eines höheren Bildungsabschlusses dar. Die Grundlage dieser Idee ist eine Einzelbeobachtung:

> Einer der Probanden erreichte im IST-90, den er auf eigenen Wunsch im Rahmen der Studie durchführen ließ, einen IQ-Wert von 121 und war jedoch aufgrund seiner mannigfaltigen Konflikte mit Lehrerautoritäten nur zu einem Hauptschulabschluss gekommen. Seine an die Hochbegabung angrenzenden kognitiven Fähigkeiten stehen auch in deutlichem Kontrast zu der im AAI gezeigten Reflexiven Kompetenz. In seinen Erklärungen des Verhaltens anderer Personen verbleibt er stets bei Verhaltensbeschreibungen. Wenn er mentale Befindlichkeiten als Begründung für ein Verhalten heranzieht, so sind es Stereotype, die stets um Macht, Unterwerfung und Feindseligkeit kreisen, weshalb er auf einem Niveau von 3 kodiert wurde.

Die Konstruktvalidität der Reflexiven Kompetenz stützt die Plausibilität der Annahme, dass nicht nur die (verbale) Intelligenz über den jeweiligen Schulerfolg entscheidet, sondern die metakognitiven Fähigkeiten ihren entscheidenden Beitrag als moderierende Variable dazu leisten. Es besteht daher vermutlich kein einfacher Zusammenhang zwischen verbaler Intelligenz und Reflexiver Kompetenz. Da in der Studie jedoch ein Intelligenzmaß nicht erhoben wurde, kann die Frage an dieser Stelle nicht beantwortet werden, jedoch haben Levy et al. (2005) in ihren Vergleichsstichproben ($N = 24$) die Unabhängigkeit von RK und Intelligenz-Quotienten belegt. Zur weiteren Konstruktvalidierung sollte eine repräsentative Erhebung der Reflexiven Kompetenz in einer Normalstichprobe auch im deutschsprachigen Raum erfolgen, die ebenfalls eine mögliche Überschneidung der Konstrukte der verbalen Intelligenz und der Reflexiven Kompetenz untersuchen sollte.

Die qualitative Auswertung bestätigt den zuvor theoretisch hergeleiteten Zusammenhang zwischen Abwehrprozessen und Reflexiver Kompetenz (vgl. Kapitel 3 auf Seite 77). Meines Erachtens wäre es sehr lohnenswert, die Operationalisierung der Reflexiven Kompetenz mit psychoanalytischen Abwehrkonzepten in Beziehung zu setzen. So könnte z. B. das Niveau einer abwesenden Reflexiven Kompetenz mit einem Wert von 1 auf eine Abwehr durch Nichtverstehen im Sinne einer Verleugnung verweisen, während bei der hyperaktiven Reflexiven Kompetenz (Wertung 3) Abwehr durch Deckerinnerungen erfolgt. Dieser Zusammenhang zwischen Abwehr und Reflexiver Kompetenz fehlt in der theoretischen Konzeption, da Fonagy et al. die Operationalisierung weder auf eine Theorie des Triebes noch auf eine des dynamisch Unbewussten stützen.

Als letzten Punkt möchte ich auf eine Verbesserung des Konzeptes hinsichtlich der Fragmentierungen von Reflexiver Kompetenz hinweisen. Lamott et al. (2001) haben auf die Bedeutsamkeit fragmentierter Bindungsrepräsentationen für forensische Kontexte bereits hingewiesen. Reinke (1997) hat unter Rekurs auf Reicher in ihrem Konzept der Mosaikpersönlichkeit verdeutlicht, dass Straffällige in Entspannungszuständen durchaus gut reflektieren können, was in affektiv aufgeladener Situation hingegen nicht abrufbar ist. Diesem Phänomen wird die Gesamtwertung des RKS nicht gerecht, sodass eine klinische Differenzierung der Qualität der Reflexiven Kompetenz unabdingbar erscheint, um Schlussfolgerungen über die Abrufbarkeit metakognitiver Fähigkeiten auch in emotional belastenden Situationen ziehen zu können.

9.5.2 Der Täter-Opfer-Ausgleich als eine Situation der »Forced-Compliancy« bei adoleszenten Gewaltstraftätern

Der Täter-Opfer-Ausgleich zieht seine Berechtigung nicht nur aus einer Erfolgsstatistik, sondern ist ein niedrigschwelliges sozial- und kommunikationsförderndes Instrument, das im Prinzip und bei sorgfältiger Reflexion eines angemessenen Settings, welches sich an den Kompetenzen der betroffenen Jugendlichen orientieren sollte, neue Perspektiven im Umgang mit jugendlichen Tätern eröffnet. Die Studie hat jedoch verdeutlicht, dass die beteiligten Beschuldigten sehr unterschiedlich von der Maßnahme profitieren bzw. dass die Gruppe der Durchschnittlich-Reflexiven sich in ihren reflexiven Fähigkeiten sogar verschlechtert. Besonders gravierend ist das Ergebnis, dass die Beschuldigten den Geschädigten im Verlauf eines Täter-Opfer-Ausgleichs zwar weniger Gefährlichkeit zuschreiben, in der Tendenz sich die Empathie für das Opfer aber verschlechtert, je mehr Gespräche mit den Opfern geführt werden. Diese

Resultate verdeutlichen, dass es einerseits einer sorgfältigeren Diagnostik und damit Differenzierung adoleszenter Beschuldigter zur Indikation einer Intervention auf eine Straftat bedarf und andererseits einer kritischen Reflexion des Settings der strafrechtlichen Mediation.

Der Persönlichkeitsfaktor Dominanz als Schwerpunkt der interpersonalen Probleme der Beschuldigten trägt vor dem Hintergrund der statistischen Auswertung zum Scheitern eines Täter-Opfer-Ausgleichs bei, während Unterwürfigkeit im interpersonalen Kontakt eher mit erfolgreichen Schlichtungen einhergeht. Dieses Ergebnis weist darauf hin, dass Probanden, die sich aufgrund ihrer Persönlichkeitsstruktur dem Prozedere unterwerfen können, den Erfolg der Schlichtung begünstigen. Folglich erfordert eine strafrechtliche Mediation einen Grad an Anpassung, den Teile der Untersuchungsgruppe nicht leisten können oder wollen. Der Täter-Opfer-Ausgleich stellt sich sowohl vor dem Hintergrund der qualitativen als auch der statistischen Auswertung als »Forced-Compliancy«-Situation dar, d. h. als eine soziale Zwangssituation. Den Tätern bleibt aus ihrer subjektiven Sicht nur die Möglichkeit der Anpassung an die strukturellen Forderungen oder der Auflehnung gegen diese. Mit einer Anpassung an die strukturellen Forderungen ist das Einverständnis mit der Täter-Opfer-Dichotomie und insbesondere der Täterzuschreibung gemeint. Darüber hinaus erfordert eine »erfolgreiche« Schlichtung Geständigkeit hinsichtlich der Anschuldigungen, das Zeigen von Reue und die Bereitschaft zu einer Wiedergutmachung. Die Wahrnehmung und Orientierung an der »Forced-Compliancy« der Beschuldigten steht dabei in einem erheblichen Widerspruch zu dem bewussten Angebot der Mediatoren, die Tat in einem ergebnisoffenen und freiwilligen Prozess aufzuarbeiten und sich von dem Druck der Gerichtsverhandlung zu befreien. Meines Erachtens kommt es daher zu einem strukturell bedingten Missverständnis zwischen den Beschuldigten und Mediatoren, einer Sackgasse zwischen Unterwerfung und Protest, die in dem Kontext der drohenden Gerichtsverhandlung als kaum bearbeitbar erscheint. Vor dem Hintergrund dieser strukturellen Zwangssituation wird dann die Förderung von Einsichtsprozessen zu einem schwer zu erreichenden Ziel, da aus Sicht der Beschuldigten eine Unterwerfung unter Machtverhältnisse stattfindet.

Die Differenzierung adoleszenter Gewaltstraftäter in der untersuchten Gruppe folgte dem Paradoxon, dass die Durchschnittlich-Reflexiven weniger von der Maßnahme profitierten als die Niedrig-Reflexiven. Dieses Ergebnis entspricht in keiner Weise den Vorannahmen, da z. B. in einer Studie von Müller et al. (2006) die Ausprägung von Reflexiver Kompetenz den Therapieerfolg positiv prognostizierte, und soll daher hier weiter gewürdigt werden. Es lassen sich drei Gruppen innerhalb der Untersuchungsgruppe bei der qualitativen Auswertung unterscheiden, welche ebenfalls mit dem Niveau an Reflexiver Kompetenz in Verbindung stehen und verschiedene eigene Täterkonzepte aufweisen. Jede Gruppe kann jeweils unterschiedlich auf das Angebot des Täter-Opfer-Ausgleichs eingehen:

1) DURCHSCHNITTLICHE REFLEXIVE KOMPETENZ: »ICH WILL NICHT DER TÄTER SEIN, WEIL ICH DIE SCHULDGEFÜHLE NICHT AUSHALTEN KANN.«

Die Gruppe mit einer durchschnittlichen Reflexiven Kompetenz lehnt eine Täterschaft fast vollständig ab und verschlechtert sich in ihren Werten nach einem Täter-Opfer-Ausgleich, wobei mit dieser Gruppe im Vergleich zu den anderen weniger Einzelgespräche geführt werden. Meines Erachtens hängt die Tatsache, dass diese Gruppe aufgrund ihrer reflexiven Fähigkeiten eine Einsicht vortäuschen kann, mit der geringen Gesprächsanzahl zusammen. Die Schlichter gehen daher davon aus, dass weitere Gespräche aufgrund einer vermeintlichen Einsicht nicht notwenig sind. In den Interviews wird eine große Unzufriedenheit dieser Gruppe mit den aus ihrer Sicht einseitigen Täterzuschreibungen im Prozess der Schlichtung deutlich. Es scheint, als hätte diese Gruppe Probanden auch mehr Schwierigkeiten mit der Auseinandersetzung ihrer eigenen Täterschaft, vermutlich weil diese erheblich größere innere Folgen bewirkt als in den beiden anderen Gruppen. Durch die höhere Reflexive Kompetenz ist für sie der Schmerz der Opfer sowie die damit einhergehende Schuld viel bedrohlicher, da diese in den Beschuldigten repräsentiert werden können und daher die bestehende Abwehrstruktur und das Selbstkonzept bedrohen. Unerträgliche Schuld- und Schamgefühle drohen bei einer bewussten Repräsentation des Opferschmerzes das Selbst zu überfluten. Ein ansteigendes Konfliktbewusstsein, das durch die Arbeit des Schlichters angeregt wird, der die Perspektive des Opfers in die Gespräche mit dem Täter einbringt, aktiviert daher intensive Abwehrprozesse, die zu einer Ablehnung von Verantwortlichkeit für die Tat führen. Die Beschuldigten projizieren Über-Ich-Anteile auf die Schlichter, von denen sie sich dann bedrängt fühlen. Durch die vordergründige Anpassung wird der eigentliche Ärger auf den Schlichter im Kontakt verwischt, mit dem der innere Konflikt der Probanden ausgetragen wird. Nur bei einer Bearbeitung dieser Konfliktdynamik, die zwischen Schlichter und Beschuldigtem geschieht, könnte eine korrigierende emotionale Beziehungserfahrung stattfinden. Bei der durchschnittlich-reflexiven Gruppe endete jedoch die Schlichtung, bevor es zu einer Aufarbeitung dieser Dynamik kommen konnte. Zu berücksichtigen ist an dieser Stelle auch, dass die Probanden selbst kaum Eigenmotivation zur Bearbeitung der beschriebenen Konflikte mitbringen. Vor diesem Hintergrund ist auch zu verstehen, warum viele Jugendliche einen Täter-Opfer-Ausgleich als belastender erleben als eine Gerichtsverhandlung, da Letztere strukturell nicht an der inneren Auseinandersetzung mit der Straftat ansetzt und darüber hinaus einem Bedürfnis nach Schuldentlastung durch Bestrafung entgegenkommen könnte, wie Winnicott es für neurotische Adoleszente beschrieben hat (vgl. Winnicott 1956).

2) NIEDRIGE BZW. FRAGLICHE REFLEXIVE KOMPETENZ: »ICH BIN ZWAR DER TÄTER, ABER ICH FÜHLE MICH NICHT SCHULDIG.«

Die niedrig-reflexive Gruppe nimmt die Täterzuschreibung an und lehnt lediglich die Zuschreibung von Brutalität ab, was einerseits auf eine verzerrte Selbstwahrnehmung verweist und andererseits auf die Hoffnung auf eine Besserstellung vor Gericht zurückgeführt werden kann. Diese Gruppe verbessert sich hinsichtlich ihrer Reflexionsfähigkeiten abhängig von der Anzahl der Gespräche, d. h. je mehr Gespräche geführt werden, desto mehr profitieren sie im Sinne einer Steigerung der Reflexiven Kompetenz. Meines Erachtens können die Niedrig-Reflexiven die erforderliche Anpassung der »Forced-Compliancy« besser erfüllen als die Durchschnittlich-Reflexiven. Vermittelt über die niedrige bzw. fragliche Reflexive Kompetenz sind diese Probanden mit einer starren Abwehr ausgestattet, die Welt eher auf einer Verhaltensebene zu betrachten und sich nur in klischeehafter Weise mit inneren Befindlichkeiten auseinander zu setzen. Diese Gruppe benennt zwar psychisches Innenleben, dieses bekommt bei ihnen jedoch keine affektive Bedeutung, sodass die Schmerzen des Opfers keine Belastung für diese Beschuldigten darstellen, da sie nur oberflächlich beschreibend und nicht in ihrer gesamten Erlebnisqualität repräsentiert sind. Die Vorstellung der eigenen Täterschaft aktiviert aufgrund dieser starren Abwehrstruktur keine Schuldgefühle wie bei den Durchschnittlich-Reflexiven, weshalb die Täterzuschreibung leichter angenommen werden kann bzw. bereits eine Identifikation mit der Täterrolle vorliegt. Diese Probanden können sich dem Prozedere also unterordnen, da mögliche Konflikte zwischen eigenen Wünschen und den Folgen für das Gegenüber aufgrund der rigiden Abwehr nicht bewusst werden und so das Setting der strafrechtlichen Mediation für diese Probanden weniger Reibungspunkte bietet. Die Einsichtsentwicklung ist jedoch aufgrund der reflexiven Fähigkeiten sehr begrenzt, sodass eher davon auszugehen ist, dass die Tatfolgen im Rahmen einer Schlichtung auf einer Verhaltensebene »geregelt« werden, statt dass eine innere Auseinandersetzung mit Tat und Folgen erfolgt, auch wenn die Reflexive Kompetenz in der Folge einer hohen Anzahl von Gesprächen angeregt wird.

Allerdings beinhaltet diese Gruppe auch Probanden, die sich von einer fraglichen (Wertung 3) auf eine deutlichere reflexive Fähigkeit (Wertung 4) verbessern, was eine kritische Schwelle darstellt, da erst eine Wertung von 4 als deutliche Mentalisierung aufgefasst wird. Relevant ist diese Steigerung reflexiver Fähigkeiten auch vor dem Hintergrund des Zusammenhanges zwischen Rückfall und Reflexiver Kompetenz, da nur Probanden rückfällig werden, die in der Zweituntersuchung eine Wertung von 3 oder niedriger auf der Reflexiven-Kompetenz-Skala aufweisen. An diesem Punkt könnte der Täter-Opfer-Ausgleich seine besondere Stärke beweisen, was in zukünftigen Untersuchungen zu überprüfen ist.

3) ABWESENDE REFLEXIVE KOMPETENZ: »NÄCHSTES MAL WERDE ICH NICHT ERWISCHT.«

Die nicht-reflexive Gruppe identifiziert sich mit der Tat und plant weitere Straftaten. Der Täter-Opfer-Ausgleich hat vor dem Hintergrund meiner Ergebnisse keine Auswirkungen auf deren Reflexive Kompetenz. Darüber hinaus zeigt sich die nicht-reflexive Gruppe aufgrund ihrer mangelhaften sozialen Wahrnehmungsfähigkeit als nicht geeignet zur Teilnahme an einer strafrechtlichen Mediation. Für diese Beschuldigten ist ein basales Programm zur Aktivierung von metakognitiven Fähigkeiten zu empfehlen und keine Konfrontation mit den Geschädigten, da hier die Gefahr einer Retraumatisierung für alle Beteiligten besteht. Eine abwesende Reflexive Kompetenz zeigt sich in meiner Untersuchung als ein Ausschlusskriterium für die Teilnahme an einem Täter-Opfer-Ausgleich.

Die Situation der »Forced-Compliancy« bedarf einer stärkeren Reflexion in der Theorie und Praxis des Täter-Opfer-Ausgleichs. Deutlich wird auch, dass die Maßnahme von einer stärkeren Ergebnisoffenheit profitieren würde. Vor diesem Hintergrund wäre das Nicht-Zustande-Kommen einer gütlichen Einigung zwischen Täter und Opfer nicht als Misserfolg zu werten, sondern als realistischer Spiegel der reflexiven Fähigkeiten der Beteiligten sowie deren Fähigkeiten der Anerkennung der eigenen Schuld und des Gegenübers. In diesem Sinne könnte der Versuch, einen Ausgleich zwischen den Beteiligten zu erreichen, erst das Ergebnis eines Aufarbeitungsprozesses sein. Bei einer Nichteignung für eine Auseinandersetzung mit dem Opfer könnten die Mediatoren dann Empfehlungen für weitere Interventionen aussprechen. Insbesondere für die diagnostische Einschätzung und Bearbeitung der unterschiedlichen Voraussetzungen der Beschuldigten sollten die Mediatoren ausreichend klinisch geschult sein, im besten Falle eine psychoanalytische Basiskompetenz aufweisen. Die Mediation im Strafrecht hat mit ihrer Formulierung, dass Einsicht im Täter entstehen solle, folglich teilweise Ziele definiert, die sie strukturell nicht erfüllen kann. Auch wenn eine strafrechtliche Mediation nicht bei allen Beschuldigten Mentalisierungsprozesse fördert, ist sie als kriminalrechtliches Instrument keineswegs überflüssig, da sie zu einer gesellschaftlichen Bewusstseinsentwicklung im Sinne einer wiedergutmachenden Gerechtigkeit beiträgt und damit vermutlich zu einer Generalprävention von Straftaten. Darüber hinaus kann der Täter-Opfer-Ausgleich Geschädigten zu einer angemessenen Wiedergutmachung und Unterstützung verhelfen, was nicht Gegenstand dieser Untersuchung war.

9.5.3 Reflexive Kompetenz als Methode der Einsichtsmessung und Differenzierung adoleszenter Gewalttäter

In der vorliegenden Arbeit bestätigt sich weiterhin, dass adoleszente Gewaltstraftaten in einem engen Zusammenhang mit ungelösten Bindungstraumata stehen, die in der hier untersuchten Gruppe vorrangig mit traumatisierenden Migrationserfahrungen und einem hohen Ausmaß an innerfamiliärer Gewalt einhergehen. Obwohl bislang keine gesicherten Zusammenhänge zwischen Bindungsqualität und Psychopathologie vorliegen, ist das Ergebnis der Untersuchung als deutlicher Hinweis zu betrachten, dass das aggressiv-antisoziale Verhalten der Probanden im Rahmen einer psychischen Destabilisierung zu sehen ist. Das Ergebnis verdeutlicht eindringlich, dass die Untersuchungsgruppe hinsichtlich ihrer Bindungserfahrungen hoch belastet ist, was die Bewältigung altersgemäßer Entwicklungsaufgaben wie den Übergang von Schule und Beruf sowie das Verlassen des Elternhauses erschwert. Levy et al. (2006) konnten für die Borderline-Persönlichkeitsstörung einen Zusammenhang zwischen Impulsivität, Affektlabilisierung und niedrigen Mentalisierungsfähigkeiten belegen, weshalb es nahe liegt, die Kriminalitätsbelastung der Probanden vor dem Hintergrund der erhobenen Bindungsqualitäten und reflexiven Fähigkeiten zu verstehen.

Die Reflexive Kompetenz hat sich im Rahmen dieser Arbeit als eine geeignete Operationalisierung von individuellen Einsichtsfähigkeiten erwiesen, die als notwendige Bedingung dem Erlangen von Einsicht zugrunde liegen. Zwar erscheint eine durchschnittliche Reflexive Kompetenz nicht als ausreichende

Hemmung von Gewalttätigkeit, weil diese vermutlich in affektiven Übererregungen nicht dem eigentlichen Niveau entsprechend abrufbar ist. Das Niveau der Reflexiven Kompetenz gibt aber einen Hinweis auf die potenzielle Qualität der Aufarbeitung der Straftat und auf die Kompetenzen hinsichtlich eines zukünftigen Umgangs mit Konflikterlebnissen und eigenen Affekten, was letztlich im Sinne einer zu erwartenden oder nicht zu erwartenden Rückfälligkeit interpretiert werden kann. Somit könnte die Reflexive Kompetenz ein diagnostisches Kriterium darstellen, zwischen adoleszenztypischer passagerer Auffälligkeit und lebenslanger Gefährdung im Sinne krimineller Karrieren zu differenzieren. Damit wäre ebenfalls ein Kriterium gefunden, unterschiedliche Interventionen als Reaktion auf die Gewalttat einzuleiten, die sich an den Defiziten der Betroffenen orientieren und damit mehr Aussicht auf Veränderungen haben. Die Ergebnisse dieser Untersuchung verdeutlichen, dass ein von der »Forced-Compliancy« befreites Setting durchaus Rahmenbedingungen für Einsichtsentwicklungen darstellen kann, die auch die Einsichtsfähigkeiten im Sinne der Reflexiven Kompetenz strukturell fördern. Dabei ist zu bedenken, dass sich positive Veränderungen der Reflexiven Kompetenz erst ab einer Anzahl von zehn Gesprächen einstellten, sodass strukturelle Veränderungen einer langfristigeren Bearbeitung bedürfen als ein »klassischer Täter-Opfer-Ausgleich« mit drei Gesprächen es leistet, was aus der Soziotherapieforschung bekannt ist (Reinke 1997). In der Verbundstudie zur Klärung der Zusammenhänge zwischen dem Ausmaß und der Spezifität interpersonaler Probleme (vgl. Strauß et al. 1993) konnte das Ergebnis von Horowitz et al. (1988) bestätigt werden, dass sich insbesondere bei einer kurzen Interventionsdauer Probleme mit feindseliger Dominanz negativ auf das Therapieergebnis auswirken, was sich ebenfalls für den Täter-Opfer-Ausgleich vermuten lässt. Horowitz et al. (ebd.) empfehlen für Patienten mit derartigen Dominanzproblemen eine Gruppentherapie statt eines Einzelangebotes. Strauß et al. interpretieren ihre Ergebnisse dahingehend, »daß es eben einer längerfristigen und intensiveren Gruppenbehandlung bedarf, um die Probleme mit feindseliger Dominanz zu bewältigen« (ebd., S. 291). Es lässt sich daher für die Praxis des Täter-Opfer-Ausgleichs schlussfolgern, dass gruppentherapeutische Interventionen stärker in das Beratungsangebot integriert werden sollten, wenn sie aufgrund vorliegender Dominanzprobleme indiziert sind.

Aus der Therapiebegleitforschung von Borderline-Persönlichkeitsstörungen ist bekannt, dass diese Erkrankung trotz – anderen Persönlichkeitsstörungen vergleichbarer – chronisch struktureller Probleme durchaus behandelbar ist

291

(Leichsenring/Leibing 2003; Perry/Banon/Ianni 1999). Angesichts dieser Erkenntnisse ist der Mangel an einer Weiterführung therapeutischer Ansätze im Bereich der Behandlung von Persönlichkeitsstörungen mit antisozialem Verhalten (z. B. Reinke 1997) sowie der Mangel an systematischer wissenschaftlicher Begleitforschung bemerkenswert. Hier besteht dringender Forschungsbedarf, wobei – wie erwähnt – Konzepte der Behandlung von Borderline-Patienten für die psychotherapeutische Behandlung von Personen mit einer Antisozialen Persönlichkeitsstörung modifiziert werden könnten und auch die Interventionskonzepte des Täter-Opfer-Ausgleichs erweitern würden. Da sich der Zusammenhang zwischen niedriger Reflexiver Kompetenz und Gewalttätigkeit (Levinson/Fonagy 2004) auch in dieser Studie weiter bestätigt, sind darüber hinaus Maßnahmen zu empfehlen, die die metakognitiven Fähigkeiten von Gewaltstraftätern gezielt fördern z. B. im Rahmen einer mentalisierungsbasierten Therapie, wie sie von Bateman und Fonagy (2004) sowie Allen und Fonagy (2006) für die Behandlung von Borderline-Patienten vorgelegt wurde. Mentalisierungsgestützte Interventionen, die auch dem Ziel einer einvernehmlichen Einigung der Beteiligten zuträglich sind, sollten daher in das Konzept des Täter-Opfer-Ausgleichs integriert werden. Der hohe Anteil ungelöster Bindungstraumata, der in der vorliegenden Studie im Rahmen der Bindungsdiagnostik deutlich wurde, verweist darüber hinaus auf die Notwendigkeit der Integration trauma-therapeutischer Verfahren für die Behandlung jugendlicher Delinquenter, über deren erste Ansätze in den USA Greenwald (2002) in seinem Sammelband berichtet. Insbesondere bei Kindern und Jugendlichen sind die Veränderungsmöglichkeiten auch bei kürzeren Interventionen aufgrund der in diesen Lebensphasen vorhandenen Entwicklungschancen nicht zu unterschätzen. Dies hat sich hinsichtlich der Verbesserungen innerhalb der niedrigreflexiven Gruppe eindrucksvoll gezeigt. Insbesondere die Steigerung einer Wertung von drei auf vier auf der Reflexiven-Kompetenz-Skala könnte das Überschreiten der kritischen Schwelle hinsichtlich der Rückfallgefährdung darstellen. Schließlich hat sich im Rahmen dieser Studie gezeigt, dass Rückfälligkeit nur die Probanden der Untersuchungsgruppe betrifft, die eine Wertung von drei und niedriger auf der Reflexiven-Kompetenz-Skala aufweisen. Das Ergebnis verdeutlicht, dass Maßnahmen wie der Täter-Opfer-Ausgleich durch die wissenschaftliche Begleitforschung weiter professionalisiert werden sollten. Die Studie hat gezeigt, dass eine Bewältigung des schwierigen Arbeitsfeldes unter Ausnutzung des Potenzials des Täter-Opfer-Ausgleichs insbesondere einer möglichst fundierten Ausbildung und begleitenden Supervision der in diesem Feld arbeiteten Schlichter bedarf. Es konnte darüber hinaus deutlich erarbeitet werden, dass die strafrechtliche Mediation von einer stärker klinischen Orientierung der Konfliktschlichter sehr profitieren würde.

Literatur

Abraham, K. (1924): Versuch einer Entwicklungsgeschichte der Libido aufgrund der Psychoanalyse seelischer Störungen. In: ders. (1982) Psychoanalytische Studien I. Frankfurt (Suhrkamp), S. 113–217.

Aichhorn, A. (1925): Verwahrloste Jugend. Bern (Verlag Hans Huber), 1951.

Ainsworth, M. (1985): Attachment across the lifespan. Bulletin of the New York Academy of Medicine 61, 792–812.

Albrecht, P.-A. (2000): Jugendstrafrecht. 3. Auflage. München (Verlag C. H. Beck).

Alexander, F. & French, T. M. (1949): Psychoanalytic Therapy. New York (Ronald Press).

Alexander, N.; Gottwald, W. & Trenczek, T. (2003): Mediation in germany: The long and winding road. In: Alexander, N. (Hg.): Global trends in mediation. Köln (Centrale für Mediation), S. 179–212.

Allen, J. G. (1995): Coping with trauma: A guide to self-understanding. Washington D. C. (American Psychiatric Press).

Allen, J. G. (2001): Interpersonal Trauma and Serious Mental Disorder. Chichester (John Wiley).

Allen, J. G. & Fonagy, P. (Hg.) (2006): Handbook of Mentalization-Based Treatment. Chichester (John Wiley).

Altmeyer, M. (2005): Innen, Außen, Zwischen. Forum Psa. 21, 43–57.

Appelbaum, S. A. (1973): Psychological-mindedness: Word, concept and essence. I. J. Psycho-Anal. 54, 35–46.

Appelbaum, S. A. (1975): The idealization of insight. International Journal of Psychoanalytic Psychotherapy 4, 272–302.

Argelander, H. (1970): Das Erstinterview in der Psychotherapie. Darmstadt (Wissenschaftliche Buchgesellschaft).

Arnett, J. J. (2000): Emerging adulthood. American Psychologist 55, 469–480.

Arsenio, W. & Lover, A. (1995): Children's conceptions of sociomoral affect: Happy victimizers, mixed emotions, and other expectancies. In: Killen, M. & Hart, D. (Hg.): Morality in everyday life. Cambridge (University Press), S. 87–130.

Astington, J. (1996): What is theoretical about the child's theory of mind?: A Vygotskian view of its development. In: Carruthers, P. & Smith, P. K. (Hg.): Theories of Theories of Mind. Cambridge (University Press), S. 184–199.

Balloff, R. (1996): Beratung, Therapie und Mediation bei Konflikten in familialen Übergängen. In: Schilling, H. (Hg.): Wege aus dem Konflikt. Von Therapie bis Mediation: Professionelle Unterstützung von Kindern und Eltern bei Trennung und Scheidung. Mainz (Matthias-Grünewald-Verlag), S. 30–58.

Bals, N.; Hilgartner, C. & Bannenberg, B. (2005): Täter-Opfer-Ausgleich im Erwachsenenbereich. Eine repräsentative Untersuchung für Nordrhein-Westfalen. Mönchengladbach (Forum Verlag Godesberg).

Bannenberg, B. & Rössner, D. (2003): Preventing Crime: What works, what doesn't, what's promising? Der »Sherman-Report« und seine Bedeutung für die deutsche Kriminalprävention. Zeitschrift für Jugendkriminalrecht und Jugendhilfe 2, 111–119.

Bannenberg, B. (1993): Wiedergutmachung in der Strafrechtspraxis. Eine empirisch-kriminologische Untersuchung von TOA-Projekten in der Bundesrepublik Deutschland. Bonn (Forum Verlag Godesberg).

Barnett, J. (1978): Insight and therapeutic change. Contemporary Psychoanalysis 14, 534–545.

Baron-Cohen, S. (1995): Mindblindness: An essay on Autism and Theory of Mind. Bradford (MIT Press).

Bassler, M.; Potratz, B. & Krauthauser, H. (1995): Der »Helping Alliance Questionnaire« (HAQ) von Luborsky. Psychotherapeut 40, 23–32.

Bastine, R.; Link, G. & Lörch, B. (1995): Bedeutung, Evaluation, Indikation und Rahmenbedingungen von Scheidungsmediation. In: Duss-von Werth, J. (Hg.): Mediation: Die andere Scheidung. Stuttgart (Klett-Cotta), S. 186–204.

Bateman, A. & Fonagy, P. (2004): Psychotherapy for Borderline Personality Disorder. Mentalisation-Based Treatmant. Oxford (University Press).

Bateman, A. W. (2003): Psychoanalytic Treatment of bBorderline Personality Disorder. Psychiatric Times 18, www.psychiatrictimes.com/p010737.html, (Zugriff am: 15. 03. 2004).

Bates, J. E.; Maslin, C. A. & Frankel, K. A. (1985): Attachment security, mother-child interaction, and temperament as predictors of behavior problems ratings at age three years. In: Bretherton, I. & Waters, E. (Hg.): Growing points of attachment theory and research. Monographs of the Society for Research in Child Development 50, 167–193.

Baumann, J. (1992): Arbeitskreis deutscher, österreichischer und schweizerischer Strafrechtslehrer: Alternativ-Entwurf Wiedergutmachung (AE-WGM). München (Back-Verlag).

Becker-Stoll, F. (2002): Bindung und Psychopathologie im Jugendalter. In: Strauss, B.; Buchheim, A. & Kächele, H. (Hg.): Klinische Bindungsforschung. Stuttgart (Schattauer), S. 196-213.

Beckmann, K. (1969): Die Bestimmung der strafrechtlichen Verantwortlichkeit nach § 3 JGG. Juristische Dissertation. Universität Kiel.

Beeghly, M. & Cicchetti, D. (1994): Child maltreatment, attachment, and the self system: Emergence of an internal state lexicon in toddlers at high social risk. Development and Psychopathology 6, 5–30.

Benecke, C. (2002): Mimischer Affektausdruck und Sprachinhalt. Interaktive und objektbezogene Affekte im psychotherapeutischen Prozess. Bern (Peter Lang AG).

Berghaus, A. (2005): Psychoanalytisch-interaktionelle Methode, Affektspiegelung und Mentalisierung. Gruppenpsychotherapie und Gruppendynamik 41, 193–218.

Bernfeld, S. (1929): Antiautoritäre Erziehung und Psychoanalyse. Bd. 1. Frankfurt (März-Verlag).

Besemer, C. (1994): Mediation – Vermittlung in Konflikten. Stiftung Gewaltfreies Leben. Baden (Werkstatt für Gewaltfreie Aktion).

Bindrich, E. (2001): Psychologische und psychoanalytische Aspekte im Täter-Opfer-Ausgleich mit Jugendlichen und dessen Supervision – das theoretische und das emotionale Verständnis des Täters. In: Winter, F. (Hg.): Glücksversprechen, Volksjustiz oder rechtsstaatliche Methode? – Kritische Bestandsaufnahme der TOA-Praxis an der Schwelle zum 21. Jahrhundert. Tagungsdokumentation. Köln (DBH-Materialien 47), 21–31.

Bindrich, E. (2004): Beziehungsgewalt in der Konfliktschlichtung und die besondere Bedeutung externer Supervision. In: Winter, F. (Hg.): Täter-Opfer-Ausgleich und die Vision einer »heilenden« Gerechtigkeit. Worpswede (Amberg), S. 45–68.

Bion, W. (1962a): Eine Theorie des Denkens. Psyche – Z Psychoanal. 17 (1963), 426–435.

Bion, W. (1963a): Elemente der Psychoanalyse. Frankfurt a. M. (Suhrkamp).

Blair, R. & Coles, M. (2001): Expression recognition and behavioral problems in early adolescence. Cognitive Development 15, 421–434.

Blair, R.; Colledge, E., Murray, L. & Mitchell, D. (2001): A selective impairment in the processing of sad and fearful expressions in children with psychopathic tendencies. Journal of Abnormal Child Psychology 29, 491–498.

Blair, R. (1995): A cognitive developmental approach to morality: Investigating the psychopath. Cognition 57, 1–29.

Blair, R. (1992): The development of morality. Unpublished PhD dissertation, University of London.

Blank, C. & Genegel, U. (2000): Tatort Jugend. Jugenddelinquenz zwischen früher Störung und der Suche nach dem dritten Objekt. Diplomarbeit. Universität Bremen.

Bleiberg, E. (1984): Narcisstic disorders in children. Bulletin of the Menninger Clinic 48, 501–517.

Bleiberg, E. (1994): Borderline disorder in children and adolescents: The concept, the diagnosis, and the controversies. Bulletin of the Menninger Clinic 58, 169–196.

Bleuler, E. (1911): Dementia praecox oder die Gruppe der Schizophrenien. Leipzig, Wien (Deuticke).

Bliesener, T.; Köferl, P. & Lösel, F. (1990): Protektive Faktoren bei Jugendlichen aus »Multiproblem-Milieus« mit hohem Risiko der Delinquenzentwicklung. In: Höfling, S. & Butollo, W. (Hg.): Psychologie für Menschenwürde und Lebensqualität. Band 3. Bonn (Deutscher Psychologen Verlag), S. 80–105.

Blos, P. (1973): Adoleszenz. Stuttgart (Klett-Cotta).

Blum, H. (1981): The forbidden quest and the analytic ideal: The superego and insight. Psychoanalytic Quarterly 50, 535–556.

Blumenstein, A. & Cohen, J. (1987): Charakterizing criminal careers. Science 237, 985–991.

Bohleber, W. & Leuzinger, M. (1981): Narzißmus und Adoleszenz. Kritische Bemerkungen zum »Neuen Sozialisationstypus«. In: Psychoanalytisches Seminar Zürich (Hg.): Die neuen Narzissmustheorien: zurück ins Paradies?. Frankfurt a. M. (Discord), S. 117–132.

Bohmann, M. (1996): Presidposition to criminality. Swedish adoption studies in retrospect. In: Rutter, M. (Hg.): Genetics of Criminal and Antisocial Behavior. Chichester (John Wiley).

Böllinger, L. (1979): Psychoanalyse und die Behandlung von Delinquenten. Heidelberg/Karlruhe (C. F. Müller Juristischer Verlag).

Böllinger, L. (1999): Gewalt in Paarbeziehungen, Strafsystem und Mediation – Eine psychoanalytische Grundlegung. In: Jahrbuch für Rechts- und Kriminalsoziologie. Baden-Baden (Nomos), S. 65–89.

Böllinger, L. (2001): Mediation bei Gewaltstraftaten – eine sozio-psychoanalytische Perspektive. In: Althoff; Cremer-Schäfer; Reinke & Schmaus (Hg.): Integration und Ausschließung. Baden-Baden (Nomos), S. 224–239.

Bonß, W. (1982): Die Einübung des Tatsachenblicks. Zur Struktur und Veränderung empirischer Sozialforschung. Frankfurt a. M. (Suhrkamp).

Bortz, J. (2003). Kurzgefasste Statistik für die klinische Forschung: Leitfaden für die verteilungsfreie Analyse kleiner Stichproben. Heidelberg (Springer).

Bortz, J. (2006): Forschungsmethoden und Evaluation: für Human- und Sozialwissenschaftler. Heidelberg (Springer).

Bowlby, J. (1944): Forty-four juvenile thieves: Their characters and home-life. I. J. Psycho-Anal. 25, 19–53.

Bowlby, J. (1969): Bindung. Eine Analyse der Mutter-Kind-Beziehung. München (Kindler).

Bowlby, J. (1969/1982): Attachment and loss. Vol. 1: Attachment. New York (Basic Books). Dt.: Bindung. München (Kindler), 1975.

Bowlby, J. (1973): Trennung. Psychische Schäden als Folgen der Trennung von Mutter und Kind. München (Kindler).

Bowlby, J. (1980): Attachment and loss. Vol. 3: Loss, sadness and depression. New York (Basic books).

Brähler, E.; Horowitz, L. M.; Kordy, H.; Schumacher, J. & Strauß, B. (1999): Zur Validierung des Inventars zur Erfassung Interpersonaler Probleme (IIP) – Ergebnisse einer Repräsentivbefragung in Ost- und Westdeutschland. In: Psychotherapie, Psychosomatik, medizinische Psychologie 49, 422–431.

Bram, A. D. & Gabbard, G. O. (2001): Potential space and reflective functioning. I. J. Psycho-Anal. 82, 685–746.

Brentano, F. (1930): Wahrheit und Evidenz. Leipzig.

Britton, R. (1998): Glaube, Fantasie und psychische Realität. Psychoanalytische Erkundungen. Stuttgart (Klett-Cotta).

Brockhaus (2007): Der Brockhaus in 6 Bänden. Mannheim (Brockhaus), 1. Auflage.

Bruhn, A. R. & Davidow, S. (1983): Earliest memories and the dynamics of delinquency. Journal of Personality Assessment 47, 476–482.

Brunner, R. & Dölling, D. (2002): Jugendgerichtsgesetz. Kommentar. 11. Auflage. Berlin (Walter de Gruyter).

Buchheim, A. & Strauß, B. (2002): Interviewmethoden der klinischen Bindungsforschung. In: Strauß, B.; Buchheim, A. & Kächele, H. (Hg.): Klinische Bindungsforschung. Stuttgart (Schattauer), S. 27–53.

Buchheim, A.; West, M.; Martius, P. & George, C. (2004): Die Aktivierung des Bindungssystems durch das Adult Attachment Projective bei Patientinnen mit einer Borderline Persönlichkeitsstörung – ein Einzelfall. Persönlichkeitsstörungen 8, 230–242.

Buchheim, P.; Clarkin, C. F.; Kernberg, O. & Doering, S. (2006): Das Strukturelle und das Strukturierte Interview zur psychodynamischen Diagnostik der Persönlichkeitsorganisation. Persönlichkeitsstörungen 10, 43–54.

Bürgin, D. & Rost, B. (1997): Traumatisierung im Kindesalter. Persönlichkeitsstörungen – Theorie und Therapie 1, 24–31.

Busch, F. (1995): Do actions speak louder than words? A query into an enigma in analytic theory and technique. JAPA 43, 61–82.

Busch, H.-J. (2002): Kommentar: Intersubjektivität als Kampf und die Anerkennung des Nicht-Intersubjektiven. Verfügbar unter: http://www.psyche.de/forum_psyche_honneth.php?seite (Stand: 2.9.2002).

Busse, J. (2001): Täter-Opfer-Ausgleich und Rückfall. Juristische Dissertation. Philipps Universität Marburg.

Carpenter, M.; Nagell, K. & Tomasello, M. (1998): Social Cognition, Joint Attention, and Communicative Cmpetence from 9 to 15 Months of Age. Monographs of the Society for Research in Child Development 63, 1–174.

Carroll, L. (1871): Through the looking-glass and what Alice found there. In: ders. (1971): Alice in Wonderland. Authoritative texts of »Alice's Adventures in Wonderland«, »Through the Looking-Glass«, »The Hunting of the Snark«. Backgrounds, essays in criticism, edited by Donald J. Gray. New York (W. W. Norton & Comp, Norton Critical Editions).

Cavell, M. (1994): Freud und die analytische Philosophie des Geistes. Überlegungen zu einer psychoanalytischen Semantik. Stuttgart (Klett-Cotta).

Chiesa, M.; Fonagy, P.; Holmes, J. & Drahorad, C. (2004): Residential versus community treatment of personality disorders: A comparative study of three Treatment Programs. American Journal of Psychiatry 161, 1463–1470.

Cicchetti, D. & Toth, S. L. (Hg.) (1994): Rochester symposion on developmental psychpathology, Vol. 5. Disorders and disfunctions of the self. Rochester (University Press).

Clyman, R. B. (1991): The procedural organization of emotions: A contribution from cognitive science to the psychoanalytic theory of therapeutic action. JAPA 39 (Supplement), 349–382.

Collins, N. & Read, S. J. (1994): Cognitive representations of attachment: The structure and function of working models. In: Bartholomew, K. & Perlman, D. (Hg.): Advances in Personal Relationships (5). Attachment process in adulthood. London (Kingsley), S. 53–90.

Colombo, J.; Mitchell, D. W.; Coldren, J. T. & Adwater, J. D. (1990): Discriminating learning during the first year: stimulus and positional cues. Journal of Experimental Psychology 16, 98–109.

Cremerius, J. (1979): Gibt es zwei psychoanalytische Techniken? Psyche – Z Psychoanal. 43, 577–599.

Crittenden, P. M. (1990): Internal representational models of attachment relationships. Infant Mental Health Journal 11, 259–277.

Csibra, G. & Gergely, G. (1998): The teleological origins of mentalistic action explanations: A developmental hypothesis. Developmental Science 1 (2), 255–259.

Cunningham, R. B. & Sarayah, Y. K. (1993): Wasta – The Hidden Force in Middle Eastern Society. London (Westport).

Dahlbender, R. W.; Buchheim, A. & Doering, S. (2004): OPD und AAI – integrative Diagnostik von Struktur, Konflikt und Bindungsrepräsentation. Persönlichkeitsstörungen 8, 251–261.

Dallinger, W. & Lackner, K. (1966): Jugendgerichtsgesetz. Kommentar. 2. Auflage München (Beck).

Damasio, A. R. (1994): Descartes' Irrtum – Fühlen, Denken und das menschliche Gehirn. München (List).

Damasio, A. R. (2000): Ich fühle, also bin ich – Die Entschlüsselung des Bewusstseins. München (List).

Daudert, E. (2001): Selbstreflexivität, Bindung und Psychopathologie: Zusammenhänge bei stationären Gruppenpsychotherapie-Patienten. Hamburg (Kovac).

Davidow, S. & Bruhn, A. R. (1990): Earliest memories and the dynamics of delinquency. A replication study. Journal of Personality Assessment 54, 601–616.

Davis, M. & Wallbridge, D. (1981): Eine Einführung in das Werk von D. W. Winnicott. Stuttgart (Klett-Cotta).

Delattre, G. & Trenczek, T. (2004): Ist Täter-Opfer-Ausgleich Mediation? Oder: Dem »wahren Heino« auf der Spur. TOA-Infodienst 22, 5–12.

Delattre, G. (2000): Mediation als Beitrag zur Gewaltprävention. In: Landeshauptstadt Hannover (Hg.): Schriften zur Stadtentwicklung 80, 7–15.

Delattre, G. (2002): Prolog. TOA-Infodienst 16 : 3.

Dennett, D. (1978): Brainstorms. Philosophical Essays on Mind and Psychology. Cambridge, Mass. (MIT Press).

Dennett, D. (1987): The intentional stance. Cambridge (MIT Press).

Depner, C.; Cannata, K. & Ricci, J. (1994): Client evaluation of mediation services. Family and Conciliation Corts Review 32, 306–320.

Depner, C.; Cannata, K. & Simon, M. (1992): Building a uniform Statistical Reporting System: A Snapshot of California Family Court Services. Family and Conciliation Courts Review 30, 185–197.

Dodge, K. A. (1991): The structure and function or reactive and proactive aggression. In: Pepler, D. J. & Rubin, K. H. (Hg.): The development and treatment of childhood aggression. New York (Erlbaum), S. 201–218.

Dölling, D. & Henninger, S. (1998): Sonstige empirische Untersuchungen zum TOA. In: Dölling, D. (Hg.): TOA in Deutschland. Bestandsaufnahme und Perspektiven. Bundesministerium der Justiz. Bonn (Forum Verlag Godesberg), S. 203–372.

Dölling, D. (1993): Probleme der Begleitforschung zum TOA. In: Hering, R. D. & Rössner, D. (Hg.): TOA im allgemeinen Strafrecht. Bonn (Forum Verlag Godesberg), S. 63–98.

Dornes, M. (2002): Der virtuelle Andere. Aspekte vorsprachlicher Intersubjektivität. Forum Psa. 18, 303–331.

Dornes, M. (2004): Über Mentalisierung, Affektregulierung und die Entwicklung des Selbst. Forum Psa. 20, 175–199.

Dreher, E. & Tröndle, H. (1995): Kommentar zum StGB. München (Beck).

Duss-von Werdt, J. (1998): Die Praxis der Mediation als ethischer Diskurs und die Kraft des Konflikts. In: Falk, G.; Heintel, P. & Pelikan, C. (Hg.): Die Welt der Mediation. Klagenfurt (Alektro Verlag), S. 362–371.

Literatur

Duss-von Werdt, J. (1999): Mediation in Europa. Weiterbildendes Studium Mediation. Fern-Universität Gesamthochschule Hagen. Unveröffentlichtes Manuskript.

Eckert, J. & Strauß, B. (1993): Zusammenhänge zwischen interpersonalen Problemen und dem Behandlungsergebnis nach stationärer Gruppentherapie. Gruppenpsychotherapie und Gruppendynamik 29, 227–294.

Ehlert-Balzer, M. (1996): Das Trauma als Objektbeziehung. Forum Psa. 12, 291–314.

Eisenberg, U. (2006): Jugendgerichtsgesetz. Beck'sche Kurz-Kommentare Band 48. 11. Auflage. München (C. H. Beck).

Eissler, K. (1958): Bemerkungen zur Technik der psychoanalytischen Behandlung Pubertierender nebst einigen Problemen der Perversion. Psyche – Z Psychoanal. 20, 837–872.

Ekman, P. (1992a): An argument for basic emotions. Cognition and Emotion 6, 169–200.

Emde, R. N. & Shapiro, T. (Hg.) (1994): Affect: Psychoanalytic perspectives. New York (International Universities Press).

Emde, R. N. (1988): Die endliche und die unendliche Entwicklung. I. Angeborene und motivationale Faktoren aus der Kindheit; II. Neuere psychoanalytische Theorie und therapeutische Faktoren. Psyche – Z Psychoanal. 45, Teil I 745–799, Teil II 890–913 (1991).

Emde, R. N. & Shapiro, T. (1992): Affect: Psychoanalytic Perspectives. Madison (International Universities Press).

Emery, R. (1994): Renegotiating Family Relationships: Divorce, Child Custody, and Mediation. New York (Guilford Press).

Emrich, H. M. (2001): Neurowissenschaften als Herausforderung für die Psychotherapie. Vortrag bei den 51. Lindauer Psychotherapiewochen. Verfügbar unter: http://www.lptw.de/lptwdocs2001.html.

Enzmann, D. & Wetzels, P. (2001): Das Ausmaß häuslicher Gewalt und die Bedeutung innerfamiliärer Gewalt für das Sozialverhalten von jungen Menschen aus kriminologischer Sicht. Familie, Partnerschaft, Recht 7, 246–251.

Erdheim, M. (1982): Die gesellschaftliche Produktion von Unbewusstheit. Frankfurt a. M. (Suhrkamp).

Erickson, E. H. (1966): Identität und Lebenszyklus. Frankfurt a. M. (Suhrkamp).

Farrington, D. P. & West, D. J. (1990):The Cambridge study of delinquent development: A long-term follow-up of 411 London males. In: Kerner, H. J. & Kaiser, G. (Hg.): Kriminalität. New York (Springer Verlag), S. 117–138.

Farrington, D. P. (1986): Age and crime. In: Tonry, M. & Morris, N. (Hg.): Crime and Justice: An Annual Review of Research, Volume 7, Chicago (University of Chicago Press), S. 189–250.

Farrington, D. P.; Ohlin, L. & Wilson, J. Q. (1986): Understanding and Controlling Crime. New York (Springer Verlag).

Farrington, D. P. (2003): Conduct disorder, aggression and delinquency. In: R. M. Lerner & L. Steinberg (Hg.): Handbook of adolescent psychology. New York (Wiley), S. 624–664.

Farrington, D. P. (1995): The development of offending and antisocial behavior from childhood. Key findings from the Cambridge study in delinquent development. Journal of Child Psychology and Psychiatry and Allied Disciplines 36, 929–946.

Farrington, D. P.; Loeber, R.; Yin, Y. & Anderson, S. J. (2002): Are within-individual causes of delinquency the same as between-individual causes? Criminal Behavior and Mental Health 12 (1), 53–68.

Fazal, S. & Danesh, J. (2002): Serious Mental Disorder in 23000 Prisoners: A Systematic Review of 62 Surveys. The Lancet 359, 545–548.

Fergusson, D. M.; Horwood, L. J. & Nagin, D. S. (2000): Offending trajectories in a New Zealand birth cohort. Crimonology 38, 525–552.

Fischer, K. W. & Ayoub, C. (1994): Affective splitting and dissociation in normal and maltreated children: Developmental pathways for self in relationships. In: Cicchetti, D. & Toth, S. L. (Hg.): Rochester Symposon on Developmental Psychopathology 5. Rochester (University Press), S. 149–222.

Fischer, K. W. & Farrar, M. J. (1987): Generalisations about generalisation: How a theory of skill development explains both generality and specifity. International Journal of Psychology 22, 643–677.

Fischer, K. W.; Kenny, S. L. & Pipp, S. L. (1990): How cognitive processes and environmental conditions organize discontinuities in the development of abstractions. In: Alexander, C. N.; Langer, E. J. & Oetzel, R. M. (Hg.): Higher Stages of Human Development. New York (Oxford University Press), S. 162–187.

Flavell, J. H.; Green, F. L. & Flavell, E. R. (1986): Development of Knowledge About the Appearance-Reality Distinction. Monographs of the Society for Research in Child Development 51.

Folberg, J. & Taylor, A. (1984): Mediation: A Comprehensive Guide to Resoving Conflicts Without Litigation. San Francisco (Jossey-Bass).

Fónagy, I. & Fonagy, P. (1995): Communications with pretend actions in language, literature and psychoanalysis. Psychonalysis and Contemporary Thought 18, 363–418.

Fonagy, P. & Target, M. (1995): Den gewalttätigen Patienten verstehen: der Einsatz des Körpers und die Rolle des Vaters. In: Fonagy, P. & Target, M. (2003). (Hg.): Frühe Bindung und psychische Entwicklung. Gießen (Psychosozial-Verlag), S. 319–347.

Fonagy, P. & Target, M. (1996): Playing with reality I.: Theory of mind and the normal development of psychic reality. I. J. Psycho-Anal. 77, 217–233.

Fonagy, P. & Target, M. (1996): Predictors of outcome in child psychoanalysis: A retrospective study of 763 cases at the Anna Freud Centre. JAPA 44, 27–77.

Fonagy, P. & Target, M. (1997): Attachment and reflective function: their role in self-organization. Development and Psychopathology 9, 679–700.

Fonagy, P. & Target, M. (2001): Mentalisation und die sich ändernden Ziele der Psychoanalyse des Kindes. Kinderanalyse 9, 229–244.

Fonagy, P. & Target, M. (2002): Neubewertung der Entwicklung der Affektregulation vor dem Hintergrund von Winnicotts Konzept des »falschen Selbst«. Psyche – Z Psychoanal. 56, 839–862.

Fonagy, P. (1995): Playing with Reality: The Development of Psychic Reality and its Malfunction in Borderline Personalities. I. J. Psycho-Anal. 76, 39–44.

Fonagy, P. (2003): Bindungstheorie und Psychoanalyse. Stuttgart (Klett-Cotta).

Fonagy, P. (2003): Das Verständnis für geistige Prozesse, die Mutter-Kind-Interaktion und die Entwicklung des Selbst. In: Fonagy, P. & Target, M. (Hg.): Frühe Bindung und psychische Entwicklung. Beiträge aus Psychoanalyse und Bindungsforschung. Gießen (Psychosozial-Verlag), S. 31–48.

Fonagy, P. (2006): Persönlichkeitsstörungen und Gewalt – ein psychoanayltisch-bindungstheoretischer Ansatz. In: Kernberg, O. & Hartmann, H. P. (Hg.): Narzissmus. Grundlagen – Störungsbilder – Therapie. Stuttgart (Schattauer), S. 486–540.

Fonagy, P.; Target, M.; Steele, H. & Steele, M. (1998): Reflexive Kompetenz-Skala. Manual zur Auswertung von Erwachsenenbindungsinterviews, Version 5. Juli 1998. Manuskript. Dt.: Reinke E. Institut für Theoretische und Angewandte Psychoanalyse, Universität Bremen, 2000.

Fonagy, P.; Gergely, G.; Jurist, E. & Target, M. (2002): Affektregulierung, Mentalisierung und die Entwicklung des Selbst. Stuttgart (Klett-Cotta), 2004.

Literatur

Fonagy, P.; Leigh, T.; Steele, M.; Steele, H.; Kenndy, R.; Mattoon, G.; Target, M. & Gerber, A. (1996): The relation of attachment status, psychiatric classification, and response to psychotherapy. Journal of Consulting and Clinical Psychology 64, 22–31.

Fonagy, P.; Moran, G.; Edgcumbe, R.; Kennedy, H. & Target, M. (1995): The roles of mental representations and mental processes in therapeutic action. Psychoanalytic Study of the Child 48, 9–48.

Fonagy, P.; Moran, G. S. & Target, M. (1993): Aggression und das psychische Selbst. Praxis der Kinderpsychologie und Kinderpsychiatrie 47 (1998), 125–143.

Fonagy, P.; Steele, H. & Steele, M. (1991): Maternal representations of attachment during pregnancy predict the organisation of infant-mother attachment at one year of age. Child Development 62, 891–905.

Fonagy, P.; Steele, M.; Moran, G.; Steele, H. & Higitt, A. (1991): Measuring the Ghost in the Nursery: A Summary of the main Findings of the Anna Freud Centre-University College, London Parent-Child Study. Bulletin of the Anna Freud Center 14, 115–131.

Fonagy, P.; Steele, M.; Steele, H.; Higgitt, A. & Target, M. (1994): The theory and practice of resilience. Journal of Child Psychology and Psychiatry 35, 231–257.

Fonagy, P.; Target, M. & Gergely, G. (2000): Attachment and borderline personality disorder: A theory and some evidence. Psychiatric Clinics of North America 23, 103–122.

Fonagy, P.; Target, M.; Gergely, G.; Allen, J. G. & Bateman, A. (2004): Entwicklungspsychologische Wurzeln der Borderline-Persönlichkeitsstörung – Reflective Functioning und Bindung. Persönlichkeitsstörungen 8, 217–229.

Fonagy, P.; Target, M.; Steele, M.; Steele, H.; Leigh, T.; Levinson, A. & Kennedy, R. (1997): Morality, disruptive behavior, borderline personality disorder, crime, and their relationship to security of attachment. In: Atkinson, L. & Zucker, K. J. (Hg.): Attachment and psychopathology. New York (Guilford Press), S. 223–274.

Foucault, M. (1976): Überwachen und Strafen. Die Geburt des Gefängnisses. Frankfurt a. M. (Suhrkamp).

Frädrich, S. & Pfäfflin, F. (2000): Zur Prävalenz von Persönlichkeitsstörungen bei Strafgefangenen. Recht und Psychiatrie 18 (3), 95–104.

Fraiberg, S. (1982): Pathological defences in infancy. Psychoanalytic Quarterly 51, 612–635.

Fraiberg, S.; Adelson, E. & Shapiro, V. (1985): Ghosts in the nursery: A psychoanalytic approach to the problem of impaired infant-mother relationships. Journal of the American Academy of Child Psychiatry 14, 387–422.

Freud, A. (1936): Das Ich und die Abwehrmechanismen. Wien (Internationaler Psychoanalytischer Verlag).

Freud, A. (1962, 1964): Maßstäbe zur Bewertung der pathologischen Kinderentwicklung Teil I und Teil II. Schriften der Anna Freud. Band VI. Frankfurt a. M. (Fischer).

Freud, A. (1965a): Wege und Irrwege in der Kinderentwicklung. Bern/Stuttgart (Huber/Klett), 1968.

Freud, A. (1965b): Maßstäbe zur Bewertung der erwachsenen Persönlichkeit: Das metapsychologische Persönlichkeitsprofil. In: Die Schriften der Anna Freud. Band IV, München (Kindler), S. 1649–1688.

Freud, A. (1981): Insight – Its presence and absence as a factor in normal development. Psychoanalytic Study of the Child 36, 241–249.

Freud, S. (1909d): Bemerkungen über einen Fall von Zwangsneurose. GW VII, S. 379–463.

Freud, S. (1912–1913a): Totem und Tabu. GW IX.

Freud, S. (1913c): Weitere Ratschläge zur Technik der Psychoanalyse: I. Zur Einleitung der Behandlung. GW VIII, S. 453–478.

Freud, S. (1914c): Zur Einführung des Narzissmus. GW X, S. 137–170.

Freud, S. (1914d): Zur Geschichte der psychoanalytischen Bewegung. GW X, S. 43–113.

Freud, S. (1914g): Erinnern, Wiederholen und Durcharbeiten. GW X, S. 125–136.
Freud, S. (1915b): Die Verdrängung. GW X, S. 247–262.
Freud, S. (1916/17): Vorlesungen zur Einführung in die Psychoanalyse. GW XI.
Freud, S. (1920g): Jenseits des Lustprinzips. GW 13, S. 1–69.
Freud, S. (1923b): Das Ich und das Es. GW VIII, S. 235–289.
Freud, S. (1925h): Die Verneinung. GW XIV, S. 11–15.
Freud, S. (1926d): Hemmung, Symptom und Angst. GW XIV, S. 111–205.
Freud, S. (1927a): Nachwort zur Frage der Laienanalyse. GW XIV, S. 287–296.
Freud, S. (1927c): Die Zukunft einer Illusion. GW XIV, S. 323–380.
Freud, S. (1930a): Das Unbehagen in der Kultur. GW IX, S. 191–270.
Freud, S. (1933a): Neue Folge der Vorlesungen zur Einführung in die Psychoanalyse. GW XV, S. 62–86.
Freud, S. (1937c): Die endliche und die unendliche Analyse. GW XVI, S. 59–99.
Freud, S. (1950 c): Entwurf einer Psychologie. In: Bonaparte, M.; Freud, A. & Kris, E. (Hg.): Aus den Anfängen der Psychoanalyse 1887–1902. Frankfurt a. M. (Fischer), S. 297–384.
Frick, P. J. & Hare, R. D. (2001): Antisocial Process Screening Device (APSD). Technical manual. North Tonawanda: Multi-Health Systems.
Friedlander, K. (1949): Latent delinquency and ego-development. In: Eissler, K. R. (Hg.): Searchlights on delinquency. New York (International University Press), S. 205–215.
Frommer, J. (1996): Qualitative Diagnostikforschung. Berlin (Springer).
George, C. & West, M. (2001): Das Erwachsenen-Bindungs-Projektiv (Adult Attachment Projective): Ein neues Messverfahren für Bindung im Erwachsenenalter. In: Gloger-Tippelt, G. (Hg.): Bindung im Erwachsenenalter. Ein Handbuch für Forschung und Praxis. Bern (Huber), S. 322–343.
George, C.; Kaplan, N. & Main, M. (2001): Adult Attachment Interview. In: Gloger-Tippelt, G. (Hg.): Bindung im Erwachsenenalter. Ein Handbuch für Forschung und Praxis. Bern (Huber), S. 364–387.
George, C.; Kaplan, N. & Main, M. (1984/1985/1996): The Berkeley Adult Attachment Interview. Unpublished Protocol, Dept. Psychology, University of California, Berkeley.
George, C.; West, M. & Pettem, O. (1997/1999): Adult attachment projective protocol and classification scoring system. Unpublishes manuscript. Mills College, Oakland, CA.
George, C.; West, M. & Pettem, O. (1999): The Adult Attachment Projective: Disorganization of Adult Attachment at the Level of Representation. In: Solomon, J. & George, C. (Hg.): Attachment disorganisation. New York (Guilford Press), S. 462–507.
Gergely, G. & Csibra, G. (1997): Teleological reasoning in infancy: The infant's naïve theory of rational action. A reply to Premack and Premack. Cognition 63, 227–233.
Gergely, G. & Watson, J. S. (1996): The social biofeedback theory of parental affect-mirroring: The development of emotional self-awareness and self-control in infancy. I. J. Psycho-Anal. 77, 1181–1212.
Gergely, G. (2002): Ein neuer Zugang zu Margaret Mahler: Normaler Autismus, Symbiose, Spaltung und libidinöse Objektkonstanz aus der Perspektive der kognitiven Entwicklungstheorie. Psyche – Z Psychoanal. 56, 809–838.
Gergely, G.; Koós, O. & Watson, J. S. (2000): Contingency perception and the role of contingent parental reactivity in early socio-emotional development: Some implications for developmental psychopathology. In: Nadel, J. & Decety, J. (Hg.): Imitation, action et intentionalité. Paris (Presses Universitaires de France).
Gilligan, J. (1997): Violence: Our Deadliest Epidemic and Its Causes. New York (Grosset/Putnan).
Glasl, F. (1997): Konfliktmanagement. Ein Handbuch für Führungskräfte, Beraterinnen und Berater. Bern (Verlag Paul Haupt).

Glasser, M. (1998): On violence. I. J. Psycho-Anal. 79, 887–902.

Goethe, J. W. (1821): Wilhelm Meisters Wanderjahre. In: Goethes Werke. Hamburger Ausgabe in 14 Bänden. Textkritisch durchgesehen und mit Anmerkungen versehen von Erich Trunz. Band 8, Hamburg (Christian Wegener), S. 1948ff.

Goldberg, S. B.; Green, E. C. & Sander, E. A. (1985): Dispute Resolution. Toronto.

Gopnik, A. (1993): How we know our minds: The illusion of first-person knowledge of intentionality. Behavioral and Brain Sciences 16, 1–14, 29–113.

Gottfredson, S. D. & Hirschi, T. (1990): A general theory of crime. Stanford (University Press).

Goudsmit, W. (1974): Delinquenz und Gesellschaft. Wege zum Verständnis und zur Therapie von Straftätern. Göttingen (Vandenhoeck & Ruprecht).

Gove, W. R. (1985): The effect of age and gender on deviant behaviour: A biopsychosocial perspective. In: Rossi, A. S. (Hg.): Gender and the life course. New York (Aldine), S. 115–144.

Greenwald, R. (Hg.)(2002): Trauma and Juvenile Delinquency. Theory, Research and Interventions. New York (The Haworth Press).

Grice, H. P. (1975): Logic and conversation. In: Cole, P. & Moran, L. P. (Hg.): Syntax and Semantics. New York (Academic Press), S. 41–58.

Grossmann, K. E.; Grossmann, K.; Spangler, G.; Suess, G. & Unzner, L. (1985): Maternal sensitivity and newborn orienting responses as related to quality of attachment in northern Germany. In: Bretherton, I. & Waters, E. (Hg.): Growing points in attachment theory and research. Monographs of the society for research in child development 50, 233–256.

Gullestad, S. E. (2003): The Adult Dttachment Interview and psychoanalytic outcome studies. I. J. Psycho-Anal. 84, 651–668.

Gunn, J.; Maden, A. & Swinton, M. (1991): The number of psychiatric cases amongst sentenced prisoners. London (Home Office).

Gurtman, M. B. (1992a): Trust, distrust, and interpersonal problems: A circumplex analysis. Journal of Personality and Social Psychology 62, 989–1002.

Gurtman, M. B. (1992b): Construct validity of interpersonal personality measures: The interpersonal circumplex as a nomological net. Journal of Personality and Social Psychology 62, 989–1002.

Habermas, J. (1968): Erkenntnis und Interesse. Frankfurt a. M. (Suhrkamp).

Habermas, J. (1981a): Theorie des kommunikativen Handelns. Band 1. Handlungsrationalität und gesellschaftliche Rationalisierung. Frankfurt a. M. (Suhrkamp).

Habermas, J. (1981b): Theorie des kommunikativen Handelns. Band 2. Zur Kritik der funktionalistischen Vernunft. Frankfurt a. M. (Suhrkamp).

Hagedorn, O. & Metzger, T. (2003): Täter-Opfer-Ausgleich und Mediation. TOA-Infodienst 21, 29–34.

Hapur, T. J. & Hare, R. (1991): The assessment of psychopathy as a function of age. Unpublished manuscript, University of British Columbia, Vancouver.

Hare, R. (1990/91): The psychopathy checklist – revised manual. Toronto (Multi Health Systems).

Hare, R. (2000): Eigenschaften von antisozialen Borderline-Patienten und Psychopathen: Konsequenzen für das Gesundheitswesen und das Strafrecht. In: Kernberg, O.; Dulz, B. & Sachsse, U. (Hg.): Handbuch der Borderline-Störungen. Stuttgart (Schattauer), S. 393–411.

Hart, S. D. & Hare, R. D. (1997): Psychopathy: Assessment and association with criminal conduct. In: Stoff, D. M.; Breiling, J. & Maser, J. D. (Hg.): Handbook of antisocial behavior. New York (Wiley), S. 22–35.

Hartmann, A. (1995): Schlichten oder Richten? Der TOA und das (Jugend-) Strafrecht. München (Fink).

Hartmann, H. (1939): Ego Psychology and the Problem of Adaption. New York (International University Press).

Hartmann, I. (1995): Täter-Opfer-Ausgleich im Spannungsfeld von Anspruch und Wirklichkeit. Dissertation. Universität Hannover.

Hartmann, A. & Stroetzel, H. (1998): Die Bundesweite TOA- Statistik. In: Dölling, D. (Hg.): Täter-Opfer-Ausgleich in Deutschland. Bestandsaufnahme und Perspektiven. Herausgegeben vom Bundesmisterium der Justiz. Bonn (Forum Verlag Godesberg).

Hassemer, E. (1998): Praktische Erfahrungen mit den TOA – Befunde und Konsequenzen. In: Dölling, D. (Hg.): TOA in Deutschland. Bestandsaufnahme und Perspektiven. Bundesministerium der Justiz. Bonn (Forum Verlag Godesberg), S. 373–432.

Hatcher, R. L. (1973): Insight and self-observation. JAPA 21, 377–398.

Heck, C. & Walsh, A. (2000): The effects of maltreatment and family structure on minor and serious delinquency. International Journal of Offender Therapy and Comparatice Criminology 44, 17–193.

Hegel, G. W. F. (1970): Jenaer Schriften 1801–1807. In: Michel, K. M. & Moldenhauer, E. (Hg.): Werke in 20 Bänden, Bd. 2., Frankfurt a. M. (Suhrkamp).

Heimann, P. (1950): Bemerkungen zur Gegenübertragung. Psyche – Z Psychoanal. 18 (1964), 483–493.

Hiatt, K. & Dishion, T. (2008): Antisocial Personality Development. In: Beauchaine, T. & Hinshaw, S. (Hg.): Child and Adolescent Psychopathology. Hoboken (Wiley), S. 370–404.

Hinrichs, G. (2001): Multidimensional Assessment of Young Male Offenders in Penal Institutions. International Journal of Offender Therapie and Comparative Criminology 45, 478–488.

Hirschi, T. (1969): Causes of Delinquency. Berkely (University of California Press).

Hofman, V. (2001): Psychometrische Qualitäten des Adult Attachment Interview – Forschungsstand. In: Gloger-Tippelt, G. (Hg.): Bindung im Erwachsenenalter. Ein Handbuch für Forschung und Praxis. Bern (Huber), S. 121–153.

Hohage, R. & Kübler, J. C. (1988): The emotional insight rating scale. In: Dahl, H.; Kächele, H. & Thomä, H. (Hg.): Psychoanalytic process research strategies. Berlin (Springer-Verlag), S. 243–256.

Hohage, R. (1989): Therapeutische Einsicht und Ambiguitätstoleranz. Psyche – Z Psychoanal. 54, 736–752.

Honneth, A. (1994): Kampf um Anerkennung. Zur moralischen Grammatik sozialer Konflikte. Frankfurt a. M. (Suhrkamp).

Honneth, A. (2000): Objektbeziehungstheorie und postmoderne Identität. Über das vermeintliche Veralten der Psychoanalyse. Psyche – Z Psychoanal. 54, 1087–1107.

Honneth, A. (2003): Unsichtbarkeit. Stationen einer Theorie der Intersubjektivität. Frankfurt a. M. (Suhrkamp).

Horn, K. (1969): Dressur oder Erziehung. Frankfurt a. M. (Suhrkamp).

Horn, K. (1974): Gesellschaftliche Produktion von Gewalt. Vorschläge zu ihrer polit-psychologischen Untersuchung. In: Rammstedt, O. (Hg.): Gewaltverhältnisse und die Ohnmacht der Kritik. Frankfurt a. M. (Suhrkamp), S. 59–106.

Horn, K.; Beier, C. & Kraft-Krumm, D. (1984): Gesundheitsverhalten und Krankheitsgewinn. Zur Logik von Widerständen gegen gesundheitliche Aufklärung. Opladen (Westdeutscher Verlag).

Horowitz, L. M.; Rosenberg, S. E. & Kalehzan, B. M. (1992): The capacity to describe other people clearly: A predictor of interpersonal problems and outcome in brief dynamic psychotherapy. Psychotherapy Research 2, 43–57.

Horowitz, L. M.; Strauß, B. & Kordy, H. (2000): Inventar zur Erfassung Interpersonaler Probleme – Deutsche Version. Stuttgart (Beltz Test).

Horowitz, M. H. (1987): Some notes on insight and its failures. Psychoanalytic Quarterly 56, 117–196.

Hosser, D. & Radatz, S. (2005): Opfererfahrungen und Gewalthandeln. Befunde einer Längsschnittuntersuchung junger Straftäter. Zeitschrift für Jugendkriminalrecht und Jugendhilfe 16, 15–22.

Huesmann, L. R.; Eron, L. D.; Lefkowitz, M. M. & Walder, L. O. (1984): Stability of aggression over time and generations. Developmental Psychology 20, 1120–1134.

Hüncken, A. (2001): Gründung der Bundesarbeitsgemeinschaft TOA e. V. TOA Infodienst 14, 18–20.

Husserl, E. (1929): Formale und transzendentale Logik. Tübingen (Niemeier).

Irving, H. & Benjamin, M. (1992): An Evaluation of Process and Outcome in a Private Familiy Mediation Service. Mediation Quarterly 10, 35–46.

Jacobson, E. (1964): Das Selbst und die Welt der Objekte. Frankfurt a. M. (Suhrkamp), 1973.

Jansen, C. & Karliczek, K. M. (2000): Täter und Opfer als Akteure im Schlichtungsprozess. In: Gutsche, G. & Rössner, D. (Hg.): Täter-Opfer-Ausgleich. Beiträge zur Theorie, Empirie und Praxis. Bonn (Forum Verlag Godesberg), S. 159–182.

Jescheck, H.-H. (1978): Lehrbuch des Strafrechts. 3. Auflage. Berlin (Duncker&Humblot).

Johnson-Laird, P. N. & Byrne, R. M. (1991): Deduction. New York (Lawrence Erlbaum).

Johnson-Laird, P. N. & Byrne, R. M. (1993): Precis of deduction. Behavioral and Brain Sciences 16, 323–380.

Jüttemann, G. (1990): Komparative Kasuistik. Heidelberg (Asanger).

Kant, I. (1797): Die Metaphysik der Sitten. Werke. Herausgegeben von Werner Weischedel, Band 7. Frankfurt a. M. (Suhrkamp).

Kelly, J. & Duryee, M. (1992): Women's and Men's Views of Mediation in Voluntary and Mandatory Mediation Settings. Family and Conciliation Courts Review 30, 34–51.

Kelly, J. (1990): Mediated and Adverserial Divorce: Respondents' Perceptions of their Processes and Outcome. Mediation Quarterly 24, 71–82.

Kemmann, A. & Gante-Walter, M. (2004): Aus der Sprachforschung. Zur Begriffsgeschichte der Mediation. TOA-Infodienst 24, 23–25.

Kennedy, H. (1979): The role of insight in child analysis. JAPA, Supplement 27, 9–28.

Kernberg, O. F. (1974): Further Contributions to the Treatment of Narcisstic Personalities. I. J. Psycho-Anal. 55, 215–240.

Kernberg, O. F. (1975): Borderline-Störungen und pathologischer Narzißmus. Frankfurt a. M. (1979), Suhrkamp.

Kernberg, O. F. (1982): Self, ego, affects and drives. Journal of the American Psychoanalytic Association 30, 893–917.

Kernberg, O. (1984): Severe personality disorders. New Haven (Yale University Press).

Kernberg, O. F. (1985): Schwere Persönlichkeitsstörungen: Theorie, Diagnose, Behandlungsstrategien. Stuttgart (Klett-Cotta). 1988.

Kernberg, O. F. (1992): Wut und Hass. Stuttgart (Klett-Cotta).

Kernberg, O. F. (2004): Aggressivity, Narcissism, and Self-Destructiveness in the Psychotherapeutic Relationship: New Developments in the Psychopathology and Psychotherapy of Severe Personality Disorders. New Haven & London (Yale University Press).

Kernberg, O. F. (2006): Die narzisstische Persönlichkeit und ihre Beziehung zu antisozialem Verhalten und Perversionen – pathologischer Narzissmus und narzisstische Persönlichkeit. In: Kernberg, O. & Hartmann, P. (Hg.): Narzissmus. Grundlagen – Störungsbilder – Therapie. Stuttgart (Schattauer), S. 263–307.

Kernberg, P.; Wiener, A. & Bardenstein, K. (2001): Persönlichkeitsstörungen bei Kindern und Jugendlichen. Stuttgart (Klett-Cotta).

Kerner, H.-J. & Hartmann, A. (2005): Täter-Opfer-Ausgleich in der Entwicklung. Auswertung der bundesweiten Täter-Opfer-Ausgleichs-Statistik für den Zehnjahreszeitraum 1993 bis 2002. Bundesministerium der Justiz (Hg.): Berlin.

Kerner, H. J. (2001): Möglichkeiten und Grenzen der Prävention von Jugendkriminalität. In: Dölling, D. (Hg.): Das Jugendstrafrecht an der Wende zum 21. Jahrhundert, S. 99–124.

Kerz-Rühling, I. (1986): Freuds Theorie der Einsicht. Psyche – Z Psychoanal. 40, 97–123.

Keudel, A. (2000): Die Effizienz des TOA. Eine empirische Untersuchung von TOA-Fällen aus Schleswig-Holstein. Mainzer Schriften zur Situation von Kriminalitätsopfern, Bd. 24, Mainz (Weißer Ring).

Kiesler, D. L. (1983): The interpersonal circle: A taxonomy for complementarity in human transactions. Psychological Review 90, 185–214.

Kilchling, M. (1995): Opferinteressen und Strafverfolgung. Freiburg (Max-Planck-Institut).

Kilchling, M. (1996): Aktuelle Perspektive für Täter-Opfer-Ausgleich und Wiedergutmachung im Erwachsenenstrafrecht. Neue Zeitschrift für Strafrecht, 309–314.

Kluge, F. (1995): Etymologisches Wörterbuch der deutschen Sprache. Berlin (Walter de Gruyter).

Klüwer, K. (1974): Neurosentheorie und Verwahrlosung. Psyche – Z Psychoanal. 28, 285–309.

Kobak, R. & Cole, H. (1994): Attachment and meta-monitoring: Implications for adolescent autonomy and psychopathology. In: Cicchetti, D. & Sheree, L. T. (Hg.): Disorders and dysfunctions of the self. Rochester Symposium on Developmental Psychopathology. Volume 5, S. 267–297.

Kochanska, G.; Gross, J. N.; Lin, M. H. & Nichols, K. E. (2002): Guilt in young children. Development, determinants, and relations with a broader system of standards. Child Development 73, 461–482.

Kohlberg, L.; Ricks, D. & Snarey, J. (1984): Childhood developmant as a predictor of adaptation in adulthood. Genetic Psychology Monographs 110, 91–172.

Köhler, L. (2004): Frühe Störungen aus der Sicht zunehmender Mentalisierung. Forum Psa. 20, 158–174.

Köhler, W. (1917): Intelligenzprüfung an Anthropoiden. Berlin (Springer).

Kohut, H. (1966): Formen und Umformungen des Narzissmus. Psyche – Z Psychoanal. 20, 561–587.

Kohut, H. (1971): Narzißmus. Eine Theorie der psychoanalytischen Behandlung narzißtischer Persönlichkeitsstörungen. Frankfurt a. M. (Suhrkamp). (1973)

Kohut, H. (1977): Die Heilung des Selbst. Frankfurt a. M. (Suhrkamp).

Krause, R. (1985): Über die psychoanalytische Affektlehre am Beispiel der Einsicht. In: Eckensberger, L. H. & Lantermann, E. D. (Hg.): Emotion und Reflexivität. München (Urban und Schwarzenberg).

Krause, R. (1997): Allgemeine psychoanalytische Krankheitslehre. Bd. 1: Grundlagen. Stuttgart, Berlin (Kohlhammer).

Kressel, K. & Pruitt, D. G. (Hg.) (1989): Mediation research. San Francisco (Jossey Bass).

Kris, E. (1936): The Psychology of Caricature. I. J. Psycho-Anal.17, 285–303.

Kris, E. (1952): Psychoanalytic Explorations in Art. New York (International University Press).

Kris, E. (1956): On some vicissitudes of insight in Psycho-Analysis. I. J. Psycho-Anal. 37, 445–455.

Lambert, M. (Hg.) (2004): Bergin and Garfield's Handbook of Psychotherapy and Behavior Change. New York (Wiley).

Lamott, F.; Fremmer-Bombik, E. & Pfäfflin, F. (2001): Fragmentierte Bindungsrepräsentationen bei schwer traumatisierten Frauen. Persönlichkeitsstörungen 5, 90–100.

Laubenthal, K. & Baier, H. (2005): Jugendstrafrecht. Berlin (Springer).

Leary, T. (1957): Interpersonal diagnosis of personality. New York (Ronald Press).

Lecours, S. & Bouchard, M. A. (1997): Dimensions of Mentalisation: Outlining Levels of Psychic Transformation. I. J. Psycho-Anal.78, 855–875.

Leichsenring, F. & Leibing, E. (2003): The effectiveness of psychodynamic therapy and cognitive behavior therapy in the treatment of personality disorders: A meta-analysis. American Journal of Psychiatry 160, 1223–1232.

Leithäuser, T. & Meng, F. (2003): Ergebnisse einer Bremer Schülerbefragung zum Thema Gewalterfahrungen und extremistische Deutungsmuster. Akademie für Arbeit und Politik an der Universität Bremen, unveröffentlichtes Manuskript.

Leithäuser, T. (1976): Formen des Alltagsbewusstseins. Frankfurt a. M. (Campus).

Leithäuser, T. & Volmerg, B. (1988): Psychoanalyse in der Sozialforschung. Opladen (Westdeutscher Verlag).

Leithäuser, T.; Volmerg, B.; Salje, G.; Volmerg, U. & Wutka, B. (1977): Entwurf zu einer Empirie des Alltagsbewusstseins. Frankfurt a. M. (Suhrkamp).

Lemm, C. (2000): Die strafrechtliche Verantwortlichkeit jugendlicher Rechtsbrecher. Dissertation. Internationale Hochschulschriften, Universität Bonn.

Lempp, R. (1977): Jugendliche Mörder. Stuttgart (Huber).

Lempp, R. (1997): Die Beurteilung der Strafreife im geschichtlichen Rückblick und ihre Beziehung zur Jugendpsychiatrie. DVJJ-Journal 158, 369–275.

Leslie, A. M. (1987): Pretense and Representation: The origins of »Theory of Mind«, Psycholgical Review 94, 412–426.

Levinson, A. & Fonagy, P. (2004): Offending and Attachment. The relationship between interpersonal awareness and offending in a prison population with psychiatric order. Canadian Journal of Psychoanaysis 12, 225–251.

Levy, K. N.; Clarkin, J. F. & Kernberg, O. (2004): Das Adult Attachment Interview (AAI) als Veränderungsmaß in der Behandlung von Borderline-Patienten. Persönlichkeitsstörungen 8, 244–250.

Levy, K. N.; Kelly, K. M.; Meehan, K. B.; Reynoso, J. S.; Clarkin, J. F.; Lenzenweger, M. F. (2005): Change in attachment and reflective function in the treatment of borderline personality disorder with transference focused psychotherapy. Unpublished manuscript.

Levy, K. N.; Clarkin, J. F.; Yeomans, F. E.; Scott, L. N.; Wasserman, R. H.; & Kernberg, O. (2006): The mechanisms of change in the treatment of borderline personality disorder with transference focused psychotherapy. J Clin Psychol 62, 481–501.

Loeber, R. & Dishion, T. J. (1984): Boys who fight at home and school: Family conditions influencing cross-setting consistency. Journal of Consulting and Clinical Psychology 52, 759–768.

Loeber, R. & Stouthamer-Loeber, M. (1986): Family factors as correlates and predictors of juvenile conduct problems and deliquency. In: Tonry, M. & Morris, N. (Hg.): Crime and justice: An annual review of research. Chicago (University Press), S. 129–149.

Loeber, R. & Stouthamer-Loeber, M. (1987): Prediction. In: Quay, H. C. (Hg.): Handbook of juvenile delinquency. New York (Wiley), S. 325–382.

Loeber, R.; Keenan, K.; Green, S. M.; Lahey, B. B. & Thomas, C. (1993): Evidence for developmentally based diagnosis of oppositional defiant disorder and conduct disorder. Journal of Abnormal Child Psychology 21, 377–410.

Loeber, R.; Green, S. & Lahey, B. B. (2003): Risk factors for antisocial personality. In: D. P. Farrington & J. W. Coid (Hg.): Early prevention of adult antisocial behavior. Cambridge (Cambridge University Press), S. 79–108.

Loeber, R.; Stouthamer-Loeber, M.; Farrington, D. P.; Lahey, B. B.; Keenan, K. & White, H. R. (2002): Editorual introduction: Three longitudinal studies of children's development in Pittsburgh; the developmental trends study, the Pittsburgh youth study, and the Pittsburgh girls study. Criminal Behavior and Mental Health 12 (1), 1–23.

Lösel, F. & Bender, D. (2003): Resilience and protective factors. In: Farrington, D. P. & Coid, J. P. (Hg.): Prevention of adult antisocial behavior. Cambridge (Cambridge University Press), S. 130–204.

Loewald, H. (1960): On the therapeutic action of psychoanalysis. I. J. Psycho-Anal. 41, 16–33.

Loewald, H. W. (1973): On internalization. I. J. Psycho-Anal. 54, 9–17.

Lorenzer, A. & Görrlich, B. (1994): Lebensgeschichte und Persönlichkeitsentwicklung im Spannungsfeld von Sinnlichkeit und Bewusstsein. In: Görrlich, B. & Lorenzer, A. (Hg.): Der Stachel Freud – Beiträge zur Kulturismus-Kritik. Lüneburg (Zu Klampen), S. 172–192.

Lorenzer, A. (1970a): Kritik des psychoanalytischen Symbolbegriffs. Frankfurt a. M. (Suhrkamp).

Lorenzer, A. (1970b): Sprachzerstörung und Rekonstruktion. Vorarbeiten zu einer Metatheorie der Psychoanalyse. Frankfurt a. M. (Suhrkamp).

Lorenzer, A. (1972): Zur Begründung einer materialistischen Sozialisationstheorie. Frankfurt a. M. (Suhrkamp).

Lorenzer, A. (1986a): Tiefenhermeneutische Kulturanalyse. In: ders. (Hg.): Kultur-Analysen. Psychoanalytische Studien zur Kultur. Frankfurt a. M. (Fischer), S. 11–89.

Lorenzer, A. (1986b): Emanzipation und Methode. Psyche – Z Psychoanal. 40, 1051–1062.

Lowry, L. R. & Harding, J. (1997): Mediation. The Art of Faciliating Settlement. Pepperdine University, Straus Institute for Dispute Resolution.

Luborsky, L.; Barber, J. P. & Siqueland, L. (1996): The revised Helping Alliance Questionnaire (HAQ-II): psychometric properties. Journal of Psychotherapeutic Practice and Research 5, 260–271.

Mahler, M. (1968): Symbiose und Individuation. Stuttgart (Klett-Cotta).

Mahler, M. (1972): On the first of three subphases of separation-individuation process. I. J. Psycho-Anal. 53, 333–338.

Mahler, M.; Pine, F. & Bergman, A. (1975): Die psychische Geburt des Menschen. Symbiose und Individuation. Frankfurt a. M. (Fischer), 1980.

Main, M. & Goldwyn, R. (1996): Adult attachment classification and rating system. Unpublished manuscript. University of California, Berkeley.

Main, M. & Hesse, E. (1990): Parents' unresolved traumatic experiences are related to infant disorganized attachment status: Is frightening parental behavior the linking mechanism? In: Greenberg, M.; Cicchetti, D. & Cummings, E. M. (Hg.): Attachment during the preschool years: Theory, research and interventions. Chicago (University Press), S. 161–182.

Main, M. & Solomon, J. (1990): Procedures for identifying infants as disorganized/disoriented during the Ainsworth strange situation. In: Greenberg, M.; Cicchetti, D. & Cummings, E. M. (Hg.): Attachment during the Preschool Years: Theory, Research an Interventions. Chicago (University Press), S. 121–160.

Main, M. (1991): Metacognitive knowledge, metacognitive monitoring, and singular (coherent) vs. multiple (incoherent) model of attachment. In: Parkes, C. M.; Stevenson-Hinde, J. & Marris, P. (Hg.): Attachment across the life circle. London (Routledge), S. 127–159.

Mangham, C. A. (1981): Insight – pleasurable affects associated with insight and their origins in infancy. Psychoanalytic Study of the Child 36, 271–277.

Marans, S.; Mayes, L.; Cicchetti, D. & Dahl, K. (1991): The child-psychoanalytic play interview: A technique for studying thematic content. Journal of the American Psychoanalytical Association 39, 1015–1036.

Martens, W. H. J. (2000): Antisocial and psychopathic personality disorders: Causes, course, and remission – A review article. International Journal of Offender Therapy and Comparative Criminology 44, 406–430.

Matt, E. (2002): Verantwortung und (Fehl-)Verhalten. Für eine restorative justice. Bremer Forschungen zur Kriminalpolitik Band 1. Münster/Hamburg/London (LIT Verlag).

Matt, E. (2005): Straffälligkeit und Lebenslauf: Jugenddelinquenz zwischen Episode und Verfestigung. Zeitschrift für Jugendkriminalrecht und Jugendhilfe 16, 429–433.

Maugham, B. & Rutter, M. (2001): Antisocial children growing up. In: Hill, J. & Maugham, B. (Hg.): Conduct disorders in childhood and adolescence. Cambridge (Cambridge University Press), S. 507–552.

Mayring, P. (1983): Qualitative Inhaltsanalyse. Weinheim (Beltz).

McCord, J. (1980): Patterns of deviance. In: Sells, S. B.; Crandall, R.; Roff, M.; Strauss, J. S. & Pollin, W. (Hg.): Human functioning in longitudinal perspective. Baltimore (Williams & Wilkins), S. 157–165.

Mead, G. H. (1973): Geist, Identität und Gesellschaft. Frankfurt a. M. (Suhrkamp).

Mead, G. H. (1980): Gesammelte Aufsätze. Band 1, Frankfurt a. M. (Suhrkamp).

Mead, G. H. (1983): Gesammelte Aufsätze. Band 2, Frankfurt a. M. (Suhrkamp).

Meier, B. D.; Rössner, D. & Schöch, H. (2003): Jugendstrafrecht. München (C. H. Beck).

Meins, E.; Fernyhough, C.; Fradley, E. & Tuckey, M. (2001): Rethinking Maternal Sensitivity: Mothers' Comments on Infants' Mental Process predict Security of Attachment at 12 Months. Journal of Child Psychology and Psychiatry 42 (5), 730–742.

Meloy, J. R. (1992): Violent attachments. New York (Jason Aronson).

Mergenthaler, E. (1992): Die Transkription von Gesprächen. Ulmer Textbank. http://sip.medizin. uni-ulm.de/informatik/Verlag/TRKRPT.PDF

Mergenthaler, E. (2002): Psychoanalytische Prozessforschung: Emotions-/Abstraktions-Muster und das Therapeutische Zyklusmodell zur Untersuchung von Veränderungsprozessen. In: Giampieri-Deutsch, P. (Hg.): Psychoanalyse im Dialog der Wissenschaften Band 1: Europäische Perspektiven Stuttgart, Berlin, Köln (Kohlhammer), S. 301–315.

Mertens, W. (1991): Einführung in die psychoanalytische Therapie. Band 3. Stuttgart (Kohlhammer).

Messmer, H. (1989): Zwischen Parteiautonomie und Kontrolle: Aushandlungsprozesse im TOA. In: Bundesministerium der Justiz (Hg.): TOA, Bonner Symposium, Stolberg (Burg Verlag), S. 115–131.

Messmer, H. (1993): Was geschieht im TOA? Wechselwirkungen zwischen Täter, Opfer und Vermittler. In: Info der Landesgruppe Baden-Württemberg der Deutschen Vereinigung für Jugendgerichte und Jugendgerichtshilfen (DVJJ), 71–83.

Messmer, H. (1996): Unrechtsaufarbeitung im TOA. Sozialwissenschaftliche Analysen zur außergerichtlichen Verfahrenspraxis bei Jugendlichen. Bonn (Forum Verlag Godesberg).

Middelhof, H. (2004): Ein Prozessleitplan zum Täter-Opfer-Ausgleich. TOA-Infodienst 23, 19–25.

Moffitt, T. E. & Caspi, A. (2001): Childhood predictors differentiate life-course persistent and adolescence-limited antisocial pathways among males and females. Development and Psychopathology 13, 355–375.

Moffitt, T. E. (1993): Adolescence-Limited and Life-Course-Persistent Antisocial Behavior: A Developmental Taxonomy. Psychological Review 100, 674–701.

Moffitt, T. E.; Caspi, A.; Dickson, N.; Silva, P. A. & Stanton, W. (1996): Childhood-Onset Versus Adolescent-Onset Antisocial Conduct in Males: Natural History From Age 3 to 18. Development and Psychopathology 8, 399–424.

Moffitt, T. E.; Caspi, A.; Harrington, H. & Milne, B. J. (2002): Males on the life-course-persistent and adolescence-limited antisocial pathways: Follow-up at age 26 years. Development and Psychopathology 14, 179–207.

Montada, L. & Kals, E. (2001): Mediation. Lehrbuch für Psychologen und Juristen. Weinheim (Beltz).

Morton, J. & Frith, U. (1995): Causal Modeling: A Structural Approach to Developmental Psychopathology. In: Cicchetti, D. & Cohen, D. J. (Hg.): Developmental Psychopathology 1, 357–390.

Mühlfeld, S. (2002): Mediation im Strafrecht – unter besonderer Berücksichtigung von Gewalt in Schule und Strafvollzug. Würzburger Schriften zur Kriminalwissenschaft, Band 6. Frankfurt a. M. (Peter Lang Verlag).

Müller, C.; Kaufhold, J.; Overbeck, G.; & Grabhorn, R. (2006): The importance of reflective functioning to the diagnosis of psychic structure. Psychol Psychother 79, 485–494.

Mulder, L. T.; Wells, J. E.; Joyce, P. R. & Bushnell, J. A. (1994): Antisocial Women. Journal of Personality Disorders 8, 279–287.

Nagin, D. S.; Farrington, D. P. & Moffitt, T. E. (1995): Life-Course Trajectories of Different Types of Offenders. Criminology 33, 111–139.

Netzig, L. (2000): »Brauchbare Gerechtigkeit«, TOA aus der Perspektive der Betroffenen. Mönchengladbach (Forum Verlag Godesberg).

Netzig, L. & Petzold, F. (1997): Abschlußbericht der Aktionsforschung zum Modellprojekt TOA bei der Waage Hannover e. V. In: Pfeiffer, C. (Hg.): TOA im Strafrecht. Baden-Baden (Nomos), S. 9–128.

Noy, P. (1978): Insight and Creativity. American Psychoanalytic Assesssment 26, 717–748.

Oevermann, U.; Allert, T.; Konau, E. & Krambeck, J. (1979): Die Methodologie einer ›objektiven Hermeneutik‹ und ihre allgemeine forschungslogische Bedeutung in den Sozialwissenschaften. In: Soeffner, H.-G. (Hg.). Interpretative Verfahren in den Sozial- und Textwissenschaften. Stuttgart (Metzler), S. 352–434.

Ogden, T. (1997): Über den potenziellen Raum. Forum Psa. 13 (1997), 1–20.

Olweus, D. (1984): Development of stable aggressive reaction patterns in males. In: Blanchard, R. J. & Blanchard, D. C. (Hg.): Advances in the study of aggression. New York (Academic Press), S. 103–137.

Ornstein, P. H. & Ornstein, A. (1980): Formulating interpretations in clinical psychoanalysis. I. J. Psycho-Anal. 61, 203–211.

Ostendorf, H. (2003): Jugendgerichtsgesetz. Kommentar. 6. Auflage. Köln (Carl Heymanns Verlag).

Patrick, M.; Hobson, R. P.; Castle, D.; Howard, R. & Maughan, B. (1994): Personality disorder and the mental representation of early experience. Developmental Psychopathology 6, 375–388.

Patsourakou, S. (1994): Die Stellung des Verletzten im Strafverfahren. Bonn (Forum Verlag Godesberg).

Patterson, G. & Stouthamer-Loeber, M. (1984): The correlation of family management practises and delinquency. Child Development 55, 1299–1307.

Pearson, J. & Thoennes, N. (1989): Divorce mediation: Reflections on a decade of research. In: Kressel, K. & Pruitt, D. G. (Hg.): Mediation research. San Francisco (Jossey-Bass), S. 9–30.

Pelikan, C. (1991): Juristenwelt und Lebenswelt. Bedingungen der Kooperation von Richtern/Staatsanwälten in einem Konfliktregelungsmodell. In: Bundesministerium der Justiz (Hg.): TOA, Bonner Symposium, Stolberg (Burg Verlag), S. 140–142.

Pelikan, C. (1998): Gutachten zur Entwicklung eines Projektes »Mediation bei Gewaltstraftaten in Paarbeziehungen« durch das Senatsamt für die Gleichstellung der Freien und Hansestadt Hamburg, unveröffentlichtes Manuskript des Institutes für Rechts- und Kriminalsoziologie, Wien.

Pelikan, J. (1999): Was ist eine erfolgreiche Mediation? – Eine Diskussion anhand der Begleitforschung zum österreichischen Pilot-Projekt »Familienmediation«. Jahrbuch für Rechts- und Kriminalsoziologie. Baden-Baden (Nomos), S. 171–188.

Perner, J.; Leekam, S. R. & Wimmer, H. (1987): Three-year-olds' difficulty with false belief. British Journal of Developmental Psychology 5, 125–137.

Perry, J. C.; Banon, E. & Ianni, F. (1999): Effectiveness of psychotherapy for personality disorders. American Journal of Psychiatry 156, 1312–1321.

311

Literatur

Petermann, F. & Pietsch, K. (Hg.) (2000): Mediation als Kooperation. Salzburg, Wien (Otto Müller Verlag).

Peters, K. (1967): Die Beurteilung der Verantwortungsreife. In: Undeutsch, U. (Hg.): Forensische Psychologie. Handbuch der Psychologie, Band XI. Göttingen (Hogrefe), S. 260–295.

Pfäfflin, F. & Mergenthaler, E. (1998): Was passiert in Psychotherapien? Zur Definition, Operationalisierug und Messung von Einsicht. Werkstattschriften Forensische Psychiatrie und Psychotherapie 5, 21–40.

Pfeifer, W. (Hg.) (1989): Etymologisches Wörterbuch des Deutschen. Berlin (Akademie-Verlag).

Pfeiffer, C. & Wetzels, P. (2001): Zur Struktur und Entwicklung der Jugendgewalt in Deutschland: Ein Thesenpapier auf Basis aktueller Forschungsbefunde. In: Oerter, R. & Höfling, S. (Hg.): Mitwirkung und Teilhabe von Kindern und Jugendlichen. München (Hans-Seidel-Stiftung), S. 108–141.

Pfeiffer, C. (1994): Wiedergutmachung und Strafe aus Sicht der Bevölkerung. In: Kerner, H. J. (Hg.): TOA – auf dem Weg zur bundesweiten Anwendung? Beiträge zu einer Standortbestimmung. Bonn (Forum Verlag Godesberg), S. 91–116.

Pfeiffer, C.; Wetzels, P. & Enzmann, D. (1999): Innerfamiliäre Gewalt gegen Kinder und Jugendliche und ihre Auswirkungen. KFN-Forschungsberichte Nr. 80. Hannover.

Pfeiffer, H. (1991): TOA unter Mitwirkung der Polizei. Erfahrungen aus dem Modellversuch in Braunschweig. In: Bundesministerium der Justiz (Hg.): TOA, Bonner Symposium, Stolberg (Burg Verlag), S. 169–171.

Platon (1900–1907): Politeia, 10. Buch.

Platon (1982): Der Staat. (hrsg. und übersetzt von Karl Vretska). Stuttgart (Reclam).

Pressman, M. (1969a): The cognitive function of the ego in psychoanalysis: I. The search for insight. I. J. Psycho-Anal. 50, 187–196.

Pressman, M. (1969b): The cognitive function of the ego in psychoanalysis II: repression, incognizance and insight formation. I. J. Psycho-Anal. 50, 343–351.

Proksch, R. (1998): Kooperative Vermittlung (Mediation) in streitigen Familiensachen. Stuttgart (Kohlhammer).

Pruitt, D. G.; Peirce, R. S.; McGillicuddy, N. B.; Welton, G. L. & Castrianno, L. M. (1993): Long-Term Success in Mediation. Law and Human Behavior 17, 313–330.

Puderbach, K. (2005): Täter-Opfer-Ausgleich im Ermittlungs- und Hauptverfahren. Versuch einer Bestandaufnahme aus der Sicht der staatsanwaltschaftlichen Praxis. TOA-Infodienst 25, 6–12.

Rangell, L. (1981): From Insight to Change. Journal of the American Psychoanalytical Association 29, 119–141.

Rapaport, D. (1951): Organization and Pathology of Thought. New York (Columbia University Press).

Rauchfleisch, U. (2000): Antisoziales Verhalten und Delinquenz. In: Kernberg, O.; Dulz, B. & Sachsse, U. (Hg.): Handbuch der Borderline-Störungen. Stuttgart (Schattauer), S. 381–391.

Reichel-Kaczenski, G. (1997): Lernen durch erlebte Einsicht. Gießen (Psychosozial Verlag).

Reicher, J. W. (1973): Die Behandlung in einer Sonderanstalt für psychisch gestörte Delinquenten. Praxis der Kinderpsychologie 22, 120–132.

Reicher, J. W. (1976): Die Entwicklungspsychopathie und die analytische Psychotherapie von Delinquenten. Psyche – Z Psychoanal. 30, 604–612.

Reinke, E. (1975): Aktionsforschung als politische Bewegung. LEVIATHAN. Zeitschrift für Sozialwissenschaft, 1/75, 15–48.

Reinke, E. (1977): Leiden schützt vor Strafe nicht. Psychoanalytische Gespräche mit dem Gefangenen K. Frankfurt a. M. (Campus).

Reinke, E. (1979): Frühe Beziehungsstörungen und kriminelles Handeln. In: Eschweiler, P. (Hg.): Psychoanalyse und Strafrechtspraxis. Königsstein (Athenäum), S. 15–34.

Reinke, E. (1984): Therapeutisierung statt Kriminalisierung – die Scheinalternativen der Rehabilitationsdebatte. Kriminologisches Journal 3, 181–200.

Reinke, E. (1992): Zweite Generation: zweite Chance? Transgenerationelle Übermittlung von unverarbeiteten Traumen im Zusammenhang mit dem Nationalsozialismus. In: Flaake, K. & King, V. (Hg.): Aufsätze zur weiblichen Adoleszenz. Frankfurt a. M. (Campus), S. 126–146.

Reinke, E. (1995): Wir alle arbeiten mit der Gegenübertragung – methodenkritische Anmerkungen auf der Grundlage der Auffassungen von Paula Heimann. Luzifer-Amor 8 (15), 43–60.

Reinke, E. (1996): Behandlungsprozess und Prognose bei der Soziotherapie mit Delinquenten. Das Ichintegrations-Profil als eine Antwort auf die Forderung nach interdisziplinärer Überprüfbarkeit psychoanalytischen Vorgehens. Psychosozial 65, 77–93.

Reinke, E. (1997): Psychotherapie und Soziotherapie mit Delinquenten. Klinik und Forschung. Gießen (Psychosozial Verlag).

Reinke, E. (1999): Triadische Position und psychoanalytisches Konfliktverständnis. Zur gegenwärtigen Vermittlung von Beziehungs- und Bindungsqualitäten zwischen den Generationen. Psychosozial 76, 91–102.

Reinke, E. (1999): Wiederholung und Neubeginn. Überlegungen zum »szenischen Verstehen« (Alfred Lorenzer und Herrmann Argelander) als Erkenntnismöglichkeit im psychoanalytischen Prozess. In: Resch, T. (Hg.): Psychoanalyse, Grenzen und Grenzöffnung. Frankfurt a. M. (Brandes & Apsel), S. 43–62.

Reinke, E. (2003): Reflexive Kompetenz. In: Fonagy, P. & Target, M. (Hg.): Frühe Bindung und Psychische Entwicklung. Gießen (Psychosozial-Verlag), S. 7–28.

Reinke, E. (2006): Augensprache zwischen Mutter und Kind: die Perspektive der Neuropsychoanalyse. Vortrag auf der 53. Jahrestagung der VAKJP in Bremen.

Reiss, A. J. & Roth, J. A. (Hg.) (1993): Understanding and preventing violence. Washington DC (National Academic Press).

Reiss, D.; Neiderhiser, J.; Hetherington, E. M. & Plomin, R. (2000): The Relationsship Code: Deciphering Genetic and Social Patterns in Adolescent Development. Cambridge (Harvard University Press).

Ritter, J. (Hg.) (1972): Historisches Wörterbuch der Philosophie. Darmstadt (Wissenschaftliche Buchgesellschaft).

Robins, L. N. & Ratcliff, K. S. (1979): Risk factors in the continuation of childhood antisocial behavior into adulthood. International Journal of Mental Health 7, 96–116.

Robins, L. N. & Regier, D. A. (Hg.) (1991): Psychiatric Disorders in America: The Epidemiologic Catchment Area Study. New York (Free Press).

Rössner, D. (1998): Mediation und Strafrecht. In: Strempel, D. (Hg.): Mediation für die Praxis. Berlin (Haufe).

Rössner, D. (2000): Ergebnisse und Defizite der aktuellen TOA-Begleitforschung – Rechtliche und empirische Aspekte. In: Gutsche, G. & Rössner, D. (Hg.): Täter-Opfer-Ausgleich. Beiträge zur Theorie, Empirie und Praxis. Bonn (Forum Verlag Godesberg), S. 7–40.

Rössner, D. (2001): Die Jugendkriminalität und das Opfer der Straftat. TOA-Infodienst 15, 8–13.

Rowe, D. C. & Osgood, D. W. (1990): A latent trait approach to unifying criminal careers. Criminology 28, 237–370.

Rowe, D. C. (1990): Inherited disposition toward learning delinquent and criminal behavior: New evidence. In: Ellis, L. & Hoffmann, H. (Hg.): Crime in biological, social, and moral contexts. New York (Praeger), S. 121–131.

Roxin, C. (1987): Die Wiedergutmachung im System der Strafzwecke. In: Schöch, H. (Hg.): Wiedergutmachung im Strafrecht. München (Beck Verlag), S. 37–55.

Rudolf, G.; Grande, T. & Oberbracht, C. (2001): Die Heidelberger Umstrukturierungsskala. Manual. Unveröffentlichtes Manuskript. Universität Heidelberg.

Literatur

Rutter, M.; Giller, H. & Hagell, A. (1998): Antisocial behavior by young people. Cambridge (Cambridge University Press).

Sampson, R. J. & Laub, J. H. (1993): Crime in the making: Pathways and Turning Points Through Life. Cambridge (Havard University Press).

Sandkühler, H. J. (2002): Enzyklopädie der Philosophie. Hamburg (Felix Meiner Verlag).

Sandler, J.; Dare, C. & Holder, A. (1973): Die Grundbegriffe der psychoanalytischen Therapie. Stuttgart (Klett-Cotta).

Sandler, J.; Holder, A.; Dare, C. & Dreher, A. U. (1997): Freuds Modelle der Seele. Eine Einführung. Gießen (Psychosozial-Verlag), 2003.

Schafer, R. (1976): A new laguage for psychoanalysis. New Haven (Yale University Press).

Schmiedeberg, M. (1949): The Analytic Treatment of Major Criminals: Therapeutic Results and Technical Problems. In: Eissler, K. R. (Hg.): Searchlights on Delinquency. New York (International University Press), S. 174–192.

Schmitz, C. (1989): Anforderungen an Handeln und Qualifikation von VermittlerInnen. In: Bundesministerium der Justiz (Hg.): TOA, Bonner Symposium, Stolberg (Burg Verlag), S. 176–187.

Schneider, H. J. (1994): Kriminologie der Gewalt. Stuttgart, Leipzig (Hirzel).

Schneider-Düker, M. (1992): Das interpersonale Modell – eine psychotherapeutische Grundorientierung? Gruppenpsychotherapie und Gruppendynamik 28, 93–113.

Schneider-Rosen, K. & Cicchetti, D. (1984): The relationship between affect and cognition in maltreated infants: Quality of attachment and the development of visual self-recognition. Child Development 55, 648–658.

Schneider-Rosen, K. & Cicchetti, D. (1991): Early self-knowledge and emotional development: Visual self-recognition and affective reactions to mirror self-image in maltreated and non-maltreated toddlers. Developmental Psychology 27, 481–488.

Schore, A. S. (1994): Affect Regulation and the Origin of the Self. The Neurobiology of Emotional Development. New York (Lawrence Erlbaum).

Schreckling, J. (1989): Auf der Suche nach Bedingungen des Ausgleichserfolgs: Merkmalszusammenhänge bei »Waage«-Fällen. In: Bundesministerium der Justiz (Hg.): TOA, Bonner Symposium, Stolberg (Burg Verlag), S. 105–110.

Schreckling, J. (1991): Bestandsaufnahmen zur Praxis des TOA in der Bundesrepublik Deutschland. Bundesministerium der Justiz. Bonn (Köllen Druck).

Schulte-Markwort, M.; Bachmann, M. & Riedesser, P. (2002): Punktprävalenz psychischer Störungen und subjektives Erleben der Befindlichkeit von jugendlichen und heranwachsenden Gefangenen in einer Jugendvollzugsanstalt. XXVII. Kongress der Deutschen Gesellschaft für Kinder- und Jugendpsychiatrie und Psychotherapie. Göttingen (Vandenhoeck & Ruprecht).

Schünemann, B. & Dubber, M. (Hg.) (2000): Die Stellung des Opfers im Strafrechtssystem. Köln (Heymanns).

Schütze, G. (1997): Der § 3 und das Dilemma, die strafrechtliche Verantwortlichkeit nicht sicher genug einschätzen zu können. DVJJ-Journal 158, 366–369.

Segal, H. (1962): The curatice factors in psycho-analysis. I. J. Psycho-Anal. 43, 212–217.

Seiffke-Krenke, I. (2004): Adoleszenzentwicklung und Bindung. In: Streeck-Fischer, A. (Hg.): Adoleszenz – Bindung – Destruktivität. Stuttgart (Klett-Cotta), S. 156–175.

Serketich, W. J. & Dumas, J. E. (1996): The effectiveness of behavioral parent training to modify antisocial behavior in children: A meta-analysis. Behavior Therapy 27, 171–186.

Sessar, K. (1992): Wiedergutmachung oder Strafen: Einstellungen in der Bevölkerung und der Justiz. Hamburger Studien zur Kriminologie Band 11, Pfaffenweiler (Centaurus Verlagsgesellschaft).

Shaftesbury, A. A. C. (1711): An inquiry concerning virtue, or merit. London.

Shaftesbury, A. A. C. (1999): Characteristics of Men, Manners, Opinions, Times. Lawrence Klein (Hg.). Cambridge (Cambridge University Press).

Shaw, D. S. & Vondra, J. I. (1993): Chronic family adversity and infant attachment security. Journal of Child Psychology and Psychiatry 34, 1205–1215.

Shengold, L. (1995): Soul Murder. Frankfurt a. M. (Brandes & Apsel).

Slade, A.; Sadler, L.; de Dios-Kenn, C.; Webb, D.; Currier-Ezepchick, J. & Mayes, L. (2005): Minding the baby. A reflective parenting program. The Psychoanalytic Study of the Child 60, 74–100.

Soldt, P. (2005): Denken in Bildern. Zum Verhältnis von Bild, Begriff und Affekt im seelischen Geschehen. Lengerich (Pabst).

Solte, C. (2001): Täter-Opfer-Ausgleich im modernen Strafrecht – und in der altertümlichen Justiz? Eine Betrachtung der Diskrepanz von gesetzlicher Regelung und deren praktischer Umsetzung. TOA-Infodienst 13, 7–17.

Stanford Encyclopedia of Philosophy (2005): http://plato.stanford.edu (Zugriff am: 15. 04. 2007).

Steele, M. & Steele, H. (2001): Klinische Anwendungen des Adult-Attachment-Interviews (AAI). In: Gloger-Tippelt, G. (Hg.): Bindung im Erwachsenenalter. Ein Handbuch für Forschung und Praxis. Bern (Huber), S. 322–343.

Steele, M.; Steele, H. & Model, E. (1991): Links across generations: Predicting parent-child relationship patterns from structured interviews with expectant parents. Bulletin of the Anna Freud Center 14, 95–113.

Steimer, B. (2000): Suche nach Liebe und Inszenierung von Ablehnung. Adoptiv- und Pflegekinder in einer neuen Familie. Freiburg (Lambertus).

Stelly, W. & Thomas, J. (2006): Die Reintegration jugendlicher Mehrfachtäter. Zeitschrift für Jugendkriminalrecht und Jugendhilfe 17, 45–51.

Sterba, R. (1934): The fate of the ego in analytic therapy. I. J. Psycho-Anal. 15, 117–126.

Storck, T. & Taubner, S. (2007): Das akademische Junktim. Wen »heilt« die universitäre Psychoanalyse? In: Dialog/BITAP (Hg.): Gehört haben und erlebt haben. Die Psychoanalyse an der Universität. Festschrift zu Ehren von Prof. Dr. Ellen Reinke. Universität Bremen, S. 57–74.

Strachey, J. (1934): The nature of the therapeutic action of psychoanalysis. I. J. Psycho-Anal. 15, 127–159.

Strauss, A. (1991): Grundlagen qualitativer Sozialforschung. Datenanalyse und Theoriebildung in der empirischen und soziologischen Forschung. München (Wilhelm Fink Verlag).

Strauß, B.; Eckert, J. &Hess, H. (1993): Integration und Diskussion der Ergebnisse. Gruppenpsychotherapie und Gruppendynamik 29 (3), 286–294.

Strauß, B.; Buchheim, A. & Kächele, H. (2002): Klinische Bindungsforschung. Stuttgart (Schattauer).

Streck-Fischer, A. (1992): Geil auf Gewalt. Psychoanalytische Bemerkungen zu Adoleszenz und Rechtsextremismus. Psyche – Z Psychoanal. 46, 745–768.

Streck-Fischer, A. (1994): Entwicklungslinien der Adoleszenz. Narzissmus und Übergangsphänomene. Psyche – Z Psychoanal. 48, 509–528.

Streck-Fischer, A. (2006): Trauma und Entwicklung. Frühe Traumatisierung und ihre Folgen in der Adoleszenz. Stuttgart (Schattauer).

Streng, F. (2003): Jugendstrafrecht. Heidelberg (C. F. Müller Verlag).

Sullivan, H. S. (1953): The interpersonal theory of psychiatry. New York (Norton).

Sykes, G. M. & Matza, D. (1957): Techniques of neutralization: A theory of delinquency. American Sociological Review 22, 664–670.

Target, M. & Fonagy, P. (1996): Playing with Reality II: The Development of Psychic Reality from a Theoretical Perspective. I. J. Psycho-Anal. 77, 459–478.

Target, M. & Fonagy, P. (2003): Väter in der modernen Psychoanalyse und in der Gesellschaft. In: Fonagy, P. & Target, M. (Hg.): Frühe Bindung und psychische Entwicklung. Gießen (Psychosozial Verlag), S. 71–102.

Täter-Opfer-Ausgleich Bremen (2005): Jahresstatistik 2004 für die Amtsgerichtsbezirke Bremen und Bremen-Blumenthal des TOA Bremen. Internet-Version. http://www.toa.bremen.de (Zugriff am: 25. 06. 2006).

Taubner, S. (2003): Mediation in der Jugendarbeit. Der weite Weg von der Theorie zur Praxis. Unsere Jugend 55, 62–71.

Taubner, S. & Frühwein, C. (2004): Was guckst du? – Szenen aus dem Alltag der Konfliktschlichtung – Theorie und Intervention. In: Winter, F. (Hg.): Der Täter-Opfer-Ausgleich und die Vision von einer »heilenden« Gerechtigkeit. 4. Bremer Kongress zum Täter-Opfer-Ausgleich im Mai 2003. Worpswede (Amberg-Verlag), S. 69–99.

Taylor, P. J. (1986): Psychiatric Disorder in London's Life-Sentenced Prisoners. British Journal of Criminology 26, 63–78.

Thomä, H. & Kächele, H. (1985): Lehrbuch der psychoanalytischen Therapie. Band 1: Grundlagen. Berlin (Springer).

Thomä, H. & Kächele, H. (1988): Lehrbuch der psychoanalytischen Therapie. Band 2: Therapie. Berlin (Springer).

Thomä, H. & Kächele, H. (2006): Psychoanalytische Therapie. Band 3: Forschung. Heidelberg (Springer Medizin Verlag).

Thomä, H. (1981): Schriften zur Praxis der Psychoanalyse: Vom spiegelnden zum aktiven Analytiker. Frankfurt a. M. (Suhrkamp).

TOA-Standards (2000): Servicebüro für TOA und Konfliktschlichtung. Unveröffentlichtes Manuskript. Köln.

Tomasello, M. (1999): The Cultural Origins of Human Cognition. Cambridge (Harvard University Press).

Tränkle, S. (2002): Die Bedeutung von Rechtfertigungen für die Schuldaushandlung im Täter-Opfer-Ausgleich. TOA Infodienst 16, 26–30.

Trenczek, T. & Pfeiffer, C. (Hg.) (1996): Kommunale Kriminalprävention. Paradigmenwechsel und Wiederentdeckung alter Weisheiten. Bonn (Forum Verlag Godesberg).

Trenczek, T. (1992): Täter-Opfer-Ausgleich – Grundgedanken und Mindeststandards. Zeitschrift für Rechtspolitik 4, 130–132.

Trenczek, T. (2000): Manipulation im Namen des Opferschutzes? Für einen rationalen Umgang mit dem Täter-Opfer-Ausgleich. TOA-Infodienst 12, 5–9.

Trenczek, T. (2003): Stellungsnahmen der Jugendhilfe im Strafverfahren – Fachliche Qualitätsanforderungen und strafrechtlicher Umgang. DVJJ-Journal 179, 35–40.

Tress, W. & Fischer, G. (1991): Psychoanalytische Erkenntnis am Einzelfall: Möglichkeiten und Grenzen. Psyche – Z Psychoanal. 45, 612–628.

Valenstein, A. (1962): The psycho-analytic situation – affects, emotional reliving, and insight in the psycho-analytic process. I. J. Psycho-Anal. 43, 315–324.

Van IJzendoorn, M. H. & Sagi, A. (1999): Cross-cultural patterns of attachment: Universal and contextual dimensions. In: Cassidy, J. & Shaver, P. R. (Hg.): Handbook of attachment: Theory, research, and clinical applications. New York (Guilford), S. 713–734.

van IJzendoorn, M. H. & Bakermanns-Kranenburg, M. J. (1997): Intergenerational transmission of attachment: A move to the contextual level. In: Atkinson, L. & Zucker, K. J. (Hg.). Attachment and psychopathology. New York (Guilford Press), S. 135–170.

van IJzendoorn, M. H. (1995): Adult attachment representations, parental responsiveness, and infant attachment: A meta-analysis on the predictive validity of the Adult Attachment Interview. Psychological Bulletin 117, 387–403.

Van IJzendoorn, M. H.; Goldberg, S.; Kroonenberg, P. M. & Frenkl, O. J. (1992): The relative effects of maternal and child problems on the quality of attachment: A meta-analysis of attachment in clinical samples. Child Development 63, 840–858.

Verein für Psychoanalytische Sozialarbeit Tübingen und Rottenburg (Hg.) (1999): Vom Entstehen analytischer Räume. Dokumentation der 9. Fachtagung. Tübingen (edition diskord).

von Klitzing, K. (2002): Frühe Entwicklung im Längsschnitt: Von der Beziehungswelt der Eltern zur Vorstellungswelt des Kindes. Psyche – Z Psychoanal. 56, 863–887.

Walter, M. (1998): Der TOA aus der Sicht von Rechtsanwälten – erste Ergebnisse einer Befragung. In: Dölling, D. (Hg.): TOA in Deutschland. Bestandsaufnahme und Perspektiven. Bundesministerium der Justiz. Bonn (Forum Verlag Godesberg), S. 463–480.

Wandrey, M. & Weitekamp, E. (1998): Die organisatorische Umsetzung des TOA in der Bundesrepublik Deutschland – eine vorläufige Einschätzung der Entwicklung im Zeitraum von 1989 bis 1995. In: Dölling, D. (Hg.): TOA in Deutschland. Bestandsaufnahme und Perspektiven. Bundesministerium der Justiz. Bonn (Forum Verlag Godesberg), S. 121–144.

Warrlich, C. & Reinke, E. (Hg.) (2007): Auf der Suche. Psychoanalytische Betrachtungen zum AD(H)S. Gießen (Psychosozial-Verlag).

Watson, J. S. (1979): Perception of contingency as determinant of social responsiveness. In: Thoman, E. (Hg.): The origins of social responsiveness. New York (Lawrence Erlbaum), S. 33–64.

Watson, J. S. (1985): Contingency perception in early social development. In: Field, T. & Fox, N. (Hg.): Social perception in infants. New York (Ablex), S. 157–176.

Watson, J. S. (1994): Detection of the self: the perfect algorithm. In: Parker, S. (Hg.): Self-awareness in animals and humans: Developmental perspectives. Cambridge (University Press), S. 131–149.

Weber, R. (2006): TOA und Forschung. Überlegungen aus der Sicht der Psychotherapieforschung. TOA-Infodienst 28, 5–10.

Weinmann-Lutz, B. (2001): Kooperation und Konfliktlösung bei Scheidungspaaren in Mediation. Eine theoretische und empirische Untersuchung von Geschlechtsunterschieden und Effekten. Aachen (Shaker).

Wellmann, H. & Phillips, A. T. (2000): Developing intentional understandings. In: Moses, L., Male, B. & Baldwin, D. (Hg.): Intentionality: A Key to Hhuman Understanding: Cambridge (MIT Press).

Westen, D.; Shedler, J.; Durrett, C.; Glass, S. & Martens, A. (2003): Personality diagnoses in adolescence: DSM-IV axis-II-diagnosis and an empirically derived alternative. American Journal of Psychiatry 160, 952–966.

Wetzels, P. (1997): Gewalterfahrungen in der Kindheit. Sexueller Mißbrauch, körperliche Mißhandlung und deren langfristige Konsequenzen. Baden-Baden (Nomos Verlagsgesellschaft).

Wetzels, P.; Enzmann, D. & Pfeiffer, C. (1999): Gewalterfahrungen und Kriminalitätsfurcht von Jugendlichen in Hamburg. Dritter und abschließender Bericht über die Ergebnisse der weiteren Analyse von Daten einer repräsentativen Befragung von Schülerinnen und Schülern der 9. Jahrgangsstufe. Unveröffentlichter Forschungsbericht für die Behörde für Schule, Jugend und Berufsausbildung der Freien und Hansestadt Hamburg. Hannover (KFN).

Wetzels, P.; Enzmann, P.; Mecklenburg, E. & Pfeiffer, C. (2001): Jugend und Gewalt. Eine repräsentative Dunkelfeldanalyse in München und acht anderen deutschen Städten. Baden-Baden (Nomos).

Whitebook, J. (2001): Wechselseitige Anerkennung und die Arbeit des Negativen. Psyche – Z Psychoanal. 55, 755–789.

Wilson, M. (1998): Otherness within: Aspects of insight in psychoanalysis. Psychoanalytic Quarterly 67, 54–77.

Winnicott, D. W. (1951): Transitional objects and transitional phenomena. In: Winnicott, D. W. (Hg.): Through paediatrics to psychoanalysis. Basic Books, New York, 1975, S. 229–242.

Winnicott, D. W. (1956): Die Antisoziale Tendenz. In: ders. (1983): Von der Kinderheilkunde zur Psychoanalyse. Frankfurt a. M. (Fischer).

Winnicott, D. W. (1960): Reifungsprozesse und fördernde Umwelt. München (Kindler).

Winnicott, D. W. (1967): Vom Spiel zur Kreativität. Stuttgart (Klett-Cotta).

Winnicott, D. W. (1971): Playing and reality. London (Tavistock).

Winnicott, D. W. (1986): Der Anfang ist unsere Heimat. Stuttgart (Ernst-Klett-Verlag).

Winnicott, D. W. (1988): Die menschliche Natur. Stuttgart (Klett-Cotta).

Winter, F. (1990): Täter-Opfer-Ausgleich. Konzeption und Informationsbroschüre. Bremen.

Winter, F. (1998): Kurzkonzeption des TOA-Bremen. Unveröffentlichtes Manuskript, Bremen.

Winter, F. (1999): Entwicklung der gemeindenahen Konfliktschlichtung in Bremen von 1990 bis 1998. In: ders. (Hg.): Gemeindenahe Konfliktschlichtung: »Komm' wir gehen nach Bremen, … !« 10 Jahre Täter-Opfer-Ausgleich in einem Bürgerhaus. Köln: DBH-Materialien (Nr. 39), 5–12.

Winter, F. (2003): Mediation in sozial belasteten städtischen Quartieren. Konzept und Praxis der »Sozialen Mediation« am Beispiel der Hansestadt Bremen. Unsere Jugend 55, 72–80.

Winter, F. (2004): Der Täter-Opfer-Ausgleich als Teil der Vision von einer heilenden Gerechtigkeit. In: ders. (Hg.): Der Täter-Opfer-Ausgleich und die Vision von einer »heilenden« Gerechtigkeit. 4. Bremer Kongress zum Täter-Opfer-Ausgleich im Mai 2003. Worpswede (Amberg-Verlag), S. 69–99.

Witte, E. H. (1994): Mediation (Regelungsberatung): Theoretische Grundlagen und empirische Ergebnisse. Gruppendynamik 26, 241–251.

Witte, E. H.; Sibbert, J. & Kesten, I. (1992): Trennungs- und Scheidungsberatung. Stuttgart (Verlag für angewandte Psychologie).

Wolf, E. S. (1983): Aspects of neutrality. Psychoanalytic Inquiry 3, 675–690.

Wolfgang, M. E.; Thornberry, T. P. & Figlio, R. M. (1987): From Boy to Man, from Delinquency to Crime. Studies in Crime and Justice. Chicago (University of Chicago Press).

Wollheim, R. (1995): The Mind and Its Depths. Cambridge (Harvard University Press).

Wright, M. & Galaway, B. (1988): Mediation and criminal justice. London (Sage).

Wuchner, M.; Eckert, J. & Biermann-Ratjen, E. M. (1993): Vergleich von Diagnosegruppen und Klientelen verschiedener Kliniken. Gruppenpsychotherapie und Gruppendynamik 29, 198–214.

Zepf, S. & Hartmann, S. (1989): Psychoanalytische Praxis und Theoriebildung: Verstehen und Begreifen. Eine erkenntniskritische Untersuchung. Berlin (Springer-Verlag).

Zepf, S. (2005): Bindungstheorie und Psychoanalyse. Einige grundsätzliche Anmerkungen. Forum Psa. 21, 255–266.

Zepf, S. (2006a): Allgemeine psychoanalytische Neurosenlehre, Psychosomatik und Sozialpsychologie. Ein kritisches Lehrbuch (2. erw. u. aktual. Aufl.). Band I. Gießen (Psychosozial-Verlag).

Zepf, S. (2006b): Allgemeine psychoanalytische Neurosenlehre, Psychosomatik und Sozialpsychologie. Ein kritisches Lehrbuch (2. erw. u. aktual. Aufl.). Band II. Gießen (Psychosozial-Verlag).

Anhang

A) Helping-Alliance-Questionnaire (HAQ) (modifiziert)

Das Ziel dieses Fragebogens ist, dass Sie Ihre Beziehung zu Ihrem Schlichter und Ihre Schlichtung anhand unten aufgeführter Aussagen beurteilen. Prüfen Sie bitte jede der nun folgenden Aussagen daraufhin, wie sehr Sie diese in Ihrer Beziehung zu Ihrem Schlichter bzw. für Ihre Schlichtung für zutreffend oder nicht zutreffend halten. Antworten Sie ruhig spontan, so wie Sie fühlen; es gibt keine »richtigen« oder »falschen« Antworten. Bitte geben Sie ohne Ausnahme zu jeder Aussage Ihr Urteil ab.

A) Helping-Allience-Questionnaire (HAQ) (modifiziert)

	Ja, sehr zu- treffend	Ja, zu- treffend	Ja, eher zu- treffend	Nein, eher unzu- treffend	Nein, unzu- treffend	Nein, sehr unzu- treffend
1. Ich glaube, dass mein Schlichter mir geholfen hat.	O	O	O	O	O	O
2. Ich glaube, dass mir die Schlichtung geholfen hat.	O	O	O	O	O	O
3. Ich habe einige neue Einsichten gewonnen.	O	O	O	O	O	O
4. Ich fühle mich besser.	O	O	O	O	O	O
5. Ich habe das Gefühl, dass ich zukünftig die Konflikte bewältigen kann, wegen derer ich zur Schlichtung kam.	O	O	O	O	O	O
6. Ich habe das Gefühl, dass ich mich auf den Schlichter verlassen konnte.	O	O	O	O	O	O
7. Ich habe das Gefühl, dass mich der Schlichter verstand.	O	O	O	O	O	O
8. Ich habe das Gefühl, dass der Schlichter wollte, dass ich meine Ziele erreiche.	O	O	O	O	O	O
9. Ich habe das Gefühl, dass ich und der Schlichter ernsthaft an einem Strang zogen.	O	O	O	O	O	O
10. Ich glaube, dass ich und der Schlichter meine Konflikte ähnlich gesehen und beurteilt haben.	O	O	O	O	O	O
11. Ich habe das Gefühl, dass ich mich jetzt selbst verstehen und mich selbstständig mit mir auseinandersetzen kann.	O	O	O	O	O	O

Allgemeine Einschätzung der eigenen Konfliktfähigkeiten im Vergleich zum Schlichtungsbeginn:

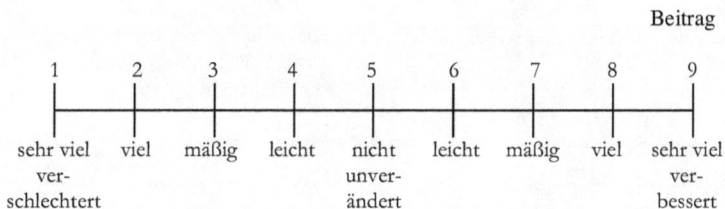

Beitrag

1	2	3	4	5	6	7	8	9
sehr viel ver- schlechtert	viel	mäßig	leicht	nicht unver- ändert	leicht	mäßig	viel	sehr viel ver- bessert

B) Modifiziertes AAI (Erwachsenen-Bindungs-Interview)

Hier im Gespräch geht es vorrangig um die Beziehungen in Ihrer Herkunfts-familie. Dann möchten wir Fragen stellen, wie Ihre Beziehung zu einer wichtigen Bezugsperson gestaltet ist, die Sie besonders mögen (Freund/in, Cousin) und schließlich werden wir Fragen zu der Straftat und dem TOA stellen. Das ist so der Rahmen, den die Fragen berühren.

1) *Familiensituation:* Bitte erläutern Sie mir nun zum Einstieg ein bisschen die Beziehungen in Ihrer Herkunftsfamilie. Wo haben Sie gelebt? Sind Sie (oft) umgezogen? Welche Berufe hatten Ihre Eltern? Waren die Großeltern noch da? Wohnte sonst noch jemand im Haus? Geschwister?

2) *Frühe Erinnerungen:* Schildern Sie mir doch jetzt speziell die Beziehung zu Ihren Eltern und fangen Sie dabei möglichst bei Ihren frühesten Erinnerungen an.

3) *Drei Eigenschaftswörter zur Mutterbeziehung:* Wenn Sie die Beziehung zu Ihrer Mutter nun zusammenfassend charakterisieren würden – können Sie mir drei Eigenschaftswörter/Adjektive nennen?
   Beispiele zu jedem der drei Eigenschaftsworte: Sie haben die Beziehung zwischen sich und Ihrer Mutter als »XXX« bezeichnet. Schildern Sie mir doch bitte eine Erinnerung oder geben Sie mir ein Beispiel dafür, was das für Sie bedeutet.

4) *Drei Eigenschaftsworte zur Vaterbeziehung:* Nun bitte ich Sie, mir auch die Beziehung zu Ihrem Vater mit drei Eigenschaftswörtern zu charak-terisieren.
   Beispiele zu jedem der drei Eigenschaftsworte: Sie haben die Beziehung zwischen sich und Ihrem Vater als »XXX« bezeichnet. Schildern Sie mir doch bitte eine Erinnerung oder geben Sie mir ein Beispiel dafür, was das für Sie bedeutet.

5) *Näherstehender Elternteil:* Wenn Sie nun einmal die Beziehung, die Sie zu Ihrer Mutter bzw. Ihrem Vater unter der Perspektive betrachten, wem Sie sich näher gefühlt haben. Was macht diese Besonderheit aus? Was hat Ihnen beim anderen Elternteil vielleicht gefehlt?

6) *Kummer, Probleme, Konflikte:* Wenn Sie als Kind Kummer hatten, unglücklich waren, zu wem sind Sie dann gegangen? Was geschah dann oder was wurde getan? Können Sie mir auch hierfür ein Beispiel geben?

7) *Verletzung:* Wenn Sie sich verletzt haben, wer hat geholfen, was wurde getan? Beispiel?

8) *Krankheit:* Wenn Sie als Kind eine Krankheit hatten, wer hat Sie versorgt? Wie war das? Bitte geben Sie mir auch hier ein Beispiel.

9) *Erste Trennung von den Eltern – weitere Trennungen:* Können Sie sich erinnern wie das war, als Sie zum ersten Mal von Ihren Eltern getrennt waren? Gab es weitere Trennungen? Wie war das? Beispiele?

10) *Zurückweisung:* Haben Sie sich als Kind auch manchmal abgelehnt und zurückgewiesen gefühlt? – Wie war das? Wie alt waren Sie? Haben Ihre Eltern ein Gefühl dafür gehabt, wenn Sie sich abgelehnt gefühlt haben? Warum, glauben Sie, haben sich Ihre Eltern hier so verhalten?

11) *Bedrohung:* Haben Sie sich als Kind jemals zu Hause bedroht gefühlt durch etwas, was Ihre Eltern gesagt oder getan haben? (Von: »Wir geben dich ins Heim/Internat.« bis zu Missbrauch, Schlägereien zwischen Eltern, Psychokrieg, Scheidung, etc.) Wenn ja: Wie oft geschah so etwas? Wie lange dauerte es an? Wie schwer haben Sie das empfunden? Wie alt waren Sie? Waren Sie als Kind jemals traurig? Hatten Sie als Kind Angst?

12) *Beeinflussung der Persönlichkeit als Erwachsener:* Haben Sie das Gefühl, dass diese Erlebnisse Ihre heutige Lebensweise und Handlungen als Erwachsene/r beeinflusst haben?

13) *Rückschläge:* Gibt es besondere Aspekte an Ihren Kindheitserlebnissen, durch die Sie sich in Ihrer Entwicklung geschädigt oder zurückgeworfen fühlen?

14) *Warum Elternverhalten*: Warum, glauben Sie, haben sich Ihre Eltern damals so verhalten?

15) *Wichtige Bezugsperson:* Wer steht Ihnen heute sehr nahe? Drei Eigenschaftsworte, welche die Beziehung beschreiben? Beispiele für die verschiedenen Eigenschaften?

16) *Zurückweisung durch Bezugsperson:* Situationen, wo Sie sich zurückge-wiesen/unverstanden gefühlt haben? Streitsituationen?

17) *Tod und Verlust:* Haben Sie schon ein Elternteil verloren, oder eine andere nahestehende geliebte Person (z. B. Geschwister)? Wie alt waren Sie? Umstände des Todes? Wie haben Sie damals reagiert? Wie war das mit der Beerdigung? Wie mit der Trauer? Wie hat dieser Verlust ausgewirkt? Welche Wirkung hat dies auf Sie bzw. Ihre Persönlichkeit als Erwachsener gehabt? Gab es noch andere Verluste in der Kindheit? Gab es Verluste im Jugendalter?

18) *Zeitperspektive/Entwicklungsaspekt:* (Wie) Hat sich die Beziehung zu Ihren Eltern seit Ihrer Kindheit verändert/weiterentwickelt?

19) *Veränderung der Beziehung zur Bezugsperson:* Hat sich die Beziehung zur wichtigen Bezugsperson verändert/weiterentwickelt?

20) *Straftat:* Schildern Sie bitte, weshalb Sie angeklagt worden sind.

21) *Warum Opferverhalten:* Was glauben Sie hat die andere Person (Geschä-digter) empfunden? Warum hat sie sich so verhalten? Hat sich etwas an Ihrer Einstellung zu der geschädigten Person seit der Tat verändert?

22) *Täter-Opfer-Ausgleich:*
    a) Vorher – Was erwarten Sie vom TOA?
    b) Nachher – Wie haben Sie den TOA erlebt? Was hat sich dadurch für Sie verändert?

23) *Generationentransfer:* Gibt es etwas Bestimmtes, wovon Sie das Gefühl haben, das haben Sie durch Ihre Kindheitserfahrungen gelernt?

C) Kategorien für eine durchschnittlich bis hohe Reflexive Kompetenz

A Wissen um die Art der innerpsych. Prozesse	1) Undurchsichtigkeit, generelle Verborgenheit psych. Prozesse 2) Wissen um Möglichkeiten, innerpsych. Befindlichkeiten zu verbergen, verstecken 3) Anerkennung der Begrenztheit von Einsicht 4) Fähigkeit, innerpsych. Prozesse in Zusammenhang mit (angemessenen) normativen Urteilen zu sehen 5) Bewusstsein für die Verwendung psych. Prozesse zu Abwehrzwecken
B Ausdrückliches Bemühen, die dem Verhalten zugrunde liegenden psych. Prozesse herauszuarbeiten	1) Fähigkeit, psychische Prozesse bei sich und anderen genau zuzuordnen) 2) Fähigkeit sich vorzustellen, dass Gefühle nicht unbedingt an beobachtbarem Verhalten erkennbar sind 3) Fähigkeit zur Anerkennung unterschiedlicher Perspektiven 4) Fähigkeit eigene Gefühle bei Schlussfolgerungen aus Verhalten anderer zu berücksichtigen 5) Bewertung innerer Gefühls- und Gedankenwelt aus Blickwinkel ihrer Auswirkung auf Selbst und andere 6) Bewusstsein, wie man von anderen wahrgenommen wird 7) Lebendig wirkende Erinnerungen und Nachdenklichkeit in Bezug auf innere Gedanken- und Gefühlswelt
C Anerkennung des Entwicklungs- aspektes	1) Intergenerationelle Perspektive, Verbindungen zwischen Generationen 2) Einnehmen einer Entwicklungsperspektive 3) Neubeurteilung der Kindheitserfahrungen aus der Verstehensmöglichkeit der Erwachsenenperspektive 4) Veränderungen innerpsych. Befindlichkeiten zwischen Vergangenheit und Gegenwart, Gegenwart und Zukunft werden beachtet 5) Berücksichtigung der Wechselseitigkeit von Beeinflussung zwischen Eltern und Kindern 6) Verständnis für Faktoren, die die Entwicklung von Affektkontrolle bestimmen 7) Anerkennung der Bedeutung von Familiendynamik
D Innerpsych. Befindlichkeiten in Bezug auf den Interviewer	1) Annerkennung der Eigenständigkeit des Denkens 2) kein Wissen voraussetzen 3) Emotionale Einstimmung

D) Gesamtwertungen der Reflexiven-Kompetenz-Skala (RKS)

Gesamt	Unter-gruppe	Denkqualität
-1 negativ		Der Proband verweigert durch das gesamte Interview systematisch die Einnahme einer reflexiven Haltung.
	A Zurückweisung von RK	Der Proband verhält sich feindselig gegenüber dem Interviewer. Die Aufgabe über die eigene Kindheit nachzudenken wird abgelehnt und wirkt auf den Probanden emotional belastend. Innerpsych. Befindlichkeiten werden teilweise nicht einmal erwähnt.
	B Unintegriert, Bizarr	Die Zuweisung von innerpsych. Befindlichkeiten erscheint konfus und schwer zu verstehen, da sie dem Kontext und der Person nicht angemessen erscheint. Das Interview kann auf den Auswerter schockierend wirken.
1 abwesend		Reflexive Kompetenz ist fast vollständig abwesend. Innerpsych. Befindlichkeiten werden zwar vielleicht erwähnt, ergeben aber kein Bild über dem Verhalten zugrunde liegende Gefühle und Überzeugungen. In anderen Fällen sind die Zuweisungen innerpsych. Befindlichkeiten voller Widersprüche und Missverständnisse.
	A Verleugnend	Verhalten wird auf »objektive« Bedingungen zurückgeführt (soziologisch) oder verbleiben auf der Verhaltensebene. Es herrschen Verallgemeinerungen und Konkretismus vor.
	B Egozentrisch	In der Verwendung von innerpsychischen Befindlichkeiten wird die Bedeutung der eigenen Person überbewertet. Die Darstellungen zeigen den Probanden in einer selbst erhöhenden Art, deren Richtigkeit in Frage gestellt werden muss.
3 fraglich/ niedrig		Es gibt Hinweise auf eine Reflexive Kompetenz. Zumeist werden innerpsych. Befindlichkeiten aber nicht expliziert oder in einem Beispiel persönlicher Erfahrung elaboriert.
	A Naiv	Es gibt ein partielles Verständnis der Intentionen anderer, das aber dazu tendiert, eher banal, oberflächlich, verallgemeinernd und klischeebehaftet zu sein. Komplexe Zusammenhänge wie Konflikte oder Ambivalenzen werden nicht erläutert. Einige Interviews weisen Spaltungstendenzen in Bezug auf die frühen Bezugspersonen auf.
	B	Der Proband zeigt eine psychologische Einfühlsamkeit, die jedoch bei näherer Betrachtung diffus ist und zumeist der

	Theoreti-sierend	eigentlichen Fragestellung ausweicht. Innerpsychische Befindlichkeiten werden als Begründung für Verhalten stark herangezogen, haben aber keinen Kontakt zu tatsächlicher persönlicher Erfahrung. Die Antworten zeichnen sich durch ihre exzessive Länge aus.
	C Unein-heitlich	Das Niveau der gezeigten RK ist zwischen 1 und 5. Die Vor-stellungen des Probanden müssen vom Auswerter teilweise erschlossen werden, da sehr lebendig emotionale Ereignisse jedoch ohne deren Konsequenzen geschildert werden.
5 deut-lich/ allge-mein		Im Gegensatz zu niedrigeren Wertungen überzeugt der Proband durch ein Modell der innerpsych. Befindlichkeiten, das sowohl auf das Selbst als auch auf die frühen Bindungspartner bezogen werden kann. Das Modell ist einfach, kohärent und basiert auf den eigenen Erfahrungen und nicht kulturellen Überzeugungen.
	A Durch-schnitt-lich	Der Proband zeigt eine durchschnittliche Fähigkeit seine Erfahrungen auf dem Hintergrund von Gedanken und Gefühlen in einen Sinnzusammenhang einzubetten. Das Modell ist limitiert, da komplexere Zusammenhänge wie Konflikthaftigkeit und Ambivalenz nicht verstanden werden.
	B Unein-heitlich	Das Verstehen innerpsychischer Befindlichkeiten ist in einigen Bereichen höher anzusiedeln, jedoch kann dieses Niveau in besonderen Problemfeldern nicht gehalten werden.
7 ausge-prägte		Als Ganzes betrachtet zeigt das Interview ein stabiles psycho-logisches Modell bezüglich der dem Verhalten zugrunde liegenden, eigenen innerpsych. Befindlichkeiten sowie der frühen Bezugspersonen. Der Proband schildert viele Details von Gefühlen und Überzeugungen, nimmt eine Entwicklungs- und Interaktionsperspektive ein und überrascht den Auswerter mit seinen originellen Einsichten. Es gibt viele Hinweise auf eine voll ausgeprägte Reflexive Kompetenz, die jedoch nicht auf alle Kontexte Anwendung findet.
9 volle		Die volle Reflexive Kompetenz ist nur sehr selten anzutreffen. Transkripte dieser Wertung zeichnen sich aus durch eine außergewöhnliche Differenziertheit, unerwartete und über-raschende Darlegung von Zusammenhängen, Komplexität und Ausführlichkeit sowie Konsistenz und Konstanz in der Argumentation in Bezug auf innerpsychische Befindlichkeiten.

E) Komparationstabelle 1: Der Prä-Postvergleich der gesamten Gruppe

Eigene Beteiligung an der Tat (Gefühle, Gedanken)

Vorher (N=18)	Nachher (N=18)
1) Die Tat war wie im Traum (Rauschzustände, Kontrollverluste, Ungesteuertheit). (12x)	1) Die Tat war wie im Traum (Rauschzustände, Kontrollverluste, Ungesteuertheit). (11x)
2) Ich habe das Opfer geschont/ mich ihm gegenüber positiv verhalten. (8x)	2) Ich habe das Opfer geschont/ mich ihm gegenüber positiv verhalten. (8x)
3) Ich habe mich über die Bedürfnisse/Gefühle des Opfers hinweggesetzt. (7x)	3) Ich habe mich über die Bedürfnisse/Gefühle des Opfers hinweggesetzt. (13x)
4) Ich wollte das Opfer schonen (nicht verletzen, nicht ängstigen). (7x)	4) Ich wollte das Opfer schonen (nicht verletzen, nicht ängstigen). (6x)
5) Ich hatte ein finanzielles Motiv für die Tat. (6x)	5) Ich hatte ein finanzielles Motiv für die Tat. (5x)
6) Ich hatte Angst. (5x)	6) Ich hatte Angst. (4x)
7) Ich wollte mit der Tat einer nahe stehenden Person helfen. (5x)	7) Ich wollte mit der Tat einer nahe stehenden Person helfen. (2x)
8) Ich habe mich durch das Opfer bedroht gefühlt und musste mich schützen. (5x)	8) Ich habe mich durch das Opfer bedroht gefühlt und musste mich schützen. (1x)
9) Es gab positive Gefühle während der Tat (Spaß, Macht, Freude). (4x)	9) Es gab positive Gefühle während der Tat (Spaß, Macht, Freude). (3x)
10) Ich wollte dem Opfer eine Lektion erteilen. (3x)	10) Ich wollte dem Opfer eine Lektion erteilen. (1x)
	11) Ich fühlte mich durch das Opfer beleidigt und provoziert. (3x)

Konsequenzen der Tat (für Täter und Opfer)

Vorher (N=18)	Nachher (N=18)
1) Ich habe mir keine Gedanken über die Folgen gemacht (Opfer, Gericht). (10x)	1) Ich habe mir keine Gedanken über die Folgen gemacht (Opfer, Gericht). (2x)
2) Ich habe Sorgen wegen der gerichtlichen Folgen. (8x)	2) Ich habe Sorgen wegen der gerichtlichen Folgen. (2x)
3) Ich stehe vor meinen Eltern/ meinem sozialen Umfeld schlecht da. (5x)	3) Ich stehe vor meinen Eltern/ meinem sozialen Umfeld schlecht da. (3x)
4) Das Opfer leidet unter den Folgen. (3x)	4) Das Opfer leidet unter den Folgen. (3x)
5) Eine körperliche Vergeltung wurde angedroht/wurde vollzogen. (4x)	5) Eine körperliche Vergeltung wurde angedroht/wurde vollzogen. (1x)
6) Ich habe keinen Kontakt mehr zu den Mittätern und lehne sie ab. (3x)	6) Ich habe keinen Kontakt mehr zu den Mittätern und lehne sie ab. (0x)
7) Das Opfer hat physische Schäden durch die Tat. (2x)	7) Das Opfer hat physische Schäden durch die Tat. (1x)
8) Die Tat hat keine gravierenden Folgen für mich. (2x)	8) Die Tat hat keine gravierenden Folgen für mich. (11x)
	9) Ich bin froh, dass mir keine Kosten entstanden sind. (3x)

Aussagen über das Opfer

Vorher (N=18)	Nachher (N=18)
1) Das Opfer hat sich wie ein Täter verhalten/hat mich angegriffen. (9x)	1) Das Opfer hat sich wie ein Täter verhalten/hat mich angegriffen. (9x)
2) Das Opfer macht eine Falschaussage. (8x)	2) Das Opfer macht eine Falschaussage. (7x)
3) Das Opfer hat sich während der Tat schlecht gefühlt. (6x)	3) Das Opfer hat sich während der Tat schlecht gefühlt. (8x)
4) Das Opfer ist normal/nett/mir ähnlich. (6x)	4) Das Opfer ist normal/nett/mir ähnlich. (4x)
5) Das Opfer hat entwertende Gefühle mir gegenüber. (6x)	5) Das Opfer hat entwertende Gefühle mir gegenüber. (2x)
6) Das Opfer hatte Angst. (5x)	6) Das Opfer hatte Angst. (5x)
7) Das Opfer will sich mit der Anzeige rächen/finanziell bereichern. (5x)	7) Das Opfer will sich mit der Anzeige rächen/finanziell bereichern. (4x)
8) Das Opfer ist stärker als ich/dachte er sei stärker. (5x)	8) Das Opfer ist stärker als ich/dachte er sei stärker. (2x)
9) Ich verstehe das Verhalten/die Sicht des Opfers nicht. (4x)	9) Ich verstehe das Verhalten/die Sicht des Opfers nicht. (4x)
10) Das Opfer war betrunken. (4x)	10) Das Opfer war betrunken. (3x)
11) Ich lehne das Opfer seit der Tat ab. (4x)	11) Ich lehne das Opfer seit der Tat ab. (5x)
12) Das Opfer hat sich blamiert. (2x)	12) Das Opfer hat sich blamiert. (2x)
	13) Opfer lehnt Schlichtung/Entschuldigung/Versöhnung/Wiedergutmachung ab. (13x)
	14) Die Beziehung zum Opfer hat sich entspannt. (5x)
	15) Überzogene Forderungen. (3x)
	16) Das Opfer kann mich nicht verstehen/kann mir nicht verzeihen. (2x)

Eigene Sicht auf die Tat (nachträgliche Bewertung, Schuldanteile)

Vorher (N=18)	Nachher (N=18)
1) Ich trage keine Schuld, das Opfer bzw. keiner hat Schuld. (10x)	1) Ich trage keine Schuld, das Opfer bzw. keiner hat Schuld. (10x)
2) Ich bereue die Tat/ärgere/schäme mich. (9x)	2) Ich bereue die Tat/ärgere/schäme mich. (10x)
3) Die Tat war dumm/hat sich nicht gelohnt. (9x)	3) Die Tat war dumm/hat sich nicht gelohnt. (6x)
4) Ich möchte mich beim Opfer entschuldigen/Tat wiedergutmachen. (8x)	4) Ich habe mich beim Opfer entschuldigt/die Tat wiedergutgemacht. (11x)
5) Ich möchte vor dem Gericht gut dastehen. (8x)	5) Ich möchte vor dem Gericht gut dastehen. (3x)
6) Ich bin kein Täter in dieser Sache/ werde zu unrecht beschuldigt. (7x)	6) Ich bin kein Täter in dieser Sache/ werde zu unrecht beschuldigt. (5x)
7) Ich finde die Anzeige lächerlich. (7x)	7) Ich finde die Anzeige lächerlich. (2x)
8) Ich bin zwar Täter, aber nicht so brutal wie in der Anklage behauptet wird. (6x)	8) Ich bin zwar Täter, aber nicht so brutal wie in der Anklage behauptet wird. (5x)
9) Ich wünsche, dass die Wahrheit ans Licht kommt. (4x)	9) Ich wünsche, dass die Wahrheit ans Licht kommt. (0x)
10) Ich wurde durch die Mittäter/das Opfer in den Dreck gezogen. (3x)	10) Ich wurde durch die Mittäter/das Opfer in den Dreck gezogen. (6x)
11) Ich hätte auf meine Eltern hören sollen. (2x)	11) Ich hätte auf meine Eltern hören sollen. (0x)
	12) TOA positiv (10x)
	13) TOA negativ (10x)
	14) Ich lehne eine Wiedergutmachung/Versöhnung ab. (6x)
	15) Ich sehe meine Tat positiv, bereue nicht. (4x)

Selbstbild

Vorher (N=18)	Nachher (N=18)
1) Ich werde keine Straftaten mehr begehen. (10x)	1) Ich werde keine Straftaten mehr begehen. (3x)
2) Ich habe vor der Tat bereits Straftaten verübt. (7x)	2) Ich habe vor der Tat bereits Straftaten verübt. (5x)
3) Ich habe ein ehrbares Selbstbild, bin kein Krimineller. (5x)	3) Ich habe ein ehrbares Selbstbild, bin kein Krimineller. (5x)
4) Ich habe mich seit der Tat zum Positiven verändert. (4x)	4) Ich habe mich seit der Tat zum Positiven verändert. (7x)
5) Meine schlechte Lebenssituation/familiäre Probleme trugen zu der Tat bei (Drogen, Arbeitslosigkeit, Elternkonflikte). (4x)	5) Meine schlechte Lebenssituation/familiäre Probleme trugen zu der Tat bei (Drogen, Arbeitslosigkeit, Elternkonflikte). (6x)
6) Ich will niemanden zum Opfer machen. (4x)	6) Ich will niemanden zum Opfer machen. (2x)
7) Ich kann etwas von meinen Eltern lernen. (4x)	7) Ich kann etwas von meinen Eltern lernen. (2x)
8) Es kann sein, dass ich weitere Straftaten verüben werde. (3x)	8) Es kann sein, dass ich weitere Straftaten verüben werde. (6x)
9) Ich lasse mir nichts gefallen, habe keine Angst. (3x)	9) Ich lasse mir nichts gefallen, habe keine Angst. (6x)
10) Ich hoffe, dass ich mich bessere. (2x)	10) Ich hoffe, dass ich mich bessere. (1x)

F) Komparationstabelle 2: Der Prä-Post-Vergleich der niedrig-reflexiven Gruppe

Eigene Beteiligung an der Tat (Gefühle, Gedanken)

Vorher (N=9)	Nachher (N=9)
1) Die Tat war wie im Traum (Rauschzustände, Kontrollverluste, Ungesteuertheit). (5x)	1) Die Tat war wie im Traum (Rauschzustände, Kontrollverluste, Ungesteuertheit). (5x)
2) Ich habe das Opfer geschont/ mich ihm gegenüber positiv verhalten. (3x)	2) Ich habe das Opfer geschont/ mich ihm gegenüber positiv verhalten. (4x)
3) Ich habe mich über die Bedürfnisse/Gefühle des Opfers hinweggesetzt. (6x)	3) Ich habe mich über die Bedürfnisse/Gefühle des Opfers hinweggesetzt. (6x)
4) Ich wollte das Opfer schonen (nicht verletzen, nicht ängstigen). (3x)	4) Ich wollte das Opfer schonen (nicht verletzen, nicht ängstigen). (2x)
5) Ich hatte ein finanzielles Motiv für die Tat. (3x)	5) Ich hatte ein finanzielles Motiv für die Tat. (2x)
6) Ich hatte Angst. (2x)	6) Ich hatte Angst. (1x)
7) Ich wollte mit der Tat einer nahe stehenden Person helfen. (4x)	7) Ich wollte mit der Tat einer nahe stehenden Person helfen. (2x)
8) Ich habe mich durch das Opfer bedroht gefühlt und musste mich schützen. (2x)	8) Ich habe mich durch das Opfer bedroht gefühlt und musste mich schützen. (0x)
9) Es gab positive Gefühle während der Tat (Spaß, Macht, Freude). (1x)	9) Es gab positive Gefühle während der Tat (Spaß, Macht, Freude). (1x)
10) Ich wollte dem Opfer eine Lektion erteilen. (2x)	10) Ich wollte dem Opfer eine Lektion erteilen. (1x)
	11) Ich fühlte mich durch das Opfer beleidigt und provoziert. (1x)

Konsequenzen der Tat (für Täter und Opfer)

Vorher (N=9)	Nachher (N=9)
1) Ich habe mir keine Gedanken über die Folgen gemacht (Opfer, Gericht). (5x)	1) Ich habe mir keine Gedanken über die Folgen gemacht (Opfer, Gericht). (1x)
2) Ich habe Sorgen wegen der gerichtlichen Folgen. (3x)	2) Ich habe Sorgen wegen der gerichtlichen Folgen. (1x)
3) Ich stehe vor meinen Eltern/ meinem sozialen Umfeld schlecht da. (2x)	3) Ich stehe vor meinen Eltern/ meinem sozialen Umfeld schlecht da. (0x)
4) Das Opfer leidet unter den Folgen. (1x)	4) Das Opfer leidet unter den Folgen. (2x)
5) Eine körperliche Vergeltung wurde angedroht/wurde vollzogen. (2x)	5) Eine körperliche Vergeltung wurde angedroht/wurde vollzogen. (0x)
6) Ich habe keinen Kontakt mehr zu den Mittätern und lehne sie ab. (0x)	6) Ich habe keinen Kontakt mehr zu den Mittätern und lehne sie ab. (0x)
7) Das Opfer hat physische Schäden durch die Tat. (2x)	7) Das Opfer hat physische Schäden durch die Tat. (1x)
8) Die Tat hat keine gravierenden Folgen für mich. (0x)	8) Die Tat hat keine gravierenden Folgen für mich. (6x)
	9) Ich bin froh, dass mir keine Kosten entstanden sind. (2x)

Aussagen über das Opfer

Vorher (N=9)	Nachher (N=9)
1) Das Opfer hat sich wie ein Täter verhalten/hat mich angegriffen. (6x)	1) Das Opfer hat sich wie ein Täter verhalten/hat mich angegriffen. (5x)
2) Das Opfer macht eine Falschaussage. (3x)	2) Das Opfer macht eine Falschaussage. (3x)
3) Das Opfer hat sich während der Tat schlecht gefühlt. (1x)	3) Das Opfer hat sich während der Tat schlecht gefühlt. (4x)
4) Das Opfer ist normal/nett/mir ähnlich. (3)	4) Das Opfer ist normal/nett/mir ähnlich. (3x)
5) Das Opfer hat entwertende Gefühle mir gegenüber. (4x)	5) Das Opfer hat entwertende Gefühle mir gegenüber. (1x)
6) Das Opfer hatte Angst. (2x)	6) Das Opfer hatte Angst. (4x)
7) Das Opfer will sich mit der Anzeige rächen/finanziell bereichern. (1x)	7) Das Opfer will sich mit der Anzeige rächen/finanziell bereichern. (1x)
8) Das Opfer ist stärker als ich/dachte er sei stärker. (2x)	8) Das Opfer ist stärker als ich/dachte er sei stärker. (1x)
9) Ich verstehe das Verhalten/die Sicht des Opfers nicht. (2x)	9) Ich verstehe das Verhalten/die Sicht des Opfers nicht. (2x)
10) Das Opfer war betrunken. (2x)	10) Das Opfer war betrunken. (1x)
11) Ich lehne das Opfer seit der Tat ab. (4x)	11) Ich lehne das Opfer seit der Tat ab. (2x)
12) Das Opfer hat sich blamiert. (1x)	12) Das Opfer hat sich blamiert. (1x)
	13) Opfer lehnt Schlichtung/Entschuldigung/Versöhnung/Wiedergutmachung ab. (5x)
	14) Überzogene Forderungen. (1x)
	15) Das Opfer kann mich nicht verstehen/kann mir nicht verzeihen. (0x)
	16) Die Beziehung zum Opfer hat sich entspannt. (2x)

Eigene Sicht auf die Tat (nachträgliche Bewertung, Schuldanteile)

Vorher (N=9)	Nachher (N=9)
1) Ich trage keine Schuld, das Opfer bzw. keiner hat Schuld. (6x)	1) Ich trage keine Schuld, das Opfer bzw. keiner hat Schuld. (5x)
2) Ich bereue die Tat/ärgere/schäme mich. (5x)	2) Ich bereue die Tat/ärgere/schäme mich. (4x)
3) Die Tat war dumm/hat sich nicht gelohnt. (6x)	3) Die Tat war dumm/hat sich nicht gelohnt. (3x)
4) Ich möchte mich beim Opfer entschuldigen/die Tat wiedergutmachen. (5x)	4) Ich habe mich beim Opfer entschuldigt/die Tat wiedergutgemacht. (6x)
5) Ich möchte vor dem Gericht gut dastehen. (5x)	5) Ich möchte vor dem Gericht gut dastehen. (2x)
6) Ich bin kein Täter in dieser Sache/werde zu unrecht beschuldigt. (2x)	6) Ich bin kein Täter in dieser Sache/werde zu unrecht beschuldigt. (1x)
7) Ich finde die Anzeige lächerlich. (1x)	7) Ich finde die Anzeige lächerlich. (0x)
8) Ich bin zwar Täter, aber nicht so brutal wie in der Anklage behauptet wird. (4x)	8) Ich bin zwar Täter, aber nicht so brutal wie in der Anklage behauptet wird. (3x)
9) Ich wünsche, dass die Wahrheit ans Licht kommt. (4x)	9) Ich wünsche, dass die Wahrheit ans Licht kommt. (0x)
10) Ich wurde durch die Mittäter/das Opfer in den Dreck gezogen. (1x)	10) Ich wurde durch die Mittäter/das Opfer in den Dreck gezogen. (3x)
11)Ich hätte auf meine Eltern hören sollen. (1x)	11) Ich hätte auf meine Eltern hören sollen. (0x)
	12) TOA positiv (8x)
	13) TOA negativ (3x)
	14) Ich lehne eine Wiedergutmachung/Versöhnung ab. (4x)
	15) Ich sehe meine Tat positiv, bereue nicht. (2x)

Selbstbild

Vorher (N=9)	Nachher (N=9)
1) Ich werde keine Straftaten mehr begehen. (6x)	1) Ich werde keine Straftaten mehr begehen. (3x)
2) Ich habe vor der Tat bereits Straftaten verübt. (3x)	2) Ich habe vor der Tat bereits Straftaten verübt. (2x)
3) Ich habe ein ehrbares Selbstbild, bin kein Krimineller. (1x)	3) Ich habe ein ehrbares Selbstbild, bin kein Krimineller. (1x)
4) Ich habe mich seit der Tat zum Positiven verändert. (1x)	4) Ich habe mich seit der Tat zum Positiven verändert. (2x)
5) Meine schlechte Lebenssituation/ familiäre Probleme trugen zu der Tat bei (Drogen, Arbeitslosigkeit, Elternkonflikte). (0x)	5) Meine schlechte Lebenssituation/ familiäre Probleme trugen zu der Tat bei (Drogen, Arbeitslosigkeit, Elternkonflikte). (2x)
6) Ich will niemanden zum Opfer machen. (2x)	6) Ich will niemanden zum Opfer machen. (2x)
7) Ich kann etwas von meinen Eltern lernen. (1x)	7) Ich kann etwas von meinen Eltern lernen. (0x)
8) Es kann sein, dass ich weitere Straftaten verüben werde. (3x)	8) Es kann sein, dass ich weitere Straftaten verüben werde. (4x)
9) Ich lasse mir nichts gefallen, habe keine Angst. (2x)	9) Ich lasse mir nichts gefallen, habe keine Angst. (3x)
10) Ich hoffe, dass ich mich bessere. (1x)	10) Ich hoffe, dass ich mich bessere. (1x)

G) Komparationstabelle 3: Der Prä-Post-Vergleich der durchschnittlich-reflexiven Gruppe

Eigene Beteiligung an der Tat (Gefühle, Gedanken)

Vorher (N=9)	Nachher (N=9)
1) Die Tat war wie im Traum (Rauschzustände, Kontrollverluste, Ungesteuertheit). (7x)	1) Die Tat war wie im Traum (Rauschzustände, Kontrollverluste, Ungesteuertheit). (6x)
2) Ich habe das Opfer geschont/mich ihm gegenüber positiv verhalten. (5x)	2) Ich habe das Opfer geschont/mich ihm gegenüber positiv verhalten. (4x)
3) Ich habe mich über die Bedürfnisse/Gefühle des Opfers hinweggesetzt. (1x)	3) Ich habe mich über die Bedürfnisse/Gefühle des Opfers hinweggesetzt. (7x)
4) Ich wollte das Opfer schonen (nicht verletzen, nicht ängstigen). (4x)	4) Ich wollte das Opfer schonen (nicht verletzen, nicht ängstigen). (4x)
5) Ich hatte ein finanzielles Motiv für die Tat. (3x)	5) Ich hatte ein finanzielles Motiv für die Tat. (3x)
6) Ich hatte Angst. (3x)	6) Ich hatte Angst. (3x)
7) Ich wollte mit der Tat einer nahe stehenden Person helfen. (1x)	7) Ich wollte mit der Tat einer nahe stehenden Person helfen. (0x)
8) Ich habe mich durch das Opfer bedroht gefühlt und musste mich schützen. (3x)	8) Ich habe mich durch das Opfer bedroht gefühlt und musste mich schützen. (1x)
9) Es gab positive Gefühle während der Tat (Spaß, Macht, Freude). (3x)	9) Es gab positive Gefühle während der Tat (Spaß, Macht, Freude). (2x)
10) Ich wollte dem Opfer eine Lektion erteilen. (1x)	10) Ich wollte dem Opfer eine Lektion erteilen. (0x)
	11) Ich fühlte mich durch das Opfer beleidigt und provoziert. (2x)

Konsequenzen der Tat (für Täter und Opfer)

Vorher (N=9)	Nachher (N=9)
1) Ich habe mir keine Gedanken über die Folgen gemacht (Opfer, Gericht). (5x)	1) Ich habe mir keine Gedanken über die Folgen gemacht (Opfer, Gericht). (1x)
2) Ich habe Sorgen wegen der gerichtlichen Folgen. (5x)	2) Ich habe Sorgen wegen der gerichtlichen Folgen. (1x)
3) Ich stehe vor meinen Eltern/ meinem sozialen Umfeld schlecht da. (3x)	3) Ich stehe vor meinen Eltern/ meinem sozialen Umfeld schlecht da. (3x)
4) Das Opfer leidet unter den Folgen. (2x)	4) Das Opfer leidet unter den Folgen. (1x)
5) Eine körperliche Vergeltung wurde angedroht/wurde vollzogen. (2x)	5) Eine körperliche Vergeltung wurde angedroht/wurde vollzogen. (1x)
6) Ich habe keinen Kontakt mehr zu den Mittätern und lehne sie ab. (3x)	6) Ich habe keinen Kontakt mehr zu den Mittätern und lehne sie ab. (0x)
7) Das Opfer hat physische Schäden durch die Tat. (0x)	7) Das Opfer hat physische Schäden durch die Tat. (0x)
8) Die Tat hat keine gravierenden Folgen für mich. (2x)	8) Die Tat hat keine gravierenden Folgen für mich. (5x)
	9) Ich bin froh, dass mir keine Kosten entstanden sind. (1x)

Aussagen über das Opfer

Vorher (N=9)	Nachher (N=9)
1) Das Opfer hat sich wie ein Täter verhalten/hat mich angegriffen. (3x)	1) Das Opfer hat sich wie ein Täter verhalten/hat mich angegriffen. (4x)
2) Das Opfer macht eine Falschaussage. (5)	2) Das Opfer macht eine Falschaussage. (4x)
3) Das Opfer hat sich während der Tat schlecht gefühlt. (5x)	3) Das Opfer hat sich während der Tat schlecht gefühlt. (4x)
4) Das Opfer ist normal/nett/mir ähnlich. (3x)	4) Das Opfer ist normal/nett/mir ähnlich. (1x)
5) Das Opfer hat entwertende Gefühle mir gegenüber. (2x)	5) Das Opfer hat entwertende Gefühle mir gegenüber. (1x)
6) Das Opfer hatte Angst. (3x)	6) Das Opfer hatte Angst. (1x)
7) Das Opfer will sich mit der Anzeige rächen/finanziell bereichern. (4x)	7) Das Opfer will sich mit der Anzeige rächen/finanziell bereichern. (3x)
8) Das Opfer ist stärker als ich/dachte er sei stärker. (3x)	8) Das Opfer ist stärker als ich/dachte er sei stärker. (1x)
9) Ich verstehe das Verhalten/die Sicht des Opfers nicht. (2x)	9) Ich verstehe das Verhalten/die Sicht des Opfers nicht. (2x)
10) Das Opfer war betrunken. (2x)	10) Das Opfer war betrunken. (2x)
11) Ich lehne das Opfer seit der Tat ab. (0x)	11) Ich lehne das Opfer seit der Tat ab. (3x)
12) Das Opfer hat sich blamiert. (1x)	12) Das Opfer hat sich blamiert. (1x)
	13) Opfer lehnt Schlichtung/Entschuldigung/Versöhnung/Wiedergutmachung ab. (8x)
	14) Überzogene Forderungen. (2x)
	15) Das Opfer kann mich nicht verstehen/kann mir nicht verzeihen. (2x)
	16) Die Beziehung zum Opfer hat sich entspannt. (3x)

Eigene Sicht auf die Tat (nachträgliche Bewertung, Schuldanteile)

Vorher (N=9)	Nachher (N=9)
1) Ich trage keine Schuld, das Opfer bzw. keiner hat Schuld. (5x)	1) Ich trage keine Schuld, das Opfer bzw. keiner hat Schuld. (5x)
2) Ich bereue die Tat/ärgere/schäme mich. (4x)	2) Ich bereue die Tat/ärgere/schäme mich. (6x)
3) Die Tat war dumm/hat sich nicht gelohnt. (3)	3) Die Tat war dumm/hat sich nicht gelohnt. (3x)
4) Ich möchte mich beim Opfer entschuldigen/die Tat wiedergutmachen. (3x)	4) Ich habe mich beim Opfer entschuldigt/die Tat wiedergutgemacht. (5x)
5) Ich möchte vor dem Gericht gut dastehen. (3x)	5) Ich möchte vor dem Gericht gut dastehen. (1x)
6) Ich bin kein Täter in dieser Sache/ werde zu unrecht beschuldigt. (5x)	6) Ich bin kein Täter in dieser Sache/ werde zu unrecht beschuldigt. (4x)
7) Ich finde die Anzeige lächerlich. (6x)	7) Ich finde die Anzeige lächerlich. (2x)
8) Ich bin zwar Täter, aber nicht so brutal wie in der Anklage behauptet wird. (2x)	8) Ich bin zwar Täter, aber nicht so brutal wie in der Anklage behauptet wird. (2x)
9) Ich wünsche, dass die Wahrheit ans Licht kommt. (0x)	9) Ich wünsche, dass die Wahrheit ans Licht kommt. (0x)
10) Ich wurde durch die Mittäter/das Opfer in den Dreck gezogen. (2x)	10) Ich wurde durch die Mittäter/das Opfer in den Dreck gezogen. (3x)
11) Ich hätte auf meine Eltern hören sollen. (1x)	11) Ich hätte auf meine Eltern hören sollen. (0x)
	12) TOA positiv (2x)
	13) TOA negativ (7x)
	14) Ich lehne eine Wiedergutmachung/Versöhnung ab. (2x)
	15) Ich sehe meine Tat positiv, bereue nicht. (2x)

Selbstbild

Vorher (N=9)	Nachher (N=9)
1) Ich werde keine Straftaten mehr begehen. (4x)	1) Ich werde keine Straftaten mehr begehen. (0x)
2) Ich habe vor der Tat bereits Straftaten verübt. (4x)	2) Ich habe vor der Tat bereits Straftaten verübt. (3x)
3) Ich habe ein ehrbares Selbstbild, bin kein Krimineller. (4x)	3) Ich habe ein ehrbares Selbstbild, bin kein Krimineller. (4x)
4) Ich habe mich seit der Tat zum Positiven verändert. (3x)	4) Ich habe mich seit der Tat zum Positiven verändert. (5x)
5) Meine schlechte Lebenssituation/ familiäre Probleme trugen zu der Tat bei (Drogen, Arbeitslosigkeit, Elternkonflikte). (4x)	5) Meine schlechte Lebenssituation/ familiäre Probleme trugen zu der Tat bei (Drogen, Arbeitslosigkeit, Elternkonflikte). (4x)
6) Ich will niemanden zum Opfer machen. (2x)	6) Ich will niemanden zum Opfer machen. (0x)
7) Ich kann etwas von meinen Eltern lernen. (3x)	7) Ich kann etwas von meinen Eltern lernen. (2x)
8) Es kann sein, dass ich weitere Straftaten verüben werde. (0x)	8) Es kann sein, dass ich weitere Straftaten verüben werde. (2x)
9) Ich lasse mir nichts gefallen, habe keine Angst. (1x)	9) Ich lasse mir nichts gefallen, habe keine Angst. (3x)
10) Ich hoffe, dass ich mich bessere. (1x)	10) Ich hoffe, dass ich mich bessere. (0x)

ANTHONY W. BATEMAN,
PETER FONAGY

PSYCHOTHERAPIE
DER BORDERLINE-
PERSÖNLICHKEITS-
STÖRUNG

Ein mentalisierungsgestütztes
Behandlungskonzept

BIBLIOTHEK
DER PSYCHOANALYSE
PSYCHOSOZIAL-
VERLAG

PETER FONAGY
UND MARY TARGET

FRÜHE BINDUNG
UND PSYCHISCHE
ENTWICKLUNG

Beiträge aus Psychoanalyse
und Bindungsforschung

BIBLIOTHEK
DER PSYCHOANALYSE
PSYCHOSOZIAL-
VERLAG

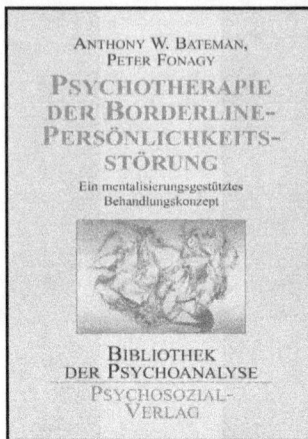

2008 · 509 Seiten · gebunden
ISBN 978-3-89806-473-6

2003 · 351 Seiten · gebunden
ISBN 978-3-89806-090-5

Anthony W. Bateman und Peter Fonagy dokumentieren in ihrem ersten gemeinsamen Buch die aktuelle interdisziplinäre Erforschung der sogenannten Borderline-Persönlichkeitsstörung und beschreiben ein therapeutisches Verfahren, das sie in den vergangenen Jahren entwickelt haben. Das Krankheitsbild, das (mit steigender Tendenz) ca. 2% der Bevölkerung aufweist, ist durch Impulsivität, Identitätsstörungen, Suizidalität, Selbstverletzungen, Gefühle innerer Leere sowie durch Beziehungen charakterisiert, die extrem affektintensiv und gleichermaßen instabil sind. Die Autoren haben eine psychoanalytisch orientierte Behandlung entwickelt, die sie als »mentalisierungsgestützte Therapie« bezeichnen, und in randomisierten kontrollierten Studien nachgewiesen, dass diese Methode anderen therapeutischen Verfahren deutlich überlegen ist.

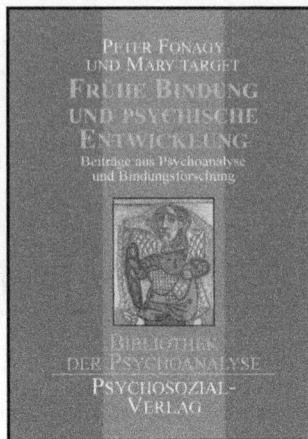

Peter Fonagy ist einer der wichtigsten zeitgenössischen Vertreter der Psychoanalyse in Großbritannien. Er verknüpft in seinen Arbeiten drei bedeutende Theorien der klinischen Psychologie: Bindungstheorie, Psychoanalyse und Neurowissenschaften (Neuropsychoanalyse).

Dieser Band liefert in Form übersichtlicher Artikel einen Ein-/Überblick in die Arbeiten der Gruppe um Peter Fonagy. Praxisnahes Wissen wird vor dem Hintergrund theoretischer Bezüge vermittelt, das macht das Buch für Praktiker (z. B. praktizierende Therapeuten) ebenso interessant wie für Wissenschaftler.

P V
Psychosozial-Verlag

Goethestr. 29 · 35390 Gießen · Tel. 06 41/ 9716903 · Fax 77742
bestellung@psychosozial-verlag.de
www.psychosozial-verlag.de

WOLFGANG WIEDEMANN

WILFRED BION

Biografie, Theorie und klinische Praxis
des »Mystikers der Psychoanalyse«

BIBLIOTHEK
DER PSYCHOANALYSE
PSYCHOSOZIAL-
VERLAG

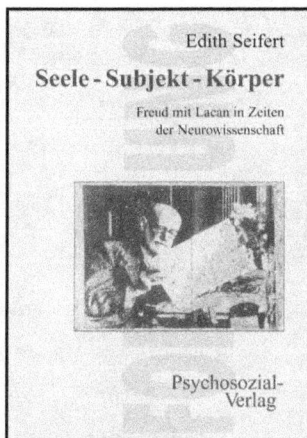

Edith Seifert

Seele - Subjekt - Körper

Freud mit Lacan in Zeiten
der Neurowissenschaft

Psychosozial-
Verlag

2007 · 343 Seiten · Broschur
ISBN 978-3-89806-734-8

2008 · 326 Seiten · Broschur
ISBN 978-3-89806-746-1

Das Buch gibt erstmals in deutscher Sprache eine Einführung in das Lebenswerk
von Wilfred Bion, dem englischen Psychoanalytiker, der Sigmund Freuds und
Melanie Kleins Werke in seiner unnach-
ahmlichen Originalität weitergeführt hat.
Die Zusammenschau von Biografie, kli-
nischem Material und Theorie, verständlich dargestellt, ergibt ein lebendiges Bild
von Bions Leben und Wirken und eröffnet
neue Aspekte im Dialog zwischen Psychoanalyse und Religion.

Die Entdeckungen der Neurowissenschaft
hätten die Positionen der Psychoanalyse
zu Seele und Körper entwertet, diese sei
nunmehr veraltet. So eine derzeit gängige
Rede. Edith Seifert sieht das anders. Sie
analysiert neurowissenschaftliche Aussagen zu den Phänomenen von Wahrnehmung, Sprache, Selbstbewusstsein, Ich
und Subjektivität und setzt dem eine von
Lacan inspirierte Lektüre der Freud'schen
Schriften entgegen – und kommt zu dem
Schluss, dass alle Versuche, die Psychoanalyse neurowissenschaftlich »aufzurüs-
ten«, bestenfalls auf einem Selbstmiss-
verständnis beruhen. Die Psychoanalyse
hat eine andere, eine eigenständige Auffassung vom Psychischen, die in dieser
Auseinandersetzung freilich neue Schärfe
gewinnt.

P☒V
Psychosozial-Verlag

Goethestr. 29 · 35390 Gießen · Tel. 0641/9716903 · Fax 77742
bestellung@psychosozial-verlag.de
www.psychosozial-verlag.de

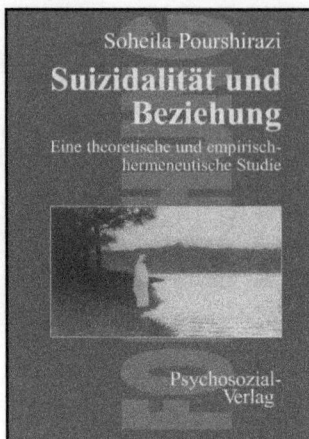

Soheila Pourshirazi

Suizidalität und Beziehung

Eine theoretische und empirisch-hermeneutische Studie

Psychosozial-Verlag

LÉON WURMSER

DAS RÄTSEL DES MASOCHISMUS

Psychoanalytische Untersuchungen von Gewissenszwang und Leidenssucht

BIBLIOTHEK DER PSYCHOANALYSE
PSYCHOSOZIAL-VERLAG

2008 · 300 Seiten · Broschur
ISBN 978-3-89806-752-2

2008 · 603 Seiten · Broschur
ISBN 978-3-89806-741-6

Suizidalität ist ein Geschehen, das von Beziehungen beeinflusst ist und auf Beziehungen zurückwirkt. In ihrer Untersuchung der umstrittenen Suizidforen im Internet arbeitet Soheila Pourshirazi heraus, in welcher Weise sich die suizidale Beziehungsproblematik dort ausdrückt. Mithilfe einer psychoanalytisch orientierten Texthermeneutik zeichnet sie zentrale Beziehungsdynamiken in den Foren nach, deren Verständnis nicht nur den klinisch-psychoanalytischen Diskurs erweitert, sondern auch eine Neueinschätzung der Suizidforen ermöglicht. Die aktuelle psychoanalytische Debatte um die neuen intersubjektiven Ansätze wird dabei vor dem Hintergrund eines dialogphilosophischen Diskurses über den Anderen kritisch reflektiert.

Das Rätsel des Masochismus ist mehrschichtig. Da ist das oberflächliche und relativ leicht zu beantwortende Rätsel, warum jemand Befriedigung und sogar sexuelle Lust aus Schmerz und Leid, aus Erniedrigung und Scham ziehen kann und deshalb sogar dieses Leiden aufsucht. Schon schwieriger zu beantworten ist die Frage: Wie kann der Schmerzsüchtige sich selbst achten?

Dieses Buch richtet sich vornehmlich an Therapeuten und zeigt Wege auf, wie man einem derart Schmerzsüchtigen helfen kann. Durch die therapeutische Erfahrung wie auch die umfassende Bildung von Léon Wurmser ist dieses Buch nicht nur für therapeutisch mit dem Problem befasste Leser eine Bereicherung.

P V
Psychosozial-Verlag

Goethestr. 29 · 35390 Gießen · Tel. 0641/9716903 · Fax 77742
bestellung@psychosozial-verlag.de
www.psychosozial-verlag.de

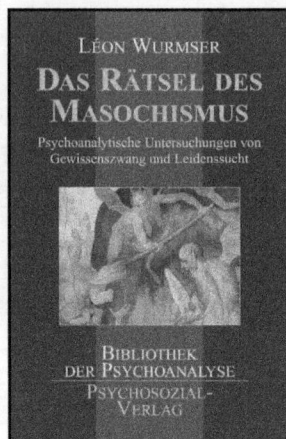

www.ingramcontent.com/pod-product-compliance
Lightning Source LLC
Chambersburg PA
CBHW021848020426
42334CB00013B/236

* 9 7 8 3 8 9 8 0 6 8 7 8 9 *